Unterrichtswerk für katholische Religionslehre
an Gymnasien

Religion vernetzt

Erarbeitet von
Nadine Bauer,
Marcus Güll-Uhrmann,
Alfred Hüttinger
Klaus König, Hubert Limmer,
Stephan Wrana, Silke Zettlmeißl

Herausgegeben von
Prof. Dr. Hans Mendl und Prof. Dr. Markus Schiefer Ferrari

11

Lehrerkommentar

Kösel

Religion vernetzt

Unterrichtswerk für katholische Religionslehre an Gymnasien in den Jahrgangsstufen 5-12

Herausgegeben von
Prof. Dr. Hans Mendl und Prof. Dr. Markus Schiefer Ferrari

Religion vernetzt 11 – Lehrerkommentar

Erarbeitet von
Nadine Bauer, Marcus Güll-Uhrmann, Alfred Hüttinger, Klaus König, Hubert Limmer, Stephan Wrana, Silke Zettlmeißl

Bitte beachten Sie:
Das Internet ist ein schnelllebiges Medium, das sich einer wirksamen Kontrolle der Inhalte entzieht. Herausgeber, Autorinnen, Autoren und der Verlag haben sich bei allen Link-Angaben im Schulbuch und Lehrerkommentar bemüht, ausschließlich »langlebige« Adressen von seriösen Quellen anzugeben, die jugendgemäß sind und keinerlei Gewalt verherrlichende, diskriminierende, pornografische oder sonstige sittenwidrige Inhalte transportieren. Alle Angaben werden auch bei jeder Neuauflage der Bücher überprüft.
Dennoch kann nicht restlos ausgeschlossen werden, dass durch Veränderungen (z. B. Übernahme einer Domain durch einen neuen Inhaber) unerwünschte Inhalte auf den Seiten stehen, Links nicht mehr funktionieren oder auf andere Seiten mit unerwünschten Inhalten verwiesen wird. Der Verlag, die Herausgeber und alle Autorinnen und Autoren von Religion vernetzt distanzieren sich von solchen Inhalten, weisen Sie als Lehrkraft auf die besondere Aufsichtspflicht bei der Nutzung des Internets im Unterricht hin und bitten Sie um Hinweise an den Verlag, sollten Ihnen unerwünschte Inhalte auf den angegebenen Internet-Seiten auffallen.
Vielen Dank für Ihre Bemühungen!

Die Herausgeber sowie Autorinnen und Autoren von Religion vernetzt
Kösel-Verlag

Aktualisierte Links aus dem Schulbuch finden Sie unter www.religionvernetzt.de/koesel/infos-unterricht.htm.

Umschlagentwurf: Kaselow-Design, München.
Herstellung und Notensatz: Christa Pfletschinger, München.
Satz: Kösel-Verlag, München.
Druck und Bindung: Franz X. Stückle Druck und Verlag, Ettenheim
Printed in Germany.

ISBN 978-3-466-50715-3

Der Kösel-Verlag ist Mitglied im »Verlagsring Religionsunterricht« (VRU).
www.koesel.de

vru
verlagsring
religionsunterricht

Liebe Kolleginnen und Kollegen,

der Lehrerkommentar zum Schulbuch *Religion vernetzt 11* bietet Ihnen Erläuterungen und Arbeitshilfen für die tägliche Unterrichtsvorbereitung und unterstützt Sie darin, mit Ihren Schülerinnen und Schülern eigene Lernwege zu planen und methodisch abwechslungsreich umzusetzen und diese kompetenzorientiert auf das Abitur vorzubereiten.

Jedes Kapitel orientiert sich dabei an folgendem Aufbauschema:

- Die einführenden Übersichten stellen kurz Aufbau und Inhalt des Kapitels und Vernetzungsmöglichkeiten mit anderen Themen, Jahrgangsstufen und Fächern vor und erläutern die angestrebten Kompetenzfelder.
- Anschließend finden sich zu jeder Doppelseite des Schulbuches die folgenden Informationen:
  - Im Abschnitt *Hintergrund* werden der Aufbau und die Funktion der Doppelseite im Kontext des Kapitels erläutert und Hintergrundwissen zu den einzelnen Elementen dieser Seite geboten.
  - In den *Einsatzmöglichkeiten im RU* sind verschiedenste im Unterricht bereits erprobte Arbeitsanregungen zusammengestellt. Ähnlich wie bei den Arbeitsaufträgen auf der Pinnwandseite und den einzelnen Doppelseiten des Schulbuches ist dabei selbstverständlich an eine gezielte Auswahl entsprechend der jeweiligen Lerngruppe gedacht.
  - Die Impulse im Abschnitt *Weiterführende Anregung(en)* wollen Sie dazu inspirieren, auch längerfristig Projekte, Exkursionen oder eine fächerübergreifende Zusammenarbeit zu planen.
  - Eine Literaturübersicht regt zum Weiterlesen an.
- Am Ende eines jeden Kapitels sind *Arbeitsblätter* als kopierfähige Vorlagen gebündelt. Sie sind durch einen grauen Rand markiert und damit schnell auffindbar.

Die Webseite *www.religionvernetzt.de* bietet Ihnen darüber hinaus die Möglichkeit, sich mit anderen Kolleginnen und Kollegen über Ideen und Projekte auszutauschen. In einer Materialbörse können Sie neue Unterrichtsmaterialien nutzen, aber auch selbst einstellen. Das alles ist kostenlos und unverbindlich. Um allerdings sicherzugehen, dass Sie im Lehrerforum nur Lehrer/innen und keine neugierigen Schüler/innen antreffen, bitten wir Sie, sich mit dem Faxformular am Ende dieses Lehrerkommentars oder auf www.religionvernetzt.de anzumelden. Sie erhalten dann Ihr persönliches Passwort für das Lehrerforum. Virtuelle Seminarräume, spezifische Links und ein Raum der Stille mit einer Gebetswand und meditativen Bildern ermöglichen insbesondere auch Schülerinnen und Schülern die gegenseitige Vernetzung.

Religion vernetzt will im Verbund mit Lehrerkommentar, Webseite und Zusatzmaterialien vor allem dazu beitragen, die Themen des RU so aufzubereiten, dass sich Schülerinnen und Schüler als lernende Subjekte anregen lassen zu einer aktiven und konstruktiven Auseinandersetzung mit religiös relevanten Fragen, zu einer nachhaltigen Begegnung mit der biblisch-christlichen Tradition und zur Entwicklung ihres christlichen Glaubens.

Die Herausgeber,
die Autorinnen und die Autoren

Abkürzungsverzeichnis

AA:	Arbeitsauftrag
AB:	Arbeitsblatt
atl:	alttestamentlich
EA:	Einzelarbeit
GA:	Gruppenarbeit
HA:	Hausaufgabe
KG:	Kleingruppen
L:	Lehrer/in(nen)
LP:	Lehrplan
ntl:	neutestamentlich
OHP:	Overheadprojektor
PA:	Partner(innen)arbeit
Sch:	Schüler/in(nen)
TA:	Tafelanschrieb
UE:	Unterrichtseinheit
UG:	Unterrichtsgespräch

Die Abkürzungen der Unterrichtsfächer entsprechen dem neuen Lehrplan für das achtstufige Gymnasium in Bayern.

Inhalt

Vorwort 3
Abkürzungsverzeichnis 4

Kapitel 1 Religion

Das Thema im Schulbuch 13
Vernetzung mit anderen Themen im Schulbuch 14
Vernetzung mit den unteren Jahrgangsstufen 14
Vernetzung mit anderen Fächern 15

TITELSEITE (7) **Religion** 15
1. Hintergrund 15
2. Einsatzmöglichkeiten im RU 16

KONTEXT 1 (8-9) **Religion – Religionen** 17
1. Hintergrund 17
2. Einsatzmöglichkeiten im RU 18

PINNWAND (10) 18

ORIENTIERUNG 1 (12-13) **Religion und Religiosität** 19
1. Hintergrund 19
2. Einsatzmöglichkeiten im RU 19
3. Weiterführende Anregung 20

ORIENTIERUNG 2 (14-15) **Religion im Wandel** 20
1. Hintergrund 20
2. Einsatzmöglichkeiten im RU 22

ORIENTIERUNG 3 (16-17) **Computernutzung als religiöser Akt?** 22
1. Hintergrund 22
2. Einsatzmöglichkeiten im RU 23
3. Weiterführende Anregung 24

ORIENTIERUNG 4 (18-19) **Religionsfreiheit I: Entstehung und Anwendung** 24
1. Hintergrund 24
2. Einsatzmöglichkeiten im RU 25

ORIENTIERUNG 5 (20-21) **Religionsfreiheit II: Religionsunterricht im Vergleich** 26
1. Hintergrund 26
2. Einsatzmöglichkeiten im RU 26

ORIENTIERUNG 6 (22-23) **Wahrheit – Toleranz – Dialog** 27
1. Hintergrund 27
2. Einsatzmöglichkeiten im RU 27

PERSPEKTIVEN 1 (24-25) **Religiöse Angebote befragen** 28
1. Hintergrund 28
2. Einsatzmöglichkeiten im RU 29

PERSPEKTIVEN 2 (26-27) **Religion sucht Antworten auf Existenzfragen** 30
1. Hintergrund 30
2. Einsatzmöglichkeiten im RU 31
3. Weiterführende Anregung 32

PERSPEKTIVEN 3 (28-29) **Vom Unaussprechlichen sprechen** 32
1. Hintergrund 32
2. Einsatzmöglichkeiten im RU 32
3. Weiterführende Anregung 33

PERSPEKTIVEN 4 (30-31) **»Stückwerk ist unser Erkennen«** 33
1. Hintergrund 33
2. Einsatzmöglichkeiten im RU 34

AKZENT (32) **Religion – Sehnsucht – Kultur** 35
1. Hintergrund 35
2. Einsatzmöglichkeiten im RU 36

Literatur 36

M 11.1.1	*Arbeitsblatt:*	Gottesbilder	37
M 11.1.2	*Arbeitsblatt:*	Wie zeigt sich Gott in Zeugnissen heiliger Schriften?	38
M 11.1.3	*Arbeitsblatt:*	»Religion ist ...«	39
M 11.1.4	*Arbeitsblatt:*	Weitere Definitionen von »Religion«	40
M 11.1.5	*Arbeitsblatt:*	Kritik an den Typen der Definition von Religion	41
M 11.1.6	*Arbeitsblatt:*	Die Gesundheitsreligion	42
M 11.1.7	*Arbeitsblatt:*	Zerstreuung der Religion – mehr oder weniger Religion?	43
M 11.1.8	*Arbeitsblatt:*	Religiöse Kulturhermeneutik	44
M 11.1.9	*Arbeitsblatt:*	Computernutzung als religiöser Akt?	45
M 11.1.10	*Arbeitsblatt:*	Die religiöse Legitimation politischer Herrschaft in Stammesgesellschaften	46
M 11.1.11	*Arbeitsblatt:*	Formen des Religionsunterrichts in Deutschland	47
M 11.1.12	*Arbeitsblatt:*	Religionsunterricht in Deutschland, Frankreich und England	48
M 11.1.13	*Arbeitsblatt:*	Ebenen des interreligiösen Dialogs	49
M 11.1.14	*Arbeitsblatt:*	Modelle der Religionstheologie	50
M 11.1.15	*Arbeitsblatt:*	Erfahrene und gelebte Religiosität	51
M 11.1.16	*Arbeitsblatt:*	Alex Grey: Praying	52
M 11.1.17	*Arbeitsblatt:*	Die Antwort ist so groß wie die Frage	53
M 11.1.18	*Arbeitsblatt:*	Die Frage nach Glück	54
M 11.1.19	*Arbeitsblatt:*	Sprache und Form	55
M 11.1.20	*Arbeitsblatt:*	Die Allegorie	56
M 11.1.21	*Arbeitsblatt:*	Aussagen den vorgestellten Sprachformen zuordnen	57
M 11.1.22	*Arbeitsblatt:*	1 Kor 13	58
M 11.1.23	*Arbeitsblatt:*	Spiegelvariationen	59
M 11.1.24	*Arbeitsblatt:*	Was können wir erkennen?	60
M 11.1.25	*Arbeitsblatt:*	Sehnsucht – Sehnsüchte – Religion	61

Kapitel 2 **Gott erfahren**

Das Thema im Schulbuch 62

TITELSEITE (33) **Gott erfahren** 63
1. Hintergrund 63
2. Einsatzmöglichkeiten im RU 64
3. Weiterführende Anregungen 64

KONTEXT (34-35) **Gotteserfahrungen** 65
1. Hintergrund 65
2. Einsatzmöglichkeiten im RU 66
3. Weiterführende Anregungen 66

PINNWAND (36) 66

ORIENTIERUNG 1 (38-39) **Die Heilige Schrift historisch-kritisch erschließen** 67
1. Hintergrund 67
2. Einsatzmöglichkeiten im RU 68

ORIENTIERUNG 2 (40-41) **Weitere Wege der Auslegung biblischer Texte** 68
1. Hintergrund 68
2. Einsatzmöglichkeiten im RU 68
3. Weiterführende Anregungen 69

ORIENTIERUNG 3 (42-43) **Jakob begegnet Gott** 70
1. Hintergrund 70
2. Einsatzmöglichkeiten im RU 71

ORIENTIERUNG 4 (44-45) **Gesichter Gottes – väterlich und mütterlich** 73
1. Hintergrund 73
2. Einsatzmöglichkeiten im RU 74

ORIENTIERUNG 5 (46-47) **Israels Weg zum Monotheismus** 76
1. Hintergrund 76
2. Einsatzmöglichkeiten im RU 76
3. Weiterführende Anregungen 77

ORIENTIERUNG 6 (48-49) **In Jesus Gott begegnen** 77
1. Hintergrund 77
2. Einsatzmöglichkeiten im RU 78
3. Weiterführende Anregungen 78

ORIENTIERUNG 7 (50-51) **Jesus begegnen wie Nikodemus (Joh 3,1-3)** 79
1. Hintergrund 79
2. Einsatzmöglichkeiten im RU 80
3. Weiterführende Anregungen 80

ORIENTIERUNG 8 (52-53) **Maria von Magdala begegnet Jesus** 80
1. Hintergrund 80
2. Einsatzmöglichkeiten im RU 82
3. Weiterführende Anregungen 84

ORIENTIERUNG 9 (54-55) **Jesus gegenwärtig – aber nicht greifbar** 84
1. Hintergrund 84
2. Einsatzmöglichkeiten im RU 86
3. Weiterführende Anregungen 87

PERSPEKTIVEN 1 (56-57) **Der Geist weht, wo er will** 87
1. Hintergrund 87
2. Einsatzmöglichkeiten im RU 89
3. Weiterführende Anregungen 89

PERSPEKTIVEN 2 (58-59) **Inspiration und Offenbarung** 89
1. Hintergrund 89
2. Einsatzmöglichkeiten im RU 90
3. Weiterführende Anregungen 90

PERSPEKTIVEN 3 (60-61) **Es muss im Leben mehr als alles geben ...** 91
1. Hintergrund 91
2. Einsatzmöglichkeiten im RU 92

AKZENT (62) **Göttliche Kraft** 93
1. Hintergrund 93
2. Einsatzmöglichkeiten im RU 94
3. Weiterführende Anregungen 95

M 11.2.1 *Arbeitsblatt:* Gotteserfahrungen ins Wort bringen 97
M 11.2.2 *Arbeitsblatt:* Zugänge zur Bibel 98
M 11.2.3 *Arbeitsblatt:* Methoden zur Erschließung biblischer Texte 99
M 11.2.4 *Arbeitsblatt:* Die biblische Erzählung vom Kampf Jakobs und ihre Deutung 100
M 11.2.5 *Arbeitsblatt:* Herbert Falken über den Jakobskampf 101
M 11.2.6 *Arbeitsblatt:* Nelly Sachs: Jakob 102
M 11.2.7 *Arbeitsblatt:* Jüdischer Glaube – geglaubte Geschichte 103
M 11.2.8 *Arbeitsblatt:* Rollenspiel zur Situation der Gemeinde, in der das Johannes-Evangelium entstand 104
M 11.2.9 *Arbeitsblatt:* Erinnerungen Maria Magdalenas an Jesus 105
M 11.2.10 *Arbeitsblatt:* Maria Magdalena – eine Spurensuche 106
M 11.2.11 *Arbeitsblatt:* Gedichtvergleich 107
M 11.2.12 *Arbeitsblatt:* Methodik der Bildbegegnung 109
M 11.2.13 *Arbeitsblatt:* Kurt Marti, Gottes Sein blüht gesellig 110
M 11.2.14 *Arbeitsblatt:* Die Interpretation der Bibel in der Kirche (1993) 111

M 11.2.15	*Arbeitsblatt:*	Besinnung zu Psalm 139	112
M 11.2.16	*Arbeitsblatt:*	Kopierfertige Folienvorlagen zum Zerschneiden	113
M 11.2.17	*Arbeitsblatt:*	Dei Verbum 11	114

Kapitel 3 **Gott und die Vernunft**

Das Thema im Schulbuch 115
Vernetzung mit anderen Themen im Schulbuch 116
Vernetzung mit den unteren Jahrgangsstufen 117
Vernetzung mit anderen Fächern .....

TITELSEITE (63) **Gott und die Vernunft** 117
1. Hintergrund 117
2. Einsatzmöglichkeiten im RU 118
3. Weiterführende Anregung 118

KONTEXT 1 (64-65) **Gott ist da! Nö. Gott ist tot!** 119
1. Hintergrund 119
2. Einsatzmöglichkeiten im RU 120
3. Weiterführende Anregung 121

KONTEXT 2 (66-67) **Gott – wer oder was ist das?** 121
1. Hintergrund 121
2. Einsatzmöglichkeiten im RU 122

PINNWAND (68) 123

ORIENTIERUNG 1 (70-71) **Ijob und das Leid** 123
1. Hintergrund 123
2. Einsatzmöglichkeiten im RU 125

ORIENTIERUNG 2 (72-73) **Gott und das Leid** 126
1. Hintergrund 126
2. Einsatzmöglichkeiten im RU 127
3. Weiterführende Anregungen 127

ORIENTIERUNG 3 (74-75) **Hinterfragter Gottesglaube – Klassiker der Religionskritik** 128
1. Hintergrund 128
2. Einsatzmöglichkeiten im RU 129

ORIENTIERUNG 4 (76-77) **Negierter Gottesglaube – »Philosophie des Absurden«** 130
1. Hintergrund 130
2. Einsatzmöglichkeiten im RU 131
3. Weiterführende Anregungen 131

ORIENTIERUNG 5 (78-79) **Bekämpfter Gottesglaube oder Wiedererstarken der Religion?** 132
1. Hintergrund 132
2. Einsatzmöglichkeiten im RU 132

ORIENTIERUNG 6 (80-81) **Naturwissenschaft und Glaube** 132
1. Hintergrund 132
2. Einsatzmöglichkeiten im RU 134

ORIENTIERUNG 7 (82-83) **Schöpfung und Evolution** 134
1. Hintergrund 134
2. Einsatzmöglichkeiten im RU 135
3. Weiterführende Anregungen 137

ORIENTIERUNG 8 (84-85) **Gott beweisen wollen. Rational und empirisch** 137
1. Hintergrund 137
2. Einsatzmöglichkeiten im RU 139

PERSPEKTIVEN 1 (86-87) **Sprache und Wirklichkeit** 140
1. Hintergrund 140
2. Einsatzmöglichkeiten im RU 141

PERSPEKTIVEN 2 (88-89) **Gott als Hypothese und Hoffnung** 143
1. Hintergrund 143
2. Einsatzmöglichkeiten im RU 144

PERSPEKTIVEN 3 (90-91) **Der dreieine Gott** 144
1. Hintergrund 144
2. Einsatzmöglichkeiten im RU 145
3. Weiterführende Anregung 146

AKZENT (92) **Gott und die Vernunft – Weiter-Denken** 146
1. Hintergrund 146
2. Einsatzmöglichkeiten im RU 147

Literatur 147

M 11.3.1 *Arbeitsblatt:* »Der Durst« 148
M 11.3.2 *Arbeitsblatt:* »Doping ist im Alltag angekommen« 149
M 11.3.3 *Arbeitsblatt:* Leiddeutung im Buch Ijob 150
M 11.3.4 *Arbeitsblatt:* Formulierungen des Trostes 151
M 11.3.5 *Arbeitsblatt:* »So schön wie hier kanns im Himmel gar nicht sein« 152
M 11.3.6 *Arbeitsblatt:* Wie kann Gott das zulassen? 153
M 11.3.7 *Arbeitsblatt:* Der Religionskritiker Ludwig Feuerbach im Überblick 154
M 11.3.8 *Arbeitsblatt:* Der Religionskritiker Karl Marx im Überblick 155
M 11.3.9 *Arbeitsblatt:* Der Religionskritiker Friedrich Nietzsche im Überblick 156
M 11.3.10 *Arbeitsblatt:* Der Religionskritiker Sigmund Freud im Überblick 157
M 11.3.11 *Arbeitsblatt:* Der Religionskritiker Albert Camus im Überblick 158
M 11.3.12 *Arbeitsblatt:* Der fromme Atheist 159
M 11.3.13 *Arbeitsblatt:* Glaube, Vernunft und Universität. Erinnerungen und Reflexionen 160
M 11.3.14 *Arbeitsblatt:* »Ich schau mich bloß um« 161
M 11.3.15 *Arbeitsblatt:* Was ist der »neue Atheismus«? 162
M 11.3.16 *Arbeitsblatt:* Möglichkeiten, theologisch von Gott zu reden 163
M 11.3.17 *Arbeitsblatt:* »Atheismus« 164
M 11.3.18 *Arbeitsblatt:* Das Hin und Her der Argumente 165
M 11.3.19 *Arbeitsblatt:* Das babylonische Schöpfungsepos Enuma elisch 166
M 11.3.20 *Arbeitsblatt:* »Der Schöpfer ist ein Käfermacher« – Ein Interview mit Biologieprofessor Ulrich Kutschera 167
M 11.3.21 *Arbeitsblatt:* Die Möglichkeiten einer Synthese im Weltbild von Teilhard de Chardin 168
M 11.3.22 *Arbeitsblatt:* Der Gottesbeweis des Aristoteles 169
M 11.3.23 *Arbeitsblatt:* Die »Quinque viae ad Deum« des Thomas von Aquin 170
M 11.3.24 *Arbeitsblatt:* Schalenmodell 172
M 11.3.25 *Arbeitsblatt:* Komplementäre Sichtweise eines Phänomens der Wirklichkeit 173
M 11.3.26 *Arbeitsblatt:* Der Glaube an Gott als Hypothese 174
M 11.3.27 *Arbeitsblatt:* Der Glaube an Gott als Hypothese (Lösung) 175
M 11.3.28 *Arbeitsblatt:* Der Glaube an Gott als Hoffnung 176
M 11.3.29 *Arbeitsblatt:* Der Glaube an Gott als Hoffnung (Lösung) 177
M 11.3.30 *Arbeitsblatt:* Kontinuität zum jüdischen Gott-Denken? 178

Kapitel 4 **Was ist der Mensch?**

Das Thema im Schulbuch 179
Vernetzung mit anderen Themen im Schulbuch 180
Vernetzung mit den unteren Jahrgangsstufen 181
Vernetzung mit anderen Fächern 181

TITELSEITE (93) **Was ist der Mensch?** 182
1. Hintergrund 182
2. Einsatzmöglichkeiten im RU 183
3. Weiterführende Anregung 183

KONTEXT (94-95) **Sinnoptionen Jugendlicher und Dimensionen des Menschseins** ... 183
1. Hintergrund ... 183
2. Einsatzmöglichkeiten im RU ... 184
3. Weiterführende Anregungen ... 185

PINNWAND (96) ... 186

ORIENTIERUNG 1 (98-99) **Determination durch Gene und Meme?** ... 186
1. Hintergrund ... 186
2. Einsatzmöglichkeiten im RU ... 187
3. Weiterführende Anregungen ... 189

ORIENTIERUNG 2 (100-101) **Freier Wille – eine Fiktion?** ... 189
1. Hintergrund ... 189
2. Einsatzmöglichkeiten im RU ... 190
3. Weiterführende Anregungen ... 191

ORIENTIERUNG 3 (102-103) **Zur Freiheit verurteilt** ... 191
1. Hintergrund ... 191
2. Einsatzmöglichkeiten im RU ... 192
3. Weiterführende Anregung ... 194

ORIENTIERUNG 4 (104-105) **Freiheit ohne Grenzen? Der Mythos von Prometheus lebt weiter** ... 194
1. Hintergrund ... 194
2. Einsatzmöglichkeiten im RU ... 196
3. Weiterführende Anregung ... 197

ORIENTIERUNG 5 (106-107) **Grundzüge des christlichen Menschenbildes** ... 197
1. Hintergrund ... 197
2. Einsatzmöglichkeiten im RU ... 199
3. Weiterführende Anregungen ... 201

ORIENTIERUNG 6 (108-109) **Zur Freiheit berufen** ... 201
1. Hintergrund ... 201
2. Einsatzmöglichkeiten im RU ... 203
3. Weiterführende Anregung ... 204

PERSPEKTIVEN 1 (110-111) **Menschen sind mehr als »Winner« und »Loser«** ... 204
1. Hintergrund ... 204
2. Einsatzmöglichkeiten im RU ... 205
3. Weiterführende Anregungen ... 206

PERSPEKTIVEN 2 (112-113) **Wege der Erlösung im Buddhismus** ... 206
1. Hintergrund ... 206
2. Einsatzmöglichkeiten im RU ... 207
3. Weiterführende Anregungen ... 208

PERSPEKTIVEN 3 (114-115) **Mensch-sein – Ich werden** ... 208
1. Hintergrund ... 208
2. Einsatzmöglichkeiten im RU ... 209
3. Weiterführende Anregungen ... 210

AKZENT (116) **Der Glaube an Gott als Basis des Menschseins** ... 211
1. Hintergrund ... 211
2. Einsatzmöglichkeiten im RU ... 211
3. Weiterführende Anregungen ... 213

M 11.4.1 *Arbeitsblatt:* Forschungsebenen und -methoden der Hirnforscher ... 214
M 11.4.2 *Arbeitsblatt:* Lebensstile in Europa ... 216
M 11.4.3 *Arbeitsblatt:* Die Evolution des Menschen ... 217
M 11.4.4 *Arbeitsblatt:* Ausdrucksverhalten bei Affen und Menschen ... 218
M 11.4.5 *Arbeitsblatt:* Martin Schongauer, Die Versuchung des hl. Antonius ... 219
M 11.4.6 *Arbeitsblatt:* Die Angst ... 220
M 11.4.7 *Arbeitsblatt:* Bau dir einen Existenzialisten ... 222
M 11.4.8 *Arbeitsblatt:* Das Menschenbild der Antike ... 223

M 11.4.9	*Arbeitsblatt:*	Prometheus	224
M 11.4.10	*Arbeitsblatt:*	Hymnus Gott – Kreatur	225
M 11.4.11	*Arbeitsblatt:*	Jesus als Modell des Menschseins	226
M 11.4.12 (1)	*Arbeitsblatt:*	Röm 7,1–8,17	227
M 11.4.12 (2)	*Arbeitsblatt:*	Lösungen zu M 11.4.12 (1)	228
M 11.4.13	*Arbeitsblatt:*	Modelle und Konzepte vom Glück	229
M 11.4.14	*Arbeitsblatt:*	Die Phasen des Lebenszyklus: Erik Eriksons Konzept der Identität	230

Kompetenzorientierung 231
Text- und Bildnachweis 233

1 Religion

Das Thema im Schulbuch

Der Religionsunterricht der gymnasialen Oberstufe beginnt mit einer Bearbeitung des Religionsbegriffs. Die Sch haben sich in den vergangenen Schuljahren mit vielen Einzelfragen aus dem religiösen Bereich auseinandergesetzt, nun folgt eine grundsätzliche Reflexion des Phänomens, das sich in mehrere Teilfragen gliedert:

– **Was ist Religion?**

Viele Sch identifizieren Religion mit einer konkreten religiösen Tradition. Damit geraten aber religiöse oder der Religion sehr nahe stehende Phänomene, die sich in Alltag und Kultur zeigen, aus dem Blick. Eine anwendungsbezogene Diskussion enger und weiter Begriffsbestimmungen sowie möglicher Definitionsmethoden kann hier Horizonte eröffnen.

– **Wie halte ich es mit der Religion?**

Die Frage stellt sich erst seit der Durchsetzung negativer und positiver Religionsfreiheit. Sie ist eine Bedingung, um die eigene Position selbst wählen zu können. Zwar beanspruchen Sch dieses Grundrecht für sich ganz selbstverständlich, benötigen aber für die Debatten um seine gesellschaftlichen Folgen spezifische Kompetenzen.

– **Welche Qualität besitzt Religion?**

In Vergangenheit und Gegenwart weisen religiöse Praktiken und Inhalte durchaus ambivalente Charakteristika auf. Dies ist auch den Sch bewusst. Ob Religion für gut oder schlecht befunden wird, kann durch den Begriff selbst nicht geklärt werden. Religion und Religiosität besitzen zunächst eine neutrale Qualität, sie sind von sich aus weder positiv noch negativ. Wie jeder andere Zugang zur Welt muss sich – zumindest seit der europäischen Aufklärung – auch Religion Kriterien der Bewertung unterziehen. Demnach kann nur eine bestimmbare Form von Religion und Religiosität gut sein. Das Schulbuchkapitel bietet Möglichkeiten, sich in die komplexe Debatte um Herkunft und Gestalt solcher Kriterien einzubringen.

– **Welche anthropologischen Grundlagen besitzt Religion?**

Manchen Sch erscheint Religion als ein selbstreferenzielles System, dessen Rückbindung an eigene Erfahrungen unklar ist. Aus der Vielzahl möglicher anthropologischer Grundlagen wählt das Kapitel einen hermeneutischen und einen epistemologischen Ansatz heraus: Religion hat eine Basis in den Existenzfragen der Menschen, die nur in spezifischen Sprach- und Erkenntnisformen zu bearbeiten sind.

– **Wie kommt Religion ins Bild?**

Bilder haben in der Unterrichtsreihe »Religion vernetzt« eine eigene inhaltliche Qualität, sie fungieren nicht als bloße Illustration von benachbarten Texten. Zum Thema Religion besitzen die großen ikonografischen Traditionen der Weltreligionen eine Fülle unterschiedlichster Möglichkeiten, sich bildlich religiösen Praktiken und Inhalten zu nähern. Das Kapitel verzichtet auf eine Auswahl solcher Bilder. Es will vielmehr zu einigen Merkmalen von Religion – Transzendenz, Verehrung, unaussprechliches Geheimnis, das Umfassende – Material anbieten, das diese inhaltlichen Dimensionen mit den Mitteln der Kunst präsentiert. Diese Intention legt die Präsentation von Bildern aus der religiös nicht eindeutig gebundenen Tradition des 20. Jhs. nahe.

Kompetenzen

Nach der Bearbeitung des Kapitels können Sch

- unterschiedliche Definitionen von »Religion« erläutern und ihre Relevanz für ausgewählte religiöse Phänomene im kulturellen Bereich erörtern (Komp 1 – Wahrnehmungskompetenz, Komp 2 – Begriffskompetenz);
- den ideengeschichtlichen Hintergrund abendländisch verstandener Religionsfreiheit benennen und einzelne Probleme der Durchsetzung von Religionsfreiheit diskutieren (Komp 3 – Deutungskompetenz);
- das plurale religiöse Angebot nach Kriterien bewerten und diese auf die Grundlagen des interreligiösen Dialogs anwenden (Komp 4 – Dialogkompetenz);
- die semantische Struktur menschlicher Existenzfragen benennen und sie auf Formen religiöser Sprache beziehen (Komp 5 – Ausdruckskompetenz);
- Bilder der Kunst in einem religiösen Kontext analysieren (Komp 3 – Deutungskompetenz).

Aufbau

Das *Titelbild* (7) von Marc Rothko verdeutlicht mit seinen übereinanderliegenden Farbflächen, dass es im Kapitel um einen allgemeinen Zugriff auf eine Dimen-

sion von Wirklichkeit geht, deren Grund nicht an der Oberfläche sichtbar ist, sondern die Tiefe unserer Wirklichkeit meint (Komp 5).
Die additiv zusammengesetzten Elemente der *Kontextseite* (**8f.**) fordern Sch auf, sich den Inhalten und Fragen des Kapitels im Überblick zu nähern. Auf diese Weise kann die Struktur des Kapitels transparent werden und die Selbstständigkeit der Erarbeitung erhöhen.

Neben den wiederkehrenden Rubriken der Vernetzung zu den vorausgegangenen Schuljahren und zu den anderen Kapiteln des Buches sowie einer »Sehhilfe« zum Titelbild, bietet die *Pinnwand* (**10f.**) zwei Anregungen zur Präsenz von Religion im kulturellen Bereich (Rock/Pop) und zur Pluralität des Christlichen in Deutschland.

Auf Möglichkeiten und Schwierigkeiten einer Begriffsbestimmung von Religion weist *Orientierung 1* (**12f.**) hin, indem sie mehrere Definitionstypen präsentiert. Zudem führt sie Religiosität als eigene Dimension ein (Komp 2).

Die begrifflichen Annäherungen an Religion/Religiosität brauchen einen kulturellen Kontext, der auf *Orientierung 2* (**14f.**) als kulturreligiöser Wandel in Text und Bildvergleich dargestellt wird (Komp 1, 3).

Orientierung 3 (**16f.**) lädt zu einer Diskussion ein, die einen weiten Religionsbegriff auf den alltäglichen Umgang mit Computer und Internet bezieht. Auf diese Weise wird eine konkrete Entgrenzung des Religionsbegriffs vorgestellt und problematisiert (Komp 1, 3).

Orientierung 4 (**18f.**) und *Orientierung 5* (**20f.**) thematisieren Hintergründe und zwei Anwendungsformen der Religionsfreiheit. Beide Formen beziehen sich auf Themen (Moscheebau und Religionsunterricht), die unter der Überschrift »Religionsfreiheit« z. T. heftig diskutiert werden (Komp 2).

Orientierung 6 (**22f.**) fragt, wie der interreligiöse Dialog mit der Wahrheitsfrage umgehen kann oder ob der Dialog primär z. B. auf dem Hintergrund der in den großen Traditionen ähnlich formulierten »Goldenen Regel« auf gemeinsame praktische Aktionen setzen soll (Komp 3).

Wenn schon viele religiöse Angebote unsere Religionskultur prägen, stellt sich die Frage nach den Kriterien, die die Angebote bewerten. Bild und Text auf *Perspektive 1* (**24f.**) stellen unterschiedliche Angebote vor (Komp 3, 5).

Perspektive 2 (**26f.**) lässt Texte und Bild miteinander korrespondieren: Ein Grund für die Existenz von Religion liegt in den Fragen nach dem Ganzen von Mensch und Welt – z. B. fragen Menschen nicht nur, warum es dieses oder jenes Leid gibt, sondern auch, warum es überhaupt Leid gibt. Religion nimmt sich dieser Fragen an und entwickelt Antworten (Komp 4).

Da die großen Fragen keine einfachen Antworten ermöglichen, bedarf es für die religiösen Antworten spezifischer Sprachformen, für die *Perspektive 3* (**28f.**) eine Auswahl vorstellt (Komp 4).

Zu einem kleinen Experiment mit einem Spiegel, das in der Gruppe ohne großen Aufwand durchführbar ist, regt *Perspektive 4* (**30f.**) an, um die Begrenztheit und Perspektivität menschlicher Erkenntnismöglichkeiten zu erfahren und zu benennen und Religion als eine eigene Weise der Erkenntnis zu verdeutlichen (Komp 4).

Akzent (**31**) fordert auf zwei Ebenen zu einem eigenständigen Resümee des Kapitels auf: Die Bilder sollen unter einer neuen Fragestellung aufeinander bezogen und ein Diktum von Paul Tillich soll auf dem Hintergrund des Kapitels interpretiert werden (Komp 1-5).

Vernetzung mit anderen Themen im Schulbuch

Viele Vernetzungsmöglichkeiten sind auf **11, 37, 69** und **97** unter »Vernetzungen im Schulbuch« angegeben. Sie bilden wertvolle Hinweise, aufbauendes und vernetztes Lernen im Ansatz zu fördern und unterschiedliche religiöse Kompetenzen zu stärken. L kann die Vernetzung als einen Arbeitsgrundsatz mit dem Buch einbringen, wozu der Lehrerkommentar an den entsprechenden Stellen anregt. Als pädagogische Option und lernpsychologische Intensivierung ist Vernetzung so wichtig, dass Sch sie im besten Fall – als Ergebnis einer ernsthaften Anregung – wertschätzen und praktizieren.

Vernetzung mit den unteren Jahrgangsstufen

Über die auf **10** angegebenen Vernetzungsthemen der Kapitel zu den großen Weltreligionen in den Jahrgangsstufen 7-10 bietet sich eine weitere Anknüpfung an:
10.3 Jesus Christus:
In diesem Kapitel können schon andeutungsweise Formen religiöser Kulturhermeneutik (Jesus in Film, Kunst, Literatur und Musik) praktiziert worden sein, die eine gute Vorbereitung für die vertiefte Anwendung in diesem Kap. sein kann.

Vernetzung mit anderen Fächern

Kunst 11.2: Die Werkanalyse von Kunst und Design kann auch auf die Skulptur »Michael Jackson and Bubbles« von Jeff Koons bezogen werden.
Deutsch 11.3: Die Analyse sprachlich-stilistischer Mittel korrespondiert mit der Bearbeitung religiös relevanter Sprachformen auf **28-29**.
Musik 11/12.2: Musik als Ausdrucksform von Religion kann das Spektrum dieses Kapitels, das wesentlich auf Sprache und Bild setzt, um ein wichtiges Medium erweitern.

Religion

Titelseite 7

1. Hintergrund

Das **Titelbild** wirkt auf den ersten Blick eigenartig, da es keine unmittelbar sichtbare Verknüpfung zum Thema »Religion« bietet. Zudem haben manche Sch eine gewisse Abwehrhaltung gegenüber nicht-gegenständlicher Kunst. Sie erscheint ihnen fremd, handwerklich banal und inhaltlich leer. Die Auswahl des Bildes motiviert sich aus seiner thematischen Eignung, denn es kann im Kontext des Themas »Religion« wirken, ohne auf bestimmte Religionen Bezug nehmen zu müssen. Das inhaltliche Gewicht erhält das Bild im RU, wenn es als eine Antwort auf eine Frage betrachtet wird: Wie lässt sich Unsichtbares so darstellen, dass es unsichtbar bleibt? Dann kann sich die Idee des Künstlers, die handwerkliche Meisterschaft und der Bezug zum Kapitel erschließen. Zum Charakter von Religion gehört, die sichtbare Welt auf Unsichtbares hin zu öffnen, das Absolute, das Geheimnis als Wahrheit auszusagen. Das Bild von Mark Rothko bietet in der langen Tradition religiöser Ikonografie lediglich eine mögliche Antwort auf die gestellte Frage.
Die angedeuteten Schwierigkeiten machen eine langsame Annäherung plausibel (s. u. Einsatzmöglichkeiten im RU). Der Aufwand ist gerechtfertigt, da sowohl das Bild als auch die Frage im Kapitel mehrfach auftauchen.
Nach der Arbeit mit dem Bild können Sch sich mit der Frage nach der Darstellbarkeit von Nicht-Darstellbarem exemplarisch auseinandersetzen.

Mark Rothko (1903-1970)
Mark Rothko, am 29. September 1903 in Dvinsk, Litauen, geboren, stammt aus einer jüdisch-russischen Familie. Seine Eltern wanderten 1913 in die USA aus, wo der Maler bis zu seinem Freitod (am 25. Februar 1970 in New York) lebte. In seinen Arbeiten spiegeln sich zunächst expressionistische und surrealistische Einflüsse, die immer deutlicher werdende Tendenzen zur Abstraktion aufweisen. Ab 1947 verzichtete er auf jegliche Andeutung von Gegenständlichkeit und konzentrierte sich auf Bilder, die hintereinander gelagerte Farbflächen mit unscharfen Umrissen zeigen.

Mark Rothko: »Ohne Titel«, 1953
Auf einem nur an den Rändern sichtbaren grauen Grund fallen zunächst die beiden großen Farbflächen in Rosa/Violett und Schwarz auf. Am unteren Bildrand – bei genauer Betrachtung auch am oberen Rand und zwischen den beiden Farbflächen – sind Teile in Orange zu sehen. Die obere kleinere Fläche ist nicht ganz monochrom, sondern in unregelmäßiger Dichte aufgetragen. Vor allem zu den Rändern hin vermischt sich die rosa/violette Fläche mit der orangefarbenen und der grauen Fläche. Der wuchtige untere Teil besteht aus einer schwarzen Fläche, deren Farbauftrag ebenfalls nicht satt deckend ist. Die Flächen weisen rechteckig oszillierende Formen auf, denen jedoch die unscharfen, fast verlaufenden Ränder ihre geometrische Genauigkeit und Strenge nehmen. Die nur wenig sichtbaren Teile in Orange bilden eine zusammenhängende Fläche, die Rothko auf die graue Grundfläche aufgetragen und dann durch die beiden sichtbaren Farbflächen übermalt hat. Insgesamt handelt es sich also um vier, verschieden deutlich sichtbare Flächen, die auf drei Ebenen erscheinen. Die hintereinander angeordneten Farbflächen geben dem Bild seinen entscheidenden Charakter: die Dreidimensionalität. Besonders die schwarze Fläche wirkt von ihrem Hintergrund so abgesetzt, dass sie zwischen Betrachter und Bildfläche zu schweben scheint.
Da sich Rothko von vorgegebenen Formen verabschiedet hat, steht jede Farbe für sich selbst. Sie erfüllt keine sekundäre Funktion, muss keine Form ausfüllen, sondern ist Form, Raum und Inhalt in einem. Die Emanzipation der Farbe gibt ihr eine umgreifende Bedeutung, sie ist mehr als ihre physikalische Präsenz, sie steht nicht für dieses oder jenes, sondern für alles. Damit korrespondiert die Größe des Bildes – sie sollte für einen sachgemäßen Einsatz im RU beachtet werden –, die die Betrachter mit sich, ihrem Leben und ihrer Wirklichkeit konfrontieren will.
Die großformatigen, weichkantigen Flächen mit ihren unterschiedlich transparenten Farbschichten und Lasuren auf einem monochromen Grund und der auf diese Weise erzielte Eindruck von Dreidimensionalität legen eine Sehweise nahe, die unter der Überschrift »sehen und dahinter schauen« steht. Es scheint, als ob es hinter den großen Farbflächen etwas zu entde-

cken gäbe. Sie verhüllen, ohne anzudeuten, was sie verbergen. Die Interpretationsoffenheit, die durch die Reduktion auf Farbflächen vorhanden ist, wird durch ein genaues Hinsehen auf deren Anordnung gerichtet und beginnt in verschiedenen Kontexten zu sprechen. Im psychoanalytischen Zusammenhang etwa fordert das Bild auf, hinter dem Bewussten Unbewusstes und Unterbewusstes zu entdecken. Rothkos jüdische Herkunft sowie seine Beschäftigung mit Mystik machen eine noch tiefer gehende Deutung plausibel: Hinter aller Wirklichkeit findet sich etwas, das als Geheimnis dieser Wirklichkeit vorhanden ist und in seinem Geheimnischarakter gewahrt werden muss. Die hintereinander liegenden Farbflächen regen an, das Vordergründige für mögliche Hintergründe transparent zu machen, hinter dem Sichtbaren das Unsichtbare zu suchen. Bei dem Versuch, das Nichtdarstellbare als solches darzustellen, verzichtet das Bild auf jede inhaltliche Präzisierung. Demnach wäre es sinnwidrig, die Farben etwa allegorisierend auszudeuten – Schwarz würde z. B. für den Tod, Orange für Vitalität stehen. Provokativ und deutungsbedürftig ist vielmehr der Eindruck, dass sich das Hintergründige nur verhüllt zeigt, weil es dafür kein unverschleiertes Bild geben kann.

2. Einsatzmöglichkeiten im RU

Ein Bild des Unsichtbaren entwerfen

- Bevor die Erarbeitung des Titelbildes beginnt, entwerfen Sch ein Bild, das Unsichtbares als Unsichtbares darstellt. Formal sind dabei keine Grenzen gesetzt. Inhaltlich wählen Sch ganz persönlich aus, was für sie unsichtbar ist und wie sie sich ihm malend/zeichnend nähern. Es ist auch möglich, den Sch Themen für ihr Bild vorzugeben, z. B. »Die Seele«, »Das Unterbewusstsein«, »Gott« ... Ihre Ergebnisse konfrontieren Sch mit dem Bild Rothkos.

Geschichte erzählen: Das Unsichtbare

- Als Alternative oder Ergänzung zum Bildentwurf werden Sch aufgefordert, nach einer eindringlichen – ggf. durch Musik unterstützten – Betrachtung des Bildes von Rothko ihre Geschichte vom Unsichtbaren zu erzählen. Auch hier liegt der Akzent darauf, Unsichtbares nicht durch Sprache abzubilden, sondern ihm den Charakter des Unsichtbaren zu lassen. Beim Vortrag im Plenum liegt ein Akzent auf der Verbindung der Erzählung zum Bild.

Das Titelbild

PINNWAND 11

- Für die Deutung des Titelbildes ist es hilfreich, es vergrößert (OHP, Beamer) zu präsentieren, da das Original mit 194 x 171 cm großformatig ist.
- Falls eine vergrößerte Präsentation möglich ist, werden Sch aufgefordert, durch den Raum zu gehen, um sich dem Bild aus verschiedenen Blickrichtungen zu nähern. Danach schildern Sch möglichst genau ihre Eindrücke und Perspektiven und stellen eine Verbindung zum Begriff »Religion« her.
- Ohne Vergrößerung beschreiben Sch ihren Mit-Sch, die das Bild nicht sehen, in PA die Bildvorlage. Die Beschreibung soll so genau sein, dass der/die Partner/in sich das Gemälde vorstellen und zu einer ersten Deutung kommen kann. Im Plenum werden die Seheindrücke sowie die Deutungen ausgetauscht und auf ihre Plausibilität überprüft.
- Vor allem für Gruppen, die in der Bildbetrachtung weniger geübt sind, kann der Einführungstext auf **11** eine Hilfe sein. Sch schauen zunächst auf das Titelbild, beschreiben es, lesen den Einführungstext, nehmen die Anregungen auf und versuchen nach dem »zweiten Blick«, das Bild zu deuten.

Gottesbilder erkunden

- Zeichnungen, Bilder und Symbole, mit denen Menschen versuchen ihr Bild vom unsichtbaren Gott zu verdeutlichen, bilden eine Fundgrube für unterschiedliche Möglichkeiten der Darstellung des Unsichtbaren. **M 11.1.1, Lehrerkommentar S. 37**, zeigt eine Auswahl solcher Wege, die sich als Verfremdung, Symbolisierung, Eigenschaftsandeutung oder Versprachlichung charakterisieren lassen.
- Sch benennen für die Zeichnungen den gewählten Weg und interpretieren auf diesem Hintergrund das Bild von Rothko.

Offenbarungstexte aus den Religionen

- Die Lösung, die das Bild Rothkos für die Darstellung des Unsichtbaren bietet, lässt sich mit erzählten Bildern zur Gottesoffenbarung aus unterschiedlichen religiösen Traditionen vergleichen. **M 11.1.2, Lehrerkommentar S. 38**, stellt drei Texte vor, die die Eigenart einer Gottesoffenbarung zwischen Erwartung und ihrer Überbietung in verschiedenen Erzählbildern andeuten.
- Sch bearbeiten die Texte und stellen Analogien zum Gemälde Rothkos her.

1. Hintergrund

Diese DS versteht ihre Bezeichnung als »Kontextseite« in einem doppelten Sinn:

- Zum einen sind verschiedene Kontexte – kulturreligiös, interreligiös, epistemologisch, existenzial und semantisch – für die Frage nach Religion durch kleine Materialien repräsentiert.
- Zum anderen gibt die DS einen Überblick zum Kapitel, da die eigenständigen Materialien die Themen der DS vorstellen und sie in einen Zusammenhang stellen. Ihre Anordnung folgt bewusst nicht der thematischen Gliederung der DS, da sonst die auf **9** angegebene Zuordnungsaufgabe ihren Sinn verlieren würde. Einige Elemente lassen sich auch mehreren Seiten zuordnen und umgekehrt, z. B.:

Element	**Doppelseite**
Die drei Bilder religiöser Bauten	Religion im Wandel **14f.**, Religionsfreiheit 1 **18f.**, Wahrheit, Toleranz, Dialog **22f.**
»Die Mathematik sagt ...«	Vom Unaussprechlichen sprechen **28f.**
Zitat von Alex, Petra	Religion im Wandel **14f.**, Computernutzung **16f.**, Religiöse Angebote befragen **24f.**
Religion	Religion und Religiosität **12f.**
Karikatur	Wahrheit, Toleranz, Dialog **22f.**
Gedicht: »so ist es«	Stückwerk ist unser Erkennen **30f.**
Liedtext: »How many years«	Religion sucht Antworten **26f.**, Vom Unaussprechlichen sprechen **28f.**

Nach der Bearbeitung dieser DS kennen Sch wichtige Fragen zum Thema »Religion« und verfügen über erste Einsichten, wie diese Fragen beantwortet werden können.

Die Bilder religiöser Gebäude
Die drei Bilder mit Bauten verschiedener Religionen besitzen einen unterschiedlichen Charakter:

- Das Bild aus Mannheim mit dem Minarett der Yaruz Sultan Selim Moschee und dem Turm der katholischen Liebfrauenkirche steht für die Frage nach dem Miteinander von Islam und Christentum in Deutschland. Das Bild ist bemerkenswert, da die Größenverhältnisse perspektivisch nicht exakt wiedergegeben sind: Das Minarett der sehr großen Moschee ist nicht halb so hoch wie der Kirchturm.
- Die kleine Heilig-Kreuz-Kirche, deren älteste Teile aus dem frühen 9. Jh. stammen, steht einsam vor dem neuen Kultbau des Münchner Fußballs – der Allianz-Arena. Ursprünglich gab es hier das Dorf Fröttmaning, zu dem die Kirche gehörte. Das Bild gewinnt seine Aussage vor allem durch den Bezug zu **14** und der Frage nach dem Wandel des Religiösen.
- Die neue Hauptsynagoge Münchens, Ohel Jakob (Zelt Jakobs, www.juedischeszentrumjakobsplatz.de), wurde am 9. November 2006 eingeweiht und ist Teil eines Ensembles, zu dem ein jüdisches Museum sowie das Gemeindezentrum der Israelitischen Kultusgemeinde in München und Oberbayern gehören. Im Kontext des Kapitels weist das Bild auf das Grundrecht der Religionsfreiheit hin, das durch die Nationalsozialisten und die Reichspogromnacht am 9. November 1938 gewaltsam ausgelöscht wurde.

Die Definitionen von »Religion«
Während auf *Orientierung 1* (**12f.**) Wege zur Bestimmung des Begriffs »Religion« angegeben werden, ermöglichen die sechs Definitionen einen ersten Blick auf die Vielzahl möglicher Bestimmungsversuche. Die Auswahl will lediglich verschiedene Ansätze zeigen, die von Philosophen, Theologen und einem Soziologen aus dem 19. und 20. Jh. stammen. Sie können in einem ersten Schritt mit den zitierten kulturreligiösen Aussagen von Alex und Petra konfrontiert werden.

Karikatur: Gott jongliert mit den Religionen
Die Karikatur ist leicht zu entziffern. Das Bild vom alten Mann mit Bart, der mit dem göttlichen Augensymbol auf einer Wolke steht, hat einen sofortigen Erkennungswert. Er jongliert – sichtlich bemüht – mit fünf Symbolen aus vier Weltreligionen: Das lateinische und das etwas verunstaltete russische Kreuz rahmen eine Buddhafigur, den Davidstern sowie die Mondsichel mit Stern ein.
Soll die Karikatur ein Bild für die Annahme darstellen, für Gott seien die Religionen gleichwertige, aus-

tauschbare Traditionen oder wirbelt er sie einfach nur durcheinander? Was passiert, wenn der Jongleur einen Fehler macht und ihm ein Symbol aus den Händen fällt? Spielt das Größenverhältnis zwischen Gott und den Religionssymbolen eine Rolle? Verbindet sich mit der Karikatur ein Auftrag zum interreligiösen Dialog?

Peter Bichsel: »so ist es«
Der kleine, sprachlich einfache Text ist in seiner Aussage ebenso symmetrisch wie antithetisch aufgebaut. Die erste und letzte Zeile behaupten gleichlautend »so ist es«, doch folgt der einleitenden Behauptung ein distanzierender Hinweis: »die Leute« pflegen so zu sprechen; der Autor deutet mit dem nachgestellten »sagt man« bereits seinen späteren Vorbehalt an. Vorweg aber soll ein »Beispiel« den Sprachgebrauch erläutern: »ein baum zum beispiel ist so«. Es geht nicht um »einen Baum«, überhaupt nicht um etwas Bestimmtes, sondern um die alltäglichen Fest-Stellungen: So ist der Meier! So eine ist die! So schlecht sind die Leute ...! Die Feststellung »ein baum zum beispiel/ist so« wird mit der folgenden allein stehenden Zeile noch einmal aufgenommen und bekräftigt: »so ist ein baum«. Dann folgt der dreizeiligen Aussage »ein baum zum beispiel/ist so/so ist ein baum« eine widersprechende, ebenfalls dreizeilige Behauptung: »und ein baum ist nicht so/und alles ist nicht so/so ist es«. Was für das Beispiel Baum nicht gelten soll, soll für nichts und niemanden gelten: Keine Wirklichkeit lässt sich so definieren, dass sie sich darin als sie selbst darstellt; was immer über »Gott und die Welt« gesagt wird, »ist« nicht einfach das sichtbare Objekt, weil allein schon die Festlegung der Wirklichkeit als objekthaft ihre Vergewaltigung bedeuten kann. Das abschließende »so ist es« steht in dialektischer Spannung zur Bestreitung der vorausgegangenen Feststellung: Dem objektivierenden, aber subjektiven Urteil folgt der Widerspruch »und alles ist nicht so«. Um diese inhaltliche Struktur zu verdeutlichen, kann das Gedicht mit entsprechenden Betonungen laut vorgetragen werden.

2. Einsatzmöglichkeiten im RU

Sch ordnen den Elementen DS des Kapitels zu
- Mithilfe von **M 11.1.3, Lehrerkommentar S. 39,** das den Sch eine Struktur vorgibt, erfüllen Sch die Aufgabe.

Sch stellen Fragen zu den Elementen der DS
- Selbstverständlich beziehen sich die Fragen auf das Kapitelthema (s. Tabelle oben).
- Die Aufforderung kann in PA oder KG bearbeitet werden und nach oder vor der Zuordnung der Elemente zu den DS des Kapitels erfolgen.

Sch entwickeln Ideen oder einen Plan für die Arbeit mit dem Kapitel
- Wenn Sch die Themen und Fragestellungen des Kapitels überblicken, können sie sich an der Planung der Arbeit mit dem Kapitel beteiligen. Sie listen in GA auf:
- in welcher Reihenfolge sie die Themen bearbeiten wollen,
- wie sie einzelne Arbeitsformen – z. B. Referat/Präsentation, Internetrecherche oder auch Lehrervortrag – ein- und zuteilen,
- auf welche Weise sie eine Zusammenfassung und Ergebnissicherung der Arbeit mit dem Kapitel leisten werden (mögliche Beispiele auf der Akzentseite).

Pinnwand 10 11

Folgende Arbeitsimpulse der *Pinnwand* (**10f.**) werden im Lehrerkommentar aufgegriffen:

Vernetzen Sie Ihr Wissen aus den vorangegangenen Jahren	S. 27
Knockin' on heaven's door	S. 23
Das Titelbild	S. 16
Kirche und christliche Gemeinschaften in Deutschland	S. 28
Vernetzungen im Schulbuch	S. 20, 28, 33

1. Hintergrund

Was Religion ist, erscheint Sch häufig auf den ersten Blick recht klar zu sein: Religion ist Glaube an Gott, Religion ist das, was in der Kirche oder den Gotteshäusern passiert. Wird der Blick z. B. durch eine wissenschaftliche Beschäftigung mit dem Begriff geweitet, wird er differenzierter und verliert seine alltagssprachliche Eindeutigkeit. Dabei ist seine Verbreitung recht jung, denn erst in der zweiten Hälfte des 18. Jhs. setzt eine Diskussion um den Begriff und seine Reichweite ein. Es galt, die neu entdeckte Vielfalt der Religionen zu begreifen und einen Begriff zu finden, mit dem man konkrete Religionen miteinander vergleichen kann. Dazu gesellte sich die aufkommende Religionskritik, also nicht die Kritik an einer religiösen Tradition, sondern an dem dahinterliegenden, allgemeinen Phänomen. Mehr noch: Mit der zunehmenden Wahrnehmung, Deutung und Kritik von Religion wird er zu einem Begriff, der hinter vielen Kultur- und Gesellschaftsdebatten von grundlegender Tragweite stand und auch heute noch steht. Die Debatten um Werte, Gewalt und Terrorismus, Hierarchie und Gleichberechtigung, Würde des Menschen u. Ä. kommen ohne expliziten oder impliziten Rekurs auf Religion nicht aus. Dies hat aber keineswegs zu einem dominanten Begriffsinhalt geführt, sondern gemäß der Vielfalt weltanschaulicher Positionen, institutioneller Kontexte und Interessenlagen zu einer kaum noch überschaubaren Vielzahl von Definitionen.
Aus diesem Befund lassen sich für den RU drei Folgen ziehen:

1. Die Bearbeitung des Phänomens und des Begriffs Religion ist Element allgemeiner Bildung und nicht an die Integration der Sch in eine religiöse Tradition gebunden.
2. Sch dürfen nicht mit nur einer Definition von Religion konfrontiert werden. Sie setzen sich vielmehr mit der Unterschiedlichkeit und der methodologischen Vielfalt der Definitionen auseinander, um Religion differenziert wahrnehmen, Phänomene auf begrifflichem Hintergrund deuten und an den Debatten um den weiten Gegenstandsbereich von Religion kompetenter teilnehmen zu können.
3. Die Unterscheidung von »Religion« und »Religiosität« erweitert das Begriffsfeld, da durch Religiosität die subjektive Position als eine eigenständige Größe neben die tradierten und kulturell wirksamen Formen von Religion tritt.
   Wenn die DS erarbeitet ist, können Sch den Religionsbegriff problematisieren und ihn in mehrfacher Weise erweitern, ein- oder abgrenzen. Die DS macht dafür mehrere Angebote:

- Zunächst stellt sie drei Wege vor, die in unterschiedlicher Weise den Religionsbegriff bestimmen. Damit ist weder Vollständigkeit intendiert noch ist die präsentierte Aufteilung zwingend. Die **Dreiteilung** setzt die einzelnen Wege deutlich voneinander ab und bietet eine überschaubare Matrix, die sich auch für die Definition anderer Begriffe eignet.
- Auf **13** steht die Frage nach der Wechselbeziehung von intersubjektiver Religion und subjektiver Religiosität im Mittelpunkt. Der **Text** von Martin Riesebrodt geht definitorisch vor, die These des **Zeitschriftencovers** und die Grundaussage des **Gedichts** von Kurt Marti lassen sich als widersprechende Positionen lesen: Kurt Marti bestreitet, dass das subjektive Gottesbild und der entsprechende Glaube nur vom »Ich« bestimmt wird.

2. Einsatzmöglichkeiten im RU

Brainstorming zum Begriff »Religion«

- In KG führen Sch ein Brainstorming zum Begriff »Religion« auf Plakaten durch, um die eigenen Voraussetzungen und Wertungen sich selbst und anderen zu verdeutlichen.
- Die KG können die Plakate wechseln oder es wird an der Tafel gemeinsam eine Systematisierung versucht.

Schreibgespräch führen

- Als Alternative zum Brainstorming führen Sch ein Schreibgespräch zum Thema »Schalke 04 ist Religion«. Angesichts dieser Position können eigene Begriffsmerkmale deutlich werden, die der Position widersprechen, sie befragen oder ergänzen.

Definitionstypen und Definitionen einander zuordnen

- Im UG oder in EA werden die sechs Kurzdefinitionen von Religion auf **8** den drei auf **12** beschriebenen Definitionstypen zugeordnet. Auch wenn nicht in jedem Einzelfall eine eindeutige Zuordnung möglich ist, kommt es auf exakte Begründungen an.
- **M 11.1.4, Lehrerkommentar S. 40**, bietet weitere, etwas ausführlichere Definitionen von Religion an, die sich in diesen Arbeitsschritt integrieren lassen.
- Am Ende der Erarbeitung kann die Einsicht stehen, dass Religion ein komplexer Bereich ist, der sich durch Begriffsdefinitionen nur schwer sachgerecht erfassen lässt.

Kritik der Definitionstypen

- Kritikfähig sind nicht nur einzelne Begriffsbestimmungen von Religion, sondern auch die übergeordneten Typen, die zu einer Definition führen. Auf **12** werden sie beschrieben, eine Einordnung oder Beurteilung ist noch offen.
- Sch vergleichen die drei Typen, indem sie zu jedem Typ eine These zur Frage »Was leistet dieser Definitionstyp?« und eine These zur Frage »Was leistet dieser Typ nicht?« aufstellen. Die Kriterien leiten sich sowohl aus dem direkten Vergleich her als auch von den Bedingungen, die auf **13** in der unteren Hälfte der zweiten Spalte formuliert sind.
- Zur Erarbeitung oder zur Überprüfung des schon geleisteten Vergleichs ziehen Sch **M 11.1.5, Lehrerkommentar S. 41**, heran. Es listet Probleme der einzelnen Definitionstypen auf. Sch analysieren die Kritikpunkte und legen eine Reihenfolge der Typen fest, die sich nach ihrer Plausibilität richtet: Welcher Typ hat aus welchen Gründen die größte Stimmigkeit? Im Plenum vergleichen Sch ihre Positionen und Gründe.

DS von ihrem Ende her bearbeiten

- Die DS kann auch von den »Bedingungen an eine Religionsdefinition«, die am Ende der rechten Spalte auf **13** formuliert sind, erarbeitet werden.
- Nachdem Sch die Bedingungen gelesen haben und mögliche Verstehensprobleme geklärt sind, wenden sie in GA die genannten Bedingungen auf die Typen auf **12** und/oder die Definitionen auf **8** und **M 11.1.4, Lehrerkommentar S. 40**, an.

Religion – Religionen – Religiosität

- In zwei (»Religion«, »Religiosität«) oder in drei Spalten (zusätzlich »Religionen«) listen Sch unterschiedliche Beziehungen zwischen den gewählten Begriffen auf.

Wer bestimmt, was Religion ist?

- Sch beantworten aus den Materialien der DS diese Frage. Ob Religion als Religiosität vom Einzelnen bestimmt wird, aus einer zu bestimmenden Gemengelage von vorgegebener Tradition und subjektiver Adaption oder ganz institutionell vorgegeben ist, soll entschieden werden. In EA schreiben Sch ein kurzes Plädoyer für die Antwort, die ihnen plausibel erscheint.
  Alternative: Sch bearbeiten die Frage »Wer bestimmt, was Religiosität ist?«.

3. Weiterführende Anregung

Gottesbegegnung (Kap. 2) und Religionsbegriff

- Die Bearbeitung einer oder mehrerer DS aus Kapitel 2 kann zu einer biblischen Profilierung des Religionsbegriffs und zu einer Vernetzung im Schulbuch beitragen. Zwar kennt die Bibel den Begriff »Religion« nicht, aber sie setzt sich intensiv mit dem Bereich auseinander, der in der Moderne Religion genannt wird. Die Bearbeitung kann in GA erfolgen:
- Jede Gruppe liest eine DS aus **42-51**, ergänzt durch den ggf. nicht abgedruckten biblischen Text. Die DS werden nicht unter dem thematischen Fokus des 2. Kapitels erarbeitet, sondern nur hinsichtlich ihres Beitrags zur Füllung des Religionsbegriffs: Welche phänomenalen, inhaltlichen oder funktionalen Akzente setzen biblische Erzählungen? Von welchen Voraussetzungen oder Selbstverständlichkeiten in Bezug auf Religion gehen sie aus?
- Nach einer Erarbeitung in der KG setzen sich neue KG, die aus je einem Mitglied der ersten Gruppenarbeitsphase bestehen, zusammen (Gruppenpuzzle). Nun informieren Sch sich gegenseitig über die gemachten Beobachtungen.
- Der Bezug auf den Religionsbegriff ist auch während der Arbeit am 2. Kapitel möglich, um die entsprechenden Seiten unter einem bekannten Begriff aus dem 1. Kapitel zu resümieren.

Religion im Wandel

Orientierung 2 14 15

1. Hintergrund

Nach dem mehrperspektivischen Blick auf die Begriffe »Religion«/»Religiosität« werden diese nun in der Gegenwart positioniert. Dies wird auf der Textebene durch zwei Abschnitte zu »Säkularisierung« und »Zerstreuung der Religion« und auf der Bildebene durch ein Vergleichsangebot geleistet. Der **Bildervergleich** kann als eine mögliche Konkretisierung der in den Texten angebotenen Entwicklung aufgefasst werden.

Die Elemente lassen sich nur sachgerecht bearbeiten, wenn Sch die Breite des Religionsbegriffs und seiner Definitionswege verstanden haben. Denn die von **Hans-Joachim Höhn** analysierte Zerstreuung der Religion betrifft phänomenologische, inhaltliche und funktionale Aspekte von Religion. Um den Gehalt dieser Position zu erkennen, ist für viele Sch der Hinweis wichtig, dass es sich um eine religionssoziologische Charakteristik von Phänomenen handelt, die von außen an sie herangetragen wird und nicht unbedingt

aus der Innenperspektive der Beteiligten kommt. Sie kann aber mit der Innenperspektive übereinstimmen, wie die beiden Äußerungen zur religiösen Signatur des Fußballs und der Musik auf **8** zeigen.
Nachdem Sch die Text- und Bildelemente bearbeitet haben, können sie Religion im Zusammenhang mit Säkularisierung für die Analyse ausgewählter kultureller Bereiche benutzen. Sie unterscheiden zwischen Religion im engeren Sinn als Bezeichnung der großen religiösen Traditionen und im weiteren Sinn als Phänomen, das unterschiedliche Lebensbereiche mitprägt.

Jeff Koons (geb. 1955)
Jeff Koons wird 1955 in York, Pennsylvania geboren. Der Vater besitzt ein Geschäft für Innenausstattung, die Familie der Mutter stellt einflussreiche Politiker und erfolgreiche Geschäftsleute. Koons wächst mit seiner älteren Schwester Karen auf und erhält ab dem fünften Lebensjahr Zeichenunterricht. Nach Vorlagen alter Meister fertigt Koons Kopien an, die der Vater im Schaufenster des eigenen Möbelgeschäfts präsentiert und verkauft, als der Sohn zehn Jahre alt ist. Ab 1972 studiert Koons am Maryland Institute College of Art in Baltimore Kunst und Design. 1979 beginnt er mit der Konzeption von Alltagsgeräten, die auf Leuchtstoffröhren montiert sind (Pre-New), die ihre Fortsetzung in den Arbeiten der Serie »The New« finden: fabrikneue Staubsauger, die in Plexiglasvitrinen untergebracht und mit Leuchtstoffröhren beleuchtet sind. 1988 findet die Ausstellung seiner Werkserie »Banality« simultan in drei Galerien statt, weshalb die Skulptur »Michael Jackson and Bubbles«, die zu dieser Werkserie gehört, in dreifacher Ausfertigung existiert. Seither werden seine Werke weltweit ausgestellt, für Europa war besonders die Schau im Schloss von Versailles 2009 von großer Wirksamkeit.

Jeff Koons: »Michael Jackson and Bubbles«, 1988
Die Skulptur »Michael Jackson and Bubbles« ist Teil der Serie »Banality«, die aus großen Porzellan- sowie geschnitzten Holzskulpturen und Spiegeln besteht. Die überlebensgroße Skulptur wurde auf der Grundlage eines Fotos aus aufwendig bemaltem Porzellan gefertigt. Der Popstar hält sitzend seinen damaligen Spielgefährten, den Schimpansen »Bubbles«, auf dem Schoß. Beide tragen dieselbe Fantasieuniform, während das Podest, auf dem sie sitzen, und der Schoß des Affen mit Blumenblüten übersät sind. Die weiße Glasur des Porzellans ist dabei fast vollständig in goldener Farbe gefasst, nur die Gesichter und Details der Kleidung sind weiß geblieben. Die schwarz geschminkten Augen und die roten Lippen sind bei Affe und Mensch vollkommen identisch. Porzellan ist in der Kunstgeschichte ikonografisch bedeutsam verortet als ein kostbares Material, das vor allem im höfischen Kontext seine Verwendung fand. Das Porzellan korreliert, besonders was den skulpturalen Bereich bzw. den Bereich der Miniaturskulpturen angeht, mit Barock und Rokoko, was Koons explizit in dieser Werkserie zitiert, indem er sich nicht nur einer besonderen Materialität zuwendet, sondern sich auch der Formensprache des späten Barock bedient (vgl. Dengler, S. 225).
Die Skulptur ist je nach Deutungskontext unterschiedlich interpretierbar: Sie kann als durchaus kitschige Würdigung des »King of Pop« – der Titel stammt freilich erst aus den Neunzigern – verstanden werden. In ihr lässt sich auch eine satirisch vorgetragene Kritik an der Überhöhung von Michael Jackson sehen, da sie ihn mit den Merkmalen des Rokoko infantil stilisiert, ohne einen Hinweis auf seine inhaltliche Bedeutung zu geben. Die Skulptur kann zudem die bei vielen Menschen vorfindbaren Kriterien für eine Ästhetik des Schönen repräsentieren, die den Glanz der Oberfläche für wichtiger hält als eine inhaltliche Auseinandersetzung mit unterschiedlichen Lebensbereichen durch Kunst. Die DS bietet einen religiösen Kontext zur Interpretation an, der durch den Vergleich mit einer spätbarocken Heiligenskulptur nahegelegt wird. Dabei steht die Imitation der barocken Material- und Farbgebung im Vordergrund, die den global verehrten Popkünstler als einen Heiligen stilisiert. Insofern steht die Skulptur exemplarisch für die Wanderung von Religiösem in den kulturellen Bereich. Sie regt dazu an, die inhaltliche Substanz dieser Wanderung zu diskutieren.

Johannes der Täufer
Johannes der Täufer und Johannes der Evangelist sind die Namenspatrone der Pfarrkirche von Röhrmoos bei Dachau. Ihre lebensgroßen, aus Holz geschnitzten Statuen rahmen das Gnadenbild des reich vergoldeten barocken Hochaltars ein. Sie stammen aus dem 18. Jh. und sind 2002-04 restauriert worden. Die mit einem zeigenden Gestus präsentierte Statue von Johannes dem Täufer wird mit einem – schon im Text auf **15** beschriebenen – Kreuzstab mit Spruchband ausgestattet. Auffällig ist die Kleidung: Das biblische Gewand aus Kamelhaaren und dem ledernen Gürtel (Mk 1,6) ist in eine vergoldete Tracht mit goldenen Sandalen transformiert. Zusammen mit dem goldenen Strahlenkranz symbolisiert diese Form der Darstellung die von Gott kommende Heiligkeit des Täufers. Die barocke Inszenierung interessiert weniger eine Reproduktion der biblischen Vorgabe, sondern die Position des Täufers für den Glauben der Kirche. Die Versilberung des Lamms bildet in der barocken Formensprache keine Abwertung gegenüber dem sonst vorherrschenden Gold. Auf dem Hintergrund

von Ex 30,11-16 fungiert Silber als Zeichen für Erlösung: So wie das Volk Israel Silberschekel als Lösegeld gab, gibt sich Jesus, das Lamm Gottes, für die Sünde der Welt.

2. Einsatzmöglichkeiten im RU

Religion – Religiosität – Säkularisierung

- Sch erstellen eine beschriftete Grafik, die inhaltliche Zusammenhänge zwischen Religion, Religiosität und Säkularisierung verdeutlicht. Sie können alle drei Begriffe parallel stellen oder von einem Begriff als Zentrum der Grafik ausgehen.

Schalke 04 und Musik sind Religion

- Sch nutzen ihre Begriffskompetenz zu Religion, Religiosität und Säkularisierung, um die beiden Äußerungen von Alex und Petra auf **8** zu kommentieren. Sie analysieren, welcher Zugang zu Religion hinter diesen Äußerungen steht, welche Formen von Religiosität angesprochen werden und wie Säkularisierung zum Ausdruck kommt. Diesen Kommentar können sie in EA oder PA schreiben.
- Zusätzlich können sie einen kulturellen Bereich integrieren, der von jungen Menschen analog aufgefasst wird.

Gesundheitsreligion

- Für Gruppen, die Schwierigkeiten haben, weitere Bereiche für die Zerstreuung des Religiösen zu benennen, kann **M 11.1.6, Lehrerkommentar S. 42**, eine Hilfe sein. Die recht pointierten Aussagen von Manfred Lütz über Gesundheit als moderne Religion bilden ein bemerkenswertes Beispiel für die Anwendung des Religionsbegriffs auf einen bislang außerreligiösen Bereich.

Mehr oder weniger Religion?

- Als modifizierende Ergänzung zu den Texten auf **14** bearbeiten Sch **M 11.1.7, Lehrerkommentar S. 43**.

Säkularisierung in der Skulptur?

- Im UG werden die beiden auf **15** abgebildeten Skulpturen verglichen. Wenn eher von tradierter Religion ausgegangen wird, bietet sich zuerst die detaillierte Beschreibung und Funktionszuweisung der Johannesskulptur an. L kann zur Farbsymbolik und ggf. zum späten Barock zusätzliche Informationen einstreuen. Darauf folgt die Beschreibung der Skulptur von Jeff Koons, für die Sch evtl. noch Kenntnisse über Michael Jackson einbringen oder einen bekannten Titel von ihm einspielen, was aber nicht unbedingt notwendig ist.
- Der Vergleich kann dann innerhalb der Begriffstrias Religion – Religiosität – Säkularisierung vorgenommen werden. Das UG soll die Plausibilität des Vergleichs diskutieren.

Computernutzung als religiöser Akt?

Orientierung 3 16 17

1. Hintergrund

Die DS stellt ein aktuelles Beispiel religiöser Kulturhermeneutik vor – und zur Diskussion. Damit wendet sie einen Teil der terminologischen Arbeit auf den beiden vorangegangenen DS an. Die **Überschrift** ist als provokative Frage formuliert, weil sie zwei Dimensionen zusammenstellt, die zunächst nichts miteinander zu tun haben. Nach der Bearbeitung der DS können Sch diese Frage differenziert beantworten.
Der **Aufbau der DS** ist schematisch: Nach einem kurzen Einführungstext werden drei Aussagen jugendlicher Computernutzung präsentiert. Sie werden mit einer religiös relevanten Frage eingeleitet und mit Elementen aus der religiösen Tradition konfrontiert. Diese Konfrontation begründet sich aus den inhaltlichen Vorgaben der Aussagen und stellt Parallelen zu religiösen Inhalten oder Praktiken her.
Die Aussagen der Jugendlichen stammen aus einer empirischen Untersuchung der evangelischen Religionspädagogin Astrid Dinter (Adoleszenz und Computer. Von Bildungsprozessen und religiöser Valenz, Göttingen 2007). Sie hat die Sprache der Jugendlichen entweder direkt übernommen – daher stammen einige grammatikalische Unebenheiten – oder einzelne Zitate in eine Zusammenfassung der Äußerung eingefügt. Sie resümiert ihre Untersuchung u. a. mit folgenden Sätzen:
»Im Zusammenhang der Computernutzung Jugendlicher tauchen – sowohl bei männlichen als auch bei weiblichen Jugendlichen – explizit metaphysische Deutungen auf. Dabei formulieren diese – ausgehend vom Bericht über die Bedeutung ihres Computerumgangs für ihre Lebenszusammenhänge – Fragen nach der Letztverursachung der Wirklichkeit, nach der Relation von Mathematik und technischer Schöpfung. Sie staunen angesichts der Schönheit technisch generierter, virtueller Welten, ziehen Schlussfolgerungen im Hinblick auf ihre eigene Schöpferleistung und berichten von der Übernahme rationaler Handlungs-

muster zur eigenen Lebensbewältigung. Das Dasein wird von bestimmten Jugendlichen immer wieder als ein gefährdetes und von Kontingenz bedrohtes erlebt. Da finden sich das schwierige familiäre Umfeld, das Versagen in der Schule, die fehlenden Zukunftsperspektiven, die Unzufriedenheit mit der Ausbildung usw. Um diesen Gefährdungen und der Alltagsfrustration zu wehren, sich selbst als machtvoll zu erleben, derartige Kontingenzeinbrüche zu bewältigen und Ordnung wieder herzustellen, hilft dann das Eintauchen in die virtuellen, computermodellierten Welten. In anderen Fällen, denen die eher privilegierten Jugendlichen zuzurechnen sind, geht es darum, im Sinne von ›Alltagsflips‹ den Alltag, der immer wieder als langweilig oder stressbelastet empfunden wird, zu verlassen« (a. a. O., 369).

Ganz im Sinne religiöser Kulturhermeneutik – vgl. **M 11.1.8, Lehrerkommentar S. 44** – behauptet A. Dinter nicht, die Computernutzung Jugendlicher sei schon Religion; diese lässt sich vielmehr von der Seite der Religion und ihrer theologischen Reflexion deuten. Diese Grundausrichtung wird mit dem Begriff der »religiösen Valenz« prägnant eingefangen. Der begriffliche Bezug besteht in erster Linie zu einem funktionalen Religionsbegriff (Wahrnehmung und Bewältigung von Kontingenz), es sind aber auch phänomenologische Parallelen (Schöpfung, Alltagstranszendierung) und inhaltliche Anklänge (Geheimnis, Unendlichkeit) vorhanden. Die weitergehende Frage, wie mit solcher Wahrnehmung und Deutung in Kirche und RU umzugehen ist, kann Sch wohl kaum zugemutet werden. Dafür bleibt die Religionspädagogik als Theorie religiöser Bildungspraxis zuständig.

Das Fractalbild

Der Begriff Fractal/Fraktal (von lat. *fractus* = gebrochen) kommt aus der Geometrie, wo er die mathematisch darstellbare Beziehung von Gebilden oder Mustern bedeutet, deren Teile eine hohe Ähnlichkeit mit sich selbst besitzen – z. B. ein Muster aus verschieden großen Dreiecken. Von der Mathematik ist diese Beschreibung und Konstruktion von sehr differenzierten geometrischen Mustern in die Informatik und Ästhetik gewandert, wo sie z. B. zur Gestaltung von Bildern aus mathematischen Relationen dient.

Der Schöpfergott als Baumeister der Welt

Das Bild stammt aus der Titelseite einer französischen Bible moralisée aus dem 13. Jh. Bei diesem Bibeltyp handelt es sich um eine Bilderbibel, die in kleinen Bildern oder Medaillons eine biblische Erzählung ihrer moralischen Anwendung gegenüberstellt. Solche Bibeln waren primär ein Erbauungsbuch für den wohlhabenden Laien. Das Eingangsbild zeigt die Schöpfertätigkeit Gottes in der Form einer handwerklich-künstlerischen Arbeit. Damit wird Arbeit aufgewertet: Das Symbol des handwerklichen Arbeitens taugt als Symbol des göttlichen Schaffens und Erhaltens. Der Zirkel als Zeichen für Geometrie drückt die geordnete, messbare und rational konstruierte Qualität des Kosmos aus. Gott schafft Ordnung (vgl. die beiden angegebenen Stellen aus dem AT) und im Erkennen der geschaffenen Ordnung lässt sich Gott erkennen. Die Analogie zu den Aussagen von Nils liegt auf der Hand: Wie der Computer »aus sinnlosen Zahlenkolonnen« irgendwie »echt wahnsinnig schöne Bilder macht«, drückt die Faszination der schöpferischen Transformation von Chaos in geordnete Schönheit aus.

2. Einsatzmöglichkeiten im RU

Bedeutung der Computernutzung

- Um einen Einstieg in das Thema der DS zu finden, notieren Sch – ggf. anonym – einige Elemente ihrer eigenen Computernutzung. Fragen können lauten:
- – Wie viel Zeit verbringen Sie im Durchschnitt täglich am Computer?
- – Zu welchen Zwecken nutzen Sie ihn?
- – Was fasziniert Sie am Computer?
- – Welche Funktionen erfüllt er für Sie?
- Die Aussagen werden gesammelt und systematisiert ausgewertet.

In PA religiöse Kulturhermeneutik betreiben

- Sch arbeiten die DS in einem Gespräch auf, das sie in PA führen.
- Ein Partner versetzt sich in die Rolle von Nils oder/und Sabine oder/und Peter und baut deren Position im Gespräch aus. Der andere Partner will ihm erklären, warum und in welcher Weise seine/ihre Computernutzung auch von einer religiösen Position aus analysiert werden kann. Er klärt den Gesprächspartner über Religionsbegriffe und die Aufgaben einer religiösen Kulturhermeneutik auf. Dafür bietet **M 11.1.8, Lehrerkommentar S. 44**, eine Orientierungshilfe.
- Nach dem Gespräch füllen beide Partner **M 11.1.9, Lehrerkommentar S. 45**, aus.
- Im Plenum werden Gesprächsverlauf und Ergebnisse unter der Frage nach den Schwierigkeiten und Möglichkeiten einer religiösen Kulturhermeneutik eingebracht.

»Knockin' on heaven's door« PINNWAND 10

- Sch wenden die erworbenen kulturhermeneutischen Fähigkeiten auf den Bereich der Rock- und Popmusik an. Auf der Grundlage der DS wählen sie eigenständig exemplarische Titel aus und analysieren diese im Sinne einer religiösen Kulturhermeneutik. Dies kann in GA oder durch eine Präsentation einzelner Sch bearbeitet werden.

3. Weiterführende Anregung

Kulturhermeneutische Filmnacht

- Sch bereiten eine Filmnacht vor, die sich der religiösen Kulturhermeneutik von Filmen oder Filmausschnitten widmet. Einzelne Filme werden ausgewählt und durch einen kleinen Einführungsvortrag so eingeleitet, dass die Zuschauer für das Verstehen des Films/Ausschnitts sensibilisiert werden. Nach jedem Film kann sich eine kurze Debatte über Seheindrücke und Deutungen anschließen. Zu Filmauswahl und Interpretation gibt es hilfreiche Literatur, z. B.:

- Thomas Bohrmann, Werner Veith, Stephan Zöller (Hg.), Handbuch Theologie und Populärer Film. Bd. 1, Paderborn 2007
- Dies. (Hg.), Handbuch Theologie und Populärer Film. Bd. 2, Paderborn 2009
- Inge Kirsner/Michael Wermke (Hg.), Religion im Kino. Religionspädagogisches Arbeiten mit Filmen, Jena 2005 (für L geeignet)
- Martin Ostermann, Gotteserzählungen. Gottessuche in Literatur und Film, Marburg 2010

Religionsfreiheit I: Entstehung und Anwendung

Orientierung 4 18 19

1. Hintergrund

Das Recht auf Religionsfreiheit wird von der Mehrzahl der Sch selbstverständlich beansprucht, sie sind aber auch mehr oder weniger darüber informiert, dass dieses Recht nicht für alle Menschen in gleicher Weise gilt. Die Spannung von partikularer Verwirklichung und universalem Anspruch bedarf der Klärung, was der knappe Schulbuchtext in der rechten Spalte auf **18** durch eine **historische Skizze** anzudeuten versucht. Hier soll ergänzend auf einige Voraussetzungen und Differenzierungen hingewiesen werden.

Voraussetzungen

- Das Recht auf Religionsfreiheit setzt eine irgendwie ausgeformte Trennung des politischen vom religiösen Bereich voraus. Das sieht auch in Europa sehr unterschiedlich aus und reicht vom Laizismus in Frankreich bis zu staatskirchlichen Modellen z. B. in Dänemark, Norwegen und Griechenland. Wenn sich allerdings politische Herrschaft aus einer bestimmten religiösen Tradition legitimiert, wie dies im voraufgeklärten Europa der Fall war und in einigen islamischen Ländern so ist, stellt Religionsfreiheit das politische System infrage und kann deshalb schon von diesem System nicht gewährt werden.
- Religionsfreiheit kann es theologisch nur geben, wenn die Zuwendung des Göttlichen nicht an eine bestimmte Stammes- oder Volkszugehörigkeit gebunden ist. Christentum und Islam z. B. lösen durch ihren universalen Anspruch die Verknüpfung von Stamm/Volk und den dazugehörigen Gottheiten auf, indem sie sich voraussetzungslos an alle Menschen wenden. Es müssen also keine außerreligiösen Bedingungen erfüllt sein, um einer Religion zuzugehören.
- Die abendländische Aufklärung bringt mit Bezug zur griechisch-römischen Antike den Grundsatz ein, dass jeder Mensch Träger von Vernunft ist. Von daher müssen Wahrheitsansprüche vernünftig begründet sein. Wer sich im Besitz z. B. einer religiösen Wahrheit weiß, ist zur Darlegung ihrer Vernünftigkeit verpflichtet und muss sie von anderen prüfen lassen. Aus der Zuschreibung der Vernunft an alle Menschen und der Faktizität von unterschiedlichen Wahrheiten folgt die Forderung nach Gedanken-, Gewissens- und Religionsfreiheit.

Differenzierungen

- Religionsfreiheit schließt positiv das Recht zur freien Religionsausübung ebenso ein, wie es negativ keinen Menschen zu einem religiösen Bekenntnis zwingt.
- Religionsfreiheit weist dem säkularisierten Staat keine religiöse Kompetenz zu, er hat sich vollständig aus dem Religiös-Geistlichen zurückgezogen. Dies bedeutet jedoch nicht, dass er deshalb Glaube und Religion ignoriert. Er ist vielmehr verpflichtet, die Rahmenbedingungen so zu gestalten, dass Religionsfreiheit tatsächlich gelebt werden kann. Dabei darf er – das macht Art. 9 Abs. 2 der Europäischen Menschenrechtskonvention deutlich – die verschiedenen Kirchen und Religionsgemeinschaften nur dann unterschiedlich behandeln, wenn Differenzierungskriterium allein soziologische oder sonstige nur auf das Weltliche bezogene sachgerechte Faktoren sind.

Die hier nur angedeuteten Voraussetzungen und Differenzierungen machen Religionsfreiheit zu einem komplexen Grundrecht, bei dessen Ausgestaltung die Probleme im Detail liegen. In den letzten Jahren wurden solche Schwierigkeiten z. B. in Gerichtsurteilen

zum Kruzifix in der Schule und in öffentlichen Debatten um das Tragen von Kopftüchern von Musliminnen sichtbar. Auf **19** wird ein weiterer, immer wieder diskutierter Konflikt vorgestellt, der den **Bau von Moscheen** in vielen Kommunen betrifft. Wie die z. T. gut dokumentierten Auseinandersetzungen belegen, ist die Anwendung der Religionsfreiheit mit einer ganzen Reihe unterschiedlicher Ängste, Schwierigkeiten und Chancen verwoben und eignet sich deshalb für eine recht komplexe Bearbeitung im RU.
Die Arbeit mit der DS versetzt Sch in die Lage, sich mit der Frage nach der universalen Geltung des Rechts auf Religionsfreiheit und seiner aufgeklärt-abendländischen Herkunft auseinanderzusetzen. Sie können zudem das Recht auf Religionsfreiheit auf einen aktuellen Konflikt beziehen.

Die Europäische Menschenrechtskonvention
Bei der Europäischen Menschenrechtskonvention (EMRK) handelt es sich um einen Vertrag, der von den Mitgliedsstaaten des Europarats ausgearbeitet wurde. Der Europarat hat gegenwärtig 47 Mitglieder, welche allesamt Vertragsparteien der EMRK sind. Die Konvention wurde am 4.11.1950 in Rom unterzeichnet und trat am 3.9.1953 nach der Ratifizierung durch 10 Staaten – darunter auch Deutschland – in Kraft. Das auf **18** genannte Jahr 1998 bezieht das wichtige 11. Zusatzprotokoll zur Konvention ein, das in diesem Jahr in Kraft trat. Dieses Zusatzprotokoll vereinfacht die Möglichkeit der Klage: Seit 1998 haben alle Individuen, die in den Mitgliedsstaaten des Europarats wohnen, ein unmittelbares Beschwerderecht beim Europäischen Gerichtshof für Menschenrechte in Straßburg. Jeder Vertragsstaat des Europarats ist dieser Gerichtsbarkeit unterworfen.
In der Bundesrepublik Deutschland gelten nach der ständigen Rechtsprechung der deutschen Gerichte die EMRK und ihre Zusatzprotokolle als einfaches Bundesgesetz. Eine Folge dieser Rangzuweisung ist, dass die Konvention kein unmittelbarer verfassungsrechtlicher Prüfungsmaßstab des Bundesverfassungsgerichts ist. Ein Beschwerdeführer kann also vor dem Bundesverfassungsgericht nicht unmittelbar die Verletzung eines in der EMRK enthaltenen Menschenrechts mit der Verfassungsbeschwerde rügen. Allerdings ist die Rangzuweisung der EMRK in der Diskussion.

2. Einsatzmöglichkeiten im RU

Religiöse Legitimation politischer Herrschaft
- Ein Blick auf eine frühe Verquickung von Religion und politischer Herrschaft kann helfen, mögliche Bedingungen für die Existenz von Religionsfreiheit zu erarbeiten. Sch bearbeiten **M 11.1.10, Lehrerkommentar S. 46**, das die vorchristliche Legitimation politischer Herrschaft schildert, die in ihren Strukturen bis weit in die christliche Neuzeit hineinreicht.

Weltkarte der Religionsfreiheit erläutern
- In kleinen Präsentationen geben und erhalten Sch einen Einblick über den Zustand der Religionsfreiheit. Dafür bietet die in der Schweiz angesiedelte christliche Menschenrechtsbewegung CSI (Christian Solidarity International) auf ihrer Homepage – www.csi-schweiz.ch/weltkarte_religionsfreiheit.php – eine nach Erdteilen gegliederte Übersicht. Zusammen mit der Legende ermöglicht sie einen kriterienorientierten Einblick in die gegenwärtige Lage.
- Sch können Auffälligkeiten feststellen – z. B. Vergleich einer Weltkarte der Religionen (z. B. www.religion.ch/web/images/stories/Religionen/modern%20distribution%20of%20world%20religions.jpg) mit diesen Karten, Zusammenhang zwischen wirtschaftlichem Wohlstand und Gewährung von Religionsfreiheit – und durch weitere Recherche ihre Einsichten für einzelne Länder vertiefen.
- Für diese Präsentation bildet die Frage nach dem Zusammenhang von Christentum/abendländischer Aufklärung und der Zulassung von Religionsfreiheit die grundlegende Problemorientierung.

Konflikte zu Moscheebauten bearbeiten
- In Deutschland wurden und werden Moscheen gebaut, was von unterschiedlichen Konflikten begleitet wird.
- Sch bearbeiten exemplarisch unterschiedlich verlaufene Bauprojekte, in denen die Frage nach der konkreten Realisierung von Religionsfreiheit eine wichtige Rolle spielt. Dies kann in GA oder in Referaten durchgeführt werden. Eine wichtige Informationsquelle ist die Dissertation von Sabine Kraft: Neue Sakralarchitektur in Deutschland. Eine Untersuchung islamischer Gotteshäuser in der Diaspora anhand ausgewählter Moscheeneubauten. Die Arbeit ist für Sch gut lesbar und vollständig im Internet (Adresse auf **19**, AA 1 – evtl. Weiterleitung auf eine geänderte Adresse) abrufbar.
- Sch können die sehr unterschiedlich verlaufenen Planungs- und Bauphasen der Moscheen in Lauingen (S. Kraft, S. 110-126) sowie in Mannheim (S. Kraft, S. 127-161) heranziehen und jeweils dokumentieren, kommentieren oder auch einzelne Gespräche bzw. Auseinandersetzungen szenisch darstellen.
- Durch die angegebenen Kapitel erhalten Sch weiteres Material, um AA 2 auf **19** durchzuführen.

1. Hintergrund

Der Religionsunterricht in Deutschland ist in seiner konfessionellen Konzeption in der Diskussion. Dabei spielt die Frage nach der Ausgestaltung von Religionsfreiheit eine wichtige Rolle. So haben bei der Auseinandersetzung um den Religionsunterricht in Berlin 2009 die Kontrahenten – die Initiativen »pro reli« und »pro ethik« – positive und negative Religionsfreiheit unterschiedlich gewichtet:
Die auch von den Kirchen und anderen Religionsgemeinschaften getragene Initiative »pro reli« akzentuierte die produktive Rolle staatlicher Einrichtungen für die Förderung positiver Religionsfreiheit. Die Wahlfreiheit zwischen Ethik- und Religionsunterricht, für die die Initiative – letztlich erfolglos – eintrat, sollte der weltanschaulichen und religiösen Disposition der Sch entsprechen und ihnen die Möglichkeit eröffnen, auch in der Schule diese Grundüberzeugung auszubilden oder zu vertiefen. Ein neutrales Pflichtfach Ethik ab Klasse 7, das der Berliner Senat und die Initiative »pro ethik« per Volksentscheid durchgesetzt haben, sei ein staatliches, religiös neutrales Zwangsfach, das intolerant sei, weil es religiöse Grundüberzeugungen der Sch nicht berücksichtige. Umgekehrt akzentuierte »pro ethik«, dass Religionsunterricht von den Religionsgemeinschaften in Klasse 1-6 weiterhin veranstaltet werden kann, die religiöse Grundüberzeugung dann aber Privatsache sei, die kein Ausgangspunkt für die ethische Grundbildung aller Sch sein darf. Die Befürworter dieser Position betonen den subjektiven Charakter religiöser Überzeugung, in die sich der Staat in keiner Weise einmischen darf.
Der kurze Rückgriff auf die Berliner Auseinandersetzung um den Religionsunterricht belegt, dass das Selbstverständnis eines säkularen Staates für die Gestaltung des Rechts auf Religionsfreiheit in einer multireligiösen und multikulturellen Gesellschaft unterschiedlich verstanden werden kann. Wenn – wie z. B. in Frankreich und England – auch noch langfristige religionspolitische Traditionen wirksam sind, wird deutlich, wie komplex die Ausgestaltung eines Grundrechts ist, dessen subjektive Inanspruchnahme für viele (deutsche) Sch kein Problem darstellt. Um für die Komplexität der Diskussion zu sensibilisieren, regt die DS einen Ländervergleich für die Frage nach den Regelungen des Religionsunterrichts an und beschränkt sich auf die Darstellung wichtiger Grundlagen. Eine Problematisierung muss der RU leisten.
In Ergänzung zu **18-19** können Sch nach der Bearbeitung dieser DS die Diskussion um die Anwendung des Rechts auf Religionsfreiheit vertieft führen. Außerdem sind sie in der Lage, sich an der Debatte um die Konzeption von Religionsunterricht argumentativ zu beteiligen.

2. Einsatzmöglichkeiten im RU

Wie positioniert darf der Religionsunterricht sein?

- Die These in AA 3 auf **20** wird in KG vorbereitet: Einige KG bereiten Argumente für die positioniert-konfessionelle Ausrichtung des Religionsunterrichts vor, andere KG sammeln Argumente, die für einen überblicksartigen religionskundlichen Unterricht im staatlichen Schulsystem sprechen.
- Mit Unterstützung einer Gesprächsmoderierung treten Sch dann im Plenum in die Debatte ein.

Formen des Religionsunterrichts in Deutschland

- Unter der Frage »Welche Rolle spielt religiöser/konfessioneller Glaube im Religionsunterricht?« untersuchen Sch die Konzeptionen des Religionsunterrichts in einzelnen Bundesländern.
- **M 11.1.11, Lehrerkommentar S. 47**, gibt eine leicht kommentierte Übersicht, die auf diese Frage hin zugespitzt werden kann. Die unterschiedliche Akzentuierung von positiver und negativer Religionsfreiheit – vgl. AA 2 auf **21** – steht hier im Hintergrund.

Eine Auseinandersetzung um den konfessionellen Religionsunterricht

- Auf dem Hintergrund der Argumentation für den konfessionellen Religionsunterricht in Deutschland setzen sich Sch mit einer regionalen Debatte um die Ausrichtung des Fachs auseinander. Die heftig geführte Diskussion im Land Berlin 2009 liefert eine breite Grundlage, die zunächst in den Grundsatzpositionen der Befürworter (7 Argumente pro Religionsunterricht: www.religionvernetzt.de) und der Gegner eines Religionsunterrichts (6 Argumente für einen Ethikunterricht: www.proethik.info/argumente/) dargelegt sind. Darüber hinaus ist der Streit in vielen überregionalen Medien erläutert und kommentiert worden.
- Sch prüfen die Argumente und beziehen ihrerseits Stellung, sodass eine – möglichst kontroverse – Diskussion im Plenum möglich wird.

Religionsunterricht und Religionsfreiheit im Ländervergleich

- Die Umsetzung positiver und negativer Religionsfreiheit durch die Ausgestaltung des Religionsunterrichts geschieht in Europa auf vielen Wegen mit sehr unterschiedlichen Akzenten. Sch bearbeiten AA 1 und 2 auf **21**, indem sie **M 11.1.12, Lehrerkommentar S. 48**, ausfüllen. Dabei werden sie bemerken, dass die Anwendung eines Grundrechts mit sehr unterschiedlichen Traditionen und Situationen verknüpft ist und dementsprechend zu verschiedenen Praxisformen führt.

Wahrheit – Toleranz – Dialog

Orientierung 6 22 23

1. Hintergrund

Der interreligiöse Dialog liegt in der Konsequenz eines breit angewendeten Rechts auf Religionsfreiheit. Denn Freiheit ist nicht aufteilbar, sie gilt für alle Menschen mit oder ohne und gleich welcher Religionszugehörigkeit. Wo Menschen unterschiedlicher religiöser Herkunft als freie Subjekte aufeinandertreffen, kommen sie ohne Formen des Dialogs nicht aus.

Gegenwärtig ist der **interreligiöse Dialog** ein Thema von außerordentlicher Breite und Vielfalt. Die Darstellung auf einer DS muss also auswählen: Das Kapitelthema legt es nahe, von den verbreiteten Religionen auszugehen. Dabei stehen folgende Aspekte im Vordergrund:

- In allen der auf der DS aufgeführten Religionen gibt es Befürworter des interreligiösen Dialogs.
- Alle verbreiteten Religionen besitzen mit den unterschiedlichen Fassungen der Goldenen Regel eine ethische Grundlage, die im und für den Dialog wirksam werden kann.
- Die auf der DS versammelten Zeugnisse aus vier Religionen betonen auf je eigene Weise, dass Dialog und Toleranz mit dem Respekt vor der Tradition des jeweils anderen sowie der Wertschätzung der eigenen religiösen Position verbunden sein müssen.
- Mehr oder weniger deutlich machen die Stellungnahmen klar, dass interreligiöser Dialog sich mit vielen Schwierigkeiten und Klärungsprozessen innerhalb der je eigenen Tradition sowie im Gespräch mit den anderen zu befassen hat. Diese Probleme betreffen die grundsätzliche Bereitschaft ebenso wie hermeneutische und praktische Detailfragen.

Die Ausgangsposition der Sch bewegt sich in der Regel zwischen den Polen eines einerseits breit angelegten Pluralismus, bei dem alle Religionen auf ihre Weise den einen Gott verehren und die Unterschiede nur historisch-kulturell bedingt sind, und andererseits praktischen Vorbehalten, die aus dem gegenwärtigen Bild von Islam und ggf. auch Judentum resultieren. Zudem sind Sch in den vergangenen Jahrgängen bei der Behandlung der einzelnen Weltreligionen schon auf Fragen des Verhältnisses von Christentum zur jeweils bearbeiteten Religion gestoßen. Deshalb geht es im Rahmen dieses Kapitels in erster Linie darum, Sch mit dem Bestehen des Dialogs auf verschiedenen Ebenen und einigen Problemen vertraut zu machen:

- Der Dalai Lama spricht die spirituelle Dimension des Dialogs an. Dabei kann der Austausch einen Beitrag zur spirituellen Vertiefung der eigenen Religion/Religiosität leisten.
- Kardinal Lehmann bezieht sich im Zitat des Konzils auf die Ebene der Lehre und der religiösen »Vorschriften«, auf denen Gemeinsamkeiten herausgearbeitet werden können.
- Das muslimische Dialogzentrum in München betont die ethische Ebene. Durch den Dialog können Vorurteile abgebaut und Instrumentalisierungen von Religionen durch Politik und Wirtschaft vermindert werden.
- Auf der unmittelbar praktischen Ebene wirbt das vom Zentralrat der Juden in Deutschland mitgetragene Internetportal www.weisstduwerichbin.de für konkrete interreligiöse Projekte.

Sch können nach der Bearbeitung der DS einige Schwierigkeiten und Dialogebenen des interreligiösen Dialogs erläutern und entwickeln Grundkompetenzen für eine mögliche Beteiligung.

2. Einsatzmöglichkeiten im RU

Argumente für eine »Weltreligion«

- Als Vorbereitung für die AA der DS erhalten Sch in Anlehnung an einen Satz des Dalai Lama den Auftrag, Argumente für die Einigung der verschiedenen Religionen auf eine gemeinsame Weltreligion zu notieren.
- In der Rundabfrage liest jeder Sch ein Argument vor. Es kann sich ein Gespräch im Plenum über die Triftigkeit und zunächst theoretische Sinnhaftigkeit dieser Forderung anschließen.

Vernetzen Sie Ihr Wissen aus den vorangegangenen Jahren

PINNWAND 10

Um für das Ansinnen des interreligiösen Dialogs Verständnis aufzubringen, sind Sachkenntnisse zu den verschiedenen Religionen notwendig. Deshalb aktualisieren Sch ihre Einsichten und Informationen aus der Behandlung der Weltreligionen in den Jahrgängen 7-10, indem sie einen oder in GA auch mehrere Vorschläge aus der Sammlung auf **10** umsetzen. Diese

Wiederholung ist sowohl mit Blick auf das Thema dieser DS als auch im Sinne eines nachhaltigen Wissensaufbaus sinnvoll.

Ebenen des Dialogs

- Verschiedene Ebenen des interreligiösen Dialogs kommen in einer Schrift der Deutschen Bischöfe sehr prägnant zum Ausdruck – **M 11.1.13, Lehrerkommentar S. 49**. Sch bearbeiten den Text und stellen die Verbindungen zu den Elementen der DS her. Sie skizzieren damit die Breite der Begegnungs- und Dialogmöglichkeiten.

Kriterien und Ziele des interreligiösen Dialogs

- Nach der Lektüre der DS können Sch die Ergebnisse zusammenfassen. Ggf. stellen sie sich einen Gesprächspartner aus einer anderen Religion vor, mit dem sie ein Gespräch über den interreligiösen Dialog planen. Sie sollen das Gespräch nicht führen, sondern sich sorgfältig vorbereiten.
- – Welche Voraussetzungen bringen beide Gesprächspartner ein (Wahrheitsanspruch der eigenen Religion, gesellschaftliche Situation, vgl. **M 11.1.14, Lehrerkommentar S. 50**)?
- – Welche Ziele ergeben sich aus den gemachten Voraussetzungen?

Kirche und christliche Gemeinschaften in Deutschland PINNWAND 11

Parallel zu der vor allem im Text des Dalai Lama auf **22** beschriebenen Grenze des interreligiösen Dialogs in pluralen Gesellschaften, fragt auch das ökumenische Gespräch zwischen den christlichen Kirchen und Gemeinschaften, wo Gemeinschaft sinnvoll und Unterschiede nötig sind. In GA charakterisieren Sch die auf www.oekumene-ack.de (im Schulbuch sind »ack« und »oekumene« bei der Angabe der Internetadresse leider vertauscht!) dokumentierten, im ack versammelten Mitgliedskirchen und stellen dabei die Eigenarten der Gemeinschaften in den Mittelpunkt. Das sich anschließende Gespräch im Plenum geht von der Forderung nach »Alle sollen eins sein« aus und wägt Vor- und Nachteile dieses Imperativs ab.

Vernetzungen im Schulbuch: Buddhismus und Christentum (Kap. 4)

- Als Ergänzung und Konkretisierung der allgemeinen Ausführungen zum interreligiösen Dialog bearbeiten Sch **112-113**, wobei sich nach der Lektüre die Erarbeitung der AA 1-3 auf **113** gut anschließen lässt.

Religiöse Angebote befragen

Perspektiven 1 24 25

1. Hintergrund

Religion ist nicht gut, weil sie Religion ist. Religion und Religiosität können zerstörerisch wirken, für Menschen und ganze Gesellschaften auch schädlich sein. Der Dialog der Religionen und die in ihm liegende Toleranzintention müssen an **Qualitätskriterien** gebunden sein. In einer pluralen Religionskultur verstärkt sich die Frage nach dem qualitativen Gehalt der Angebote. Die hermeneutische Schwierigkeit besteht darin, solche Qualitätskriterien angesichts des Wahrheits- und des ihm folgenden Qualitätsanspruchs aller Angebote zu bestimmen. Eine objektive Position, die von außen solche Kriterien erstellt, ist unmöglich, weil es keine weltanschaulich ungebundene Position gibt, die argumentativ begründete Werthaltungen benennen kann. Da eine Entscheidung über Qualitätskriterien nur subjektiv aus einer bestimmbaren Tradition heraus getroffen werden kann, müssen die Kriterien ihrerseits Bedingungen erfüllen, z. B.:

- Die Qualitätskriterien dürfen einerseits die Hintergründe der Autoren nicht verschweigen und müssen andererseits von ihnen so weit abstrahieren, dass sie für Menschen mit einem anderen religiösen Hintergrund bedenkenswert und dialogfähig sind.
- Die Qualitätskriterien müssen einen mittleren Weg zwischen konkretem Wertbezug und Abstraktion einhalten: Sind sie zu konkret, besteht die Gefahr, dass sie nur für Mitglieder der eigenen Religion zustimmungsfähig sind. Sind sie aber zu abstrakt, können sie entweder unverbindlich geraten oder sie sind so interpretationsbedürftig, dass sie jede Tradition ausschließlich nach den eigenen Vorgaben deuten und sie ihren gemeinsamen Qualitätscharakter verlieren.

Selbstverständlich gehen Ort und Zeit der Abfassung solcher Kriterien als wichtige Bedingungen mit in sie ein: Ein spanischer Katholik hätte 1990, obwohl er die religiöse Tradition mit den SchulbuchautorInnen teilt, andere Akzente gesetzt.

Der **Text** auf **24** ist deshalb ein Vorschlag, der aus einem christlich-katholischen Religions- und Religiositätsverständnis kommt und von daher bedenkenswerte Wertungen vornimmt. Sch sind zur Auseinandersetzung eingeladen.

Das **Bild** von Alex Grey auf **25** bietet keine Illustration der Textseite. Im Kontext der DS stellt es ein Religions- und Religiositätsverständnis dar, das auf plakative und provokante Weise den kontemplativen Menschen in einen Zusammenhang mit den tradierten

Religionen und deren Wirkung nach außen bringt. Auf eigene Weise kann es den Text auf **24** insofern ergänzen, als Dimensionen im Bild erscheinen, die im Text fehlen.
Nach der Arbeit mit der DS können Sch eine kriterienorientierte Urteilskompetenz auf religiöse Angebote anwenden.

Alex Grey (geb. 1953)
Alex Grey wurde 1953 in Columbus/USA geboren. Früh entdeckte er seine Maltalente und arbeitete nach einigen Studienjahren an der Harvard Medical School in der Anatomie sowie in der Pathologie. In New York lehrte er künstlerische Anatomie, was sich in seinen Bildern deutlich niederschlägt. Schon seit ca. 1972 experimentierte er mit Drogen und setzte sich zunehmend mit dem weiten Feld der Spiritualität auseinander.

Alex Grey: »Praying«, 1984
Das Gemälde (122 x 92 cm, Öl auf Leinwand) ist Teil der Serie »Sacred Mirrors«, die in 21 lebensgroßen Bildern den Betrachter auf eine Reise zur eigenen göttlichen Natur einladen will. »Praying« überrascht schon beim ersten Blick durch die plakativ-farbige und detaillierte anatomische Genauigkeit, mit der ein männlicher Oberkörper gemalt ist. Knochen, Muskeln, Adern und Gehirn werden mit geradezu fotografischer Präzision präsentiert. Ebenso auffällig ist die Gloriole, die hell leuchtend den Kopf umgibt und mit unterschiedlichen Schriftzeichen (zu ihrer Deutung vgl. **M 11.1.16, Lehrerkommentar S. 52**) ausgefüllt ist. Ein Netz von feinen Strahlen durchzieht das gesamte Gemälde und hat zwei sonnenartig gestaltete Zentren in der Mitte des unteren Bildrands sowie im vorderen Kopfbereich. Vom schwarz-grünen Hintergrund setzt sich ein feines weißes, sehr komplex erscheinendes Gewebe ab, das sich zum Körper hin verdichtet und dort wie ein Energiemantel wirkt. Der Kopf wird mit halb geöffneter Schädeldecke dargestellt und ist – wie auch der Körper – in einer nur manchmal durchbrochenen links-rechts-Symmetrie gemalt. Diese Elemente sowie vor allem die Enthäutung verleihen dem Körper den Charakter des Typischen, etwas Individuelles bleibt unberücksichtigt. Der gesamte Oberkörper erscheint in einer Art betender Andachtshaltung, die durch die gefalteten Hände verstärkt wird.
Das Bild kombiniert kühle, naturwissenschaftliche Genauigkeit mit warmer esoterischer Spekulation. Es scheint, als ob man zwei spirituelle Zentren, die nach außen strahlen, gleichsam körperlich verorten kann – im Kopf und im Herz. Der Verdacht eines möglichen Biologismus kommt erst gar nicht auf, weil die beiden Zentren durch die Sonnensymbolik charakterisiert sind und sie damit der gesamten Anatomie des Körpers eine spirituelle Ausrichtung bescheinigen. Auch die Gloriole nimmt die Sonnensymbolik auf und verdeutlicht inhaltlich, dass es auf eine Spiritualität ankommt, die nicht von einer abgegrenzten religiösen Tradition, sondern von den großen Religionen insgesamt gespeist ist. Das Licht der Religionen gibt seine Helligkeit aus dem Zustand individueller Kontemplation nach außen ab. Das Bild verdeutlicht eine gemeinsame spirituelle Grundausrichtung der Religionen, die in der Fähigkeit zur Andacht und Kontemplation des Menschen ihr Zentrum besitzt.

2. Einsatzmöglichkeiten im RU

Den Vorschlag anwenden

- Nachdem Sch sich gemäß AA 1 auf **24** mit dem »Vorschlag« auseinandergesetzt haben, beziehen sie die Schulbuch- oder ihre Version auf unterschiedliche Angebote ein.
- Sie können die drei Jugendlichen mit ihrer Form der Computernutzung (**20f.**) in einem imaginären Gespräch mit den Kriterien konfrontieren. In PA kann ein Sch die Position der Jugendlichen übernehmen, der andere Sch versucht, die Kriterien als Provokation oder Weiterführung einzubringen.
- Sch können sich in die Rolle von Manfred Lütz (**M 11.1.6, Lehrerkommentar S. 42**) versetzen, um von den Qualitätskriterien her die von ihm analysierte Gesundheitsreligion zu beurteilen.
- Einen anderen Weg bietet **M 11.1.15, Lehrerkommentar S. 51**, an, das Ausschnitte aus biografischen Erzählungen mit unterschiedlichen Religionserfahrungen präsentiert.
- Je nach kulturhermeneutischer Kompetenz und Erfahrung lassen sich die Kriterien auch auf Musiktitel, Filme (z. B. Matrix, The Village, Breaking the Waves) oder Literatur anwenden, in denen Erfahrungen mit Religion thematisiert werden. In einem Referat können z. B. die religiösen Formen und Inhalte des ausgewählten Mediums dargestellt, analysiert und mithilfe des »Vorschlags« bewertet werden.

Das Bild von Alex Grey erarbeiten

- Wenn möglich, sollte dieses Bild in einer vergrößerten Version präsentiert werden.
- Sch äußern zunächst subjektive Eindrücke und Gefühle, da dieses Bild sehr unterschiedliche Reaktionen hervorruft.
- Sie beschreiben es möglichst detailliert. Eine schriftliche EA fördert die Aufforderung, genau hinzusehen. **M 11.1.16, Lehrerkommentar S. 52**, steht ihnen als Hilfe zur Verfügung.
- Sch deuten das Bild im UG, indem das Verhältnis

von Mensch und Religion thematisiert wird. Zudem kann das Bild mit dem »Vorschlag« auf **24** unter der Fragestellung verglichen werden, welche Qualitätskriterien sich bestätigen und ergänzen lassen?

- In einem letzten Schritt skizzieren Sch ein eigenes Bild, verfassen einen Text oder bearbeiten eine Kopie von »Praying«, die ihre Vorstellung des Verhältnisses von Mensch und Religion wiedergibt.

Bildvergleich

- Unter der Voraussetzung, dass »Praying« auf seine Weise Undarstellbares von Religion und Kontemplation darstellt, wird es mit dem Titelbild von M. Rothko auf **7** verglichen. In einer Gegenüberstellung arbeiten Sch die Formen heraus, die beide Maler für die Darstellung des Undarstellbaren wählen.

Religion sucht Antworten auf Existenzfragen

Perspektiven 2 26 27

1. Hintergrund

Warum gibt es Religion? Eine religionsgeschichtlich wichtige Antwort geht von der Unbegreiflichkeit und dem Geheimnischarakter vieler Phänomene unserer Lebenswelt aus. Religion wurde zu einer Möglichkeit, das Unbegreifliche dem Göttlichen zuzuordnen und das Göttliche durch religiöse Praktiken – Kult, Opfer, Gebet u. Ä. – zu beeinflussen. Die Entwicklung wissenschaftlicher Erkenntnisse hat dieses Modell in die Kritik gebracht, weil immer mehr Phänomene ihren Unbegreiflichkeitscharakter verlieren und nicht mehr über die Beeinflussung des Göttlichen steuerbar werden. Ein zweites, religionsgeschichtlich relevantes Modell setzt bei den Existenzfragen des Menschen an, die fortschrittsindifferent und durch menschliche Praxis nicht prinzipiell auflösbar sind. Dieser anthropologisch gewendete Ansatz macht nicht die Erfahrung des Göttlichen zum Ausgangspunkt von Religion, sondern Fragen des Menschen nach dem Woher, Wohin und Wozu des Lebens. Demnach sind Menschen insofern religiös, als sie diese Fragen stellen und damit den Bereich des Verfügbaren überschreiten und auf das Ganze menschlicher Wirklichkeit hinausgreifen.
Die vier **Texte** auf **26** differenzieren diesen Grundsatz auf mehrfache Weise:

- **Immanuel Kant** macht deutlich, dass nicht nur Religion sich den Existenzfragen widmet, sondern in der abendländischen Tradition zumindest auch die Philosophie für ihre Bearbeitung zuständig ist. In seinem Denken trennt er die Zuständigkeitsbereiche auf. Das ist eine Möglichkeit der Zuordnung von Fragen und Wissensbereichen, andere Zuordnungen bestehen z. B. in Ergänzungs- oder Konkurrenzmodellen von Philosophie und Religion.
- Das **Konzil** wertet die menschlichen Grundfragen als Anspruch an alle Religionen: Sie haben diese Fragen aufzunehmen und zu jeder Zeit – auch heute – Antworten zur Verfügung zu stellen.
- **Henning Luther** gibt der Frage-Antwort-Korrelation für Religion eine neue Wende, indem er der Religion die Aufgabe zuschreibt, für eine Dynamik der Fragen zu sorgen und Religion nicht nur als beruhigende Antwortressource zu verstehen. In diesem Sinn ist die Überschrift der DS konsequent: Religion antwortet nicht einfach auf die Existenzfragen, sondern sie sucht Antworten und stößt dabei – so lässt sich ergänzen – auch auf eine Intensivierung der Fragen.
- Von einer historischen Perspektive nimmt **Hans Blumenberg** diesen Faden auf. Er wertet das Mittelalter als eine Zeit, in der die Fragen nach der Totalität der Welt gestellt und durch einen religiösen Wissensbesitz beantwortet wurden. Seit der Neuzeit fällt in seiner geschichtsphilosophischen Sicht die Glaubwürdigkeit der christlichen Antworten zunehmend aus, aber die einmal gestellten Fragen behalten ihre Gültigkeit. Sie müssen nun durch andere Bereiche beantwortet werden. Ob dies gelingt, lässt der Textausschnitt offen.

Im Kontext der Fragen nach dem Ganzen menschlicher Existenz kann das monochrome **Bild** von Rupprecht Geiger (**27**) gedeutet werden. Denn es bringt nicht einzelne Gegenstände oder Situationen ins Bild, sondern präsentiert das Eine, in dem viele Einstellungen, Gefühle und Symboliken vereint sind (s. u. die Aussage des Künstlers).
Nach der Bearbeitung der DS verfügen Sch über eine Antwort auf die Frage nach dem Fundament von Religion. Sie können den Charakter von Existenzfragen beschreiben und die Position von Religion zu diesen Fragen differenziert erläutern.

Rupprecht Geiger: »808/89«, 1989
Rupprecht Geigers Bild Nr. 808 von 1989 (130 x 130 cm, Acryl auf Leinwand auf Holz) ist eines von mehreren hundert monochromen Bildern des Künstlers in den Farben Rot oder Blau. Das reine Farbbild verabschiedet eine Beziehung zu etwas, was reproduzierend oder auch nur abstrahierend abgebildet werden soll. Es ist die Farbe selbst, die ohne bildhaften Bezug zu etwas anderem gesehen und erlebt werden kann. Rupprecht Geiger beschreibt die Eigentümlichkeit der Farbe »Rot« in folgender Weise: »Rot ist Le-

Rupprecht Geiger (1908-2009)
Rupprecht Geiger absolvierte ein Architekturstudium an der Kunstgewerbeschule (1926-1929), eine Maurerlehre (1930-1932) und ein Studium an der Staatsbauschule in München (1933-1935). Während des Krieges war er Kriegsmaler in der Ukraine und in Griechenland. 1949 beteiligte er sich an der Gründung der Gruppe ZEN 49. 1949-1962 war er zusammen mit seiner Frau als Architekt tätig und wandte sich nebenher als Autodidakt der Malerei zu. 1965-1976 arbeitete er als Professor für Malerei an der Staatlichen Kunstakademie Düsseldorf, danach blieb er freischaffender Künstler in München bis ins hohe Alter. Er gilt als einer der bedeutendsten Künstler in Deutschland nach 1945.

ben, Energie, Potenz, Macht, Liebe, Wärme, Kraft. Rot macht high. Mit ihrer Fähigkeit zu stimulieren ist sie in machtvoller Funktion. Rot ist im Spektrum des Sonnenlichts. Schau in die glutrot untergehende Sonne, sie gibt dir Kraft für den nächsten Tag. Rote Farbe in der Atmosphäre, das farbige Licht über allen Dingen, gibt der Form sinnlich gesteigerten Ausdruck. Rote Lichtwellen sind geistige Materie, sind den Gedanken der Sehnsucht und den Wünschen mitgegeben. Im Moment bewusster Wahrnehmung setzt Rot Energie frei. Ein monochrom moduliertes Farbfeld leuchtroter Farbe wird zum Kraftfeld. Wird die Farbe so vorgestellt, sind ihre Potenz und ihr Stimmungswert fühlbar. Der sehgewohnten Bindung an Formales entrückt, wird Farbe neu erlebt und endlich als autonomes Element erkennbar« (R. Geiger, in: Schuster, 143). Mit dieser, durchaus enthusiastischen Charakterisierung der roten Farbe, die Geiger in seinen vielen Bildern sehr variantenreich einsetzt, verlässt er die sichtbare, konkrete Realität und stellt einen neuen, nur durch Farbe konstituierten Bildkosmos her. Die Farbe wandelt sich vom Medium, das irgendetwas Bestimmtem eine Gestalt gibt, zum Alleinigen und Ganzen. Insofern wird in Geigers Bild die materielle Substanz der Farbe spiritualisiert. Sie fordert den Betrachter auf, sich mit dem »Kraftfeld« und dem »farbigen Licht über allen Dingen« auseinanderzusetzen.

2. Einsatzmöglichkeiten im RU

Die Antwort ist so groß wie die Frage

- Um den sachlichen Charakter von Existenzfragen und die damit korrespondierende Eigenart der Antwort zu erfassen, bearbeiten Sch **M 11.1.17, Lehrerkommentar S. 53.**

Religion und Existenzfragen

- Sch bearbeiten die vier Textausschnitte, indem sie:
  - alle Texte mit einer charakteristischen Überschrift ausstatten oder
  - eine beschriftete Grafik erstellen, in der die Argumentationsfolge der Texte deutlich wird oder
  - die Überschrift der DS verändern oder
  - ein kleines Kreuzworträtsel mit charakteristischen Begriffen der Texte erstellen.

Religion neu definieren

- Nach der Bearbeitung der DS definieren Sch das Begriffspaar Religion/Religiosität im Umfang von mehreren Sätzen. Dabei entscheiden sie, ob sie primär phänomenologisch, funktional oder substanziell – vgl. die Typen auf **12** – vorgehen und vergleichen ihre Ergebnisse mit den Anforderungen auf **13**.

Die Frage nach Glück

- An einem Beispiel erproben Sch das Wechselspiel von Existenzfragen und religiösem Text. Die Frage nach Glück bildet eine wichtige Existenzfrage, die in biblischen Erzählungen kaum ausdrücklich vorkommt, die aber an biblische Zeugnisse gestellt werden kann. Auf **M 11.1.18, Lehrerkommentar S. 54**, findet sich der Vorschlag, die Frage nach Glück mit Mt 18,23-34 (Gleichnis vom unbarmherzigen Diener) zu konfrontieren. Inhaltlich ergibt sich die folgende Struktur:

Ein Diener schuldet seinem König ungeheuer viel. Er kann die Schuld nicht begleichen, ihm und seiner Familie droht eine entwürdigende Strafe. Seiner Bitte um Geduld folgt der unvorhersehbare Erlass seiner ganzen Schuld. Der königliche Akt der Barmherzigkeit hat ihm großes Glück beschert, das das erwartete Unglück von ihm abwendet. Die Fortsetzung müsste von Freude und Dankbarkeit erzählen. Tatsächlich aber packt und würgt er einen Kollegen, der ihm nur eine kleine Summe schuldet. Diese rabiate Handlung fällt nicht völlig aus dem üblichen und rechtlichen Rahmen, erweist sich aber im Kontext der Erzählung als völlig unangemessen. Denn der Diener hat das Glück, das ihm völlig unverdient widerfahren ist, weder wahrnehmen noch in eigenes Handeln umsetzen können. Deshalb nimmt der dritte Teil des Gleichnisses das gewährte Glück wieder zurück: Glück, das nicht glücklich macht, ist keines. Glück, das nicht weitergetragen wird, verliert seine Qualität als Glück. In dieser Perspektive will die Erzählung nicht nur den Blick für das eigene Glück schärfen, sondern auf die Differenz von Glücksangebot und glücklich leben aufmerksam machen.
Reich Gottes meint hier ein Leben, welches das eigene Glück erkennt und daraus Folgen für das Handeln zieht.

3. Weiterführende Anregung

Das Bild kopieren

- Rupprecht Geigers Bild »808/89« hat die Maße 130 x 130 cm. Die Größe bildet einen wichtigen Bestandteil des Bildes, die im Schulbuch so nicht zum Ausdruck kommt. Künstlerisch ambitionierte Sch können angeregt werden, das Bild – oder auch andere rote Bilder des Malers – mit ihren Möglichkeiten und Mitteln zu kopieren. Für die Umsetzung des AA 3 auf **26** wäre ein Medium geschaffen, das die Sinnlichkeit und Ernsthaftigkeit dieses Impulses erhöht.

Vom Unaussprechlichen sprechen

Perspektiven 3 28 29

1. Hintergrund

Einerseits bedient sich Religion alltäglicher Mitteilungsformen, von denen die Sprache einen wichtigen Bereich darstellt. Religiöse Sprache darf – im Unterschied zu theologischer Sprache – keine Fachsprache für Eingeweihte sein, sie muss vielmehr ohne allzu breite Spezialkenntnisse jedem Menschen verständlich sein. Andererseits müssen sich die Inhalte von Religion auf spezifische Weise kommunizieren lassen, damit ihr die Wirklichkeit und die Sprache transzendierender Charakter zum Ausdruck kommt. Neben bestimmten Begriffen ist vor allem die Sprachform ein wesentliches Medium religiöser Kommunikation. Die DS, die keine religiöse Sprachlehre entfaltet, beschränkt sich auf die Vorstellung und Bearbeitung einiger kleiner Formen, die in größeren Gattungen – Legende, Wundererzählung, Predigt, Bekenntnis, Gebet usw. – wieder auftauchen oder dort sogar ein bedeutsames Gattungsmerkmal bilden. Zudem lassen sich die kleinen Formen für Sch griffiger bearbeiten, vielleicht bringen Sch aus dem Sprachenunterricht schon spezifische Kenntnisse mit.

Die **Paradoxie** eignet sich für religiöse Mitteilung, weil sie gewohnte Denk- und Sprechmuster durchbricht und vor allem in der abendländischen Tradition die Grenzen der Logik überschreitet. Da auch Religion vor allem im Gottesbegriff unsere Wirklichkeit überbietet, hat die Paradoxie in der religiösen Sprache einen festen Platz.

Die **Metapher** kommt erst durch die Verknüpfung zweier Elemente zustande, die unvereinbar sind. Sie unterscheidet sich formal nicht von einem Aussagesatz. »Wilhelm ist König«, »Ludwig II. ist König« sind Aussagesätze, »Gott ist König« bildet dagegen eine Metapher, weil »von Schöpfer und Geschöpf keine Ähnlichkeit ausgesagt werden kann, ohne dass sie eine größere Unähnlichkeit zwischen beiden einschlösse« (IV. Laterankonzil 1215). Eine Metapher ist also nicht immer leicht zu erkennen. Sie ermöglicht eine kreative Bedeutungsübertragung, die neue Verstehenshorizonte ermöglicht.

Die Sprachform **Symbol** hat eine deutlich geringere semantische Spannung, da sie Elemente zueinander bringt, die im Text- oder Sachkontext Analogien zulassen. Ein Sprachsymbol stellt bildhaft einen Zusammenhang zwischen zwei Bereichen her, wobei der bildhafte Ausdruck bestimmte Eigenheiten des nichtbildlichen Bereichs ausmalt. Damit ist eine gewisse Nähe zum Vergleich gegeben.

Um die Einzelelemente der fiktionalen **Allegorie** im Sinne von Bild- und Sachhälfte aufeinander beziehen zu können, bedarf es eines Hinweises oder eines Schlüssels, der im Text selbst oder durch eine Kenntnis von außen gegeben sein muss. Von daher ist die Allegorie nicht intuitiv aufzulösen. Sie besitzt – falls der Schlüssel fehlt – einen Geheimnischarakter, der häufig durch eine explizite Deutung gelüftet wird (vgl. **M 11.1.20, Lehrerkommentar S. 56**).

Haben Sch diese DS bearbeitet, können sie differenzierter mit einigen Eigenheiten religiöser Sprache umgehen und deutlich machen, warum sich Religion in bestimmten Sprachformen mitteilt.

2. Einsatzmöglichkeiten im RU

Die Bedeutung der Sprachform

- In einer vorbereitenden Übung beschäftigen sich Sch mit der Bedeutung der sprachlichen Form für die inhaltliche Struktur und Adressatenorientierung einer Mitteilung im Alltag. Denn was in besonderer Weise für religiöse Mitteilungen gilt, findet sich auch in alltäglichen Kommunikationsformen. **M 11.1.19, Lehrerkommentar S. 55,** bietet zwei Beispiele an, die die Frage nach dem Gehalt der sprachlichen Form und Gattung in den Vordergrund rücken.
- Als Alternative kann der poetisch-sozialkritische, möglichst vollständige Text von »How many roads« (Bob Dylan, **9**) auf verwendete Sprachformen hin analysiert werden.

Eigenarten der Sprachformen erarbeiten

- Um die Eigenarten der auf **29** vorgestellten Formen besser bestimmen zu können, kann eine Hinführung hilfreich sein. **M 11.1.20, Lehrerkommentar S. 56,** stellt eine definitionsgerechte Allegorie von

Friedrich Rückert vor. Parallel zum Sämanngleichnis in Mk 4 wird zunächst der Bildteil präsentiert – als Folie oder zum Ausschneiden. Sch untersuchen die Erzählung auf ihre Stimmigkeit hin. Zunächst wirkt der Handlungsablauf logisch entwickelt, erst bei näherem Hinsehen wirkt mancher Einzelzug befremdlich und konstruiert – z. B. die Gegenüberstellung von Kamel und Drache, das nagende Mäuschenpaar, die Furcht des Mannes usw. Diese Elemente könnten auf eine spezielle sprachliche Form hinweisen, die aber allein durch den ersten Teil des Textes nicht genau zu bestimmen ist. Erst die Präsentation des zweiten Teils macht das Gedicht zur Allegorie.

Aus dieser Arbeit lassen sich Fragen entwickeln, die sich an alle vorgelegten Sprachformen richten, z. B.:

- Welche sprachlichen Merkmale bestimmen die Form?
- Welche Kompetenzen benötigen LeserInnen, um die Sprachform verstehen zu können?
- Lässt sich die Sprachform in eine andere, z. B. erklärende Form ohne Bedeutungsverlust übersetzen?
- Worin besteht für die Konstitution von religiösen Aussagen die Leistung der gewählten Sprachform?

Sch können in EA eine Sprachform auswählen, in kleinen Gruppen lassen sich auch alle vier Formen bearbeiten.

Textausschnitte den Sprachformen zuordnen

- Sch können ihre Kenntnisse der vorgestellten Sprachformen überprüfen, indem sie **M 11.1.21 Lehrerkommentar S. 57**, ausfüllen.

Richtige Zuordnung:

- Paradoxie: Text Nr. 1, 3, 4, 7
- Metapher: Text Nr. 2, 9, 11, 13
- Symbol: Text Nr. 5, 8, 10
- Allegorie: Text Nr. 6, 12

Bildersprache und Religion

- Sch machen Aussagen zu den Bildern von M. Rothko auf **7** und R. Geiger auf **27**, indem sie die beiden Bilder auf Religion beziehen. Dabei ist es wichtig, die Unterschiedlichkeit der Bilder zu gewichten und ihren Beitrag zur Eigenart von Religion herauszuarbeiten. Als Form wählen sie eines oder mehrere der hier vorgestellten Sprachformen und bringen ihre Bilddeutung als Paradoxien, Metaphern usw. zum Ausdruck. Alternativ wählen sie ein »Elfchen«, das mit dem Begriff »Religion« endet, z. B.

Rothko	1
Farbflächen übereinander	2
Sehen und dahinterschauen	3
Ein großes Geheimnis entdecken	4
Religion	1

3. Weiterführende Anregung

Vernetzung im Schulbuch: Vergleich zur Sprache der Naturwissenschaften (Kap. 3)

- AA 2 auf **87** lässt sich etwas modifiziert schon an dieser Stelle bearbeiten. Um religiöse Sprachformen noch schneller integrieren zu können, lassen sich die Begriffe, die mit der Sprache verschiedener Wissenschaften umschrieben werden sollen, neu bestimmen, z. B. Himmel, Kreuz, Wasser o. Ä.

»Stückwerk ist unser Erkennen«

Perspektiven 4 30 31

1. Hintergrund

Diese DS greift das Thema Religion von der Seite menschlicher Erkenntnismöglichkeiten auf und bestätigt von daher grundsätzlich, was über Bilder und Sprache schon exemplarisch deutlich geworden ist: Religion berührt den Bereich jenseits der Grenze des Darstell-, Aussag- und Erkennbaren. Es gilt auch umgekehrt, dass Religion auf Grenzen aufmerksam macht und dem Menschlichen einen begrenzten Raum zuweist, weil der unbegrenzte Raum dem Göttlichen vorbehalten ist. Seit Paulus und dann wieder in der Renaissance wird der Spiegel zu einem Symbol für die Begrenztheit des Menschlichen. Da der Blick in den Spiegel etwas von mir zeigt, was ich ohne ihn nicht sehe, demonstriert der Spiegel die Perspektivität und damit die Einseitigkeit und Unvollkommenheit des menschlichen Blicks auf die Welt. Dabei bleibt Paulus aber nicht stehen, er entwirft vielmehr eine Perspektive, die die Endlichkeit des Erkennens aufhebt. Es mag zunächst überraschen, Verse über Erkenntnis ausgerechnet im bekannten und viel zitierten 13. Kapitel von 1 Kor zu finden, Paulus nimmt dies aber sehr bewusst auf, indem er deutlich macht, dass alles Stückwerk ist und vergeht und nur die Liebe das Kontinuum im Vergänglichen und darüber hinaus ist. Weder die Klugheit noch die mystische Verzückung dürfen überschätzt werden, wie es von Teilen der korinthischen Gemeinde wohl propagiert wird. Demgegenüber argumentiert Paulus: Erst im »Dann« wird es ein Erkennen geben, das dem vollkommenen göttlichen Anerkennen meiner Person im Jetzt entspricht.

Gleichwohl kann es auch eine Entsprechung von göttlicher Anerkenntnis und menschlicher Erkenntnis geben, insofern diese ganz von der Liebe geprägt ist. Für Sch steht eine Vertiefung der Einsicht in die Perspektivität menschlichen Erkennens und deren Wechselwirkung mit Religion im Vordergrund. Weil menschliche Erkenntnis nicht vollkommen ist, kann sie das als vollkommen charakterisierte Göttliche weder ganz erkennen, noch ganz ins Bild oder in die Sprache bringen. Die Differenz ist für die Eigenarten unseres Zugangs zur Religion verantwortlich. Das surrealistische **Bild** von Toyen auf **31** bestätigt und radikalisiert diese Aussage auf eigene Weise.

Toyen (1902-1980)
Toyen wurde als Marie Čermínová am 21. September 1902 in Prag geboren. Schon früh legte sie sich als Protest gegen gängige Rollenbilder das geschlechtsneutrale »Toyen« als Pseudonym zu. Nachdem sie in unterschiedlichen Stilrichtungen zu malen begonnen hatte, gewannen ihre Bilder ab Mitte der 30er-Jahre des 20. Jhs. einen surrealistischen Charakter. Ihr intensiver Kontakt zu französischen Künstlern bildete einen Grund für ihre Übersiedlung nach Paris 1947. Sie stellte ihre Bilder in Frankreich und in der Tschechoslowakei aus und galt als anerkannte Malerin des Surrealismus. 1980 verstarb Toyen in Paris.

Toyen: »Der Mythos des Lichts«, 1946
»Der Mythos des Lichts« (160 x 75 cm, Öl auf Leinwand) ist ein Bild, das durch seine vermeintliche Widersprüchlichkeit fasziniert. Vor dem Hintergrund einer geschlossenen Tür spielt sich ein seltsames Drama ab, das eine grundsätzliche Dimension besitzt. Das Bild beschwört die Metapher vom Licht, in der sich das Selbstverständnis der neuzeitlichen Vernunft ausdrückt, um eine Reflexion in Gang zu setzen, die in die Subversion der Moderne mündet. Es zitiert die Metapher also nur, um sie zu zerstören. Das Bild ruft in Erinnerung, dass dasselbe Licht, das die Intelligibilität der Welt begründet, alles das ins Dunkel verdrängt, was sich seiner schattenlosen Klarheit nicht fügt. Die Annahme, das Licht der Vernunft sei das Zentrum menschlicher Erkenntnis, wird als Mythos entlarvt.
Dies bestimmt mit zarten Mitteln die Konstruktion des Bildes: In der rechten Bildhälfte werfen Frauenhände den Schatten eines Hundekopfes auf die Tür. Toyen reproduziert im Bild das bekannte Schattenspiel, durch das Kinder mit den Wirkungen des Lichts vertraut werden. Hier erfüllt es jedoch eher die Funktion, das Gewohnte – das physikalische Phänomen nämlich – vor Augen zu führen. Gerade dadurch aber, dass Toyen das Bekannte zitiert, kann sie die Ungeheuerlichkeit darstellen, die durch seine Verschiebung freigesetzt wird. Diese findet in der linken Bildhälfte statt. Es scheint, als habe jemand den Raum betreten, ohne dass sich die Tür geöffnet hat. Auf der geschlossenen Tür zeichnet sich der leicht deformierte Schatten eines selbst nicht in Erscheinung tretenden Mannes ab. Der Mann hält eine Pflanze mit vollem Wurzelwerk in Händen. Die Pflanze ist physisch greifbar; fast schattenlos fügt sie sich in die männliche Schattenhand ein, die sie der Frau als Gabe darzureichen scheint. Doch die angestrebte Kommunikation bleibt in der Schwebe. Die beiden Protagonisten des Dramas können sich auf der realistischen Ebene nicht begegnen, einer der beiden darf nicht anwesend sein. Nur die Schatten können miteinander kommunizieren, was sich nicht zuletzt darin zeigt, dass der Schattenhund seinem Herrn freundlich entgegenzubellen scheint. Das Spiel von Licht und Schatten erfährt in ihm eine Verschiebung, in deren Verlauf sich die Metapher als Entstellung entlarvt. Während nämlich in der rechten Bildhälfte Frauenhände den Schatten eines Hundes (oder Wolfes?) werfen, was die Unabhängigkeit von Bild und Modell nur einmal mehr unterstreicht, scheint in der linken Hälfte der Schatten, d. h. das Bild, seinerseits tätig zu werden und eine reale Erscheinung vor sich hin zu projizieren. Toyen visualisiert eine Unmöglichkeit: einen Schatten, der sich in einer Pflanze materialisiert, wie sie umgekehrt darauf hinweist, dass die Materie Schatten wirft, die ihre eigenen Erscheinungsweisen mit sich bringen (vgl. Bischof, S. 47f.).

2. Einsatzmöglichkeiten im RU

Das Spiegelexperiment
- Für die Durchführung des kleinen Experiments ist es günstig, wenn die Lerngruppe keine deutlichen gruppendynamischen Schwierigkeiten hat und im RU ein gutes Arbeitsklima vorherrscht.
- In der Stunde vor der Durchführung werden Sch aufgefordert, zur nächsten Religionsstunde einen Spiegel mitzubringen.
- Zur Durchführung sitzt die Lerngruppe im Sitzkreis ohne Tische.
- Der Blick in den Spiegel darf sorgfältig sein und die beschreibenden Thesen sollten von möglichst vielen Sch vorgetragen werden.
- Auch der nächste Schritt – Situation als persönlicher Spiegel – lässt sich im Sitzkreis durchführen.
- Spiegelung von mir und einer anderen Person: Es sind viele Variationen möglich – nur eine Person wird gespiegelt, die Gruppe rät diese Person, es werden zwar konkrete, aber auch problematische Seiten benannt, L integriert sich als einfaches Mitglied der Gruppe u. Ä.

- Für den Wechsel ins Religiöse erhalten alle Sch den Text von 1 Kor 13 – **M 11.1.22, Lehrerkommentar S. 58** –, lesen ihn still und erhalten einige Minuten zum Überdenken.
- Im Stuhlkreis werden die bisherigen Elemente unter der Frage nach Wahrheits- und Erkenntnismöglichkeiten resümiert.

Alternative zum Spiegelexperiment

- Falls das auf **30** beschriebene kleine Experiment in der Lerngruppe nicht durchgeführt wird, bietet **M 11.1.23, Lehrerkommentar S. 59**, eine mögliche Alternative. Die drei Elemente zeigen Eigenarten des Spiegelbildes in verschiedenen Deutungen, die von den Sch als Kommentar zu 1 Kor 13,12 herausgearbeitet werden.

Licht und Schatten

- Je nach zeitlicher Anbindung an das Spiegelexperiment und den Fähigkeiten der Lerngruppe, die die Interpretation surrealistischer Bilder betreffen, kann zuerst das Bild mit AA 1 auf **31** erschlossen und dann über den Text der ersten Spalte auf **31** der Kontext zum Thema der DS hergestellt werden oder umgekehrt.

Das Höhlengleichnis

- Als Ergänzung zum oder auch als Ersatz für das Spiegelexperiment bearbeiten Sch **M 11.1.24, Lehrerkommentar S. 60**, zum platonischen Höhlengleichnis. Der bei Platon in der Politeia umfangreichere Text ist hier in einer etwas vereinfachten Version von J. Gaarder wiedergegeben. Ähnlich wie beim Spiegelexperiment sind Sch auch hier aufgefordert, selbst aktiv zu werden und die Szene zur Verdeutlichung nachzustellen.
- Sch bestimmen einen Regisseur, der mithilfe von Assistenten alle Mitglieder der Lerngruppe so im Raum positioniert, sodass das Standbild mit dem Text übereinstimmt. Der Akt der Befreiung kann, muss aber nicht dargestellt werden, weil für das Thema »Stückwerk ist unser Erkennen« das Anfangsbild die wichtigsten Informationen bereitstellt.
- In EA oder im UG formulieren Sch den systematischen Ertrag von Text und Standbild.

Religion – Sehnsucht – Kultur

Akzent 32

1. Hintergrund

Die Akzentseite fordert auf zwei Weisen zu einem Resümee des Kapitels auf, das wichtige Einsichten in Erinnerung rufen und bündeln soll.

- Die Neuinterpretation der vier Bilder unter dem Stichwortpaar »Sehnsucht und Religion« durch einen Essay bietet viele Möglichkeiten, unterschiedliche Aspekte des Kapitels zu integrieren. Die Frage, welcher Religionsbegriff einer Sehnsucht nach dem Ganzen (Bild von R. Geiger), nach Transzendentem (Bild von M. Rothko) oder einer Vertiefung der Persönlichkeit (Bild von A. Grey) entspricht, kann ebenso aufgegriffen werden wie die Fragen nach Säkularisierung und nach den Qualitätskriterien einer Religion, die Sehnsucht bearbeitet (Bild von J. Koons). Der Essay kann auch im Anschluss an die Bilder von M. Rothko und R. Geiger von den Grenzen menschlicher Erkenntnis-, Sprach-, Darstellungsfähigkeit ausgehen, um eine qualitätvolle Dimension der Religion(en) als mögliche Bearbeitung von Sehnsucht zu erörtern. Ebenso ist mit Bezug zu den Bildern von A. Grey und J. Koons ein Rückgriff auf die breite Religionskultur möglich, die es Menschen unter Wahrnehmung ihres Rechts auf Religionsfreiheit ermöglicht, unterschiedlich qualitätsvoll ihre Sehnsüchte mit einem breiten Verständnis von Religion und Religiosität zu verknüpfen. Schließlich kann der Essay auch in einem persönlichen Ton gehalten sein, wenn er subjektive Sehnsüchte mit Bezug zu einzelnen Bildern und wichtigen Argumenten aus dem Kapitel mit Religion in Verbindung bringt.
- Die viel zitierte Grundthese von Paul Tillich (1886-1965, deutsch-amerikanischer Theologe und Kulturphilosoph) hat er selbst in verschiedenen Variationen und Kontexten präsentiert. Sie ist in Verbindung zu seiner ebenso häufig verwendeten Religionsdefinition auf **8** zu sehen, weil nur ein breiter, anthropologisch gewendeter Religionsbegriff die doppelseitige Relation von Kultur und Religion plausibel macht.
- AA 1 bezieht sich auf die Begriffsbestimmungen und Definitionswege von Religion und Religiosität auf **8** und **12-15**. Bezugspunkt bildet auch die Frage nach Kulturhermeneutik auf **16f.** sowie **M 11.1.8, Lehrerkommentar S. 44.**
- AA 2 greift **16-17** und Bilder des Kapitels auf. Zudem sollte die Frage nach religiöser Sprache auf **28f.** integriert werden.
- Die Bezüge von AA 3 zum Kapitel sind durch den transformierenden Charakter des AA vielfältig möglich. Beispielsweise können hier die auch in der modernisierten Welt bestehenden Existenzfragen und ihre Beziehung zur Religion oder den Religionen thematisiert werden, die moderne Religions-

freiheit als ein Ergebnis der Korrelation von moderner Kultur und Religion kann ebenso ein Bezugspunkt sein wie die Grenzen der Erkenntnis. Die Grundposition des Schulbuchkapitels bestreitet die Richtigkeit der in AA 3 aufgestellten These.

2. Einsatzmöglichkeiten im RU

Essay: Sehnsucht und Religion

- Sch schreiben in EA einen Essay zum Thema und erhalten dafür ausreichend Zeit (90 Minuten). Da es auf eine eigenständige Argumentationsleistung ankommt, kann L entscheiden, ob das Schulbuch benutzt werden darf. Zentral ist die begriffliche und argumentative Verknüpfung unterschiedlicher Themenbereiche mit ausgewählten Bildern. Eine eigene Gliederung und eine selbstständige Auswahl der Inhalte und ihrer Verknüpfung untereinander sowie mit den Bildern bilden die geforderten Grundleistungen. **M 11.1.25, Lehrerkommentar S. 61**, stellt eine begriffliche Hilfe zum Stichwort »Sehnsucht« dar, das im Kapitel nicht ausdrücklich entfaltet wird.

Die These von Paul Tillich bearbeiten

- Vor der Bearbeitung dieser These vergegenwärtigen sich Sch die Religionsdefinition von P. Tillich auf **8**.
  Die AA folgen dem Dreischritt Reproduktion – Reorganisation – Transformation. Da diese Aufgabe ein anspruchsvolles Resümee des Kapitels darstellt, hängt die Form der Bearbeitung auch an der Kompetenz der Lerngruppe.

Literatur:

Bischof, Rita (Hg.), Toyen. Das malerische Werk, Frankfurt/Main 1987.

Dengler, Sarah, Zur diskursiven Dialektik des Trivialen in Kunst und Kommerz. Von Pablo Picassos Collagen und Marcel Duchamps Readymades zu Jeff Koons' »Factory Production«, München 2007.

Dinter, Astrid, Adoleszenz und Computer. Von Bildungsprozessen und religiöser Valenz, Göttingen 2007.

Epping, Josef, Von Anekdote bis Wundergeschichte. Textsorten verstehen, München 2009.

Schuster, Peter-Klaus (Hg.), Rupprecht Geiger, München 1988.

Gottesbilder

- *Erläutern Sie die Grundformen der Darstellung des Göttlichen auf diesen vier Bildern.*
- *Vergleichen Sie diese Formen mit der Intention des Bildes von Mark Rothko (Schulbuch S. 7).*

Wie zeigt sich Gott in Zeugnissen heiliger Schriften?

Exodus 33,18-23

18 Dann sagte Mose: Lass mich doch deine Herrlichkeit sehen!
19 Der Herr gab zur Antwort: Ich will meine ganze Schönheit vor dir vorüberziehen lassen und den Namen des Herrn vor dir ausrufen. Ich gewähre Gnade, wem ich will, und ich schenke Erbarmen, wem ich will.
20 Weiter sprach er: Du kannst mein Angesicht nicht sehen; denn kein Mensch kann mich sehen und am Leben bleiben.
21 Dann sprach der Herr: Hier, diese Stelle da! Stell dich an diesen Felsen!
22 Wenn meine Herrlichkeit vorüberzieht, stelle ich dich in den Felsspalt und halte meine Hand über dich, bis ich vorüber bin.
23 Dann ziehe ich meine Hand zurück und du wirst meinen Rücken sehen. Mein Angesicht aber kann niemand sehen.

Bhagavad Gita 11,5.7-13

5 Gott sprach: Schau meine Gestalten hundertfach und tausendfach,
verschiedenartige, himmlische, und von unterschiedlichen Farben und Formen.
7 Hier schaue jetzt das ganze Universum mit allem, was lebt und nicht lebt,
an einem Punkt, in meinem Leib konzentriert und was auch sonst noch du zu sehen wünschst.
8 Mit diesem deinem Auge aber kannst du mich nicht sehen.
Ich gebe dir ein göttliches Auge – schaue meine majestätische Wundermacht.
9 Samjaya sprach: Nachdem er so gesprochen hatte, offenbarte Gott, der große Herr des Yoga,
mir seine höchste Herrlichkeits-Gestalt.
10 Mit vielen Mündern und Augen, mit zahllosen wunderbaren Anblicken,
mit reichlich göttlichem Schmuck, mit vielen erhobenen himmlischen Waffen,
11 mit himmlischen Girlanden und Gewändern geschmückt, mit himmlischen Düften und Salben,
als einen Gott, der alle Wunder in sich birgt, der unendlich und allgegenwärtig ist.
12 Sollte am Himmel der Glanz von tausend Sonnen gleichzeitig aufgehen,
so würde diese Strahlung der Helligkeit des großen Gottes gleichen.
13 Da schaute ich das ganze Universum mit all seinen vielen Gestaltungen
in einem Punkt zusammengefasst im Leib des Gottes der Götter.

Koran Sure 2,255

Gott – kein Gott ist da außer Ihm, dem Ewiglebenden, dem Einzigerhaltenden. Ihn ergreift weder Schlummer noch Schlaf. Ihm gehört, was in den Himmeln und was auf der Erde ist. Wer ist es, der bei Ihm Fürsprache einlegen könnte außer mit Seiner Erlaubnis? Er weiß, was vor ihnen und was hinter ihnen liegt; sie aber begreifen nichts von Seinem Wissen, es sei denn das, was Er will. Weit reicht Sein Thron über die Himmel und die Erde, und es fällt Ihm nicht schwer, sie (beide) zu bewahren. Und Er ist der Hohe, der Erhabene.

- *Stellen Sie in einer Übersicht dar, wie die Texte aus den heiligen Schriften dreier Weltreligionen die unsichtbare Größe Gottes beschreiben. Beachten Sie dabei die Seh- und Erkenntnismöglichkeiten der Menschen.*
- *Vergleichen Sie Ihre Übersicht mit dem Konzept, das Mark Rothko in seinem Bild umsetzt.*

»Religion ist ...«

■ *Ordnen Sie jedem Element auf den Seiten 8-9 im Schulbuch eine thematische Doppelseite des Kapitels 1 zu. Einige Elemente lassen sich mehreren Seiten zuordnen und umgekehrt.*

Element	Doppelseite(n)	Begründung
Die Mathematik sagt: 1 + 1 = 2 Die Liebe sagt: 1 + 1 = 1 Die chr. Religion sagt: 1 + 1 + 1 = 1		
 ...		
Alex, 17 Jahre Petra, 18 Jahre		
Religion ist ...		

so ist es sagt man ein baum zum beispiel ist so ...		
How many years ...		

Weitere Definitionen von »Religion«

Die Religionen sind der Ort, wo Menschen sich ausdrücklich des Heilshandelns Gottes in der Geschichte bewusst werden. Unter dem Religiösen verstehe ich alles, was Gott selbst zum ausdrücklichen Objekt hat.

E. Schillebeeckx, katholischer Theologe

Um die Eigenart von Religion bestimmen zu können, müssen allgemeine Dimensionen beschrieben werden, die in unterschiedlichen Variationen in den Religionen auffindbar sind. In diesem Sinne unterscheiden wir die Dimension der religiösen Erfahrung (experiental dimension), die ritualistische Dimension (ritualistic dimension), die bekenntnishafte Dimension (ideological dimension), die intellektuelle Dimension (intellectual dimension) und die Dimension der Konsequenzen aus religiösen Überzeugungen (consequential dimension).

C. Glock, Religionspsychologe

Religion ist ein Komplex religiöser Praktiken, die auf der Voraussetzung der Existenz in der Regel unsichtbarer persönlicher oder unpersönlicher übermenschlicher Mächte beruhen.

M. Riesebrodt, Soziologe

Religion erbringt Leistungen für die Menschen. Die Bezeichnung »Religion« ist umso berechtigter, je mehr dieser Leistungen abgedeckt werden. Diese sind:

1. »Identitätsstiftung«: Religion liefert den Einzelpersonen Hilfestellungen, sich als stabiles Ich zu verstehen – beispielsweise indem sie dazu beiträgt, mit Ängsten und Gefühlen umzugehen.
2. »Handlungsführung im Außeralltäglichen«: Religion gibt dem Handeln gerade in solchen Situationen eine Orientierung, die aus dem Alltag herausfallen und nicht durch Routinen und Gewohnheiten zu meistern sind.
3. »Kontingenzbewältigung«: Religion bewältigt die Endlichkeiten und Zufälligkeiten des menschlichen Daseins, die sich jedem verändernden Handeln prinzipiell entziehen.
4. »Sozialintegration«: Religion dient als verbindender Kitt für Gemeinschaften und Gesellschaften, indem sie bestehende Ordnungen legitimiert.
5. »Kosmisierung«: Religion vermag einen letzten Deutungshorizont bereitzustellen, der die Möglichkeit von Sinnlosigkeit und Chaos ausschließt.
6. »Weltdistanzierung«: Schließlich und endlich ermöglicht Religion auch Abstand, Widerstand und Protest gegenüber bestehenden Ordnungen und Gemeinschaften.

F.-X. Kaufmann, Soziologe

Religion ist ein System von Überzeugungen und Handlungen, durch welche eine Gruppe von Menschen mit letzten Problemen des menschlichen Lebens ringt. Sie drückt ihre Weigerung aus, vor dem Tode zu kapitulieren, aufzugeben angesichts der Enttäuschung und der Feindseligkeit zu gestatten, menschliche Gemeinschaft zu zerstören.

J.M. Yinger, Anthropologe

Kritik an den Typen der Definition von Religion

Im Schulbuch auf S. 12 werden der phänomenologische, der funktionale und der substanzielle Typ als Wege benannt, die zu einer Definition des Begriffs »Religion« führen. Diese Typen sind nicht unumstritten. Eine kritische Auseinandersetzung kann Ihnen das Problem der Definition noch verdeutlichen.

Kritik am phänomenologischen Typ	Kritik am funktionalen Typ	Kritik am substanziellen Typ
Der phänomenologische Ansatz allein genügt nicht, um Religion angemessen zu charakterisieren. Isoliert betrachtet, ist er nicht tragfähig. Dies liegt schlicht daran, dass es einer äußerlich vergleichenden Betrachtung des Religiösen an Trennschärfe fehlt. Sicherlich ist es nützlich, festzustellen, dass Religion unterschiedliche Momente wie Handeln, Erleben, Wissen und Bekennen umfasst. Die Schlüsselfrage bleibt aber, welcherart Handeln, Erleben, Wissen und Bekennen denn nun mit Fug und Recht als religiös zu bezeichnen ist. Hier muss der phänomenologische Ansatz passen. Er vermag die vielfältige Palette religiöser Ausdrucksformen zwar eindrucksvoll aufzufächern. Was diese Palette als religiös qualifiziert, muss er jedoch offenlassen. Der phänomenologische Zugang setzt einfach voraus, dass es Religionen gibt. Was Religion zu Religion macht, vermag er nicht zu beantworten.	Funktionale Religionsdefinitionen verfehlen den Sinn von Religion aus der Sicht der religiösen Praktiker und damit auch aus handlungstheoretischer Sicht. Niemand würde wohl ernsthaft andere Institutionen, wie Musik, Literatur, Theater oder Sport, lediglich unter dem Aspekt ihrer tatsächlichen oder vermeintlichen gesellschaftlichen Funktion definieren und erklären wollen. Wer beispielsweise die soziale Funktion des Fußballspiels analysiert, hat damit das Spiel weder verstanden noch erklärt. Da funktionale Definitionen den Handlungssinn ignorieren, sind sie in der Regel völlig unspezifisch. Zudem werden den Religionen Funktionen zugeschrieben, die sie weder immer noch überall erfüllen. Sie schließen viele Phänomene ein, die schlecht unter den Religionsbegriff passen. Alle möglichen Aktivitäten können als sozialintegrativ oder identitätsstiftend gedeutet werden, wie etwa Vereinsbildungen oder die Hingabe an Hobbys. Gemäß dieser Definition handelt es sich bei Grillabenden, Fußballspielen oder Musikhören zumindest möglicherweise um Religion.	Der substanzielle Weg zu einer Begriffsbestimmung von Religion scheitert schon an den formalen Bedingungen einer sinngerechten Definition. Eine Definition erfüllt ihren Auftrag, wenn sie den zu bestimmenden Begriff ohne äquivalente Termini umschreibt. »Liebe ist, wenn man jemanden gerne hat« ist formal eine nicht hinreichende Definition – ganz abgesehen von inhaltlichen Fragen. Viele substanzielle Umschreibungen von Religion verfahren aber so: Sie definieren Religion, indem sie Worte aus dem Gegenstandsbereich von Religion – z. B. das Heilige, Gott, das Absolute, das Unendliche, Sinn o. Ä. – zentral in die Erklärung einsetzen. Diese Begriffe müssen wiederum definiert werden, was meist nur aus dem Selbstverständnis von Religion gelingen kann. Auf diese Weise ergeben sich zirkuläre Verweise von Begriffen, die zur sachgerechten Definition kaum beitragen.

Die Gesundheitsreligion

Ein Interview mit dem Theologen und Psychiater Manfred Lütz

Herr Lütz, noch stecken wir mitten in der Weihnachtsschlemmerei, danach wird's Ernst: Fitnessfanatiker werden zur Diät mahnen. Was fürchten Sie am meisten?
Gute Ratschläge, die ich nicht befolgen werde. Gerade zu Weihnachten muss man mal sagen, wie bedauerlich es ist, dass die Leute nicht mehr an den lieben Gott glauben, sondern an die Gesundheit. Was man früher für den lieben Gott tat, wallfahren etwa oder fasten, das tut man heute für die Gesundheit. Es gibt Menschen, die leben nicht mehr lustvoll, sondern vorbeugend. Sicher sterben sie dann gesund. Aber auch wer gesund stirbt, ist definitiv tot.

Dürfen wir das als einen Aufruf zu lustvollem Schlemmen auffassen?
Aber gerne. Gerade in der katholischen Tradition ist es ja üblich, dass man Feste auch sinnlich spüren muss. Man muss Weihnachten sozusagen auf dem Teller schmecken. Das ist allerdings ein großer Widerspruch zur missionarischen Gesundheitsreligion, die selbst an Festtagen nur Körner oder andere schrecklich gesunden Dinge auf den Teller lassen will. Sie dürfen ja heute im Freundeskreis nicht mehr sagen, dass Sie gerne Schweinshaxe essen, weil Sie dann für einen Ketzer gehalten werden.

Was haben Sie als Arzt eigentlich gegen Gesundheitsbewusstsein?
Gar nichts. Weder gegen Ausgleichssport, noch gegen gesunde Ernährung. Aber mal richtig ungesund eine fette Weihnachtsgans zu essen, ohne danach gleich zur Buße verdammt zu werden, das muss doch erlaubt sein. Die Buße im Rahmen der Gesundheitsreligion sieht ja so aus: Nach dem Schlemmen muss man wahnsinnig viel wallfahren. Sprich: Man läuft auf einem Hometrainer in einem öden Fitness-Studio so weit wie früher die Leute nach Santiago di Compostela durch eine herrliche Landschaft. Das ist extrem lustfeindlich. Lust ist ohnehin in den Altreligionen wie im Christentum viel weiter verbreitet als in dieser verhärmten Gesundheitsreligion ...

Gesundheit, so Ihre These, wird zur Ersatzreligion verklärt.
Es ist eine Religion mit Halbgöttern in Weiß. Die Chefarztvisite wird zur Prozession, die Assistenzärzte zu Ministranten. Es gibt Wallfahrten zu Spezialisten, die bevorzugt an entfernten Orten wohnen. So werden die Autobahnen zu Wallfahrtsstraßen. Je größer die Entfernung, desto größer die Heilserwartung. Es gibt Diätbewegungen, die in ihrem Ernst die Büßer- und Geißlerbewegungen des Mittelalters weit übertreffen. Und es gibt selbst ernannte Gesundheitspäpste, die unfehlbar wissen, wie man das Sterben vermeidet.

Steckt dahinter der alte Wunsch nach dem ewigen Leben?
Die Leute glauben heute vielfach nicht mehr an ein Jenseits. Deshalb muss die Eschatologie, die Lehre von den letzten Dingen, hier in diesem Leben stattfinden. Für das ewige Leben ist quantitativ die Medizin zuständig, qualitativ die Psychotherapie. Ich glaube, dass alle religiösen Sehnsüchte nach ewigem Leben und ewiger Glückseligkeit inzwischen in der Gesundheitsreligion befriedigt werden. Doch das kann nicht funktionieren, weil wir nun mal sterblich sind.

Was sind denn die Risiken und Nebenwirkungen dieser Fixierung auf Gesundheit?
Bedenklich sind die ethischen Nebenwirkungen. So hat die Gesundheitsreligion inzwischen ihren eigenen Fundamentalismus entwickelt, die sogenannte Ethik des Heilens. Wer heilt, hat in dieser Logik immer recht. Wenn sie irgendeinen Heilerfolg prognostizieren, können sie ethisch inzwischen alles machen und gesellschaftlich durchsetzen, sogar die Forschung mit embryonalen Stammzellen. Das halte ich für gefährlich.

Weil sich dahinter ein verändertes Menschenbild verbirgt?
Ja. Im Grundgesetz wird von der Würde aller Menschen gesprochen. In der Gesundheitsreligion geht es um die Würde aller gesunden Menschen. Oder der Menschen, die noch gesund werden können. Behinderte und unheilbar Kranke werden da zu Menschen zweiter Klasse ...

Sie beschäftigen sich humorvoll mit einem Thema, das die meisten Menschen sehr ernst nehmen. Wollen Sie damit provozieren?
In totalitären Verhältnissen kann man die Wahrheit nur satirisch sagen. Und die Gesundheitsreligion herrscht bei uns totalitär. Sie können über Jesus Christus jeden albernen Scherz machen, aber bei der Gesundheit hört der Spaß auf. Und das reizt mich zum Widerspruch.

So wird nie ein Gesundheitsapostel aus Ihnen.
Das überlasse ich anderen, ich bin schon Theologe und Psychotherapeut, das genügt. Schauen Sie sich doch mal die Stadtmarathons an. Da rennen schwitzende Gestalten in absurden Klamotten durch hässliche Straßen. Ich stelle mir immer vor, Marsmenschen kämen auf die Erde, und ich müsste ihnen anlässlich des Köln-Marathons erläutern, dass das, was da irrsinnig im Kreis rennt, der Höhepunkt der Schöpfung sei. Das ist Realsatire pur.

»Sonntag aktuell« vom 25.12.2005

- *Notieren Sie sich die Merkmale, die Gesundheit für Herrn Lütz zu einer Religion werden lassen.*
- *Wie kommt es zur Gesundheitsreligion und auf welchen Religionsbegriff stützt sich Herr Lütz?*
- *Sie können schriftlich auf das Interview reagieren, indem Sie seine Argumentation durch eigene Erfahrungen stützen, sie differenzieren oder ihr widersprechen.*

Zerstreuung der Religion – mehr oder weniger Religion?

Die von Hans-Joachim Höhn diagnostizierte Zerstreuung des Religiösen hat zwei wichtige Ursachen:
Durch die Wanderung des Religiösen nimmt das Angebot religiöser Inhalte und Praktiken zu (Pluralisierung). Die Einzelnen wählen ihre Form der Religiosität selbstständig aus und sind dabei kaum mehr an tradierte Vorgaben und Erziehung gebunden (Individualisierung).
Der Soziologe Detlef Pollack nimmt nach der Analyse vieler empirischer Untersuchungen zu der Frage Stellung, ob dies zu einem Anwachsen von Religiosität insgesamt führt:

»Der Prozess der religiösen Pluralisierung und Individualisierung ist, wie bereits herausgestellt, allerdings nicht mit einem Bedeutungserhalt oder gar mit einem Bedeutungsaufschwung des Religiösen verbunden. Die Abbruchtendenzen der traditionalen, institutionsgebundenen Religiosität sind gravierender und umfassender als die Zugewinne der nichttraditionalen, außerkirchlichen Religiositätsvarianten. Wenn man darüber hinaus bedenkt, dass kirchliche und außerkirchliche Religiosität nicht in einem Alternativverhältnis zueinander stehen, dann wird man sagen müssen, dass die Pluralisierungs- und Individualisierungstendenzen auf dem religiösen Feld selbst Bestandteil des umfassenden Minorisierungsprozesses von Religion und Kirche sind.
Der Prozess der Individualisierung und Pluralisierung des Religiösen bringt nicht unausweichlich und ausnahmslos ein niedrigeres Religiositätsniveau mit sich. Es gibt eine seit mehr als 20 Jahren ansteigende Nachfrage nach Spiritualismus, Okkultismus, Esoterik, Zen-Meditation, Bachblütentherapie, Reiki, Energie-Training usw. Es gibt eine empirisch nachweisbare Verflüssigung von Glaubensvorstellungen, die nicht gleichbedeutend mit einem Verschwinden des Religiösen ist. Darüber hinaus lässt sich auf der Interaktionsebene innerhalb und außerhalb der Kirchen eine kaum noch überblickbare Vielzahl von religiösen Gruppenaktivitäten und Assoziationen ausmachen, angefangen von Bibelkreisen und Evangelisationen, über Seminare, Kirchenchöre, Seniorentanz und musikalische Früherziehung bis hin zum esoterischen Lesezirkel, zur gestaltpsychologischen Gruppentherapie oder zum Psychodrama. Ebenso ist das Eindringen religioider Weltdeutungsmuster in den öffentlichen Raum, in Kunst, Politik, Umweltbewegung, Medizin und Wissenschaft unübersehbar ...
Die Individualisierungsthese scheint zumindest eine partielle Erklärungskraft zu besitzen. Neue außerkirchliche Formen von Religion, die weniger durch Tradition und Sozialisierung abgestützt sind, gewinnen an Bedeutung. Religionsformen aller Art werden individualisiert. Zugleich muss man allerdings sehen, dass die Zahlen der Anhänger außerkirchlicher Formen von Religiosität relativ klein bleiben und dass zwischen traditioneller Kirchlichkeit und außerkirchlicher Religiosität eher ein positiver als ein negativer Zusammenhang besteht, sodass die gesellschaftliche Relevanz außerkirchlicher Religiosität nicht in dem Maße zunimmt, wie die Akzeptanz traditionaler Religiosität zurückgeht, sondern sich eher mit Letzterer ebenfalls abschwächt. Es kommt zu einem Formenwandel des Religiösen – das ist zweifellos richtig, aber mit dem Formenwandel ist zugleich ein Bedeutungsverlust aller Dimensionen von Religion verbunden. Das aber heißt, dass die empirische Evidenz in starkem Maße für die Gültigkeit der Säkularisierungsthese spricht.
Diese kann die größte Erklärungskraft für sich beanspruchen. Sie macht verständlich, warum unter den Besserverdienenden, den Höhergebildeten und den Jüngeren der religiöse Bedeutungsverlust am stärksten ist. Mit ihr lässt sich auch erklären, warum Wohlstandsanhebung und Ausbau des Sozialstaates zu einer Abschwächung der religiös-kirchlichen Bindungen geführt haben, denn ihre zentrale Annahme lautet, dass zwischen Moderne und Religion ein Spannungsverhältnis besteht. Auch wenn viele Sozialwissenschaftler, Historiker und Theologen von der Wiederkehr der Religion sprechen – sofern man auf das schaut, was die Menschen von sich sagen und was sie glauben, was sie tun und wie sie ihr Denken, Fühlen und Handeln interpretieren, sofern man also die individuelle Ebene in Blick nimmt, kann man einer solchen Behauptung nur schwer zustimmen.«

- *Notieren Sie in einigen Thesen, wie Detlef Pollack die gegenwärtige religiöse Situation analysiert.*
- *Welchen Säkularisierungsbegriff legt er seinen Ausführungen zugrunde?*
- *Sehen Sie in den Ausführungen von Detlef Pollack einen Widerspruch zum Text von Herrn Höhn im Schulbuch auf S. 14? Begründen Sie Ihre Position.*

Religiöse Kulturhermeneutik

Um religiöse Kulturhermeneutik verstehen und betreiben zu können, ist es wichtig, sich über alle drei Worte, die diesen Verstehensprozess konstituieren, Klarheit zu verschaffen.

Kultur

Kultur lässt sich in unterschiedliche Bereiche aufgliedern: Hochkultur und Massenkultur, Bild- und Buchkultur, Schul- und Familienkultur, Alltags- und Feiertagskultur. Sie kann aber auch als Sammelbezeichnung all unserer Kommunikations- und Interaktionsformen verstanden werden, mit denen wir unser Leben bewältigen. Wie wir unser Dasein verstehen, was wir für wichtig und unwichtig halten, woran wir uns orientieren und wie wir unser Leben ordnen – all dies macht Kultur aus.

Hermeneutik

Wir befinden uns immer schon in unterschiedlichen Lebenszusammenhängen, von denen aus wir versuchen, Phänomene, Situationen und Prozesse, die uns umgeben und an deren Gestaltung wir beteiligt sind, zu verstehen. Unsere Bildung und Erziehung ermöglichen oder verweigern uns diesen oder jenen Deutungs- und Verstehensprozess. Wenn wir von einem Bereich mehr wissen, verstehen wir auch eher, wie dieser Bereich funktioniert, nach welchen Ideen, Gesetzen und Vorgaben er sich ausrichtet und wie wir uns in ihm oder ihm gegenüber verhalten können. Häufig ist unser Verstehen von bestimmten Vorerfahrungen geleitet, die sich zu Meinungen, Positionen und Urteilen verdichten und auf diese Weise unsere Verstehensmöglichkeiten prägen. Diese Vielfalt von Verstehenszugängen charakterisiert auch die vorhandene Aufspaltung von Wissenschaften: Sie alle haben ganz unterschiedliche Modelle entwickelt, um Phänomene aus Kultur und Natur so verstehen zu können, dass wir mit ihnen umgehen und aus dem Verstehen Leben gestalten können. Viele Formen unserer Kultur lassen sich von verschiedenen Wissensbereichen und Perspektiven begreifen, man kann z. B. etwas historisch herleiten, philosophisch deuten, psychologisch analysieren, ästhetisch gestalten usw. Die Verstehensmodelle unterschiedlicher Wissenschaften verhalten sich meist komplementär zueinander, sie können sich aber auch widersprechen.

Religiös

Wenn wir nun die kulturellen Standardisierungen und Einzelfälle von einer religiösen Perspektive aus verstehen wollen, setzt das voraus, dass kulturelle Bestände etwas mit Religion zu tun haben. Religiöse Kulturhermeneutik geht gegenwärtig von einem breiten Religionsbegriff aus. Dabei ist eine doppelte Bewegung zu berücksichtigen: Zum einen hat die unseren Kulturraum dominant prägende Religion – das Christentum – viele unserer kulturellen Bereiche und Selbstverständlichkeiten mitgestaltet. Dieser Gestaltungsprozess vollzog sich über viele Jahrhunderte, sodass wir die Prägung gar nicht mehr erkennen und erst über einzelne Analysen wieder deutlich machen müssen. Zum anderen ist Religion aus einer bestimmten – meist kirchlichen – Verfassung herausgetreten und hat sich in kulturelle Bereiche hinein verstreut. Religiöse Kulturhermeneutik bezieht sich demnach auf alle Bereiche, in denen die Dimension von etwas Unbedingten, Absoluten oder Heiligen erscheint. Sie untersucht, wo sich diese Dimension finden lässt, welche Gestalt sie annimmt und welche Bedeutung sie für die Menschen hat, die in kulturellen Bereichen eine religiöse Sinndeutung in unterschiedlichen Bewusstseinsgraden praktizieren.

Computernutzung als religiöser Akt?

	Beschreibung der Art und der Ziele der Computernutzung	Deutung dieses Verhaltens unter religiöser/christlicher Perspektive
Nils		
Sabine		
Peter		

■ *Füllen Sie diese Tabelle zur religiösen Interpretation der Computernutzung von Nils, Sabine und Peter mit eigenen Worten aus. Notieren Sie nur Details und Deutungen, die für Sie einsehbar sind.*

Die religiöse Legitimation politischer Herrschaft in Stammesgesellschaften

Völkern früherer Stufe liegt nichts ferner als ein Denken in allgemein-gültigen Kategorien: Sie kennen nicht einmal den Begriff der einen, universalen Welt, wissen folglich auch nichts von einem allumfassenden Weltengott. Nichts ist ihnen selbstverständlicher, als dass jedes Land oder jedes Volk seine eigenen Gottheiten habe. Der Wirkungskreis der eigenen Götter beschränkt sich auf »unser« Volk und Land. Sie sind keineswegs die Einzigen, die es gibt, oder die Einzigen, die wirkliche Macht besitzen: Auch die Götter anderer Völker sind wirklich und wirkmächtig; auch sie haben ihr Volk und ihr Land, in dem sie ihre Herrschaft üben und in dem ihnen deshalb Verehrung zukommt – nur in »unserem« Bereich haben sie nichts zu schaffen: Er liegt einfach außerhalb ihrer Zuständigkeit.

Christliche Mission des Mittelalters steht mithin schon insofern einer Religionswelt gegenüber, die von völlig anderen Denkvoraussetzungen ausgeht: Ethnische, politische und religiöse Ordnung decken sich; sie alle haben eine gemeinsame Grenze nach außen; innerhalb dieser Grenze ist jedes Glied der Gemeinschaft, solange sie innerlich intakt ist, zur Teilnahme auch an ihrem kultischen Leben verpflichtet, um seinerseits zur Erhaltung des gemeinsamen Heils beizutragen. Außerhalb dieser Grenze erlischt im Normalfall die Zuständigkeit der eigenen Götter, mit ihr der Anspruch der eigenen Religion an dort lebende Menschen: Niemand kommt auf den Gedanken, etwa für sie missionieren zu wollen.

Das sind zunächst allgemeine Feststellungen. Für die Germanenwelt indes werden sie bestens bestätigt: Wir sehen deutlich, dass politische Organisation und Kultorganisation in den jeweiligen Stämmen identisch waren, sodass die Thingversammlung es war, die die öffentlichen Opfer darbrachte, dieselbe, die im übrigen Beratungs- und Gerichtsort und nicht zuletzt Heerschau und Versammlung des »Volkes in Waffen« war; als Motive der öffentlichen Opferhandlungen werden uns Erntesegen, Frieden (nach innen), Sieg nach außen und dergleichen mehr genannt.

Die Menschen denken und handeln verwandtschafts- und stammesbezogen und bauen dementsprechend ihre sozialen Formationen auf, wie sie auch dementsprechend ihre politischen Aktionen lancieren, eben als Stammesgesellschaften mit einerseits höchster sozialer Binnenverpflichtung und andererseits stetiger Feindschaft gegen die andern. Die in nahezu allen Stammesgesellschaften üblichen Selbstbezeichnungen für das eigene Volk bedeuten »Mensch« und tun damit kund, dass die andern eigentlich keine Menschen sind, jedenfalls nicht im vollen Sinne. Noch in Griechenland galten die Sklaven nicht nur als Fremde, sondern auch als Wesen ohne Seele.

Die Genealogien der Stammesgesellschaften sind wesentlich auch religiös bestimmt. Sie erwachsen aus der Vorstellung, dass der Urahn, der »Spitzenahn« des Volkes, halbgöttlicher Abkunft ist, demgegenüber die anderen Völker von minderwertiger oder gar teuflischer Abkunft seien. Das höhere Recht der Adelsklasse erklärte sich aus deren besonderem Blut der unmittelbaren Abstammung vom Spitzenahn, während im gemeinen Volk nurmehr das Blut von weniger wertvollen Seitenlinien floss. Wie jedes Volk eine Höherstellung über seine Nachbarvölker proklamierte, so der Adel über die Gemeinen des eigenen Volkes.

Im Blick auf die Geschichte unseres Kulturkreises verzeichnet man eine fundamentale Veränderung im Alten Testament: Während die Griechen und andere Völker mehrere Archegeten des Menschengeschlechtes kennen, ohne sie miteinander zu verbinden, sehen die Israeliten in Adam den einzigen Stammvater aller Menschen. Die biblische Erzählung von der Abstammung aller Menschen von Adam und Eva erweist sich als eine fundamentale Aussage politischer Theologie, dass es nämlich keine bevorrechtigte Abstammung bestimmter Menschen oder Völker gebe, dass vielmehr alle von einem Elternpaar abstammten und darum ihrer Herkunft nach gleich seien. Das Abstammungsschema, die Grundlage aller Stammeskultur und des Gentilbewusstseins, war damit ideell entmächtigt.

Hans-Dietrich Kahl

- *Wenn Sie Herrscher eines germanischen Stammes wären, wie würden Sie Ihren Herrschaftsanspruch begründen? Halten Sie z. B. eine kleine Rede.*
- *Weshalb kann es in diesen Gesellschaften keine Religionsfreiheit geben und was hat sich demgegenüber durch die abendländische Aufklärung verändert?*
- *Die Erzählung der Abstammung aller Menschen von Adam und Eva hat auch im Christentum lange Zeit nicht zu einer Abschaffung religiöser Legitimation politischer Herrschaft und zur Schaffung von Religionsfreiheit geführt. Nennen Sie Gründe.*

Formen des Religionsunterrichts in Deutschland

Der Religionsunterricht ist wie das gesamte Schulwesen in der Zuständigkeit der einzelnen Bundesländer. Seitdem der Religionsunterricht ab den 50er-Jahren schulisch und nicht mehr kirchlich begründet wurde, hat man unter dem Begriff der Bildung zu beschreiben gesucht, was Religion nicht für die Kirchen, sondern für das mündige Individuum und damit für die Gesellschaft zu leisten vermag.
Die Stärke des deutschen Modells ist die genaue theoretische Zuordnung, die Schwächen sind im Vergleich zu England die tendenziell obrigkeitlichen, ministeriellen Entscheidungsstrukturen. Hinzu kommt, dass der Religionsunterricht je nach Bundesland in Deutschland sehr unterschiedlich sein kann. In der Mehrheit der Länder findet sich ein konfessioneller Religionsunterricht (in der Regel: evangelischer und katholischer Religionsunterricht); aber es gibt auch Länder, in denen der Unterricht unter allein staatlicher oder unter rein kirchlicher Verantwortung steht. Tabellarisch dargestellt sieht das so aus:

Religionsunterrichtsmodell					
1. Kirchlicher Religionsunterricht in der Schule, ab Klasse 7 Pflichtfach Ethik	2. Konfessioneller Religionsunterricht nach GG, Art 7,3	3. Konfessionell-kooperativer Religionsunterricht: Kooperation von evangelischem und katholischem Religionsunterricht	4. Nominell evangelischer Religionsunterricht mit weiter interreligiöser Öffnung (aber ohne Beteiligung der röm.-kath. Kirche)	5. Religionsunterricht auf allgemein christlicher Grundlage	6. Religions- und Ethikunterricht in einem gemeinsamen Unterrichtsfach für alle
Bundesländer					
Berlin	Alle Bundesländer außer Berlin, Brandenburg und Bremen	Kooperationsprojekte in verschiedenen Bundesländern, etwa in Baden-Württemberg und in Niedersachsen	Hamburg	Bremen (»Biblische Geschichte«)	Brandenburg (»Lebensgestaltung – Ethik – Religionskunde«, »LER«)

Links in der Tabelle stehen die Modelle, die den Religionsunterricht am stärksten in kirchlicher Verantwortung sehen, nach rechts nimmt die Einflussmöglichkeit der Kirchen und die didaktische Bedeutung der Konfession der Lehrerinnen und Lehrer ab. Nach rechts nimmt die Notwendigkeit von Absprachen mit den verschiedenen Religionsgemeinschaften zu, jedenfalls dann, wenn die Begegnung der Schülerinnen und Schüler mit Menschen angestrebt wird, die in Religionsgemeinschaften verwurzelt sind.
Die in den Spalten 2 und 3 genannten Formen beschreiben die überwiegende Praxis des schulischen Religionsunterrichts in Deutschland.

Religionsunterricht in Deutschland, Frankreich und England

RU	Deutschland	Frankreich	England
Regelkonzeption			
Wer erteilt ihn?			
Wo wird er erteilt?			
Inhalte			
Möglichkeit der Abmeldung?			
Beziehung zum Recht auf Religionsfreiheit			

■ *Füllen Sie die Tabelle nach der Lektüre der Doppelseite 20-21 im Schulbuch aus.*

Ebenen des interreligiösen Dialogs

(266) Die Texte des Päpstlichen Rates für den interreligiösen Dialog nennen vier verschiedene Ebenen der Begegnung zwischen Muslimen und Christen: den Dialog des Lebens, den Dialog des Handelns, den Dialog des theologischen Austausches und den Dialog der Glaubenserfahrung. In der pastoralen Situation Deutschlands sind der Dialog des Lebens, der Dialog der Experten und die Gesprächskontakte pastoral-professioneller Art von besonderer Bedeutung.
(267) Jeder, der mit Gläubigen einer anderen Religion zusammenlebt, kann den Dialog des Lebens praktizieren. In der Familie, in der Schule, im gesellschaftlichen Leben, im kulturellen Bereich, bei lokalen Veranstaltungen, am Arbeitsplatz, in Politik, Wirtschaft und Handel kommen die Werte und Traditionen des Glaubens quasi von selbst miteinander in Beziehung. Schon die Einladung von Nachbarn oder Arbeitskollegen zu einer Geburtstagsfeier ist auf zwischenmenschlicher Ebene Ausdruck von Wertschätzung und Achtung; die Kenntnis der islamischen Feste und ihrer Datierung im jeweiligen Jahr bietet die Möglichkeit zu persönlichen Glückwünschen, vielleicht auch zur Teilnahme an der Festfeier. Ein besonders wichtiges Feld für den Dialog des Alltags ist die Erziehung in Kindergärten und Schulen. Hier kann durch das verstehende Erschließen der jeweils anderen Lebenswelt und durch die Einübung in Solidarität und Respekt ein wichtiges Fundament gelegt werden. Kinder und Jugendliche sollen das nötige gegenseitige Vertrauen erwerben, bewusst ihren Glauben zu bekennen, miteinander darüber zu sprechen und später gemeinsam für Frieden, Freiheit und Gerechtigkeit in unserer Gesellschaft einzutreten.
(268) Für die Fortsetzung des »Lebensdialogs« reicht die Begegnung von Einzelnen nicht aus. Im Vordergrund steht die praktische Zusammenarbeit. Christen und Muslime müssen sich gemeinsam für Gerechtigkeit und Freiheit, für Menschenrechte in all ihren Formen einsetzen. Gruppen, Gemeinden und Institutionen sollten die Kontakte tragen. Deshalb sind Begegnung und Dialog zwischen Christen und Muslimen wichtige Aspekte im Bildungsbereich, in der Jugend- und der Erwachsenenarbeit unserer Gemeinden. Sie vermitteln ein breites interreligiöses Allgemeinwissen.
(269) Auch in der diakonischen und karitativen Arbeit der Kirche geht es einerseits um die helfende, beratende und beistehende Begegnung zwischen Einzelnen, andererseits aber um kontinuierliche und institutionelle Hilfe und Begleitung. »Der interreligiöse Dialog wird zu vielerlei Formen der Zusammenarbeit führen, besonders in der Erfüllung unserer Pflicht, sich um die Armen und Schwachen zu kümmern. Das sind Zeichen dafür, dass unsere Gottesverehrung echt ist« (Papst Johannes Paul II. in Damaskus).
(270) Wenn vom Dialog des theologischen Austausches die Rede ist, geht es um Fragen des Glaubens und der Glaubenslehre. Dabei ist jeder bestrebt, die Religion des anderen von innen her verstehen und schätzen zu lernen. Man versucht, das Gemeinsame und das Unterscheidende der jeweiligen Glaubensüberzeugungen in den Blick zu nehmen. Es handelt sich dabei nicht nur um Gespräche von Theologen, die sich im interreligiösen Gespräch engagieren, sondern auch von Fachleuten, die in einem Spezialgebiet bewandert sind und sich über die Grenzen der Religionsgemeinschaften hinaus austauschen. Im Bereich der interkulturellen und interreligiösen Erziehung analysieren Religionspädagogen z. B. die gegenseitigen Darstellungen in Unterrichtsmaterialien oder erarbeiten Modelle zur Qualifizierung der Religionslehrer. In den Arbeitsfeldern der Pflegeberufe erfolgt eine rege Vermittlung der Kenntnis von kultur- und religionsbedingten Faktoren.
(271) Es wäre wünschenswert, dass gerade in den drängenden ethischen Fragestellungen christliche und muslimische Experten häufigeren Austausch pflegten, als dies bislang geschieht. Im Auftrag der Deutschen Bischofskonferenz begann dieser Dialog der Experten, als sich muslimische und christliche Philosophen und Juristen mit der Position ihrer jeweiligen Religionsgemeinschaft gegenüber den Menschenrechten befassten.
(272) Von besonderer Bedeutung ist der Dialog christlicher und islamischer Fachleute, die tief in ihrer eigenen religiösen Tradition verwurzelt sind, auf dem Gebiet der Spiritualität. Sie lassen einander an ihren Erfahrungen in Meditation, Gebet und Kontemplation teilhaben, sprechen über ihren Glauben und seine Ausdrucksformen, über ihre Suche nach dem Absoluten oder ihre mystischen Erfahrungen. Dieser Dialog kann dazu beitragen, das je eigene religiöse Erbe besser zu durchdringen, das Verständnis der Spiritualität des andern zu vertiefen und die Erfahrungen beider Partner im Leben angesichts der Wirklichkeit Gottes auszutauschen.

Deutsche Bischofskonferenz, Christen und Muslime (Arbeitshilfe 172), Bonn 2003

- *Fassen Sie Inhalt und Absicht der vier Ebenen des interreligiösen Dialogs zusammen.*
- *Vergleichen Sie die Materialien auf S. 22-23 im Schulbuch mit diesen Ebenen.*

Modelle der Religionstheologie

Unter der Voraussetzung, dass Modelle schematisieren und im Detail modifizierbar sind, sie aber trotzdem analytisch erhellen können, hat die Theologie der Religionen unter den Begriffen Exklusivismus, Inklusivismus und Pluralismus drei Typen benannt, die aus christlicher Sicht unterscheidbare, in Vergangenheit und Gegenwart verschieden praktizierte Begegnungsmuster beschreiben.

Exklusivismus
Die eigene Religion wird als der alleinige, ausschließliche Heilsweg aufgefasst. Zwar behaupten auch andere Religionen wahr und erlösend zu sein, sie können aber angesichts der alleinigen, universalen Geltung des eigenen Bekenntnisses keinen wirklichen Zugang zu heilsförmiger Transzendenzerkenntnis bieten. Wenn sich aber in anderen Religionen doch Elemente finden, die in Lehre und Praxis Parallelen zum eigenen Bekenntnis aufweisen, müssen sie in ihrem genuinen Kontext gewertet werden. Dieser unterscheidet sich vom eigenen, sodass sich die kontextuelle Einbettung der Parallelen gegen ihre Wahrheit wendet. Der Exklusivismus hat seine lebensweltliche Basis in einem Umfeld, in dem sich Religionen als Minderheit begreifen, sich abgrenzen und Feindseligkeiten gegenüber wehren müssen. Dieser Eindruck kann sich zum normativen Gehalt verselbstständigen und die Wahrnehmung der Umgebung steuern. Daraus folgt häufig ein dualistisches Denken, das dem eigenen Licht die Finsternis der Anderen gegenüberstellt.

Inklusivismus
»Die katholische Kirche lehnt nichts von alledem ab, was in diesen Religionen wahr und heilig ist. Mit aufrichtigem Ernst betrachtet sie jene Handlungs- und Lebensweisen, jene Vorschriften und Lehren, die zwar in manchem von dem abweichen, was sie selbst für wahr hält und lehrt, doch nicht selten einen Strahl der Wahrheit erkennen lassen, die alle Menschen erleuchtet« (Nostra aetate 2). Mit diesen Konzilsworten ist die inklusivische Position umrissen: Die eigene – hier die christliche – Religion wird als einzigartiger und maßgebender Weg zu Gott betrachtet, aber auch in anderen Religionen finden sich Wege und Lehren, die der eigenen Tradition nahe kommen und in sie einmünden. In der eigenen Tradition ist die Fülle dessen gegeben, was in anderen religiösen Traditionen in Ansätzen vorhanden ist. Von dieser Grundposition aus kann vieles anerkannt und gewürdigt werden, ohne den einzigartigen universalen Anspruch einer wahren Religion aufzugeben.

Pluralismus
Die Religionen bestehen nicht nur nebeneinander, sie sind vielmehr auch als prinzipiell mögliche gleichwertige Wege zum Heil zu betrachten. In vielen, nicht in allen Religionen vollzieht sich gleichermaßen das, worauf es in der Religion ankommt, nämlich die sittliche und spirituelle Verwandlung des Menschen in der Begegnung mit ein und derselben göttlichen bzw. transzendenten Realität. Die pluralistische Position negiert zwar den Überlegenheitsanspruch einer einzelnen religiösen Tradition, nicht aber die Unterschiedlichkeit und die Wahrheitsansprüche der Religionen. Dies wird doppelt begründet: Theologisch steht die Transzendenz jeder Gottesvorstellung im Vordergrund, sie kann nur absolut und deshalb einzig gedacht werden. Historisch erfahren Menschen die eine, transzendente Realität auf unterschiedliche Weise und deuten sie als JHWH, Allah, Shiva, Tao, Dreifaltigkeit ... Ähnliches gilt für Offenbarungen, die zwar in Jesus Christus oder Muhammad jeweils einzigartig, aber nicht einzig und ausschließlich sind.

- *Übersetzen Sie die drei beschriebenen Wege in grafische Formen, die unterschiedliche Religionen – sie müssen nicht benannt werden – vom Wahrheitsanspruch einer Religion aus in ein Verhältnis setzt.*
- *»Für den interreligiösen Dialog wäre es ein Vorteil, wenn sich möglichst viele Religionen auf den Inklusivismus verständigen könnten.« Kommentieren Sie diese These.*

Erfahrene und gelebte Religiosität

Erwachsene blicken auf ihre Religionsbiografie zurück und berichten:

Ein Akademiker berichtet folgende Erinnerung als sein »frühestes religiöses Erlebnis«. Als er vier oder fünf Jahre alt war, hing über seinem Bett ein Brustbild, das Jesus mit »sehr strengem Gesichtsausdruck« und grellem Gewand darstellte. Eines Tages bemerkte er, dass der Blick des Heilands immer auf ihn gerichtet war, wohin er sich auch stellen mochte. »Diese Entdeckung hat mich so ergriffen, dass ich mich heute noch, nach mehr als 30 Jahren, lebhaft der Stimmungen und Gedanken erinnern kann, die mich damals erfüllten. Ich fühlte mich unter dem Blick des Heilands, der mich mit einem so strengen Ausdruck überall hin verfolgte, befangen, erschreckt, unsicher ... Soweit ich mich erinnere, war es nicht das Bewusstsein einer aktuellen Verfehlung und der Gedanke, dass ich mich deswegen vor dem Heiland fürchten müsse, sondern das Gefühl, einem übermächtigen Wesen Aug in Aug gegenüberzustehen.«
Er hält dieses Erschrecken für ein Symptom seiner religiösen Einstellung überhaupt: »Von jeher bis auf heute ist das herrschende Gefühl Gott gegenüber bei mir das Gefühl der Scheu, der Furcht, des Ausgeliefertseins an seine Allgewalt ... Das geschilderte Erlebnis ist von niemand weder direkt noch indirekt beeinflusst. Dagegen erinnere ich mich, dass ich ein ähnliches Angstgefühl auch stets vor dem strengen Blick meines Vaters hatte und diese Scheu sich auch, solange mein Vater lebte, niemals ganz verlor. Ich hatte vor meinem Vater immer mehr Scheu als Liebe zu ihm.
Ich bin geneigt, das geschilderte Erlebnis als selbstständige Äußerung meines kindlichen Bewusstseins anzusehen ... So viel ist freilich richtig, dass unsere Erziehung stets auf Gottesfurcht gestimmt war, auf Pflichtbewusstsein und Vorhalten der göttlichen Strafen.«

Rückblick einer Lehrerin: »In meiner Heimatgemeinde ist ein Kloster. Als Kinder durften wir jeden Sonntag um 18 Uhr der feierlichen Andacht der Schwestern beiwohnen; das bedeutete ein großes Glück für mich. Den Himmel stellte ich mir als einen Ort vor, wo man immer so singen würde, wie die Schwestern sangen. Ich sehnte mich als Kind nach diesem Ort, ganz nahe bei Gott, den ich sehr liebte. Dann wollte ich ihm die schönsten Lieder singen.
Meine Erziehung war katholisch, aber nie bedrückend. Gott war für uns der Vater, der Helfer, der Freund. Einer Lehrerin, die von harten Strafen Gottes sprach, glaubte ich ganz einfach nicht. Ich hatte Gott lieb und wusste, dass er mich gern hatte. Dieses Bewusstsein durfte ich durch großes Leid und große Schwierigkeiten hindurch tragen und behalten.«

Eine Frau aus Frankreich berichtet: »Pascal (der jüngere Bruder) wird am 6.11.1929 geboren. Meine Mutter ist eben mit ihm von der Entbindungsstation zurückgekommen. Ich habe sehr darunter gelitten, von ihr im Stich gelassen worden zu sein. Es ist Morgen. Meine Mutter hält, auf dem Bett sitzend, das Baby. Jemand hat mich angezogen, und ich sitze ebenfalls auf dem Bett. Sie spricht zu mir über das Baby, das mich aber nicht interessiert (in meiner Erinnerung sehe ich übrigens nur das Gesicht der Mutter). Ich verstehe, dass sie sich nicht mehr so meiner annehmen wird, wie sie es früher getan hat. Sie geht in den Waschraum, um meinen kleinen Bruder zu baden, und ich weigere mich, ihr zu folgen.
Einen Augenblick bleibe ich unbeweglich, allein. Dann fange ich an, auf dem Bett auf und ab zu springen – was verboten ist – und denke dabei: ›Wenn sie sich nicht mehr um mich kümmert, kann ich machen, was ich will! Was ich will! Was ich will!‹ Ich springe wuterfüllt, im Grunde aber tief unglücklich und plötzlich halte ich ein: ›Der liebe Gott kümmert sich immer um uns ... so wie sich Mama um Pascal kümmert.‹ Sogleich will ich sehen, wie sie das macht und laufe zu ihr hin. Ich erinnere mich an ihre Hände, die das Baby im Wasser halten, und an eine Welle des Glücks und der Liebe in meinem Herzen, der Liebe zu Gott, zu Mama und zu Pascal.«

■ *Beschreiben und beurteilen Sie im Vergleich zum »Vorschlag« auf S. 24 im Schulbuch diese drei Erfahrungen.*

Alex Grey: Praying

Äußerer, erster Schriftkreis: Islamisches Grundgebet in arabischer Sprache:
»Es gibt keinen Gott außer Gott und Muhammad ist sein Prophet.«

Zweiter Schriftkreis: Christliches Grundgebet in lateinischer Sprache: »Vater unser im Himmel, geheiligt werde dein Name, dein Reich komme, dein Wille geschehe.«

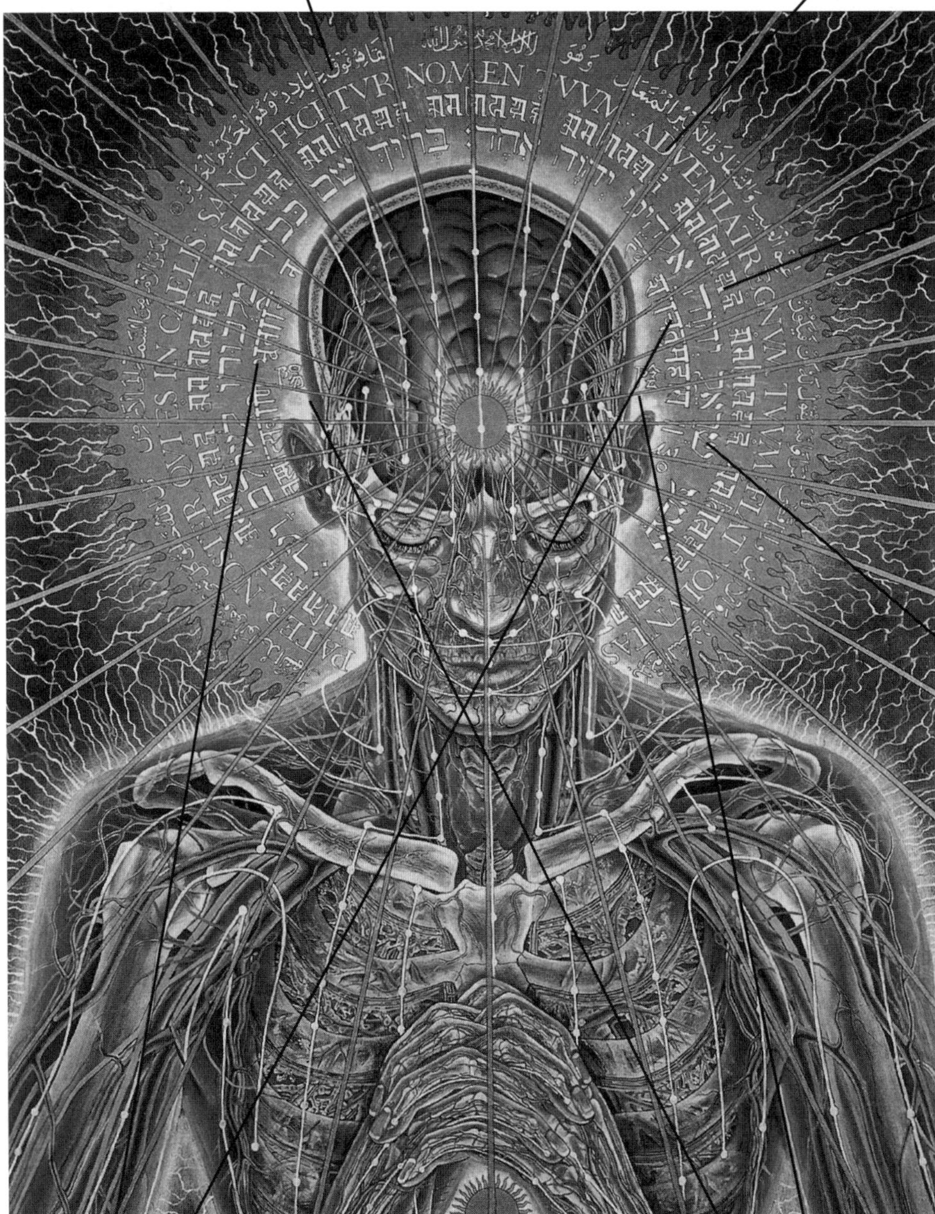

Dritter Schriftkreis:
Tibetanisches Mantra:
»Om Mani Padme hum.«

Vierter Schriftkreis:
Jüdisches Grundgebet in hebräischer Sprache:
»Höre, Israel: Der Herr, unser Gott, er ist einzig.«

Fünfter, zweigeteilter Schriftkreis:
eine Beschreibung der Herrlichkeit des Brahman aus dem Hinduismus

Zeichen über den beiden Ohren:
Taoistisches Zeichen für Yin und Yang

Die Antwort ist so groß wie die Frage

Wie klingt eine Flöte?

Gibt es Freiheit?

Aus welchem Material ist eine CD-Rom herge-

stellt?

Wie viel cm misst der Mittelfinger Ihrer linken Hand?

Wo ist Gott?

Ist Ihr Sitznachbar/Ihre Sitznachbarin glücklich?

- *Wenn Sie diese Fragen beantworten, achten Sie darauf, welche mehr und welche weniger exakt zu beantworten sind.*
- *Für welche Antworten benötigt man ein Lexikon, ein Messgerät, ein Gespräch, eine Vorstellung, eine Erzählung ...?*
- *Die sechs Fragen lassen sich mit unterschiedlicher Gewissheit beantworten. Sortieren Sie sie so, dass Gewissheit und Genauigkeit der Antworten von 1-6 abnehmen.*
- *Die sechs Antworten besitzen unterschiedlich tiefe Bedeutungen. Sortieren Sie sie so, dass die Tiefe ihrer Bedeutung von 1-6 zunimmt.*

Die Frage nach Glück

Der Auftrag, für das eigene Glück zu sorgen, bestimmt die Lebensplanung. Demgegenüber ist die Unverfügbarkeit hereinbrechenden Glücks für die aktive Lebensgestaltung kaum relevant, weil Unberechenbares sich in Planung nicht einfügen lässt. Die biblischen Reich-Gottes-Erzählungen verschieben den Akzent insofern, als sie Überraschung zu einem zentralen Moment gelingenden Lebens erheben, das Konsequenzen für die alltägliche Praxis hat. Das Gleichnis vom unbarmherzigen Gläubiger (Mt 18,23-34) führt dies in einer zunächst negativ klingenden Variante besonders eindringlich aus.

23 Mit dem Himmelreich ist es deshalb wie mit einem König, der beschloss, von seinen Dienern Rechenschaft zu verlangen.

24 Als er nun mit der Abrechnung begann, brachte man einen zu ihm, der ihm zehntausend Talente schuldig war.

25 Weil er aber das Geld nicht zurückzahlen konnte, befahl der Herr, ihn mit Frau und Kindern und allem, was er besaß, zu verkaufen und so die Schuld zu begleichen.

26 Da fiel der Diener vor ihm auf die Knie und bat: Hab Geduld mit mir! Ich werde dir alles zurückzahlen.

27 Der Herr hatte Mitleid mit dem Diener, ließ ihn gehen und schenkte ihm die Schuld.

28 Als nun der Diener hinausging, traf er einen anderen Diener seines Herrn, der ihm hundert Denare schuldig war. Er packte ihn, würgte ihn und rief: Bezahl, was du mir schuldig bist!

29 Da fiel der andere vor ihm nieder und flehte: Hab Geduld mit mir! Ich werde es dir zurückzahlen.

30 Er aber wollte nicht, sondern ging weg und ließ ihn ins Gefängnis werfen, bis er die Schuld bezahlt habe.

31 Als die übrigen Diener das sahen, waren sie sehr betrübt; sie gingen zu ihrem Herrn und berichteten ihm alles, was geschehen war.

32 Da ließ ihn sein Herr rufen und sagte zu ihm: Du elender Diener! Deine ganze Schuld habe ich dir erlassen, weil du mich so angefleht hast.

33 Hättest nicht auch du mit jenem, der gemeinsam mit dir in meinem Dienst steht, Erbarmen haben müssen, so wie ich mit dir Erbarmen hatte?

34 Und in seinem Zorn übergab ihn der Herr den Folterknechten, bis er die ganze Schuld bezahlt habe.

- *Der Begriff »Glück« erscheint im Gleichnis nicht. Und doch kann die Erzählung unter der Frage nach dem Glück gelesen und gedeutet werden. Versuchen Sie es, indem Sie die möglichen und verweigerten Glücksmomente des Dieners beschreiben und zueinander in Beziehung setzen.*
- *Schreiben Sie das Gleichnis unter Bewahrung seiner erzählerischen Grundstruktur als Glücksgeschichte um.*

Sprache und Form

Ron möchte Julia eine besondere Liebeserklärung machen. Aber wie? Verschiedene Möglichkeiten gehen ihm durch den Kopf. Er könnte ihr eine SMS schicken. Das wäre ein normaler Weg, eine Botschaft zu schicken, aber es kommt ihm für den besonderen Zweck doch recht dürftig und wenig originell vor. Außerdem würde seine Herzensangelegenheit dann mitten zwischen den belanglosen Botschaften von Julias Freundinnen und Bekannten ankommen. Wie wäre es stattdessen mit einem richtigen Liebesbrief? Er weiß nicht genau, ob er so viele Worte machen könnte, dass ein ganzer Brief damit gefüllt wäre. Und fände Julia das besonders romantisch – oder würde sie ihn nicht im Gegenteil für einen spießigen Typen halten? Etwas Besonderes müsste es schon sein. Ron fällt ein, dass er an Straßen manchmal Liebeserklärungen gesehen hat, die jemand auf einen Brückenpfeiler oder eine Wand gesprüht hat, »Sandra, ich liebe dich bis zum Mond und wieder zurück« oder so etwas. Julia geht doch jeden Morgen auf dem Weg zur Schule an dem leer stehenden Schuppen vorbei; da gäbe es schon eine passende Wand ... Aber eigentlich findet Ron es blöd, wenn Wände besprüht werden, und Julia wüsste dann ja auch nicht, von wem der Spruch dort hingesprüht worden ist. Seinen Namen dazuzuschreiben, das wäre ihm zu viel Öffentlichkeit. Es gibt doch diese »Fröhlichen-Guten-Tag-Anzeigen« in der Zeitung, denkt er, da könnte Julia es morgens beim Frühstück lesen, und er könnte in den Text eine Anspielung einbauen, damit nur sie weiß, von wem die Anzeige kommt. Würde ihr das gefallen oder fände sie es albern und peinlich? Ron experimentiert gerne am Computer. Er könnte ihr eine Video-Animation per E-Mail schicken. Aber dann bräuchte er eine kreative Idee, etwas ganz Pfiffiges – und im Moment fällt ihm gerade nichts ein ...

- *Sie können den Text um weitere Möglichkeiten ergänzen und dann eine persönliche Entscheidung für eine passende Form treffen. Welche Faktoren sind für Ihre Entscheidung einer Form verantwortlich?*
- *Welchen Einfluss besitzt die sprachliche Form auf den Inhalt der Mitteilung? Führen Sie ein kleines Experiment durch, indem Sie für Ron überprüfen, was sich durch gewählte Formen ändern würde.*

Familienfoto

der vater hält sich gerade
die mutter hält sich gerade
der sohn hält sich gerade
der sohn hält sich gerade
der sohn hält sich gerade
der sohn hält sich gerade
der sohn hält sich gerade
die tochter hält sich gerade
die tochter hält sich gerade

Ernst Jandl

- *Das Gedicht von Ernst Jandl weist besondere Beziehung zwischen Form und Inhalt auf. Erläutern Sie diese Beziehung.*
- *Verändern Sie die Form des Gedichts, indem Sie den Titel beibehalten, sonst aber frei verfahren. Wie verändert sich dabei der Inhalt des Familienfotos?*

Die Allegorie

Parabel

Es ging ein Mann im Syrerland,
Führt' ein Kamel am Halfterband.
Das Tier mit grimmigen Gebärden
Urplötzlich anfing, scheu zu werden,
Und tat so ganz entsetzlich schnaufen,
Der Führer vor ihm mußt' entlaufen.
Er lief und einen Brunnen sah
Von ungefähr am Wege da.
Das Tier hört er im Rücken schnauben,
Das mußt' ihm die Besinnung rauben.
Er in den Schacht des Brunnens kroch,
Er stürzte nicht, er schwebte noch.
Gewachsen war ein Brombeerstrauch
Aus des geborstnen Brunnens Bauch;
Daran der Mann sich fest tat klammern,
Und seinen Zustand drauf bejammern.
Er blickte in die Höh', und sah
Dort das Kamelhaupt furchtbar nah,
Das ihn wollt oben fassen wieder.
Dann blickt er in den Brunnen nieder;
Da sah am Grund er einen Drachen
Aufgähnen mit entsperrten Rachen,
Der drunten ihn verschlingen wollte,
Wenn er hinunterfallen sollte.
So schwebend in der beiden Mitte
Da sah der Arme noch das Dritte.
Wo in die Mauerspalte ging
Des Sträuchleins Wurzel, dran er hing,
Da sah er still ein Mäusepaar,
Schwarz eine, weiß die andere war.
Er sah die schwarze mit der weißen
Abwechselnd an der Wurzel beißen.
Sie nagten, zausten, gruben, wühlten,
Die Erd' ab von der Wurzel spülten;
Und wie sie rieselnd niederrann,
Der Drach im Grund aufblickte dann,
Zu sehn, wie bald mit seiner Bürde
Der Strauch entwurzelt fallen würde.
Der Mann in Angst und Furcht und Not,
Umstellt, umlagert und umdroht,
Im Stand des jammerhaften Schwebens,
Sah sich nach Rettung um vergebens.
Und, da er also um sich blickte,
Sah er ein Zweiglein, welches nickte
Vom Brombeerstrauch mit reifen Beeren;
Da konnt' er doch der Lust nicht wehren.
Er sah nicht des Kameles Wut,
Und nicht den Drachen in der Flut,
Und nicht der Mäuse Tückespiel,
Als ihm die Beer' ins Auge fiel.
Und unter sich den Drachen lauschen,
Er ließ das Tier von oben rauschen,
Und neben sich die Mäuse nagen,
Griff nach den Beerlein mit Behagen,
Sie däuchten ihm zu essen gut,
Aß Beer auf Beerlein wohlgemut,
Und durch die Süßigkeit im Essen
War alle seine Furcht vergessen.

Du fragst: Wer ist der töricht Mann,
Der so die Furcht vergessen kann?
So wiß, o Freund, der Mann bist du;
Vernimm die Deutung auch dazu.
Es ist der Drach im Brunnengrund
Des Todes aufgesperrter Schlund;
Und das Kamel, das oben droht,
Es ist des Lebens Angst und Not.
Du bist's, der zwischen Tod und Leben
Am grünen Strauch der Welt muß schweben.
Die beiden, so die Wurzel nagen,
Dich samt den Zweigen, die dich tragen,
Zu liefern in des Todes Macht,
Die Mäuse heißen Tag und Nacht.
Es nagt die schwarze wohl verborgen
Vom Abend heimlich bis zum Morgen,
Es nagt vom Morgen bis zum Abend
Die weiße, wurzeluntergrabend.
Und zwischen diesem Graus und Wust
Lockt dich der Beere Sinnenlust,
Daß du Kamel die Lebensnot
Daß du im Grund den Drachen Tod,
Daß du die Mäuse Tag und Nacht
Vergissest, und auf Nichts hast acht,
Als daß du recht viel Beerlein haschest
Aus Grabes Brunnenritzen naschest.

Friedrich Rückert

■ *Friedrich Rückert betitelt das Gedicht mit »Parabel«. Es ist allerdings eine Allegorie. Arbeiten Sie an diesem Beispiel die Merkmale einer Allegorie heraus und vergleichen Sie dieses Beispiel mit Mk 4,3-20.*

Aussagen den vorgestellten Sprachformen zuordnen

1. Geht man nicht aus der Tür, kennt man die Welt. (Lao-tse)	
2. Der Herr ist mein Hirte. (Ps 23)	
3. Wenn ich schwach bin, dann bin ich stark. (2 Kor 12,10)	
4. Christus ist wahrer Mensch und wahrer Gott zugleich. (Credo)	
5. Geht der Prinz in die Welt hinaus, so wird er zu einem voll erleuchteten Buddha, zu einem, der den Schleier von der Welt fortzieht. (Dighanikaya 14.1.31)	
6. Es ist ein Ros' entsprungen aus einer Wurzel zart. ... Das Röslein, das ich meine, ... ist Maria die Reine, die uns das Blümlein bracht. Aus Gottes ew'gen Rat hat sie ein Kind geboren ... (geistliches Lied)	
7. So werden die Letzten die Ersten sein und die Ersten die Letzten. (Mt 20,16)	
8. Ein Mann, der eine Lampe trägt, erkennt alles. So ist es auch mit einem, der das Gesetz der Moral kennt. (Udanavarga 22,4 – Buddhismus)	
9. Morgenstern der finstern Nacht, der die Welt voll Freuden macht (geistliches Lied – auf Christus bezogen)	
10. Es verlieren die großen Flüsse, wenn sie das Meer erreichen, ihren früheren Namen und ihre Identität und werden einfach als das große Meer betrachtet. Dies geschieht auch mit Männern, wenn sie zu Jüngern werden. (Vinaya, Cullavagga 9.1.4 – Buddhismus)	
11. Jesus, der Christus	
12. Ein mächtiger Adler mit gewaltigen Flügeln ... riss den obersten Zweig ab, ins Land der Krämer brachte er ihn. Dann nahm er vom Samen des Landes ... und als Uferpflanze pflanzte er ihn. ... Sagt ihnen: Seht, nach Jerusalem kam der König von Babel, er nahm ihren König und ihre Beamten gefangen und führte sie mit sich nach Babylon. Und er nahm einen Mann aus königlichem Stamm und schloss mit ihm einen Bund. (vgl. Ez 17,3-21)	
13 Allah, das Licht (Islam)	

■ *Ordnen Sie die folgenden Aussagen aus religiösen Schriften den Sprachformen Paradoxie, Metapher, Symbol und Allegorie zu.*

1 Kor 13

1 Wenn ich in den Sprachen der Menschen und Engel redete, / hätte aber die Liebe
nicht, / wäre ich dröhnendes Erz oder eine lärmende Pauke.
2 Und wenn ich prophetisch reden könnte / und alle Geheimnisse wüsste / und alle
Erkenntnis hätte; / wenn ich alle Glaubenskraft besäße / und Berge damit versetzen
könnte, / hätte aber die Liebe nicht, / wäre ich nichts.
3 Und wenn ich meine ganze Habe verschenkte / und wenn ich meinen Leib dem
Feuer übergäbe, / hätte aber die Liebe nicht, / nützte es mir nichts.
4 Die Liebe ist langmütig, / die Liebe ist gütig. / Sie ereifert sich nicht, / sie prahlt
nicht, / sie bläht sich nicht auf.
5 Sie handelt nicht ungehörig, / sucht nicht ihren Vorteil, / lässt sich nicht zum Zorn
reizen, / trägt das Böse nicht nach.
6 Sie freut sich nicht über das Unrecht, / sondern freut sich an der Wahrheit.
7 Sie erträgt alles, / glaubt alles, / hofft alles, / hält allem stand.
8 Die Liebe hört niemals auf. / Prophetisches Reden hat ein Ende, / Zungenrede
verstummt, / Erkenntnis vergeht.
9 Denn Stückwerk ist unser Erkennen, /Stückwerk unser prophetisches Reden;
10 wenn aber das Vollendete kommt, / vergeht alles Stückwerk.
11 Als ich ein Kind war, / redete ich wie ein Kind, / dachte wie ein Kind / und urteilte
wie ein Kind. Als ich ein Mann wurde, / legte ich ab, was Kind an mir war.
12 Jetzt schauen wir in einen Spiegel / und sehen nur rätselhafte Umrisse, / dann aber
schauen wir von Angesicht zu Angesicht. Jetzt erkenne ich unvollkommen, / dann
aber werde ich durch und durch erkennen, / so wie ich auch durch und durch erkannt
worden bin.
13 Für jetzt bleiben Glaube, Hoffnung, Liebe, diese drei; / doch am größten unter
ihnen ist die Liebe.

Spiegelvariationen

René Magritte – La Reproduction Interdite

Im dunklen Wort

Wir sehen hier durch einen Spiegel
In einem dunklen Wort.
Doch kommt der Tag und sprengt den Riegel
Und schiebt die Decke fort.

Denk keiner, dass er sich versäume:
Er holt uns jählings ein.
Wird jedem sein, als ob er träume,
Voll Lachens wird er sein.

Auch sorget nicht, dieweil wir darben:
Der Weizen wird gemäht.
Dann bringen wir getrost die Garben,
Die unser Schmerz gesät.

Rudolf Alexander Schröder

Gen 1,27: »Gott schuf also den Menschen als sein Abbild: als Abbild Gottes schuf er ihn.«
Mister Gott hatte den Menschen geschaffen nach seinem Bilde.
War das eigentlich möglich? Stimmt das?
»Fynn, vielleicht hatte er einen riesengroßen Spiegel?« »Wozu?«
»Ich weiß nicht, aber er könnte doch einen gemacht haben, nicht?« »Sicher.«
»Vielleicht sind wir auf der anderen Seite?«
»Wer und wo?«
»Vielleicht sind wir die, die falschrum sind?« »Anna, eine verrückte Idee.«
»Deshalb machen wir vielleicht alles verkehrt?«
»Ja, ja, deshalb machen wir alles verkehrt.« So viel Verständnis konnte Anna bei mir nicht erwarten.
»Aber das ist doch klar. Jeder Idiot kann sich das ausdenken. Mister Gott macht uns nach seinem Bild. Und solche Bilder gibt's nur im Spiegel. Und im Spiegel ist alles falschrum. Rechts und links ist links und rechts. Und darum ist Mister Gott vielleicht auf der einen Seite und wir auf der anderen. Er guckt hinein oder auch in ein Spiegelbuch, und darin sieht er sich selber, und dann sieht er sich zweimal, dreimal, Millionen Mal und Squillionen Mal. Und die Squillionen Mister Gotts, das sind vielleicht wir, aber alle falschrum. Er kann uns sehen, aber wir ihn nicht. Wenn du in den Spiegel guckst, Fynn, dann siehst du dich. Aber dein Gesicht im Spiegel kann dich nicht sehen. Es kann doch aus dem Spiegel nicht rausgucken ... oder? Aber vielleicht will es das gern? Es kann nicht raus, und darum kann es auch nicht so werden wie Mister Gott. Höchstens so ähnlich. Verstehst du, was ich meine?«

Fynn

- *Der Spiegel ist ein Medium menschlicher Erkenntnis. Welche Chancen für Erkenntnis bietet der Spiegel, welche Grenzen zeigt er an? Geben Sie Antworten vom Bild und den Texten her.*
- *Sie können weitere Bilder und Texte vorstellen, die auf den Spiegel als Medium menschlicher Erkenntnis bezogen sind und ähnliche oder andere Aussagen als die hier vorgestellten Elemente machen.*

Was können wir erkennen?

Der Schriftsteller Jostein Gaarder erklärt einem Mädchen – Sofie Amundsen –, wie der Philosoph Platon in seinem Höhlengleichnis die Möglichkeiten menschlicher Erkenntnisfähigkeit beurteilt:

»Wenn du einen Schatten siehst, Sofie, dann denkst du doch auch, dass etwas diesen Schatten werfen muss. Du siehst den Schatten eines Tieres. Vielleicht ist das ein Pferd, denkst du, aber du kannst nicht ganz sicher sein. Also drehst du dich um und siehst das wirkliche Tier – das natürlich unendlich viel schöner und schärfer in den Konturen ist als der unstete Pferdeschatten. DESHALB HIELT PLATON ALLE PHÄNOMENE IN DER NATUR FÜR BLOSSE SCHATTENBILDER DER EWIGEN FORMEN ODER IDEEN. Aber die allermeisten sind mit ihrem Leben unter den Schattenbildern zufrieden. Sie denken nicht daran, dass etwas die Schatten werfen muss. Sie glauben, die Schatten seien alles, was es gibt – und deshalb erleben sie die Schatten nicht als Schatten. Deshalb vergessen sie auch die Unsterblichkeit ihrer Seelen.

Der Weg aus der Finsternis der Höhle

Platon erzählt ein Gleichnis, das gerade diese Überlegung illustriert. Wir bezeichnen es als das Höhlengleichnis. Ich werde es mit meinen eigenen Worten erzählen.

Stell dir Menschen vor, die in einer unterirdischen Höhle wohnen. Sie kehren dem Eingang die Rücken zu und sind am Hals und an den Füßen festgebunden, deshalb können sie nur die Höhlenwand ansehen. Hinter ihnen erhebt sich eine hohe Mauer, und hinter dieser Mauer wiederum gehen menschenähnliche Gestalten vorbei, die verschiedene Figuren über den Mauerrand halten. Da hinter diesen Figuren ein Feuer brennt, werfen sie auf der Höhlenwand zitternde Schatten. Das Einzige, was die Menschen in der Höhle sehen können, ist also dieses ›Schattentheater‹. Sie sitzen seit ihrer Geburt hier und halten die Schatten folglich für das Einzige, was es gibt.

Stell dir nun vor, einer von diesen Höhlenbewohnern kann sich aus der Gefangenschaft befreien. Zuerst fragt er sich, woher die Schattenbilder an der Höhlenwand kommen. Schließlich kann er sich freikämpfen. Was, glaubst du, passiert, wenn er sich zu den Figuren umdreht, die über die Mauer gehalten werden? Er ist natürlich zuerst vom scharfen Licht geblendet. Auch der Anblick der scharf umrissenen Figuren blendet ihn – er hat bisher ja nur ihre Schattenbilder gesehen. Wenn er über die Mauer steigen und am Feuer vorbei aus der Höhle ins Freie klettern könnte, dann würde er noch mehr geblendet werden. Aber nachdem er sich die Augen gerieben hätte, würde er auch sehen, wie schön alles ist. Zum ersten Mal würde er Farben und scharfe Konturen sehen. Er würde wirkliche Tiere und Blumen sehen – deren schlechte Nachahmungen die Figuren in der Höhle waren. Aber auch jetzt fragt er sich, woher die Tiere und Blumen kommen. Er sieht die Sonne am Himmel und begreift, dass die Sonne den Blumen und Tieren in der Natur Leben gibt, wie das Feuer in der Höhle dafür gesorgt hat, dass er die Schattenbilder sehen konnte.

Jetzt könnte der glückliche Höhlenbewohner in die Natur hinauslaufen und sich über seine frisch gewonnene Freiheit freuen. Aber er denkt an alle, die noch unten in der Höhle sitzen. Deshalb geht er zurück. Sowie er wieder unten angekommen ist, versucht er, den anderen Höhlenbewohnern klarzumachen, dass die Schattenbilder an der Höhlenwand nur zitternde Nachahmungen des Wirklichen sind. Aber niemand glaubt ihm. Sie zeigen auf die Höhlenwand und sagen, das, was sie da sähen, sei alles, was es gibt. Am Ende schlagen sie ihn tot.

Was Platon im Höhlengleichnis schildert, ...«

- *Klären Sie den Aufbau der Höhle, indem Sie eine Skizze entwerfen oder stellen Sie die Szene in einem sorgfältigen Standbild/Anspiel nach.*
- *»Was Platon im Höhlengleichnis schildert, ...« Ergänzen Sie den Text, indem Sie den Inhalt des Gleichnisses in Ihre Sprache übersetzen.*
- *Sie können das Höhlengleichnis mit dem Bild »Mythos des Lichts« von Toyen (Schulbuch, S. 31) vergleichen. Nehmen Sie zur These Stellung: »Toyen malt ein platonisches Bild.«*

Sehnsucht – Sehnsüchte – Religion

Sehnsucht meint ein uns Menschen eigentümliches, inhaltlich unbestimmtes, unendliches Verlangen. Die Sehnsucht konkretisiert sich zwar in den verschiedenen Sehnsüchten. Es sind die Sehnsüchte nach Liebe, nach Glück, nach Sinn, nach einem Gelingen des Lebens, in denen unser unendliches Verlangen sich ausspricht. In all diesen Sehnsüchten verdichtet sich aber jeweils nur das eine Verlangen nach dem erfüllten, ganzen Leben, nach dem Heil. Die Sehnsucht ist in den verschiedenen Sehnsüchten spürbar da. In all den verschiedenen Ausprägungen ist sie dennoch nur eine. Die Sehnsucht ist dieses unendliche, unstillbare Verlangen nach mehr ...

Es gibt die Chance, Menschen auf ihre Sehnsuchtsreligion anzusprechen, dann jedenfalls, wenn er den Weg zu ihr nicht vorschnell verstellt mit den dogmatischen Lehren, Vorstellungen und Normen der kirchlichen Überlieferungen und theologischen Bücher. Darin liegt die subjektive Religion der Sehnsucht nicht. Sie ist nicht Lehre, nicht Theologie, keine Summe von Glaubenssätzen und Vorschriften. Sie ist eine gewisse existenzielle Offenheit für Transzendenz, für das Unbedingte, dafür, dass die Wirklichkeit im Vorhandenen nicht aufgeht, ihr ein Geheimnis innewohnt.

Den eigenen Zugang zur Religion, zur Idee des Unbedingten, zur immanent immer unbefriedigten Sehnsucht nach Sinn, nach dem vollkommenen Glück, gilt es zu eröffnen. Die eigene Einsicht muss sich bilden können in das, wozu ich mich in letzter Hinsicht bestimmt finde, was meinem Leben einen unauslöschlichen Sinn und die Erfüllung bringen kann, die Gewissheit, auf keinen Fall vergeblich zu leben.

Die Sehnsuchtsreligion wird heute in der Werbung und der Popkultur angesprochen. Ebenso finden sich dort aber auch die Strategien der Beruhigung im Alltäglichen, die zumeist ebenfalls religiös verbrämte Bestätigung des Vorhandenen. Die eindrückliche Symbolisierung von Identitätsmustern, Gesinnungsbildung und Gefühlspflege geschieht vor allem in den Daily-Soaps des Fernsehens, in den Filmen des großen Hollywood-Kinos. Die Storys, die das Fernsehen erzählt, dann auch populäre Literatur wie z. B. die Harry-Potter-Romane geben Anleitung, wie die Frage nach der eigenen Identität zu beantworten ist, welche Macht dabei gerade auch die Einbildungskraft hat, der Aufbau fiktionaler Welten, die Fantasie. Wer Fantasie aufbringt, sich also über die Ordnungen des Vorhandenen hinwegdenkt, so die Botschaft, dem wachsen auch außerordentliche Kräfte zu.

Die existenziellen Erfahrungen, welche die Sehnsuchtsreligion wecken, in religiöse Sinnfragen hineinführen, sind geblieben. Es sind die Fragen, die nicht nur, aber doch mit besonderer Intensität an den Erfahrungen der Grenze aufbrechen: an den Grenzen unserer analytischen Fähigkeit (wo wir nicht mehr weiterwissen), unserer ethischen Sicherheit (wo wir nicht mehr wissen, was gut und richtig ist), unserer Leidensfähigkeit (warum musste mir das passieren, wie konnte Gott das zulassen). Es sind die Erfahrungen unserer Endlichkeit, des Fragmentarischen, welche die Sehnsucht nach dem Unendlichen, dem Ganzen, der Fülle wecken. Wofür lebe ich? Was gibt mir Halt und eine Perspektive? Ist da ein weiterer Horizont, einer, der die endlichen Dinge und die menschlichen Möglichkeiten übergreift?

Wilhelm Gräb

■ *Diese Textabschnitte wollen eine Hilfe sein, um einen Essay zum Thema »Religion – Sehnsucht« unter Berücksichtigung der Bilder im Schulbuch auf S. 32 zu schreiben. In Ihrem Essay können Sie sich auf diese Texte beziehen.*

2 Gott erfahren

Das Thema im Schulbuch

»Gott erfahren« fügt sich ein in die thematische Reihe zwischen die Begriffsbestimmung von »Religion« und der Auseinandersetzung mit »Gott und die Vernunft« und der Frage nach dem »Menschen«. Dabei kommt Kapitel 2 dahingehend eine Schlüsselrolle zu, dass religiöse und theologische Betrachtungsweise nicht ohne den Offenbarungsbegriff auskommen. Jegliches theologisches Fragen wird vervollkommnet, wenn es durch die Brille der Gotteserfahrung geschieht, und hebt sich dann erst von religionswissenschaftlichem Analysieren ab. Nachdem Kapitel 1 dem religiösen Sprechen vom Glauben nachgeht, widmet sich Kapitel 2 dem Aspekt, wie Menschen in ihrem Glauben ihre Gotteserfahrung zum Ausdruck bringen.
Die Bibel ist dabei nicht nur das Mittel der Erschließung, sondern selbst Zeugnis vielfältiger personaler Glaubenserfahrungen. Somit werden einerseits biblische Auslegungsmethoden als Schlüssel zum Offenbarungsgeschehen und als Befähigung für plurale Zugänge zum Erleben und Entdecken biblischen Handelns gesehen, andererseits werden aber auch exemplarisch persönliche Gotteserfahrungen dargestellt (Jakob, Hosea, Mose, Jesus, Nikodemus, Maria von Magdala, die Emmausjünger).
Inspiration und Offenbarung begrenzen Gotteserfahrung nicht auf ein exklusives außerweltliches Geschehen, sondern verdeutlichen die »göttliche Kraft« in jedem Menschen; dabei wandert der Blick vom christlichen Kontext zum islamischen Offenbarungsverständnis, um religionsübegreifend zu verdeutlichen, wie Menschen auf Gott zugehen und von ihren Erfahrungen sprechen. Ein persönlicher Zugang am Kapitelende regt an, persönlich und individuell den Phänomen der eigenen »Gotteserfahrung«, wie auch immer sie empfunden und benannt wird, nachzugehen und diese in den Kontext der eigenen Religion einzubetten.

Kompetenzen
Nach der Bearbeitung des Kapitels können Sch wahrnehmen, dass religiöse Erfahrungen und Gotteserfahrung vielfältig sind und beschreiben, dass sie auch auf verschiedene Art und Weise ausgedrückt werden können (Komp 1 – Wahrnehmungskompetenz);
künstlerische Formen der Annäherung an Gotteserfahrungen deuten und eigene Ausdrucksformen finden (Komp 5 – Ausdruckskompetenz);
verschiedene Methoden der Exegese darstellen (Komp 2 – Begriffskompetenz) und ihre Chancen und Grenzen aufzeigen (Komp 4 – Dialogkompetenz, Komp 3 – Deutungskompetenz);
Entwicklungslinien des alttestamentlichen Gottesbildes nachzeichnen (Komp 2 – Begriffskompetenz) und die Akzentuierungen im neutestamentlichen Gottesbild erklären (Komp 3 – Deutungskompetenz);
in Auseinandersetzung mit einem anderen Offenbarungsverständnisses eine religiöse Überzeugung begründen (Komp 6 – Partizipationskompetenz) und das spezifisch christliche Verständnis (z. B. im Wirken des Hl. Geistes) erkennen (Komp 3 – Deutungskompetenz);
anhand der Beispiele auf Perspektive 3 die Möglichkeit persönlicher Transzendenzerfahrungen kennenlernen (Komp 2 – Begriffskompetenz), daraus Impulse für das eigene Leben ziehen (Komp 5 – Ausdruckskompetenz) und sich mit anderen darüber verständigen (Komp 4 – Dialogkompetenz).

Aufbau
Der Bildausschnitt auf der *Titelseite* eröffnet den christlichen Blick auf das Thema »Gott erfahren«. Die Benennung von »Titeln« wie Christus, Gott, Sohn und Retter korrespondiert mit bisher Gelerntem, thematisiert aber auch eingangs die Vielfalt von – in diesem Fall – christlicher Gotteserfahrung.
Entsprechend bietet die *Kontextseite* einen Zugang aus der Musik in Form eines Liedtextes, eine biblische Betrachtung in Psalmform und eine bildnerisch-künstlerische Auseinandersetzung über eine Plastik.

Zur Vernetzung des Wissens innerhalb der Schulbuchreihe werden auf der *Pinnwand* bibelrelevante Themen der vergangenen Jahre angesprochen; insbesondere in 10.3 (Jesus Christus) werden Bezüge zur biblischen Exegese hergestellt. Auf *Religion vernetzt 7* (Lexikon) kann zurückverwiesen werden, wenn die Bedeutung der Evangelien zu klären ist. Zur schülergeleiteten Planung eigener Lernwege stehen Verknüpfungen zum biblischen Motiv »Maria von Magdala« sowie Rechercheaufgaben in der bildenden Kunst und zum synoptischen Vergleich in den Evangelien zur Verfügung. Zur genaueren Erschließung der Person

und Gestalt Jesu, was im Wesentlichen einer Wiederholung von 10.3 gleichkommt, wird vorgeschlagen, aus dem Titelbild erschließend die Titel Jesu zu erarbeiten und im Johannes-Evangelium den Jünger Nikodemus zu begleiten.
Zur Verbindung aller kapitelinternen Aspekte wird eine Stichwortliste geliefert, die alle thematischen Hauptaspekte berücksichtigt und denen im Kapitel nachgegangen werden soll. Neben diesem auch zur Rekapitulation geeignetem Ansatz werden Verbindungslinien zum Kapitel 1 mit Ps 139 (**30f.**), zu Kapitel 3, den religiösen Ausdrucksmöglichkeiten, über Gott zu sprechen, und zu Kapitel 4, dem Indikativ und Imperativ im Heilshandeln Jesu, gezogen.

Grundlegende Informationen zur historisch-kritischen Erschließungsmethode werden auf *Orientierung 1* gegeben, indem Grundprinzipien, Schritte und Anspruch der historischen Kritik auf der Grundlage der Arbeitsschritte und Prinzipien der Päpstlichen Bibelkommission erschlossen werden.

Die weiteren Auslegungsmöglichkeiten biblischer Texte werden auf *Orientierung 2* mit kontextuellem, tiefenpsychologischem, dialogischem, intertextuellem und wirkungsgeschichtlichem Zugang aus verschiedensten Blickwinkeln systematisch dargestellt.

Die Reihe der personalen Gottesbegegnung eröffnet exemplarisch ab *Orientierung 3* die biblische Figur Jakob.

Entwicklungslinien des Gottesbildes im AT werden auf *Orientierung 4* nachgezeichnet, indem vom Offenbarungsgeschehen ausgehend, über das Bilderverbot bis zum Beispiel Hosea ein väterliches und mütterliches Gottesbild veranschaulicht wird.

Die historische Linie aufnehmend zeigt *Orientierung 5* Israels Weg zum Monotheismus als gesellschaftliche Herausforderung.

Orientierung 6 schließlich eröffnet die zentrale christliche Zugangsweise, über Jesus Gott zu begegnen; dabei werden Jesu Gottesanrede »Abba«, sein Handeln, seine Botschaft von Tod und Auferstehung, die Ich-bin-Worte und die sogenannten Christus-Hymnen näher beleuchtet.

Exemplarisch verdeutlicht die Vielfalt verschiedenster religiös-theologischer Positionen die personale Zugangsweise zur Gotteserfahrung an den biblischen Personen Nikodemus (*Orientierung 7*), Maria von Magdala (*Orientierung 8*) und den Emmausjüngern (*Orientierung 9*).

Das Wirken des Heiligen Geistes wird schließlich als gottgeleitetes Offenbarungsmerkmal in *Perspektiven 1* als Bestandteil des Inspirationsprozesses zwischen Gott und Mensch aufgeschlossen.

Abschließend wird der Inspirationsprozess, der in das Offenbarungsgeschehen mündet, dem islamischen Verständnis auf *Perspektiven 2* gegenübergestellt.

Auf *Perspektiven 3* (Druckfehler in der Kolumne: »Perspektiven 2«, S. 60/61 unten) werden nach den biblischen Gotteserfahrungen von Menschen prinzipielle Folgerungen für das Leben und den Glauben in unterschiedlichsten spirituellen Elementen aufgegriffen: Ein Liedtext, ein Augustinuszitat und die Zitate von Ernesto Cardenal und Pierre Stutz zeigen die Möglichkeit von persönlichen Transzendenzerfahrungen auf.

Als zentrales Anliegen des Themas greift die *Akzent*seite das Offenbarungsgeschehen in einer Grafik und einem Dei-Verbum-Zitat auf und stellt es einer individuellen künstlerischen Erfahrung, einer Installation aus Granitstelen, gegenüber, um zum Weiterdenken und zur Reflexion eigener Erfahrungen zu motivieren.

Gott erfahren — Titelseite 33

1. Hintergrund

Das Bild der Titelseite ist Teil eines Passionszyklus, der in der Liebfrauenkirche Frankfurt hängt. Der Kreuzweg (1995/96, Farbkreide, Kohle und Graphit) besteht aus vier Tafeln, die symbolisch von einem Kreuz durchzogen sind. Die Passionsbilder münden in eine weitere Tafel, ein Auferstehungsbild, das auf der Titelseite dieses Kapitels abgebildet ist.

Der Auferstehungszyklus
Die Künstlerin hat in diesem Zyklus Personen und Szenen aus der Passion im Schatten des Kreuzes gemalt. In der Mitte dieses Kreuzes ist auf jeder Bildtafel das Gesicht Jesu zu entdecken. Die Übergänge zwischen seinem Leidensweg damals und der Not der Menschen heute sind fließend. Im Gesicht der Geschundenen begegnet Jesu Blick. Doch inmitten allen Unrechts, aller Gleichgültigkeit und Gemeinheit sind auch Gesten der Liebe, des Mitleidens, des Mittragens

zu entdecken. Hetty Krist hat den leidenden Jesus nahe bei den Menschen in ihrer Not gezeichnet. Diese Nähe gehört zu den Hoffnungszeichen dieses Kreuzweges.

Hetty Krist (geb. 1942 in Den Haag)
Die Künstlerin hat an der Kunstakademie Basel studiert, es folgten Einzelausstellungen im In- und Ausland sowie Beteiligungen an den wichtigsten Biennalen für internationale Handzeichnung und Grafik. Krist gehört zu den wenigen großen Zeichnerinnen der Gegenwart. Sie stellt ihre stilistisch zeitlose Arbeit bewusst in die Tradition klassischer Maßstäbe von Künstlern wie Goya, Michelangelo, Rembrandt oder Käthe Kollwitz. Die Werke der gebürtigen Holländerin widmen sich ausschließlich dem Menschen, seiner physischen, psychischen und geistigen Existenz in Vergangenheit und Gegenwart. Die Arbeitsweise der Künstlerin basiert zumeist auf doppelt gelagerten Motiven durch Überzeichnung von Porträts und Figuren. Es erscheinen Gesichter im Gesicht ebenso wie Figuren im Gesicht oder Figuren in der Gruppe. Immer geht es Krist um die Gegensätzlichkeit von Jugend und Alter, Leben und Tod, um die mehrfache Ausleuchtung eines Individuums. Handschriftlich eingefügte Texte verstärken dabei den inhaltlichen und strukturellen Aufbau der Bildwerke, die mit ihren Verflechtungen symbolhaft der menschlichen Existenz entsprechen und Lebenswege aufzeigen. Mit Erinnerungen und Hommagen, mit Spuren gelebten Lebens in Gesichtern und Dingen, spürt die Künstlerin beim Zeichnen dem Vergangenen nach, um es zu erhalten.

Die 15. Station ist ein Auferstehungsbild. Nur vom Ende her sind die vorausgehenden Stationen der Not zu deuten. Am unteren Bildrand links ist ein verdorrter Baumstumpf zu erkennen – Zeichen für die tote Natur. Rechts unten im Dunkel Stacheldraht, Elektrozäune der Vernichtungslager und eine brennende Stadt, von der nur ein Turm schwarz nach oben ragt; darüber Feuersbrunst – Zeichen der Zerstörung. Schwer zu erkennen ist der schwarze Totenkopf, der in der Mitte unten abgebildet ist und aus dem neues Leben entsteht. Menschen erheben darüber ihr Angesicht, werden vom Glanz von oben emporgehoben: ein Kind, ein alter Mann, das Gesicht eines Erwachsenen mittleren Alters, ein Rabbi, ein Afrikaner. Sie erheben die Hände oder blicken nach oben zu einer Hand, die sie erwartet, die sie aus dem Dunkel in ein helles Licht zieht, einer Lichtgestalt entgegen, die den Tod und die Not überwunden hat. Die 15. Station des Kreuzweges verdeutlicht damit: Der Auferstandene kommt den Menschen entgegen. Er hat den Tod besiegt. Dieser Übergang vom Karfreitag zum Jubel über die Auferstehung, wird im Exsultet der Osternacht mit »Lobsinge, du Erde, überstrahlt vom Glanz aus der Höhe! Licht des Himmels umleuchtet dich. Siehe, geschwunden ist allerorten das Dunkel« besungen und findet im Bild seinen Ausdruck. Untergang und Tod wandeln sich in neues Leben. Der dieses neue Leben bringt, ist Jesus, der Christus, Gott, Sohn, Retter, wie die Gebärdensprache am linken Bildrand aussagt und was auch in Worte gefasst ist. In dem Bild sind auch Personen aus den anderen Kreuzwegstationen wieder aufgenommen: Eine Äthiopierin mit ihren hungernden Kindern, zwei alte Menschen. Sie alle gehen dem himmlischen Hochzeitsmahl entgegen. Die beiden alten Menschen beenden ihren gemeinsamen Weg. Sie tragen ihr Alter und ihre Gebrechlichkeit und die alte Frau stützt sich auf den Mann. Sie gehen ihren Weg, nicht als Weg des Abschiedes, der den Blick zurückwirft, sondern zielstrebig dem Licht entgegen.
Ein Motiv des Kreuzweges sind Augen, die den Betrachter begleiten. In der letzten Station strahlen diese Augen die Güte Gottes aus. »Lass dein Angesicht über uns leuchten und wende uns dein Antlitz zu!« (vgl. Num 6,22ff.) scheinen die Figuren, die dem Licht entgegenstreben und von der Lichtgestalt – dem auferstandenen Messias – liebevoll umfangen werden, zu rufen.
Dieses Bild stellt eine besondere Art der Gotteserfahrung dar. Eine Erfahrung, die die Dunkelheiten des gegenwärtigen Lebens nicht ausblendet, sondern durch die biblischen Gotteserfahrungen genährt die Zuversicht bekennt, dass durch den Tod Jesu am Kreuz und seine Auferstehung auch Menschen heute in dieses Licht des neuen, ewigen Lebens bei Gott mit hineingenommen sind.

Die Künstlerin zum Passionszyklus: »Der Reichtum an tiefen Werten ist im Kreuzweg einzigartig. Nach diesen Werten hat der Mensch Sehnsucht. Er möchte sie in Wort und Bild glaubwürdig erfahren. Diese Absicht verfolgt die bildnerische Darstellung der Passion in der Frankfurter Liebfrauenkirche. Der Auftrag der Frankfurter Kapuziner war eine Herausforderung. Mir wurde bewusst, dass hier eine neue Auffassung des Leidensweges Jesu entstehen müsste. Eine, die unsere heutige Zeit mit einbezieht. Der Mensch heute verwoben mit dem Leidensweg Jesu. Die Kraft der Passion wieder entdecken, das war der Wunsch. Wir alle sind der Mensch Jesus, von Station zu Station. Er leidet zwischen Armen, Kranken, Andersdenkenden, zwischen Farbigen und Weißen.«

2. Einsatzmöglichkeiten im RU

Das Bild betrachten

- Sch betrachten das Bild als Ganzes. Sie beschreiben die Farben, die Personen, ihre Entdeckungen im Bild allgemein. Dabei sollten der Kontrast zwischen Hell und Dunkel, die Bewegung von unten nach oben, aber auch das Herabneigen der Lichtgestalt thematisiert werden.
- Sch suchen einen Titel für das Bild.

Einen Bezug zum Kapitelthema herstellen

- Sch stellen eine Beziehung zwischen Bildinhalt und Kapitelthema her.
- Vom Thema »Gott erfahren« lässt sich das Bild im Blick auf die Menschen, die Farben und das Augenpaar oben noch einmal intensiver befragen.
- Sch versuchen, die Gotteserfahrung, die im Bild zum Ausdruck kommt, zu formulieren und z. B. anhand der Gesten im Bild zu deuten.

Den Kontext des Bildes kennenlernen

- Sch recherchieren die weiteren Bilder des Passionszyklus und betrachten diese im Zusammenhang mit der Titeleingangsseite (s. u.).
- Zur Vertiefung sollte die Bildaussage als 15. Kreuzwegstation noch einmal besonders untersucht werden.
- Denkbar wäre, den Kreuzweg von Hetty Krist mit einem anderen, evtl. dem der eigenen Pfarrkirche zu vergleichen.
- Sch gehen der Frage nach dem Ursprung von Kreuzwegen und deren Einteilung in 7, 14 bzw. 15 Stationen nach.

3. Weiterführende Anregungen

Augen fangen mich auf – Ein Kreuzweg heute

- Unter http://space1.vs187039.vserver.de/cap/Kreuzweg152010.mp4 ist zur Titelseite eine Videomeditation zum Auferstehungszyklus von Hetty Krist mit Texten von P. Erich Purk und der Musik von Martin Gertler öffentlich zugänglich. Auch zu den anderen Stationen des Passionszyklus finden sich Videomeditationen.

Weitere Medien für die Arbeit mit Kreuzwegen

- »Den Weg Jesu kreuzen«, Diameditation und Text, Aachen 1997
- Ökumenischer Kreuzweg der Jugend 2006: »Von Angesicht zu Angesicht«. Hier wurden vier Bildtafeln der Künstlerin, die die Ohnmachtserfahrungen heutiger Menschen mit der Leidensgeschichte Jesu eng verflochten haben, verwendet.

Gotteserfahrungen

Kontext 34 35

1. Hintergrund

Die DS dient der Annäherung an das vielschichtige Phänomen der Gotteserfahrung, wobei ein Zugang über die Musik durch das **Lied** »From a distance« und eine Annäherung über die Gattung **Psalm** gewählt wurde. Eine weitere Art der Gotteserfahrung soll die **Plastik** von Aguste Rodin versinnbildlichen, die über das Symbol »Hand« eine weitere Annäherung ermöglicht.

Das **Lied** »From a distance« wurde von Julie Gold 1987 geschrieben und vertont. Weitaus bekannter ist die Neuaufnahme von Bette Middler aus dem Jahr 1990. Die **Fotografie** der Erde aus dem Weltraum illustriert hierbei die Grundaussage des Liedes, dass alles aus der Distanz betrachtet ein harmonisches Bild abgibt und Hoffnung das tragende Gefühl der Menschen darstellt. Am Ende reiht sich auch die Gotteserfahrung hier ein, denn auch Gott blickt nur aus der Distanz auf die Menschen, wobei im Lied keine Wertung dieser Art von Gotteserfahrung vorgenommen wird.

In **Psalm 139** begegnet im Gegensatz dazu die Innensicht, d. h., Gott ist erfahrbar auf Erden und er kennt den Menschen durch und durch, wie die lyrische Übersetzung der Guten Nachricht Bibel verdeutlicht. Der Psalm setzt wie ein individuelles Dank- und Vertrauenslied ein und beschreibt dann in den VV. 19-24 die Notsituation, in der der verfolgte Sänger Zuflucht bei Gott suchte und sich dem Gottesurteil stellte. Würde er exakt chronologisch vorgehen, müssten die Schlussverse mit dem Klagelied am Anfang stehen. Jahwes Einschreiten hat für den Sänger aber eine so unvergleichliche Bedeutung, dass er für ihn am Anfang und Mittelpunkt des Psalms steht. Der Psalm bildet also eine Einheit und hat einen hymnischen Grundklang. In VV. 1-18 klingen diese Themen an: Gott, du kennst mich, dir kann ich nicht entfliehen; du hast mich geschaffen. Zunächst wird die Situation beschrieben, aus der der Sänger befreit wurde. Staunend bekennt er dabei das Geheimnis der Allwissenheit Gottes (V. 6). In VV. 7-12 preist er Gottes überall wirkende Kraft und Macht, die insbesondere in seiner Hand, seiner Rechten zum Ausdruck kommt (V. 10). Seine Gotteserfahrung beschreibt er in dem Bild der

leuchtenden Finsternis (V. 12). Gottes Allwissenheit und Allgegenwart (im Gegensatz zum Lied »From a distance«) haben ihren Grund darin, dass er den Menschen geschaffen hat (VV. 13-18).
Für den Alttestamentler Gerhard von Rad ist der ganze Psalm paradigmatisch für das Ineinander von Glaube und Erkenntnis. Der Mensch sieht ein, dass an der Grenze seiner Erkenntnis die Erfahrung der Unerforschlichkeit Gottes steht. In dem Geheimnis Gottes weiß der Sänger sein Leben gegründet und fühlt sich dadurch sicher, getragen, aufgehoben, gekannt und geliebt. Dieser Zusammenhang von Erkanntsein und Geliebtsein ist für das heutige Verständnis des Psalms von entscheidender Bedeutung, sich selbst und den anderen in seinem Von-Gott-erkannt-Sein wahrzunehmen, bedeutet, das Leben in seiner unendlichen Bejahung zu verstehen. Weil Gott mich besser kennt, als ich mich selbst kenne, weil Gott mich anders kennt, als meine Umwelt mich kennt, ist meine Identität auch mehr als das, was jetzt schon fragmentarisch von mir bekannt ist. Die Erfahrung, dass das Leben getragen und umschlossen ist von Gottes Zuwendung und Nähe, ist nicht gleichzusetzen mit dem Zerrbild Gottes, der alles sieht, alles weiß und allgegenwärtig ist, um den Menschen zu kontrollieren. Der Beter des Psalms weiß sich von Anfang seines Lebens an von Gott umfangen und geleitet.
Die »**Hand (Gottes)**« von Auguste Rodin verdeutlicht die Erfahrung eines Gottes, der alles in seiner Hand hält und sich sorgsam um den Menschen kümmert. Der Mensch kann sich so ganz sicher und geborgen fühlen. Die Hand als Symbol taucht auch als biblisches Motiv immer wieder auf. Dass Gott in der altchristlichen Kunst nicht durch eine Person, sondern durch seinen Boten oder durch seine Hand symbolisiert wird, hat seinen Grund wahrscheinlich im Bilderverbot. Dass gerade der Arm oder die Hand zum entscheidenden Gottessymbol geworden ist, hängt mit der häufigen Verwendung dieses Wortes im AT zusammen. Wenn von der Hand Gottes gesprochen wird, ist an sein Handeln gedacht, durch das er sich mächtig erweist; seine Hand hat z. B. Himmel und Erde geschaffen. Vor allem aber ist der Mensch das Werk von Gottes Händen (vgl. Ps 138,8; Ijob 14,15; 34,19; Jes 64,7). Neben der schöpferischen Kraft verleiht Gottes Hand aber auch Schutz, Sicherheit und Stärkung (vgl. Ex 33,22f.; Ps 139,5; Ps 80,18). In Psalm 139 ist z. B. in den VV. 5 und 10 ausdrücklich von der Hand Gottes die Rede; aber der Psalm bringt insgesamt sehr eindrücklich zur Sprache, was es für die atl. Frömmigkeit bedeutete, auf die Hand Gottes zu vertrauen, sich zu Gott, dem schlechthin Vertrauenswürdigen zu bekennen. Im NT wird von der Hand Gottes meist nur da geredet, wo das AT zitiert oder sein Sprachgebrauch aufgenommen wird. Häufiger wird hier das Bild vom Finger Gottes verwendet und nicht nur Michelangelos Deckengemälde in der Sixtina in Rom nimmt hier dieses Bild auf, allerdings in der Form, dass in Jesu Tun Gott seinen Finger der Welt entgegenstreckt, um die neue Schöpfung ans Licht zu führen.
Weitere Ausdrucksformen religiöser Erfahrungen bzw. Gotteserfahrungen können in der bildenden Kunst, der Literatur, in Tagebucheinträgen und Briefen, in Offenbarungserlebnissen und Grenzerfahrungen, in der Welt und ihrer Ordnung, in der Natur und in Meditationen und mystischen Erlebnissen, aber auch in der Bibel gefunden werden.

2. Einsatzmöglichkeiten im RU

Charakterisierung des Verhältnisses von Gott und Welt im Lied

- Sch hören sich das Lied entweder gesprochen oder vertont an und charakterisieren das Verhältnis von Gott und Welt, wie es im Text beschrieben ist.
- Eine Leerstelle bildet dabei, dass die Welt nur aus der Distanz betrachtet wird, sodass im Unterrichtsgespräch auch angesprochen werden sollte, was zu sehen wäre, wenn die Distanz aufgehoben würde.

Vergleich mit Ps 139 und der Plastik von Rodin

- In arbeitsteiliger GA wird je die Plastik bzw. Ps 139 mit dem Lied verglichen. Dabei sollten unter Zuhilfenahme einer geeigneten Methode (z. B. Präsentation, Plakat, TA) die Ergebnisse präsentierfähig erarbeitet und vorgestellt werden.
- Daneben kann noch speziell auch auf das Symbol Hand eingegangen werden, indem eine Recherche zur übertragenen Bedeutung angeschlossen wird.

Ausdrucksformen religiöser Erfahrungen bzw. Gotteserfahrungen

Hier könnte eine Begriffsdefinition von religiöser Erfahrung bzw. Gotteserfahrung vorausgehen (vgl. **60ff.**).

- Sch sammeln anschließend weitere Ausdrucksformen dieser Erfahrungen.
- Sch setzen sich mit den Versuchen in den Materialien auseinander, Gotteserfahrung ins Wort zu bringen (**M 11.2.1, Lehrerkommentar S. 97**).

3. Weiterführende Anregungen

Gestaltung eigener Ausdrucksformen von religiöser und Gotteserfahrung

- Sch gestalten, evtl. in Zusammenarbeit mit den Kunst- oder Deutsch-L, Formen der Gotteserfahrung ästhetisch aus.

- Sch (evtl. als Auftrag an eine KG) befragen Menschen in ihrer Umgebung nach Gottes- bzw. religiöser Erfahrung und erstellen eine Präsentation »Gotteserfahrung und religiöse Erfahrung heute« auch unter Einbezug aktueller Shell-Jugendstudien.

Vergleich mit weiteren Statements zur Gottesfrage

- Die Aktion »Was sagt mir Gott« unter www.christ-in-der-gegenwart.de bietet ausgearbeitete Motive für eine Kurzeinheit.

- Sch stellen weitere konkrete Ausdrucksformen von religiöser bzw. Gotteserfahrung zusammen, z. B. bei Mystikern oder auch aus aktuellen Songs wie z. B. von Xavier Naidoo oder die Darstellungen aus neureligiösen Bewegungen bzw. Sekten mit z. T. fundamentalistischer Ausrichtung (z. B. The Call/The Cause) und setzen sich kritisch damit auseinander.

Pinnwand 36

Folgende Arbeitsimpulse der *Pinnwand* (**36f.**) werden im Lehrerkommentar aufgegriffen:

Vernetzen Sie Ihr Wissen aus den vorangehenden Jahren	S. 63
Maria von Magdala in der Kunst	S. 84
Maria von Magdala in der Bibel	S. 83
Jesus entdecken	S. 64
Der Jünger, den Jesus liebte	S. 80
Vernetzungen im Kapitel	S. 62
Vernetzungen im Schulbuch	S. 62/92

Die Heilige Schrift historisch-kritisch erschließen — Orientierung 1 38 39

1. Hintergrund

Um die Bibel als Grundlage christlicher Religion in diesem Kapitel erfassen zu können, bedarf es gewisser Grundkenntnisse über die wissenschaftliche Arbeitsweise der Exegese. Zum Erfassen der Intention biblischer Texte ist die historisch-kritische Methode notwendig; nach der grundlegenden Darstellung dieser Erschließungsschritte auf dieser DS wird in *Orientierung 2* der Blick auf weitere Auslegungsmethoden geweitet.
Die Darstellung folgt der Päpstlichen Bibelkommission »Die Interpretation der Bibel in der Kirche« und kann mit *Perspektive 2* (**58**) verknüpft werden.

Historisch-kritische Methode

Exegese ist das analytische Bemühen, durch Anwendung historischer Methoden und Erkenntnissen aus der Sprach- und Literaturwissenschaft die Schriften des Alten und Neuen Testaments zu verstehen. Als Leitmethode wissenschaftlicher Bibelauslegung bemüht sich die historisch-kritische Exegese zu ermitteln, welchen Sinn ein biblischer Text zur Zeit seiner Abfassung hatte. Sie berücksichtigt dabei, dass sich dieser Sinn durch Erweiterungen und Veränderungen gewandelt haben kann. Bei der systematischen und reflektierten Suche nach Antworten auf diese Fragen entstehen Methoden, die im Laufe der Forschungsgeschichte stetig ergänzt und verfeinert werden. Schematisch lässt sich dieser Umstand wie folgt darstellen:

TEXT → LESER → FRAGEN → reflektierte Antwort: → METHODEN

Zum Kanon der historisch-kritischen Exegese gehören Textkritik, Literarkritik, Überlieferungskritik, Redaktionskritik, Formkritik, Traditionskritik und die Frage nach dem historischen Ort. Zu den einzelnen Schritten bietet www.bibelwissenschaft.de/wibilex/das-bibellexikon unter dem Stichwort »Bibelauslegung, historisch-kritisch« einen fachkundigen Überblick. Neuerdings wird die Rückfrage nach dem historischen Jesus insbesondere unter sozialgeschichtlichen Aspekten angegangen. Es geht darum, Jesus innerhalb der jüdischen Kultur und Theologie zu verstehen, seine Botschaft und sein Auftreten im Rahmen der gesellschaftlichen Verhältnisse Galiläas zu verorten. Ein Vertreter dieser Forschungsrichtung ist der Münsteraner Neutestamentler Martin Ebner. Der paraphrasierte Text zu Anliegen und Anspruch der historischen Kritik (**39**) ist seinem Beitrag »Grundoptionen der histo-

risch-kritischen Exegese« (in: F.-J. Ortkemper/F. Schuller (Hg.), Berufen, das Wort Gottes zu verkündigen. Die Botschaft der Bibel im Leben und in der Sendung der Kirche, Stuttgart 2008, 9-20) entnommen. Dort fährt er nach dem im Schulbuch abgedruckten Text wie folgt fort und zeigt so, dass historisch-kritische Forschung zu zeitgenössischen Fragen der Theologie (zum Teil überraschende) Antworten hervorbringt:
»Wird jedoch die zur Zeit der Entstehung des Evangeliums gesellschaftlich etablierte Semantik berücksichtigt, ergibt sich als theologische Zielrichtung scharfe Kritik an der Aufsteigermentalität, die sich offensichtlich bereits innerhalb der christlichen Gemeinde breit gemacht hat, wie an den Ambitionen der beiden Zebedaiden, die Jesus um die ersten Plätze in seinem Reich bitten (Mk 10,35-40), zu sehen ist.
Ganz anders die Pastoralbriefe: Sie strukturieren die Gemeinden als ›Haus‹ – mit einem *pater familias*, eben dem Episkopos, an der Spitze (vgl. 1 Tim 3,15; Tit 1,7). Sie verweigern Frauen das Rederecht in den Versammlungen. Beides entspricht den patriarchalischen Vorstellungen der römischen Mainstreamgesellschaft. Was der *pater familias* für die Ordnung im Haus ist, ist der Kaiser für das Reich. Die Pastoralbriefe bauen, wohlgemerkt: um gesellschaftsfähig zu werden, die paulinischen Gemeinden im Sinn des römischen Mainstreamtrends um.
Hermeneutisch ergibt sich aufgrund dieser historischen Situierung: Wer sich auf die Pastoralbriefe für die Begründung oder Verankerung von Kirchenstrukturen beruft, müsste eigentlich für die Verfassungsstrukturen des Mainstreams der jeweiligen Zeit plädieren, in unserem Fall für Wahlen der Amtsträger, für Frauenquote usw. Historische Kritik will ein Christentum zum Vorschein bringen, das sich einklinkt in die Reizthemen seiner Zeit und das zu durchaus unterschiedlichen Stellungnahmen fähig ist und sie auch zulassen kann.
Es ist eine ausgesprochene Option der historischen Kritik, aufgrund des Anschauungsmaterials zu zeigen, dass biblische Schriften keinesfalls um sich selbst kreisen und schon gar nicht eine in sich versunkene, weltenthobene Theologie entwickeln. Im Gegenteil: Das Abhorchen der jeweiligen Zeitverhältnisse dient dazu, die geführten Diskurse in unseren Schriften überhaupt erst zum Vorschein zu bringen. Und gleichzeitig ist diese Reise in die Vergangenheit als Herausforderung für die Gegenwart gedacht: Theologie im Diskurs mit Zeitproblemen könnte man auch Reaktion auf die ›Zeichen der Zeit‹ (GS 4) nennen. Und wenn die historische Kritik unterschiedliche Optionen innerhalb der christlichen Stimmen herausfiltert, die sich zum Teil sogar gegenseitig bekämpfen (vgl. 2 Kor 10,12; 11,4f. und 13f.; Gal 6,12; Offb 2,14f.20), dann sollte daraus die Berechtigung resultieren, auch heute innerhalb des christlichen Hauses in den Streitdiskurs treten zu dürfen.«

»Die Interpretation der Bibel in der Kirche« der Päpstlichen Bibelkommission ist als Verlautbarungen des Apostolischen Stuhls Nr. 115, hg. v. Sekretariat der Deutschen Bischofskonferenz, Bonn, 23. April 1993, unter www.dbk.de verfügbar (vgl. auch AA 3 auf **59**).

2. Einsatzmöglichkeiten im RU

Die historisch-kritische Methode erschließen

- Die Informationsfülle der DS bietet an, Sch arbeitsteilig die verschiedenen Aspekte entsprechend dem 1. AA (**39**) herausarbeiten zu lassen und in geeigneter Form als TA zusammenzutragen. Die Anwendung anhand der aufgeführten Bibelstellen im 2., 3. und 4. AA kann einzeln oder in Gruppen erfolgen.
- Ausführliche Informationen zur historisch-kritischen Methode – auch für die Hand der Sch, um evtl. ein Kurzreferat vorzubereiten – hält www.wibilex.de bereit.
- **M 11.2.3, Lehrerkommentar S. 99**, bietet einen Überblick über alle auf *Orientierung 1* und *2* angesprochenen Methoden und kann den Sch vor Beginn der Methodenbehandlung an die Hand gegeben werden; ob als Referatsmaterial, Laufzettel für einen Lernzirkel, Orientierungsblatt über die biblischen Auslegungsmethoden für Freiarbeit oder Repetitorium vor Klausuren oder zur Vertiefung von Grundwissen – die Übersichtsgrafik mit Kurzerklärungen, Beispieltexten oder Arbeitsanweisungen, die sich stets auf Joh 20 und damit den Inhalt von *Orientierung 8* beziehen, kann in unterschiedlichsten Phasen der thematischen Reihe vernetzend, ergänzend, vertiefend oder unterstützend eingesetzt werden.

Mk 2,1-12 erschließen

- In der Schüler-Community auf www.religion-vernetzt.de finden Sch entsprechende Hilfsmittel, um AA 2 bearbeiten zu können.

1. Hintergrund

Diese DS verdeutlicht das weite Spektrum der biblischen Interpretationsmöglichkeiten. Auf den folgenden DS werden Jakob, Hosea, Nikodemus und Maria von Magdala sowie die Emmausjünger in unterschiedlichsten Kontexten bearbeitet, um eine Vielfalt an Gotteserfahrung zu verdeutlichen.
Die auf dieser DS getroffene Auswahl soll eine sinnvolle Möglichkeit für Sch sein, verschiedenste Methoden im Unterricht anhand der dargestellten Beispiele zu erproben.

Wege zur Bibel
Um den Dialog mit biblischen Texten aufzunehmen, können verschiedene Wege hilfreich sein:
Die Möglichkeit, die verschriftliche Offenbarung Gottes der Heiligen Schrift zu erschließen und für sich selbst lebendig werden zu lassen, eröffnet eine Vielzahl von biblischen Methoden der Bibelauslegung. Je nach Zugang an einen Text komme ich zu bestimmten Ergebnissen. Für verschiedene Kontexte bieten sich verschiedene Zugänge an. Der Unterschied zwischen der ursprünglichen Intention der Niederschrift eines biblischen Textes und einer aktuellen Textlektüre ist in der Regel unüberbrückbar. Viele Vorgehensweisen versuchen, dieses Problem auf unterschiedliche Weise zu lösen:
Textorientierte Zugänge betrachten biblische Texte in ihrer Entstehungswelt; dabei werden motiv- oder themenverwandte Texte aus der jeweiligen Entstehungszeit herangezogen. Bei der Textlektüre wird die Vielfalt der biblischen Einzeltexte und ihrer Gestaltung berücksichtigt, indem auf Gattung, Erzählkränze, Aufbau der biblischen Bücher, Darstellung biblischer Gestalten, die Erzählstruktur, Motive und Symbole, Stilmittel und den Adressatenbezug geachtet wird.
Hinsichtlich der Herkunft der Texte spielen die Entstehungs- und Redaktionsgeschichte, der »Sitz im Leben« eines Textes, also der Entstehungskontext und die damalige Bedeutung eine wichtige Rolle.
Wirkungsgeschichtliche Zugänge analysieren die Folgen, welche die Texte hervorgerufen haben. Die *jüdische Auslegungsgeschichte* nutzt dabei die Auslegung und Bedeutung der Hebräischen Bibel im Judentum. Die *christliche Auslegungsgeschichte* legt Wert auf die Auslegung und Verwendung der Bibel in der Kirche und Theologie. Die *Rezeptionsgeschichte* verfolgt die Aufnahme biblischer Anleihen in Literatur, Kunst, Musik, Theater, Film, in der Philosophie- und Geistesgeschichte und in Gesellschaft, Politik und Wirtschaft. Der Blick auf die *Kulturgeschichte* der Bibel richtet sich vor allem auf die Entstehung von Schriftrollen, Codices, Evangeliaren, Übersetzungen, des Buchdrucks, von Bibelillustrationen und verschiedensten Bibelausgaben bis heute.
Adressatenbezogene Zugänge stellen den Dialog der Leserinnen und Leser mit dem Text heraus:
– *Systematische Deutungsmodelle* als Schlüssel zum Bibeltext können theologischer, politisch-sozialer, feministischer, tiefenpsychologischer oder anderer Herkunft sein.
– *Thematische Zugänge* greifen beispielsweise Schöpfung, Exodus, Gott, Christus oder andere Themenfelder auf.
– *Interreligiöse Bibellektüre* findet im Vergleich mit Jesus und Buddha oder Bibel und Koran oder auf ähnliche Weise statt.
– *Persönliche Zugänge* können eine Vielzahl von Motivationen für die Bibellektüre aufweisen, beispielsweise die Freude an der Sprache, die Frage nach Geschwisterrivalitäten, das Suchen nach Trost für Menschen in Not, die Suche nach der Antwort auf die Frage »Was ist gerecht?«, das Studium der Entwicklung der biblischen Glaubengeschichte, das Interesse für biblische Länder und vieles mehr.
– *Unmittelbare Begegnung* mit dem Text, beispielsweise in Bibelkreisen, schaffen Methoden wie Bibliodrama, Bibelteilen, kreative Zugänge, Tageslosungen, lectio continua, die Lektüre der liturgischen Texte u. Ä.
Den einzelnen »Wegen zur Bibel« sollten dann Sch in Eigenarbeit anhand von *Orientierung 1* und *2* die entsprechenden Auslegungsmethoden als Hefteintrag ergänzen. Zusätzlich können die Methoden den entsprechenden Zugängen auf den biblischen Themenseiten zugeordnet werden: *Orientierung 3* bis *9*.

2. Einsatzmöglichkeiten im RU

Fünf Auslegungsmethoden

- Die auf der DS dargestellten fünf Bereiche können in EA, GA oder PA erschlossen werden oder in Form eines Zirkellernens in Stationen durchlaufen werden. Für den Abschnitt »Wirkungsgeschichte und Rezeptionsästhetik« (**41f.**) ist als Material auf die Seite *Orientierung 8* (**52f.**) zu verweisen, da hier im 2. AA (**53**) eine entsprechende Anweisung gegeben wird. Zusätzlich kann hierfür das zur *Orientierung 8* genannte Material WUB 2/2008 »Maria Magdalena in der Kunst« zur Verfügung gestellt werden oder projektorientiert ein fächerübergreifender Arbeitsauftrag an den Kunstunterricht gestellt werden, indem hier nach entsprechenden Reproduktionen gesucht wird.

Möglicher TA zu M 11.2.4, S. 99:

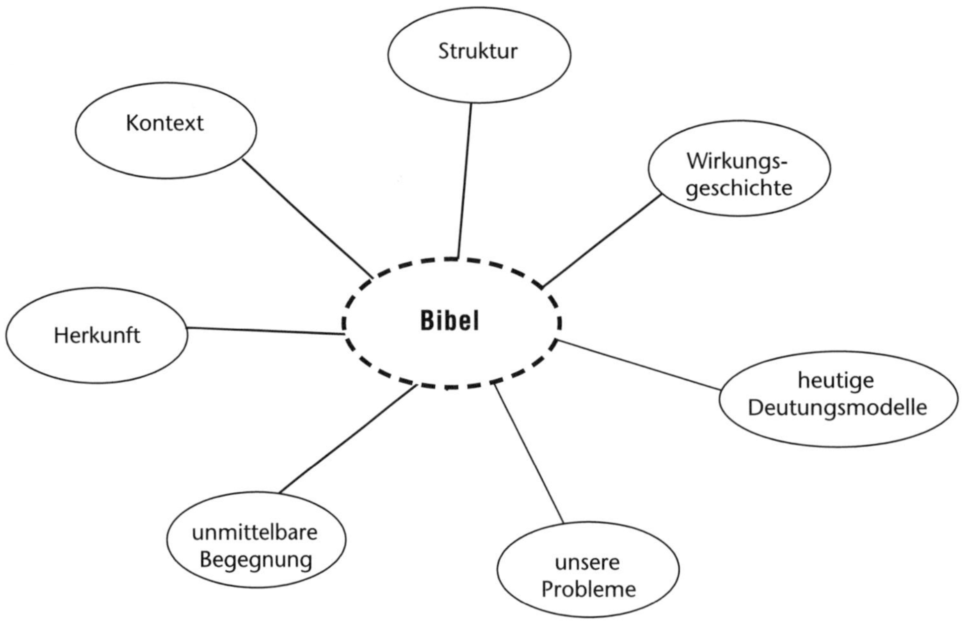

- **M 11.2.2, Lehrerkommentar S. 98**, kann als möglicher TA einen Einstieg für die (unverbindliche) Sammlung von Bibelauslegungsmethoden bieten.
- Ein lösungsoffener Zugang ermöglicht der Einstieg über **M 11.2.3, Lehrerkommentar S. 99**. Hier werden 13 Zugänge im Überblick dargestellt, die von den Sch erklärt, in ein Schaubild gebracht oder in Verbindung mit den AA erprobt werden sollen. Eine mögliche Zusammenfassung in Form eines TA kann folgendermaßen aussehen:

Weiterführende Anregungen

Weitere Auslegungsmethoden im Überblick

- Einen guten Überblick über weitere Auslegungsmethoden im Überblick gibt BiKi 2/1996 (Jüdische Schriftauslegung) und BiKi 2/1997 (Kontextuelle Bibelauslegung).
  M 11.2.2, Lehrerkommentar S. 98, dient der Strukturierung eines Kurzreferates, das über verschiedene Zugänge zur Bibel informiert.

Jakob begegnet Gott

Orientierung 3 42 43

1. Hintergrund

Im Kapitel besitzt diese DS eine Gelenkfunktion: Sie konkretisiert das in der Kontextseite angesprochene Thema der Gotteserfahrung durch eine biblische Erzählung und bietet eine Form der Interpretation an, die die bisher angebotenen Auslegungswege in ein hermeneutisches Modell überführt. Sie weist zugleich nach vorne, da auf den nächsten DS die Frage nach den biblischen Grundlagen für Gotteserfahrung intensiviert wird.
Nach der Bearbeitung dieser DS können Sch eine biblische Perikope nach den angegebenen hermeneutischen Vorgaben – einen Text als Antwort auf eine Frage zu begreifen – interpretieren. Sie können zudem Aussagen darüber machen, wie sich Gotteserfahrung und Deutung unterschiedlicher Lebenskontexte einander bedingen.

Gen 32,23-33
Die Erzählung vom Jakobskampf in Gen 32 gehört zu den biblischen Perikopen, die sich nicht leicht erschließen lassen. Das hängt zum einem mit dem Plot der Perikope zusammen und zum anderen an der eigenwilligen Unterbrechung der sonst chronologisch erzählten Auseinandersetzung der beiden Brüder Jakob und Esau. Ein möglicher exegetischer Weg, die Eigenart der Erzählung zu verdeutlichen, besteht im re-

ligionsgeschichtlichen Nachweis mythologischer Parallelen und Hintergründe. Da die Perikope im Schulbuchkapitel aber unter keiner religionsgeschichtlichen, sondern unter einer systematisch-existenziellen Fragestellung – Gotteserfahrung – steht, wird sie durch eine hermeneutische Deutungsstruktur erschlossen, die die Gotteserfahrung in ganz unterschiedlichen Bedingungen mit der Perikope verbindet.
Wird die Erzählung als Antwort auf eine Frage gelesen, dann ist es die Frage nach der eigenen Identität, die hinter der Erzählung steht und die dabei unlösbar mit der Gottesproblematik verknüpft ist. Die Frage kann individuell – wer bin ich? – oder kollektiv – wer sind wir? – gestellt werden (vgl. V. 29).

Für den biblischen Jakob stellt sich diese Frage angesichts der finalen Zuspitzung seiner Auseinandersetzung mit seinem Bruder. Er fürchtet um sein Leben und fragt nach der Bedeutung des göttlichen Segens, der die Erzählung seiner Lebensgeschichte begleitet. Auf der kollektiven Ebene trifft eine ähnliche Situation auf das Volk Israel in und nach dem Exil des 6. Jhs. v. Chr. zu. Ist das Volk nach den erfahrenen Widrigkeiten noch ein von Gott auserwähltes Volk?
Die Frage nach Identität und Gottesbeziehung wird durch die Perikope mehrfach bearbeitet:
- Mit Gott ringen, streiten und kämpfen und von Gott gesegnet sein bilden keine Gegensätze, sondern sind die beiden Seiten der Gottesbeziehung (V. 26f.).
- Der Segen Gottes führt zu keiner gradlinigen innerweltlichen Erfolgsgeschichte. Auch hier stimmt eher das Gegenteil: Von Gott gesegnet sein, heißt, von Gott gezeichnet sein. Der biografische Weg des Einzelnen (Jakob) wie der geschichtliche Weg des Volkes kennen Talsohlen, die durch den Segen Gottes nicht kleiner werden, sondern von ihm her und auf ihn hin durchschritten werden.
- Gotteserfahrung ist kein romantisches Gefühl einer Vereinigung von Immanenz und Transzendenz, sondern ein Ringen mit dem Unsichtbaren. Wer ich bin, wer wir sind, entscheidet sich auch daran, ob und wie wir uns auf dieses Ringen einlassen. Dabei macht die Erzählung deutlich, dass das Ergebnis dieses Ringens nicht eindeutig zu beschreiben ist. Gott wird zwar als direktes, kämpfendes Gegenüber erfahren, dieses bleibt aber unsichtbar und unverfügbar (V. 30).

Gestalt und Aufbau der beiden Textspalten auf **42** legen eine Deutung in der hier angegebenen Richtung nahe, ohne sie ganz darauf festzulegen.
Die Interpretation der Erzählung als eine Bearbeitung der Identitätsfrage im Zusammenhang der Gottesproblematik eröffnet viele Kontexte außerhalb des biblischen Rahmens, weil diese Frage sich für Menschen auf unterschiedliche Weise neu stellt. Darauf verweisen das **Bild** und die kurze **Stellungnahme** Herbert Falkens (**43**). Er deutet das Ringen Jesu am Kreuz sowie sein eigenes Ringen mit einem transzendenten Du von der Jakobserzählung her.

Herbert Falken (geb. 1932)
Der Aachener Künstler wurde in seiner Jugend durch Kriegswirren nach Westpreußen, ins Elsass und ins Allgäu verschlagen. Er lebte ungefähr anderthalb Jahre in unmittelbarer Nähe eines Konzentrationslagers. Der frühe Wunsch, Maler zu werden, wurde aus wirtschaftlichen Gründen nicht erfüllt. Neben einer kaufmännischen Lehre malte er unter Anleitung von F. J. Herold. Bereits 1952 stellte er erstmals Bilder aus. 1954 entschloss er sich, Theologie zu studieren (von 1958 bis 1962), 1964 Priesterweihe. In dieser Zeit entstanden u. a. Ölbilder, Linolschnitte; religiöse Themen standen im Vordergrund, wie 1960-61 der Zyklus »Apokalypse« und während der Kaplanszeit Arbeiten zur Kreuzigungsthematik. Die Bilder vernichtete er nahezu alle wieder. Ab 1968 als »Donnerstagsmaler« einmal pro Woche ganze Konzentration auf das Malen, 1969 der Zyklus »Scandalum Crucis«. Reise nach London mit Studium der Werke Francis Bacons. In der Folge zunächst Ölbilder (David und Saul, Sintflut), ab 1972 auch Zeichnungen vor allem zu Krankenhaussituationen. Seine Auseinandersetzung mit Christusbildern zieht sich in unterschiedlicher Dichte durch sein ganzes Werk. Die Doppelberufung als Priester und Maler bleibt sein Programm. Herbert Falken lebt und arbeitet heute in seiner Heimatstadt Aachen.

Herbert Falken: »Jakobskampf = Christuskampf« (11.07.1984)
Das Bild (Tusche, Pastell, 110 x 110 cm, Suermondt Ludwig Museum, Aachen) zeigt vor einem aschgrauen Hintergrund, der an dunkle Gewitterwolken erinnert, die Umrisse zweier Gestalten. Wie ein Torso, der sich verkrampft aufbäumt, erhebt sich rechts eine erdfarbene Gestalt. Seine verrenkten Gliedmaßen drücken heftige Bewegungen und Kampf aus. Ein Gesicht ist nicht erkennbar. Anders bei seinem Gegenüber, dessen ausgebreitete Arme den Gekreuzigten assoziieren. Hier lassen die Augen die Konturen eines Gesichts erkennen, das sich in seinen blauen, hellgrauen Tönen von der übrigen Farbgebung abhebt. Auch der Gekreuzigte kämpft. Wie heftig der Kampf ist, wird an den verschiedenen Bewegungsabläufen seiner Arme deutlich, die Falken in den verschiedenen Phasen festhält. Die beiden Kämpfenden sind untrennbar miteinander verbunden; sie lassen sich nicht voneinander lösen, verschmelzen im unteren Teil des Bildes zu einer Figur. Die breiten, weißen Linienstränge, die in

scheinbar heftigen Malgesten einen schwarzen Untergrund übermalten, deuten ebenfalls auf die Intensität des Kampfes. Der Künstler verwendet noch an anderen Stellen die weiße Farbe. Als größere Fläche zieht sie sich vom Kopf des Gekreuzigten nach unten bis zum unteren linken Bildrand. Sie konturiert auch den Körper der erdfarbenen Gestalt, der außerdem von feinen, blauen Linien durchzogen wird. Helle bis sehr helle Brauntöne brechen das Weiß, das sich an den Gekreuzigten anschließt. So sind die beiden Kämpfer auch farblich miteinander verbunden, beide tragen Anteile des anderen in sich.
(nach Rosemarie Boudier)

2. Einsatzmöglichkeiten im RU

Die Frage(n) zur Perikope erarbeiten

- Sch werden aufgefordert, sich einige Sätze auszudenken, die sie als Antwort auf eine beliebige Frage formulieren. Sie sollen sich auf eine einfache, alltägliche Situation beziehen. Einige Sch tragen nur ihre Sätze/Antworten vor, die Gruppe versucht die Fragen dafür zu finden.
- Erarbeitung: In paralleler Form gehen sie mit Gen 32,23-33 um: Sch lesen zunächst den Text in der Bibel und notieren einen ersten Eindruck. In GA wenden sie das hermeneutische Modell an, den biblischen Text als Antwort zu verstehen, für die situationsbezogene Fragen gefunden werden sollen. Jede Gruppe nimmt sich zwei Situationen der drei im Schulbuch (**42f.**) in Texten angebotenen Schilderungen – Jakob, Volk Israel, Herbert Falken – vor und stellt in prägnanten Thesen dar, wie der biblische Text die Fragen bzw. Probleme der ausgewählten Situationen beantwortet. Wenn sich Gruppen für die Stellungnahme von Herbert Falken entschieden haben, können sie sich auch auf eine erweiterte Textfassung (**M 11.2.5, Lehrerkommentar S. 101**) beziehen.
- Die Gruppen präsentieren ihre Ergebnisse und arbeiten Gemeinsamkeiten und Unterschiede heraus.

Jakobskampf als Gotteserfahrung

- Sch resümieren ihre Arbeit *Kontext* (**34f.**) und wiederholen, welche unterschiedlichen Gotteserfahrungen im Lied *From an distance*, im Psalm 139 und durch die Plastik von Auguste Rodin ausgedrückt werden.
- Sch lesen Gen 32,23-33 und notieren Aussagen, die über »Gott« gemacht werden.
- Sch beziehen die Situation Jakobs (**42**, erste Spalte) mit ein und stellen eine Verbindung zwischen der Situation Jakobs und der Art der Gotteserfahrung her.
- Sch kommentieren den Zusammenhang von Lebenssituation des Jakob und der Gotteserfahrung, indem sie Jakob seinem Bruder Esau von der Nacht erzählen lassen oder die biblische Erzählung in eine Bildskizze transformieren.
- Die entstandenen Arbeiten können präsentiert und auf ihren Gehalt hin besprochen werden.

Jakobskampf = Christuskampf

- Sch oder Gruppen, die in der Bearbeitung von Kunstbildern geübt sind, können auch den umgekehrten Weg einschlagen und den biblischen Text vom Bild her erschließen.
- Sch lesen Gen 32,23-33 sowie Mt 27,45-50 und stellen Ähnlichkeiten zwischen dem Kampf Jakobs und dem Ringen Jesu am Kreuz fest.
  Auf diesem Texthintergrund widmen sich Sch dem Bild »Jakobskampf = Christuskampf« (**43f.**) und beschreiben es so detailliert wie möglich. In einem zweiten Schritt beziehen sie die beiden Schriftstellen Gen 32 und Mt 27 mit ein und stellen erste Thesen zur Frage »Was ist eine Gotteserfahrung?« auf.
- Nun erfolgt die Erarbeitung der Jakobserzählung, wie sie oben in »Die Frage(n) zur Perikope erarbeiten« vorgeschlagen ist.
- Resümierend wird der Zusammenhang von Gotteserfahrung und Lebenszusammenhang in einem Text, der in EA geschrieben wird, zusammengefasst.

Sicherung und Anwendung

- Sch füllen in EA oder als HA die rechte Spalte von **M 11.2.4, Lehrerkommentar S. 100**, aus. Sie können eine der angebotenen Situationen oder »eine andere Situation« auswählen. Im zweiten Fall kommt es darauf an, bisher erarbeitete Deutungen unter Beibehaltung der hermeneutischen Methode auf einen selbst gewählten Kontext zu übertragen.
- Sch wenden in erster Linie die Form der Bibeltextinterpretation – vgl. oben: Die Frage(n) zur Perikope erarbeiten – auf eine poetische Deutung der Jakobsperikope an. **M 11.2.6, Lehrerkommentar S. 102**, präsentiert das Gedicht »Jakob« von Nelly Sachs. Sie parallelisiert den Kampf Jakobs mit einer existenziellen Bedrohung der Juden – der Entstehungszeitraum sowie weitere Werke der Dichterin legen den Holocaust nahe. Worin die »Seligkeit« angesichts des Holocausts und der unmittelbar folgenden Jahre liegen kann, muss diskutiert werden. Sch bearbeiten das AB in EA oder als HA.

Nelly Sachs: »Jakob«

Das Gedicht »Jakob« ist durch einen klassischen, symmetrischen *Aufbau* gekennzeichnet (vier Strophen, die erste und die letzte sowie die zweite und dritte sind analog konzipiert). Fasst man den ersten Vers als Auftakt auf, bestehen die erste und die vierte Strophe aus jeweils sieben Versen, die die ebenfalls gleich langen Strophen zwei und drei umklammern. Diese Symmetrie wird durch die Syntax noch zusätzlich verstärkt:

Nelly Sachs (1891-1970)
Die deutsche Schriftstellerin und Lyrikerin Nelly Sachs, eigentlich Leonie Sachs, Tochter eines jüdischen Elternhauses, wird am 10.12.1891 in Berlin-Schöneberg geboren. Nelly kommt durch den Besitz der väterlichen Bibliothek sehr früh mit den deutschen Klassikern in Berührung und beginnt mit 17 Jahren, ihre ersten Gedichte im Stil des literarischen Impressionismus zu schreiben. Ihre Dichtungen werden in den 1920er-Jahren in verschiedenen Zeitschriften veröffentlicht. In den folgenden Jahren setzt sich Nelly Sachs in ihren Werken mit dem wachsenden Faschismus in Deutschland und ihren jüdischen Wurzeln, dem Chassidismus und der Kabbala, auseinander. 1940 mithilfe der schwedischen Schriftstellerin Selma Lagerlöf Emigration nach Schweden. All ihre Empfindungen und das Entsetzen über den Holocaust und ihre eigenen Jahre im Exil geben im Werk von Nelly Sachs wie kaum ein anderes die Erfahrung der nationalsozialistischen Gräueltaten wieder. Das tragische Schicksal ist die Quelle ihrer bedeutenden Werke. Im Jahr 1965 erscheint Nelly Sachs' Lyrikband »Späte Gedichte« und noch im selben Jahr erhält sie den Friedenspreis des Deutschen Buchhandels. Ein Jahr später erhält sie gemeinsam mit dem israelischen Schriftsteller Samuel Josef Agnon den Nobelpreis für Literatur. Am 12.5.1970 stirbt Nelly Sachs in Stockholm.

Das Gedicht »Jakob« entstammt dem 1949 erschienenen zweiten Gedichtband »Sternenverdunkelung«, genauer dem zweiten Zyklus dieses Bandes mit dem Titel »Die Muschel saust«. In diesem Zyklus wird diese persönlich erfahrene Trauer und der individuelle Schmerz auf eine allgemeine Ebene gehoben. Anhand von Propheten und Gestalten aus dem Alten Testament, die im Rauschen der Muschel Gottes Geheimnis erlauschen, wird das zeitlose Thema des Leidens der gesamten Menschheit dargestellt.

Die erste und die letzte Strophe enden mit einem Ausruf, während die beiden mittleren Strophen Aussagesätze bilden. Zudem fällt der durchgängige Parallelismus-Stil auf: der dreimalige beschwörende Ausruf »o« am Zeilenanfang in der ersten Strophe, der als verbindendes Element Anfang der dritten Strophe noch einmal aufgenommen wird; der durchgängige grammatische Parallelismus; die Aneinanderreihung dreier Parataxen in Strophe 1, die einen gedanklichen Dreischritt evozieren: der Erstlingskampf Jakobs wird auf die gesamte Menschheit übertragen und hinterlässt schließlich eine Wunde. Diese dreimalige Beschwörungsformel erinnert an ein Gebet. Zentrale *Motivkreise* sind: Geburt (als Metapher für einen Neuanfang, allerdings in Verbindung mit Schmerz: »endlich Entbundener«) und Gestirne sowie Morgen (»Morgengrauenkampf«, »Hahnenschrei«, »Morgentau«) und Tod.
Das Gedicht nimmt deutlich Bezug auf Gen 32,23-33, Jakobs Kampf mit Gott, bei dem Jakob den Namen Israel erhält. So ist auch im Gedicht – außer im Titel – nicht mehr von Jakob, sondern von Israel die Rede.

Gesichter Gottes – väterlich und mütterlich

Orientierung 4 44 45

1. Hintergrund

Die DS stellt eine Zusammenschau biblischer Grundlagen für Gotteserfahrungen dar. Nachdem die Entwicklungslinien des atl. Gottesbildes nachgezeichnet sind, sollen Sch begreifen, dass für das Volk Israel Jahwe väterliche und mütterliche Eigenschaften hatte, was sich besonders an Hos 11 exemplifizieren lässt. Im Rückgriff auf **38-41** soll mithilfe der historisch-kritischen Exegese die Bedeutung des Bilderverbots aufgezeigt werden. Der Einführungstext (**44**) verknüpft das Thema Gotteserfahrung aus *Kontext 1* mit den Erfahrungen Gottes, wie sie im AT und NT überliefert sind. Dabei soll deutlich werden, dass diese Erfahrungen kein in sich statisches Gottesbild ergeben, sondern dass sich durch die Erfahrungen, die das Volk Israel in seiner langen Glaubensgeschichte mit Gott gemacht hat, immer wieder neue Gesichter oder Züge an die vorausgehenden Erfahrungen anlagerten, und man deshalb von einem evolutionären Gottesbild sprechen muss, das sich immer wieder veränderte und entwickelte. Dabei machte das Volk Gottes drei Schlüsselerfahrungen: Eine erste ist die Offenbarung als »Gott der Väter«. Diese Gottesbezeichnung unterscheidet sich deutlich von der Art, wie die Kanaanäer ihre Götter benannt haben. Bei den Kanaanäern wird die Gottheit vor allem durch den Kultort, an dem sie verehrt wurde, näher bezeichnet, bei den Erzeltern im Gegensatz dazu durch eine Person. Die Gottesbilder waren jeweils verbunden mit einer Gruppe von Menschen, die

sie verehrten und zogen gleichsam mit ihnen. Diese Eigenschaft des Gottesbildes bleibt in Israel erhalten und wird zu einem Wesenszug Jahwes.
Eine zweite Schlüsselerfahrung stellt die Offenbarung des Gottesnamens dar. Die Botschaft der entschiedenen Zuwendung Gottes zu Welt und Mensch kommt nun im Namen »Jahwe« zum Ausdruck, den die literarische Zitation gern mit dem formalen Ausdruck »Tetragramm« belegt, um seine vier tragenden Konsonanten anzuzeigen. In allen Traditionsschichten des AT begegnet der Gottesname, abgesehen von den ganz späten Schriften. Seit dem 3. Jh. v. Chr. wurde er aus Scheu vor einer möglichen Verletzung des 2. Gebotes nur noch vom Hohenpriester einmal im Jahr, am Versöhnungstag, im Allerheiligsten ausgesprochen. Überliefert ist diese Namensoffenbarung in Ex 3,13-17. Mose fragt: »Wenn ich zu den Söhnen Israels komme mit dem Wort: Der Gott unserer Väter hat mich zu euch gesandt, und sie mich dann fragen: Welches ist sein Name? –, was soll ich ihnen dann antworten?« Diese Frage bekommt ein ganz eigenes Gewicht, wenn man sich mit folgenden Tatbeständen vertraut macht: Der Name hat für den Orientalen ja nicht nur eine Unterscheidungsfunktion, sondern bedeutet zuerst eine Wesenserschließung oder einen Wesenshinweis. Den Ägyptern galt der oberste Gott Ammon-Re als »der Gott mit dem verborgenen Namen«, der also seinen wirklichen Namen hinter seinen vielen Verehrungsnamen versteckt hielt. Dadurch wollte er dem Zugriff durch Menschen entzogen bleiben. Wenn nun der Gott des Sklavenvolkes diesem Volk seinen Namen kundtut und anvertraut, dann ist dies schon allein ein eindrucksvolles Zeugnis seiner Zuwendung zu Israel. Und dieses Zeugnis wird noch einmal verdoppelt und zugleich überboten durch das, was dieser Name dann über das Wesen dieses Gottes zum Ausdruck bringt. Sachgerecht übersetzt ist der Name damit Programm: »Ich werde da-sein, der ich da-sein werde« oder auch: »Ich bin da, der ich da bin« oder vielleicht: »Ich bin der, der da sein wird«.
In der Namensoffenbarung wird also nicht über Gottes »metaphysisches Wesen« gehandelt. Inhalt ist vielmehr jene Selbstverfassung Gottes, die er als absolut freie Person sich selbst gegeben hat. In ihr hat er sich entschlossen, den Menschen – und zuerst Israel – sein Angesicht zuzuwenden. Im Namen יְהוָה *(jahweh)* war demnach für Israel folgende Botschaft gebündelt: Gott will die heilvolle Gegenwart des Volkes für alle Zeiten, und er selbst will die Zukunft seines Volkes sein. Israel verstand sich fortan als das auf einer Geschichtslinie nach vorn und nach oben wandernde Volk Jahwes. Seine Erfüllung liegt im »kommenden Gott« der Zukunft, dessen Zuwendungen in Vergangenheit und Gegenwart nur »Voraustaten«, nur »Vorgaben« dieser Zukunft sind (vgl. **M 11.2.7, Lehrerkommentar S. 103**).

Die dritte Schlüsselerfahrung stellt die Offenbarung am Sinai mit dem Empfang der Tora dar. Bereits im Namen Jahwe ist enthalten, was für Israel dann im Gottesbund Jahwe-Israel ausdrücklich entfaltet wird: Mit dem hebräischen Wort für »Bund« (*berit*) wird in der Folge in Israel das Verhältnis zwischen Israel und Jahwe beschrieben. So versteht man das Exodus-Geschehen daher letztlich auch als »Voraustat« für das endzeitliche Heilsschaffen Gottes: So wie Gott am Anfang das Volk aus Ägypten heraufgeführt hat, so wird er auch am Ende einen neuen Auszug ermöglichen. Das Exodusgeschehen ist für das Volk die Erfahrung, dass Jahwe ein Gott der Hilfe und des Heils ist. Es verweist aus sich heraus bereits auf die endgültige Charakterisierung dieses Verhältnisses zu Gott im Bund zwischen Jahwe und Israel.
Die weiteren Gotteserfahrungen des Volkes sind so dynamisch und vielfältig und verlaufen z. T. zeitgleich, dass sich immer weitere Gesichtszüge des Gottes an die bereits tradierten Gotteserfahrungen anlagerten. Aus diesem Grund ist der Weg Israels zum Monotheismus, wie der Alttestamentler Erich Zenger beschreibt, von mehreren Faktoren bzw. Ereignissen bestimmt (vgl. **47**).

Jahwe als Vater und Mutter

Im Alten Testament wird Jahwe zwar häufig durch männliche Attribute gekennzeichnet, aber an anderen Stellen auch mit weiblichen Eigenschaften umschrieben (vgl. **45**), was den Sch beispielhaft an Hos 11 gezeigt wird. Gott ist in gleicher Weise Vater und Mutter seines Volkes. Das AT ist also nicht einseitig patriarchalisch ausgerichtet. In Jes 49,15 etwa vergleicht sich Gott selbst mit einer Mutter. Es heißt dort: »Vergisst wohl eine Frau das Kind, das sie nährt; hört sie auf, den Sohn ihres Schoßes zu lieben? Und wenn sie es vergäße, ich vergesse dich nicht.« Und in Jes 66,13 heißt es: »Wie eine Mutter werde ich euch trösten.« Hinzu kommt, dass in der hebräischen Sprache – und demnach auch im Denken – Barmherzigkeit durchweg ein mütterlicher Wesenszug ist. In der Barmherzigkeit erweist sich also Jahwes »Mütterlich-Sein«. Wenn sich Gott der Menschen erbarmt, dann ist er wie eine Mutter zu ihrem Kind.

Das Bilderverbot im Alten Testament

Das Bilderverbot ist nicht Kern atl. Theologie, sondern Resultat einer längeren Entwicklung. In Israel gab es Bilder. Und diese Bilder bezogen sich eindeutig auf religiöse Inhalte und dienten dazu, den Gott Israels, Jahwe, bildhaft präsent zu machen. Das Bilderverbot konkretisiert das erste Gebot: »Du sollst keine fremden Götter neben mir haben« (Ex 20,3; Dtn 5,7). Für »Bild« steht im Hebräischen *pæsæl*, im Griechischen *eidolon*. Gemeint ist ein »Kultbild«, eine Götterstatue. Auch die Parallelen (z. B. Ex 32-34: Goldenes Kalb) weisen in diese Richtung. Für »Statue, Skulptur« gibt es einen anderen Ausdruck (hebr.: *ṣælæm*; griech.: *eikon*, lat.: *imago*). Der zweite Teilsatz unterstreicht, dass es am Himmel, auf der Erde und im Meer nichts Geschaffenes gibt, das als Kultbild taugt. Das Bilderverbot spricht also kein Kunstverbot aus, sondern ein Verbot sublimen Götzendienstes, dass Jahwe, der Gott Israels, wie ein kanaanäischer Baal verehrt wird. Ein Götterbild ist kein Kunstwerk, sondern ein heiliger Gegenstand der Verehrung, ausgegrenzt aus dem Profanen, oft geschützt vom Tempel, der es wie ein Schrein birgt.

Durch den Prolog des Dekalogs und durch das erste Gebot wird deutlich: Weil Jahwe sich in der Geschichte Israels wirkmächtig erwiesen hat (Exodus), steht ihm die Alleinverehrung als Gott Israels zu. Um diese Alleinverehrung in einer von Fremdgöttern umgebenen Kultur zu sichern, schließt sich das Bilderverbot an. Das Bilderverbot ist also untrennbar mit der Entstehung des Monotheismus in Israel verbunden. Beide sind indes eine recht junge Entwicklung der Religionsgeschichte Israels. Es handelt sich um seit der Exilszeit Mitte des 6. Jhs. v. Chr. ausgeprägte theologische Konzepte.

2. Einsatzmöglichkeiten im RU

Entwicklungslinien des Gottesbildes im AT

- Sch lesen den Informationstext und beantworten AA 1-3. Eine Skizze zur evolutionären Entwicklung des Gottesbildes stellt **M 11.2.7, Lehrerkommentar S. 103**, dar.
  Die Wesenszüge Gottes in der Erzählung am Dornbusch sind ebenfalls in M 11.2.8 aufgenommen.
  Die Bedeutung des Bilderverbots steht eng im Zusammenhang mit der folgenden DS. Die historisch-kritische Exegese ist hier hilfreich, weil sie aufzeigen

*Lösungsvorschlag für **45**, AA 2:*

Kontextuelle Exegese am Beispiel des feministischen Ansatzes:

Gemeinsamkeit und Chancen der feministischen Bibelauslegung:
- Interesse, die Rolle und das Leben von Frauen in der Bibel zu erforschen und stärker im allgemeinen Bewusstsein zu verankern;
- kritische Hinterfragung des Männer- und Frauenbilds der Bibel, deren Texte wohl überwiegend von Männern verfasst worden sind;
- Herangehensweise an biblische Texte aus einer unmittelbaren Betroffenheit, z. B. der Erfahrung der Diskriminierung;
- Motivation, biblische Inhalte für Frauen in der heutigen Zeit nachvollziehbar zu machen.

Mögliche Ansätze:

Der befreiungstheologische Ansatz
ZIEL: Durchsetzung der Menschenrechte und Menschenwürde auch für Frauen und Schwarze → gesellschaftlich politische Dimension

Der Entwurf einer Gegenkultur
ZIEL: Entwicklung einer Gegenströmung zur patriarchalen Herrschaft, um eine Kultur zu schaffen, in der sowohl der Mensch als auch Tiere und Pflanzen als Teile der Schöpfung betrachtet werden
MITTEL: Gewaltverzicht, Liebe, Autonomie für Frauen, Selbstverwirklichung und Solidarität

Freilegung der biblischen Überlieferungen
GRUND: Schwierigkeit, weibliche Identifikationsfiguren aufgrund der patriarchalen Überlagerungen zu finden
ZIEL: Ergründung dieser Überlagerungen mithilfe der historisch-kritischen Exegese und differenzierte Betrachtung der biblischen Aussagen z. B. über Mann und Frau, zum Gottesbild, Wiederentdeckung und Wiedereingliederung der biblischen Frauengestalten in das Gesamt der Botschaft;

Kritische Bewertung der biblischen Überlieferung (nach E. Schüssler-Fiorenza)
ZIEL: kritische Beleuchtung der biblischen Texte im Allgemeinen, Misstrauen gegenüber den Texten

Grenzen der feministischen Bibelauslegung:
- zu einseitige Betrachtung aus Sicht der Frau, was z. T. nicht mehr auf der Basis der biblischen Überlieferung geschieht;
- Verkennung oder Ignoranz der zeitgeschichtlichen (patriarchalen) Gesellschaftsstruktur;
- subjektive bzw. gruppenspezifische Erfahrungen der Frauen können zum Maß aller Dinge werden → Gefahr der Eis-egese (Hineinlesen in die Texte, was den eigenen Erfahrungen entspricht).

kann, dass das Bilderverbot das Ergebnis einer Entwicklung ist, die eng mit den Lebensumständen des Volkes Israel und dem Bestreben verbunden ist, sich von dem es umgebenden Kult abzugrenzen. Auch heute machen Menschen Erfahrungen, die sie mit Gott in Zusammenhang bringen oder die sie als Gotteserfahrungen erleben und deuten. So können in aktuellen Christenverfolgungen oder im Aufbruch christlicher Gemeinden in afrikanischen Ländern oder in der Diaspora-Situation und im abnehmenden Glauben an einen personalen Gott in Deutschland neue Gesichter erkennbar sein bzw. alte Gesichter – wie der helfende Gott – wieder neu aufscheinen.

Väterlich und mütterlich

- Sch sammeln ihnen bekannte Eigenschaften/Wesenzüge Gottes. Sind diese eindeutig geschlechterspezifisch?
- Sch lesen Hos 11 und schreiben heraus, welche Eigenschaften und Wesenszüge dort zugeschrieben werden.
- Im Internet können zu der Ausstellung »Gott weiblich?« Bilder bzw. Informationen recherchiert werden.
- Sch lesen die Informationen zum feministischen Ansatz in der Exegese (**40**).
- Sch begründen, wieso menschliche Vorstellungen immer auf Bilder angewiesen sind (z. B.: da Menschen sich zur Orientierung in der kindlichen Welt, als Ausdruck ihrer Kultur, aus Sehnsucht nach dem Ganzen und Vollkommenen Gottesbilder machen. Diese sind in den verschiedenen Kulturen von konkreten Erfahrungen bestimmt: Der Mensch sieht sich von guten und bösen Mächten umgeben, in Gebet und Opfer sucht er Halt und Sicherheit für das Leben).

Israels Weg zum Monotheismus

Orientierung 5 46 47

1. Hintergrund

Die Frage nach der Gotteserfahrung in diesem Kapitel geht über die Bibel, die exegetischen Erschließungsschritte hin zu einzelnen Figuren. Dabei ist die theologische Grundfrage nach der religionssoziologischen Entwicklung des biblischen Monotheismus existenziell. Die DS zeichnet den religionsgeschichtlichen Prozess des »Exodus« nach:

Der Weg zum Monotheismus Israels

Die archäologische und theologische Forschung stellt die Frage nach dem ausdrücklichen Monotheismus in Israel. Der Weg zum Glauben an den einen Gott führte nicht über dogmatische Festlegungen oder eine bewusste Reflexion. Zum Glauben an den einen Gott kam Israel durch das ganz konkrete Tun, durch die Verehrung nur dieses einen Gottes. Diese personale Bindung an diesen Gott, diese ganz praktische Monolatrie (griech.: *monos* = einzig; *latreia* = kultische Verehrung), die Verehrung eines einzigen Gottes, ohne die Existenz anderer Götter zu verneinen, führte langsam zur Überzeugung, dass es nur diesen einen Gott gibt.
Auch andere Religionen der damaligen Zeit kannten monolatrische Tendenzen, v. a. in der Privatfrömmigkeit. Der Einzelne hielt sich in aller Regel an einen einzelnen Gott.
Unter Pharao Echn-Aton (um 1350 v. Chr.) gab es für kurze Zeit in Ägypten sogar einen formellen Monotheismus. In Echn-Atons Sonnenlied heißt es unter anderem: »Du einziger Gott, außer dem es keinen an-

dern gibt.« Diese monotheistische Aton-Reform wurde aber bald wieder von der traditionellen polytheistischen ägyptischen Religion abgelöst. Insbesondere ein qualitativer Unterschied trennt Jahwe von Aton: Aton ist als Gott der Sonnenscheibe weltimmanent, Jahwe dagegen in seinem Sein und Selbst welttranszendent.

Die Entwicklung zum Monotheismus in Israel		
11.-9. Jh. (frühzeitlich)	Polytheismus ⇩ u. a. Jahwe ⇩	Götter sind als Pantheon organisiert, innerhalb dessen jeder Gott seinen »Anteil«, d. h. sein Land/ seine Sippe, erhält (vgl. Dtn 32,8-9; Monolatrie); zu diesen Göttern zählt auch Jahwe; Verehrung verschiedener Götter im Tempel, in Heiligtümern und im Familienkontext
Nordreich, 9. Jh.	Duotheismus innerhalb des Polytheismus ⇩	Konkurrenzverhältnis zwischen Jahwe und dem kanaanäischen Baal (vgl. 1 Kön 18); Anfang der Götterpolemik
8.-7. Jh. (assyrisch-babylonische Zeit)	»Jahwe-allein«-Bewegung ⇩	Herausbildung eines exklusiven Jahwe-Glaubens: Synkretismus mit assyrisch-babylonischer Religion unter Hervorhebung Jahwes
6. Jh. (exilisch-nachexilische Zeit)	Jahwe-Monotheismus	Ausbildung erster monotheistischer Züge: Universalismus, Leugnung der Existenz anderer Götter

Im AT gibt es zahlreiche Anhaltspunkte, dass es im vorexilischen Israel (vor 597 v. Chr.) noch keine Monolatrie gab. Neben Jahwe wurde eine Vielzahl weiblicher und männlicher Götter auf Kulthöhen polytheistisch, also in Form mehrerer Götterdarstellungen, gleichzeitig verehrt. In den Psalmen haben sich zahlreiche Spuren der Verehrung anderer Götter erhalten. Ps 77,17-20 schildert Jahwe z. B. in Bildern, die dem kanaanitischen Wettergott Baal zuzuordnen sind. Oder Jahwe wird wie der ugaritische oberste Gott El als Vorsitzender der Götterversammlung beschrieben: »Gott steht in der Gottesgemeinde und ist Richter unter den Göttern« (Ps 82,1).
Anlass für die Abkehr vom Polytheismus und für die Hinwendung zur Monolatrie war der Untergang des Staates Juda, der als Strafe für die Verehrung anderer Götter (vgl. Dtn 28) gedeutet wurde. Insbesondere das Deuteronomistische Geschichtswerk und der damit abgeschlossene Pentateuch sind Ergebnisse dieser religiösen Neuorientierung. Um den Alleinverehrungsanspruch Jahwes zu unterstreichen, wird das Gebot der Monolatrie in die legendäre Frühzeit verlegt und mit der Autorität Mose verknüpft: »Höre, Israel, JHWH ist unser Gott, JHWH allein« (Dtn 6,4).
Im älteren Fremdgötterverbot des Dtn zeigt sich genau genommen noch kein explizit monotheistisches Bekenntnis. Man rechnet noch irgendwie mit der Existenz anderer Götter, aber sie sollen für Israel keine Rolle mehr spielen.

2. Einsatzmöglichkeiten im RU

Die Entstehung des Monotheismus nach der biblischen Geschichtsdarstellung
Mithilfe der Tabelle »Die Entwicklung zum Monotheismus in Israel« als möglicher TA oder Folien für AA 1 (**47**) kann die Entwicklung einer monotheistischen Vorstellung von Gott thematisiert und nachvollzogen werden; es sollte bei der vereinfachten Darstellung nicht das Missverständnis erzeugt werden, dass *der* Monotheismus »vom Himmel gefallen« sei.

- Mit AA 5 (**47**) können die im Text zitierten Bibelstellen Dtn 6,4 und Dtn 32,8-9 mit Ps 77,17-20 und Ps 82 den entsprechenden Entwicklungsphasen im Schaubild zugeordnet werden.
- Abschließend kann zur Sicherung und zusätzlichen Problematisierung die Begrifflichkeit diskutiert werden, inwiefern die heutige jüdisch-christliche Gottesvorstellung monolatrisch oder monotheistisch ist.

3. Weiterführende Anregung

Ausgehend vom AA3 (**47**) kann ein Kurzreferat zum Thema »Entstehung der biblischen Jahwe-Vorstellung« vergeben werden. Als Materialbasis eignen sich die Zeitschriften »Welt und Umwelt der Bibel« WUB 11, 1999 und WUB 22, 2001.

1. Hintergrund

Mit *Orientierung 6* wird das biblische Gottesbild um die ntl Sicht erweitert. In *Religion vernetzt 11* wird bewusst der Schwerpunkt auf das Johannes-Evangelium gelegt. Oft wird dieses Evangelium nicht in den Unterricht integriert, weil es sprachlich rätselhaft und theologisch schwer verständlich erscheint. Da der Lehrplan zentrale Konturen des biblischen Gottesbildes benennt und hier auf den »lebendigen und dreieinigen Gott« und die vertiefte Gottesbeziehung durch Jesus und die Bedeutung des Heiligen Geistes als »die göttliche Kraft, die erneuert, trägt und zusammenführt« eingeht, bietet sich gerade dieses Evangelium an, da es für Sch durch die auftretenden Figuren Identifikationsmöglichkeiten unter dem Aspekt »Gott erfahren« bietet und durch die Verheißung des Heiligen Geistes als Beistand für die Zukunft auch eine Brücke zu eigenen Erfahrungen schlagen lässt. Denn durch den offensichtlichen rekonstruktiven Charakter der Schrift können Sch in den Diskurs der johanneischen Gemeinde »Wer kann Jesus Christus für uns heute sein?« direkt mit eintreten.

Der Informationstext zur Abba-Anrede Gottes durch Jesus zeigt einen Akzent der Gotteserfahrung auf, der die Beziehungsebene in besonderer Weise hervorhebt. Dass das Handeln Jesu das Handeln Gottes repräsentiert, wird den Jüngern nach der Auferstehung deutlich. Und so wird im NT – angefangen bei den Briefen bis zum Johannes-Evangelium – Jesus vom Mittler zur Mitte des Glaubens, was durch die Ich-bin-Worte eindrücklich vor Augen geführt werden kann. So kann der Prolog des Johannes-Evangeliums dann vom Wort sprechen, das Fleisch angenommen hat, und als Logos schon vor aller Zeit existiert hat (vgl. TA).
Die sieben Ich-bin-Worte des Johannes-Evangeliums sind innerhalb der johanneischen Sendungschristologie zu verstehen, in der Jesus mit einem bestimmten Auftrag auf die Erde gesandt wird, dort einen Auftrag ausführen muss, der ihn als Boten Gottes legitimiert, bevor er als Erhöhter in den Herrschaftsbereich Gottes zurückkehrt. Die Zahl sieben galt in der Antike als heilige Zahl, die Vollkommenheit symbolisiert. Auf die Ich-bin-Worte bezogen heißt das, dass in ihnen umfassend und vollkommen ausgesagt wird, wer Jesus ist.
Vom Aufbau her folgt auf das Bildwort eine Einladung und Heilszusicherung (»Ich bin das Brot des Lebens; wer zu mir kommt, wird nie mehr hungern, und wer an mich glaubt, wird nie mehr Durst haben«) bzw. eine Androhung, die die Zuhörer zur Entscheidung ruft (vgl. Joh 6,35). Wichtig ist, dass diese Entscheidungsrufe entweder direkt oder indirekt (z. B. durch den Kontext) mit dem zentralen Begriff Leben verbunden sind.
Mit dem Ich-bin wird die »Offenbarungsformel« Gottes am brennenden Dornbusch aufgenommen (Ex 3,14): Ich bin der Ich-bin-für-euch-da. Mit ihr hatte sich Gott Mose als der nahe, schützende und befreiende Gott Israels geoffenbart (vgl. Jes 41,4; 43,10f.). Die Betonung des »Ich« und die Vorstellung von Präexistenz, Aufstieg/Abstieg vom Himmel (vgl. Prolog) verbinden das Johannes-Evangelium mit den atl Reden der personifizierten Weisheit (Spr 8; Sir 24). Durch die Verwendung des »Ich-bin« erhebt Jesus einen einzigartigen Anspruch: Ich und der Vater sind eins (Joh 10,30). Johannes erweitert diesen Anspruch mit Bildworten und Heilsbegriffen, die den Anspruch für die Zuhörer bildhaft zum Ausdruck bringen, weil sie Ursymbole menschlicher Lebens- und Sinnerfahrung sind.

2. Einsatzmöglichkeiten im RU

Jesus begegnen
- Mithilfe eines Clusters können Sch an Assoziationen oder Vorwissen zu Jesus Christus anknüpfen und bereits Informationen zusammentragen, wie er von Gott spricht.

Bibelarbeit zu Mk 5,1-20
- L trägt Bibeltext vor und Sch werden anschließend aufgefordert, Sätze, Wörter, Satzteile zu wiederholen, die ihnen im Gedächtnis geblieben sind, die sie besonders angesprochen oder verwundert haben.
- Zweite Textbegegnung: Synopse zu Mk 5,1-20 mit dem Auftrag, Gemeinsamkeiten und Unterschiede herauszuarbeiten.
- L ermöglicht mit dem Fragenraster (in Auswahl) unten einen ersten Zugang zur tiefenpsychologischen Deutung (evtl. stichpunktartige Beantwortung schriftlich):
- – Welche Stimmung, welche Gefühle vermuten Sie bei den handelnden Personen in dieser Geschichte?
- – Welche Gefühle löst die Geschichte bei Ihnen aus?
- – Was fällt Ihnen besonders auf, was finden Sie besonders merkwürdig oder unlogisch?
- – Die Analyse des Anfangs: Um welch ein Problem- oder Sinnzentrum ist die Erzählung gelagert? Was ist das »Thema«?
- – Welches ist die zentrale Figur in der Geschichte? Ist die zentrale Figur identisch mit der handlungtreibenden Kraft, mit dem »Helden«?
- – Mit welcher Person können Sie sich identifizieren? Warum? Mit welcher überhaupt nicht?

- Welche Elemente der Geschichte könnten eine übertragene, symbolische Bedeutung haben? (Ort, Zeit, Wetter etc.) Wie passen sie in das Ganze der Erzählung?
- Kann die Erzählung als Entwicklungs- oder Individuationsgeschichte gelesen werden? Gibt es dafür Anhaltspunkte im Text?
- Gibt es Elemente der Erzählung, die in/an anderen Stellen der Bibel vorkommen? Gibt es Elemente, die in den Mythen und Märchen, Sagen und Legenden der Völker, in Literatur, Kunst und Film etc. vorkommen?
- Welche Erfahrungen, die Sie in ihrem Leben gemacht haben, könnten sich in der Geschichte spiegeln?
- Was verstehen Sie noch nicht?

- Schüler lesen die tiefenpsychologische Deutung von Eugen Drewermann (www.religion-vernetzt.de → Schüler Community → Infos zum Schulbuch → Jgst. 11).
- Sch fassen den Text thesenartig zusammen.
- Sch lesen den Informationstext zur tiefenpsychologischen Auslegung (**40**) und zeigen am Beispiel der Auslegung von Drewermann Chancen und Grenzen dieser Methode auf.

3. Weiterführende Anregungen

Jesus, der Christus, in der Kunst
Die Folienmappe »Christusbilder zwischen Provokation und Tradition«, hg. v. Religionspädagogischen Seminar der Diözese Regensburg 1997, bietet ebenso wie das Heft »Christus in der Kunst« (WUB 14, 1999) zahlreiche Abbildungen und Erläuterungen zu Entwicklungen des Christusbildes.

Lösungsvorschlag zu: **49**, AA 1

Der Weg vom Mittler zur Mitte des Glaubens

Jesus repräsentiert das Handeln Gottes durch Sündenvergebungen, Botschaft vom Reich Gottes, das mit seinem Kommen schon angebrochen ist.

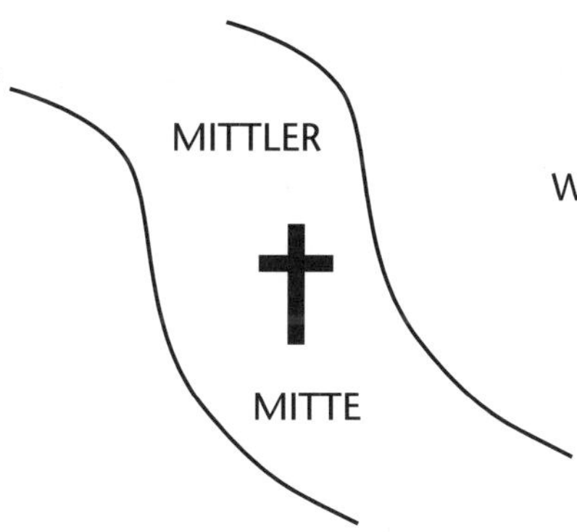

Wendepunkt: TOD und AUFERSTEHUNG

⇩

Hoffnung auf baldigen Beginn eines neuen Zeitalters → Parusie

Ich-bin-Worte
Verbindung zwischen

AT ↙ ↘ NT

AT	NT
➢ Offenbarung des Gottesnamens »Ich bin der Ich-bin-für-euch-da«	➢ Jesus: »Ich bin der Weg, die Wahrheit, das Leben ...«
➢ Bund zwischen Gott und seinem Volk	➢ erneuerter Bund in Jesus Christus
➢ Versprechen Gottes auf bleibenden Schutz und Hilfe	➢ bleibende Gegenwart Jesu Christi durch die Sendung des Heiligen Geistes

1. Hintergrund

PINNWAND 37

Am Beginn des Johannes-Evangeliums eröffnet die Begegnung Jesu mit Nikodemus, einem Vertreter der jüdischen Oberschicht, aus der Gruppe der Pharisäer, eine Reihe von Begegnungen. In diesem Evangelium begegnen Jesus viele sehr unterschiedliche Menschen: gute und schlechte, ambivalente und unentschlossene. Nikodemus repräsentiert Menschen, die durch Jesu Zeichen beeindruckt wurden. Es ist nach dem Johannes-Evangelium das einzige Mal, dass Jesus seine Verkündigung im Gespräch mit einem Pharisäer darlegt, ohne auf sofortige Ablehnung zu stoßen. Der Abschnitt ist eine Art Glaubensunterweisung, in der der Ursprung und das Ausmaß des Glaubens zur Sprache kommen. Entscheidend ist die Annahme dieser Botschaft. So wird die Person des Nikodemus, die in Kap. 7 und 19 zwei weitere Male auftritt, zum Paradigma und insgesamt zu einer »uneindeutigen Gestalt«, was ihn für den Religionsunterricht im Gegensatz zu den eindeutigen Gestalten oder Gruppen des Evangeliums interessant macht, weil er auch für Sch heute zur Identifikationsfigur werden kann. Das Evangelium selbst bietet die »Guten« zur Identifikation an, allen voran den sogenannten Lieblingsjünger. Er wird niemals mit Namen genannt und erscheint zum ersten Mal in den Abschiedsreden (Joh 13,23-25). Das deutet darauf hin, dass er nicht zu der namentlich bekannten Gruppe der zwölf Jünger Jesu gehörte und somit auch kein Augenzeuge der Ereignisse in Galiläa vor der Passion war. In der Forschung wird diskutiert, ob in dem geliebten Jünger eine geschichtliche Person zu sehen ist, die darüber hinaus noch eine symbolische Bedeutung hat (Felix Porsch). Er ist im Evangelium einziger Zeuge der letzten Stunden Jesu am Kreuz (19,26f.35f.), er kommt als Erster zum Glauben an den Auferstanden (20,8), er erkennt zuerst den Herrn (21,7). Daher gilt er der johanneischen Gemeinde als Garant ihrer Jesusüberlieferung, die sie letztendlich auf sein Zeugnis zurückführt. Er ist also nicht der Verfasser des Evangeliums, sondern soll durch seine Nähe zu Jesus die intime Beziehung der Gemeinde zu ihrem Herrn repräsentieren. Während die Stellung des Lieblingsjüngers zu Jesus eindeutig ist, bleibt sie u.a. bei Nikodemus offen.

»Die Juden« im Johannes-Evangelium
Im Unterschied zu den Synoptikern werden Jesu Gegner im Johannes-Evangelium meist ganz pauschal und negativ »die Juden« genannt. Dies wird oft als Antisemitismus verstanden, da an vielen Stellen die Juden als jene erscheinen, die Jesus nicht verstehen, ihm Schwierigkeiten bereiten, ihn verfolgen und steinigen wollen und letzten Endes auf seinen Tod hinarbeiten. Doch wird auch einige Male erwähnt, dass es »eine Spaltung in der Menge« gab (vgl. Joh 7,43; 10,19) und »alle Welt ihm nachläuft« (Joh 12,19). Dies ist ein Hinweis darauf, dass mit »den Juden« nicht das jüdische Volk in seiner Gesamtheit gemeint ist, sondern wohl vornehmlich die jüdischen Autoritäten. Sie sind die eigentlichen Gegner Jesu im Johannes-Evangelium. Nicht nur Jesus, sondern auch die johanneische Gemeinde hatte wohl unter der Verfolgung der jüdischen Autoritäten zu leiden, sodass einige – wie z. B. auch Nikodemus – es nicht wagten, sich öffentlich zu Jesus zu bekennen. Hier dürften die Verhältnisse der Entstehungszeit des Johannes-Evangeliums in die Zeit Jesu zurückprojiziert worden sein. Von den jüdischen Gruppierungen waren nach der Eroberung Jerusalems und der Zerstörung des Tempels 70 n. Chr. nur die Pharisäer in Jerusalem übrig geblieben. Sie versuchten, die in der Diaspora lebenden Juden wieder zu sammeln, sodass den christlichen Gemeinden ein relativ einheitliches Judentum unter pharisäischer Führung gegenüberstand. Jesu Anspruch, endgültiger Offenbarer zu sein, stand dem traditionell jüdischen Glauben entgegen und führte letztendlich zum Synagogenausschluss der christlichen Gemeinde.

2. Einsatzmöglichkeiten im RU

Das Evangelium als Rahmen einer Begegnungsgeschichte begreifen

- Sch lesen die Informationstexte **50** und bearbeiten die Arbeitsaufträge.
  Petrus und der Lieblingsjünger stehen in Konkurrenz und repräsentieren wohl zwei frühchristliche Traditionen. Petrus wird im Johannes-Evangelium als Autorität akzeptiert, jedoch wird der Lieblingsjünger als gleichwertig angesehen und es soll der Anspruch der johanneischen Tradition in der frühen Christenheit begründet und verteidigt werden. Der Verfasser bietet in dieser Person ein Modell der Nähe zu Jesus Christus, das die Leser des Evangeliums aufnehmen sollen, um sich damit zu identifizieren.
- Um die Situation der Gemeinde zu verstehen, versetzen sich Sch anhand eines Rollenspiels in die Zeit (vgl. **M 11.2.8, Lehrerkommentar S. 104**).

Die vier Dimensionen des johanneischen Christusbildes erkennen

- Sch erarbeiten sich anhand der vorgegebenen Informationstexte die Wesenszüge des johanneischen Christusbildes.

- Anhand eines Plakates können die Dimensionen einem Mosaik gleich durch Textstellen veranschaulicht werden.

3. Weiterführende Anregungen

Darstellungen des Lieblingsjüngers in der Kunst

- Sch recherchieren Darstellungen des Lieblingsjüngers in der bildenden Kunst.
- Anschließend vergleichen sie diese z. B. mit Darstellungen des Petrus.

Maria von Magdala begegnet Jesus

Orientierung 8 52 53

1. Hintergrund

Orientierung 8 zeigt als weiteres Zeugnis einer Jesusbegegnung zur Erschließung der Bibel die Gestalt Maria Magdalena. Ein mehrdimensionales Bibelverständnis wird dabei durch die exemplarische Begegnung des Magdalenenmotivs in Kunst, Literatur und Bibel ermöglicht. Der Zusammenhang zwischen den wirkungsgeschichtlichen Veränderungen und den theologischen Ausdeutungen kann durch weiterführende Materialien noch deutlicher ausgearbeitet werden.

Maria aus Magdala ist nach der Mutter Jesu die am häufigsten genannte Frauengestalt des Neuen Testaments. Doch wenn man genauer nachhakt, wird deutlich, dass sich die biblische Gestalt nicht leicht fassen lässt. Alle vier Evangelien erzählen von ihr. Neben den Jüngern Petrus, Jakobus, Johannes und Judas ist Maria von Magdala – mit zwölf namentlichen Erwähnungen – zudem die am häufigsten erwähnte Person aus der Gefolgschaft Jesu. Auffällig dabei ist, dass sie bis auf eine Ausnahme immer als Mitglied einer Frauengruppe genannt wird, wobei neben ihr meist zwei oder drei weitere Frauen namentlich genannt werden. Mehrfach folgt noch der Hinweis auf eine größere Zahl weiterer Frauen, die mit den Genannten gemeinsam unterwegs sind. Insgesamt neun Mal begegnen solche Frauenlisten, die Frauen im Umfeld Jesu namentlich erwähnen. Nach Lk 8,1-3 begleiten diese Frauen zusammen mit dem Zwölferkreis Jesus auf seinem Weg durch Galiläa. Die anderen Aufzählungen finden sich alle im Kontext der Kreuzigung, des Begräbnisses und der Auffindung des leeren Grabes am Ostermorgen. In diesen »Frauenlisten« ist einzig Maria von Magdala jedes Mal genannt, und bis auf eine Ausnahme stets an erster Stelle. Aus dieser Betonung lässt sich ablesen, dass der Name Marias aus Magdala insbesondere mit den Überlieferungen zum Tod Jesu und zum Ostermorgen aufs Engste verbunden ist. Außerdem liegt der Schluss nahe, dass ihr im Umfeld Jesu eine ähnlich herausgehobene Position zukam wie dem Apostel Petrus. Eventuell könnte es sogar eine von Maria aus Magdala angeführte Gruppe von drei, vier Frauen gegeben haben, die der männlichen Jünger-Kerngruppe – Petrus, Jakobus und Johannes – vergleichbar war.

»Maria« (die griechische Wiedergabe des hebräischen Namens »Mirjam«) ist zur Zeit Jesu der wohl beliebteste Frauenname. Allein die erwähnten Frauenlisten der Evangelien kennen mehrere Marien. Eine von ihnen wird mit bemerkenswerter Konsequenz »Maria, die aus Magdala« genannt. Ihre Unterscheidung von den anderen geschieht stets mithilfe des Ortes Magdala, der offensichtlich ihre Herkunft anzeigt. Magdala ist im ersten Jahrhundert ein blühendes Fischereistädtchen am Westufer des Sees Genesaret. Damit ist Maria Landesgenossin Jesu: Sie kommt wie er aus Galiläa. Beide hatten die gleiche Muttersprache: Aramäisch. Jesu Heimatstadt Nazaret ist rund 30 Kilometer von Magdala entfernt. Kafarnaum, wo sich Jesus oft aufhielt und wohl auch eine Weile wohnte, ist nur rund acht Kilometer entfernt. Dass Marias Identität immer über ihren Herkunftsort bestimmt wird, ist ungewöhnlich. Üblicherweise wurden Frauen über ihre Familienbeziehungen benannt, meist über ihre Ehemänner, Väter oder Söhne: »Maria, die Mutter des Joses«, »Johanna, die Frau des Chuzas«. Wenn Maria hingegen als »die aus Magdala« bezeichnet wird, lässt das einen zweifachen Schluss zu: Erstens, dass sie nicht oder nicht mehr verheiratet war und auch nicht mehr in Beziehung zu ihrer Familie stand. Und zweitens, dass sie ihren Heimatort verlassen hat: Als »Frau aus Magdala« wurde sie sicher erst in der Fremde bezeichnet. So drückt schon der Beiname Marias aus, dass sie – entgegen den gesellschaftlich üblichen Gepflogenheiten ihrer Zeit – sowohl ihren sozialen wie ihren geografischen Kontext verlassen hat.

Den vermutlich ältesten Hinweis darauf, dass Maria von Magdala zusammen mit anderen Frauen zur Nachfolgegemeinschaft Jesu gehörte, finden wir in Mk 15,40f. Nach der Schilderung der Kreuzigung und des Sterbens Jesu erwähnt der Evangelist, dass Maria von Magdala und andere Frauen alles aus einiger Entfernung beobachtet hätten. Über diese Frauen erzählt er: »Sie waren Jesus schon in Galiläa nachgefolgt und hatten ihm gedient; noch viele andere Frauen waren dabei, die mit ihm nach Jerusalem hinaufgezogen wa-

ren« (Mk 15,41). Markus erklärt also, warum die Frauen in der Nähe des Hinrichtungsortes Jesu ausharren: Maria aus Magdala und die anderen gehörten von Anfang an zur Wanderbewegung Jesu.
Sie waren also immer schon mitzudenken, wenn von der Jüngerschar Jesu die Rede war, auch wenn sie nicht genannt werden. Markus hatte sich zuvor lediglich der in der Antike üblichen inklusiven Sprache bedient, die Frauen in männliche Begriffe einschließt und sie nur dann ausdrücklich erwähnt, wenn ausschließlich von ihnen die Rede ist – so wie nun, in der Nähe des Kreuzes Jesu. Wo aber sind die männlichen Jünger? Von ihnen wird erzählt, dass sie nach Jesu Gefangennahme fliehen. Petrus leugnet wenig später sogar, Jesus jemals gekannt zu haben (vgl. Mk 14,50f.66-72). Aus historischer Sicht hatte dieses unrühmliche Verhalten durchaus einige Berechtigung: Jesus war von den römischen Fremdherrschern als politischer Aufrührer verurteilt und gekreuzigt worden. Wer mit einem Unruhestifter sympathisierte, schwebte nicht minder in Lebensgefahr, denn zusammen mit ihm wurde üblicherweise auch seine Gefolgschaft ausgemerzt. Wer in der Nähe der Hinrichtungsstätte eines Aufrührers entdeckt wurde, musste mit dem eigenen Kreuzestod rechnen. Der jüdische Schriftsteller Flavius Josephus erzählt, dass die Römer dabei auch Frauen und Kinder nicht verschonten. Wenn daher Maria von Magdala und die anderen Frauen »in einiger Entfernung« beim Kreuz Jesu ausharrten, dann ist dieser Sicherheitsabstand gut zu verstehen. Doch selbst ihre distanzierte Anwesenheit bedeutet, dass sie ihr eigenes Leben riskierten, um Jesus in seinem Sterben nahe zu sein. Schon dies zeichnet Maria und die anderen Frauen als treue und mutige Jüngerinnen Jesu aus. Doch der Evangelist Markus verwendet zwei weitere Begriffe, mit denen er ihre Jüngerschaft unterstreicht. Zum einen spricht er davon, dass sie Jesus schon in Galiläa nachgefolgt seien. »Nachfolgen« ist der Schlüsselbegriff der Evangelien für den Weg der Jünger und Jüngerinnen mit Jesus. Zum anderen erwähnt Markus, dass die Frauen Jesus »gedient« hätten. Dies wurde häufig im Sinne einer täglichen oder auch finanziellen Versorgung missinterpretiert. Im Zusammenhang mit einer solchen Deutung wird gerne auf Lk 8,3 verwiesen, wo es in der Einheitsübersetzung mit Bezug auf Maria aus Magdala und viele andere Frauen heißt, dass sie Jesus und die Jünger mit dem »unterstützt« hätten, »was sie besaßen«. Doch diese Übersetzung ist irreführend: Im Urtext ist grammatikalisch unklar, ob sich dieser Hinweis überhaupt auf alle zuvor genannten Frauen bezieht. Zudem sagt die griechische Formulierung, dass die Frauen Jesus und den Jüngern »aus ihrem Vermögen« dienten, was jedoch keineswegs nur finanziell aufzufassen ist. Dieses »Vermögen« kann auch »Möglichkeit, Fähigkeit« bedeuten. Die Formulierung in Lk 8,3 könnte also genauso gut übersetzt werden mit »sie dienten ihm mit aller Kraft« oder »so, wie es ihnen möglich war«. Der Begriff »dienen« hat in den Evangelien eine weite Grundbedeutung. Bei Markus erscheint er nahezu als Synonym für »nachfolgen«. Jesus bezeichnet damit die Lebensform der Frauen und Männer in seiner Gemeinschaft: Alle sollen einander dienen, niemand soll sich über die anderen erheben. Dies gilt für die Beziehungen der Jünger und Jüngerinnen untereinander genauso wie für ihre Beziehung zu ihm und seine Beziehung zu den Menschen (vgl. Mk 10,35-45). Wenn Markus also davon spricht, dass Maria von Magdala zusammen mit den anderen Frauen Jesus diente, macht er damit deutlich, dass sie diese Lebensform der Nachfolgegemeinschaft teilten. Diese treue Nachfolge, die Maria von Magdala bis zum Kreuz Jesu führte, lässt sie unter Einsatz des eigenen Lebens zur Zeugin seines Sterbens und seines Todes werden. Alle vier Evangelien erwähnen sie in der Todesstunde Jesu. Lukas (Lk 23,49) nennt sie nicht namentlich, weil er auf die Frauen verweisen kann, die er schon früher im Gefolge Jesu erwähnt hat. Johannes (Joh 19,25) verändert die Szene beim Kreuz dahingehend, dass er sie nicht nach, sondern kurz vor dem Tod Jesu erzählt und ganz andere Frauen erwähnt als die Synoptiker. Einzig Maria von Magdala ist auch bei ihm genannt. Trotz der Todesgefahr für sie selbst bleiben Maria aus Magdala und die anderen Frauen auch nach Jesu Tod weiter in seiner Nähe. Sie sind anwesend, als Josef von Arimatäa den Leichnam Jesu in das Felsengrab legt, das er mit einem Stein verschließt (Mk 15,47). Matthäus erzählt, dass Maria von Magdala zusammen mit einer »anderen Maria« sogar Grabwache hält (Mt 27,61).
Alle Evangelien nennen Maria von Magdala unter den ersten Zeugen der Auferweckung Jesu. Zusammen mit anderen Frauen (bzw. bei Johannes allein) entdeckt sie das leere Grab, in dessen Innern ihr Engel erscheinen. Bei Markus, Matthäus und Lukas wird ihr in dieser Erscheinung die Botschaft von der Auferweckung Jesu zuteil. Zudem erhält sie den Auftrag, den anderen Jüngern auszurichten, dass er ihnen nach Galiläa vorangehe. Während Markus erzählt, dass Maria und die Frauen niemandem etwas sagen (Mk 16,8), berichten Matthäus und Lukas, dass sie ihre Botschaft verkünden (Mt 28,8; Lk 24,9). Bei Matthäus erscheint sogar der Auferstandene selbst vor den Frauen und wiederholt den Auftrag der Engel. Die größte Auszeichnung als Osterzeugin kommt Maria von Magdala im Johannes-Evangelium zu (Joh 20,11-18). In einer gestalteten Szene begegnet ihr der Auferstandene, den sie zunächst für den Gärtner hält. Als er sie beim Namen ruft, erkennt sie ihn und nennt ihn Rabbuni – »mein Meister«, wie sie ihn wohl auch zu Lebzeiten genannt hat. Doch Jesus gebietet ihr: »Halte mich nicht fest.« Die Zeit der Begegnung von Jüngerin und

Lehrer ist vorbei. Der Auferstandene ist nun auf dem Weg »zu meinem Vater und eurem Vater, zu meinem Gott und eurem Gott«. Mit dieser Botschaft sendet er Maria von Magdala zu den Jüngern. Sie wird zur »Apostola Apostolorum«, zur Gesandten der Apostel, und verkündet: »Ich habe den Herrn gesehen.«
Nach dem Gesamtbefund der Evangelien ist Maria Magdalena eine zentrale Überlieferungsträgerin: Ausschließlich mit ihrem Namen ist die kontinuierliche Bezeugung des Lebens, Sterbens, des Todes und der Aufweckung Jesu verbunden. Nach dem Befund der Evangelien ist es also allein Maria von Magdala, die für das Schicksal Jesu die Kontinuität »gestorben – begraben – auferstanden« bezeugen kann.
Dass Maria von Magdala im frühchristlichen Streit um Erstzeugenschaft und apostolischen Anspruch zwischen Paulus und Petrus unterlag, schlug sich auch ihrer Wirkungsgeschichte nieder: In dieser wurde die Jüngerin, Osterzeugin und Apostolin allmählich von der Legendengestalt der bekehrten Sünderin verdrängt.
(nach: Susanne Ruschmann, Geheilte, Jüngerin, Osterzeugin)

2. Einsatzmöglichkeiten im RU

Maria von Magdala in der Bibel PINNWAND 36
Über die in der Aufgabenstellung genannten Bibelstellen hinaus ergibt sich ein breites wirkungsgeschichtliches Spektrum bei der Hinzunahme weiterer Bibelstellen, die hier zusätzlich angeführt werden: Maria von Magdala

In Galiläa: Geheilte, Jüngerin (Lk 8,1-3)
Beim Kreuz Jesu: Zeugin des Todes Jesu (Mk 15,40f.; Mt 27,55f.), Jüngerin (*Lk 23,49*), Zeugin der letzten Worte Jesu (Joh 19,25f.)
Beim Begräbnis Jesu: Zeugin der Grablegung Jesu (Mk 15,47; Mt 27,61; *Lk 23,55*)
Am Ostermorgen: Zeugin des leeren Grabes, erste Empfängerin der Osterbotschaft (Mk 16,1; Mt 28,1; Lk 24,10), erste Empfängerin der Erscheinung des Auferstandenen (*Mt 28,9f.*), Zeugin des leeren Grabes, erste Empfängerin der Erscheinung des Auferstandenen, Verkünderin der Osterbotschaft (Joh 20,1.11.18), erste Empfängerin der Erscheinung des Auferstandenen (Mk 16,9-11)
Bibelstellen, in denen die Anwesenheit Marias von Magdala ohne namentliche Nennung vorausgesetzt ist, sind *kursiv* gesetzt.

Maria von Magdala in der Literatur
Patrick Roth zeigt in seiner Novelle »Magdalena am Grab« (Leipzig 2003) ausgehend von der Szenerie eines Schauspielunterrichts den entscheidenden Moment der Grabesszene: Dadurch dass die drei Wendungen Magdalenas vorm Grab auf die Bühne gebracht werden sollen, wird die innere Entwicklung plastisch:

1. Maria Magdalena kommt zum Grab
2. Maria Magdalena beugt sich in das Grab
3. Maria Magdalena blickt zurück und erkennt im Gärtner den Herrn

Ein szenisches Anspiel und/oder die Anweisungen zu einem Regie- oder Drehbuch sowohl auf der Basis der Roth'schen Lektüre (ausführlicher im Original) oder anhand von Joh 20,1-18 soll diese Entdeckung ermöglichen.

Patrick Roth (geb. 1953), Magdalena am Grab
Roth lebt als freier Schriftsteller und Regisseur seit 1975 in Los Angeles. Patrick Roth ist bekannt für seine ungewöhnliche Direktheit, mit der er immer wieder auf Gestalten und Themen der Bibel zugegangen ist. Dahinter steckt nicht nur ein großer Mut, sondern auch ein hohes Vertrauen, in diesen »Stoffen« noch viel entschlüsseln und entdecken zu können. Die Erzählung »Magdalena am Grab«, die im Jahr 2002 erschienen ist und ursprünglich ein Kapitel aus den Frankfurter Poetik-Vorlesungen aus demselben Jahr darstellt, legt dar, was für ihn Poetik ist und wie er den Schriftsteller versteht. Der Erzählung ist ein Zitat von C.G. Jung vorangestellt: »Die entscheidende Frage für den Menschen ist: Bist du auf Unendliches bezogen oder nicht? Das ist das Kriterium des Lebens.«
Wirkungsgeschichtlich geht es bei Maria Magdalena nicht nur um die Gestalt als Jüngerin Jesu, auch nicht nur um ihre Bedeutung als erste Zeugin der Auferstehung Jesu Christi, sondern sie erscheint in diesen Schriften auch als wichtige Gesprächspartnerin Jesu, geradezu als Lieblingsjüngerin und als Lebensgefährtin. Sie erscheint so auch als eine Übermittlerin von Offenbarung. Sie übermittelt Worte Jesu, die er nur ihr anvertraut hat. Vom 4. Jh. an lassen sich Versuche nachweisen, die »Apostelin aller Apostel« zu einem Geschlechtswesen besonderer Art zu machen. Die große Sünderin von Lk 7,36ff. wurde mit der von bösen Geistern geheilten Maria Magdalena in Lk 8,2 zusammengesehen und zugleich mit der Maria von Bethanien, die Jesus salbt (Joh 12) identifiziert. Die Krankheit dieser Maria aus Magdala wurde auch als eine Folge ausschweifender Sexualität beurteilt. Die Probleme von Sünde und Sexualität sind oft auf Maria Magdalena projiziert worden. Später erscheint sie oft auch als Dirne. In der Neuzeit wurden die Traditionen der drei Frauen, die Maria heißen, entflochten. Dadurch entstand wiederum ein neues Bild der Maria von Magdala. Dennoch wird sie immer wieder als Sünderin, Hure und Prostituierte gesehen. Auch mo-

derne Romane, die sich mit ihrer Gestalt beschäftigen, konnten sich von diesen Klischees nicht befreien. Die feministische Bewegung hat dieses Bild zu korrigieren versucht und wollte z. B. unter dem Titel »Initiative Gleichberechtigung für Frauen in der Kirche e.V. Maria von Magdala« (1987) an die endgültige Einlösung der Frauenrechte in den Kirchen aufmerksam machen.
Patrick Roth geht ganz neu und auf seine Weise an den »Stoff« heran. Seine Suche versteht er zunächst einmal geradezu detektivisch. Womit beginnt er im Schreiben? Antwort: »Schreiben ist Totensuche. Tot ist, was, tief in mir vergraben, kein Bewusstsein mehr streift. Paradoxerweise ist dieses ›Tote‹, das ich suche, sammle, einlese, nur ein mir Totes, d. h. tot, aber gleichzeitig hoch lebendig. Denn insofern wir nicht davon wissen, ist es ›tot‹, ist es uns tot, d. h. aber: wirklich unabhängig von uns. – Es agiert unabhängig, wirkt, hinterlässt seine Spur in Traum, Tagtraum, in Einfall, Fantasie, beeinflusst uns aufs Mächtigste im Unbewussten, jener Region der Psyche, in der die Schatten leben.« Aber es bleibt nicht bei der Totensuche. P. Roth versteht das Schreiben als Totenerweckung: »Schreiben ist Totensuche. Im Autor, im Leser, wenn er zur Mitsuche verführt wird, wenn der Mut des Autors im Geist des Erzählten auf ihn übergeht. Schreiben ist Totenerweckung. Im Leser, im Autor. Der Autor sucht nach Totem – das heißt: nach etwas, das ihm tot ist, nach einer, die er vergessen hat, nach einem, der tot in ihm liegt. Tot, tief vergessen, schlafend – im Bewusstsein des Autors, des Lesers, jedenfalls nicht vorhanden. Aber etwas ist da. Sonst gäbe es keine Suche – sonst käme es erst gar nicht dazu.«
Wie er dies gestaltet, wie die Wirklichkeitsschichten einander überlagern und ineinander wie fließende Bilder übergehen, ja so aufgelöst werden – all dies erinnert gewiss an den Regisseur Patrick Roth. Hier kommt er ganz in die Nähe moderner Filmästhetik. Bei der Verarbeitung des »Stoffs« spielen das Kino, Los Angeles, die Stadt des Films, die Literatur, die Tiefenpsychologie (besonders C.G. Jungs) und immer wieder die Bibel eine große Rolle. Revelation begreift er als das Heraufkommen einer »anderen Schicht, die vorher nicht zu sehen war«. Es vollzieht sich immer eine Überblendung im Sinne der Übergänge zwischen zwei übereinander gelegten Wirklichkeitsebenen. Patrick Roth nennt diese Form des Erzählens Dissolve.
(nach: Karl Kard. Lehmann, Mainz 2006)

3. Weiterführende Anregungen

Maria von Magdala in der Kunst recherchieren PINNWAND 36

- Virtuelle Museumsrundgänge und Artotheken, aber auch die Ausleihe von Kunstdrucken in der Lehrmittelsammlung Kunst ermöglichen eine Gegenüberstellung verschiedenster Magdalenendarstellungen aus verschiedenen Zeiten. Einige Beispiele können über Bildtitel, Künstlernamen oder das jeweilige Museum recherchiert werden:
  - Georges de La Tour, Die reuige Sünderin (Tour New York, Metropolitan Museum)
  - Villeneuve-les-Avignon, Pietà
  - Tafelbild des Verduner Altars (Klosterneuburg)
  - Benvenuto Tisi, »Il Garofalo«: Noli me tangere
  - Jan van Eyck, Genter Altar
  - Martin Schongauer, Noli me tangere
  - Rogier van der Weyden, Kreuzigung
  - Michelangelo, Pietà
  - Albani-Psalter, Hildesheim, St. Godehard
  - Guido Cagnacci, Himmelfahrt der Maria Magdalena
  - Tizian, Maria Magdalena (London, National Gallery; Leningrad, Eremitage; Florenz, Palazzo Pitti)
  - Fra Angelico, Florenz, San Marco
  - Corregio, Madrid, Prado
  - Holbein, Hampton Court, Gemäldesammlung
  - Donatello, Florenz, Baptisterium
  - Jan von Scorel, Amsterdam, Rijksmuseum
  - Tintoretto, Venedig, San Rocco
  - Giorgione, Madrid, Prado

Vergleich der Entwicklung des biblischen Magdalenenmotivs mit der bildenden Kunst
Rodin (vgl. *Kontext*) verdeutlicht signifikant die innere Wendung in seiner Plastik. Der Vergleich mit der wirkungsgeschichtlichen Entwicklung über verschiedene biblische Perikopen hinweg lässt erkennen, welches Motiv er mit künstlerischen Mitteln ausdrückt: Im Unterschied zum verbreiteten Klischee von Maria Magdalena als der reumütigen Prostituierten, die durch ihre Begegnung mit Jesus ihr Leben radikal verändert, wird in den Evangelien ein je unterschiedliches und ganz eigenständiges Bild von ihr gezeichnet, was Rückschlüsse erlaubt auf die Stellung der Frauen in den Gemeinden, in denen das jeweilige Evangelium verlesen wird.
Anhand vom **M 11.2.9, Lehrerkommentar S. 105**, kann entsprechend den AA eine Jesus Gedächtnisseite aus Sicht Maria Magdalenas als kreativ-produktiver Abschluss gestaltet werden – darin können auch die Ergebnisse der vorhergehenden AA »Maria in der Kunst« integriert werden.

Radiorecherche
Der Bayerische Rundfunk zeigt in seiner Sendung »Maria Magdalena« ein breites Spektrum der biblischen Gestalt auf (**M 11.2.10, Lehrerkommentar S. 106**). Dieser Text eignet sich sowohl als Einstieg, zur Erarbeitung oder zur Sicherung.

Gedichtvergleich
M 11.2.11, Lehrerkommentar S. 107, lässt durch zwei Gedichte von Kurt Marti den Fokus der Maria-Magdalena-Entdeckung deutlich hervortreten: Gegenüber der Karfreitagstrauer, von der aus der Ausblick auf das Weiterleben gewagt wird, steht die Osterzeugin, die als bemerkenswerte Frau, Jüngerin Jesu, legendär Verfemte das Leben Jesu auch nach dessen Tod im Herzen empatisch empfindet und nachvollzieht.

Jesus gegenwärtig – aber nicht greifbar

Orientierung 9 54 55

1. Hintergrund

Zwei Bilder zum Thema »Emmaus-Erfahrung« stehen auf dieser Doppelseite nebeneinander. Schon durch die Überschrift wird deutlich, dass die Erfahrung der Emmaus-Jünger für Sch zur exemplarischen Begegnung mit der Bibel als Buch menschlicher Erfahrungen wird; aber auch als Erfahrung, dass Jesus zwar »Wo zwei oder drei in [seinem] Namen versammelt sind«, gegenwärtig ist, aber doch unbegreifbar bleibt.

Karl Schmidt-Rottluff: »Der Gang nach Emmaus«, 1918
Der Holzschnitt von Karl Schmidt-Rottluff verbildlicht fast wortwörtlich die Erzählung des Lukas (24,13-35) über die Begegnung der beiden Jünger aus Emmaus, einem Dorf bei Jerusalem, mit dem Auferstandenen. Die Hinrichtung Jesu hatte ihnen alle Hoffnung genommen, und in tiefer Trauer gehen sie tief gebeugt ihres Weges. Die Körperhaltung der beiden Personen drückt Verzweiflung aus: gekrümmte Rücken, nach vorne geneigte Haltung, hängende Schultern, geschlossene Augen, zerfurchte Gesichter, so schleppen sie sich dahin. Der eine hat einen Stock als Stütze. Die Stützen und Kanten, die unruhigen Linien des Bildhintergrundes verstärken den Schmerz. Unruhe umgibt die beiden. Ein weiterer Wanderer gesellt sich zu ihnen, der nichts von den Ereignissen in Jerusalem zu wissen scheint: es ist Christus. »Doch sie waren wie mit Blindheit geschlagen, sodass sie ihn nicht erkannten«, obwohl der Fremde ihnen die Schrift auslegte (Redegeste der aufgerichteten Hand). Am rechten Rand geht die Sonne unter und sendet ihre Strahlen zu den drei Wanderern. Die Strahlen treffen sich mit den Strahlen, die von Jesus ausgehen. Am bereits zurückgelegten Weg sind zwei Schatten zu sehen; Jesus selbst wirft keinen Schatten, er ist nicht mehr »wirklich« da, nicht mehr den physikalischen Gesetzen unterworfen, sondern nur erlebbar.
Das Bild lebt vom Kontrast. Nicht nur der schwarz-weiße Gegensatz ist augenfällig. Die gebrochenen niedergeschlagenen Jünger umrahmen den aufrecht schreitenden, nach vorne blickenden Jesus. Die unruhige Landschaft und das unruhige Licht kontrastieren die relative Ruhe der Personengruppe. Das Licht der Sonne scheint auf das Haupt des Christus zu fallen, nicht auf die beiden, die lange Schatten werfen. Der Christus auf dem Bild ist anders als die beiden Jünger, aufrechte Haltung, den Blick nach vorn gerichtet, den Betrachter des Holzschnittes anschauend. Die weit geöffneten Augen signalisieren Durchblick und Perspektive. Die Haltung der Christushand erinnert dabei an den Christus Pantokrator byzantinischer Kunstwerke. Auch auf vielen Ikonendarstellungen ist die segnende Haltung Christi wiederzuentdecken. Und doch ist der auferstandene Christus einer mit menschlichen Zügen. Er trägt das gleiche dunkle Gewand wie die Jünger. Alle drei sind auf demselben Weg. Wundmale, wie sonst oft bei Darstellungen des Auferstandenen, fehlen.
Das Bild ist 1918 entstanden und weckt damit Erinnerungen an das Kriegsjahr 1918: gebrochene Gestalten auf dem Weg zurück in die Heimat, Niedergeschlagenheit, Depressionen, überall Ausweglosigkeit angesichts des Kriegsendes und des Elends, das den Menschen damals allgegenwärtig war.
Konnte Jesus eine Richtung anzeigen, Veränderungen ermöglichen? Konnte die messianische Botschaft neue Hoffnung geben in allen Leiden? War und ist Christus einer, an dem sich Menschen aufrichten können?

Karl Schmidt-Rottluff (1884-1976)
Der am 01.12.1884 in Rottluff bei Chemnitz geborene Karl Schmidt gilt als Klassiker der Moderne und ist einer der wichtigsten Vertreter des Expressionismus. Als Mitglied der Künstlergemeinschaft »Die Brücke« hat er bis zu seinem Tod am 10.08.1976 in Berlin ein bedeutendes und unverwechselbares Oeuvre geschaffen, das man zumeist mit leuchtender Farbigkeit in der Malerei oder kantigem Holzschnitt bei der Druckgrafik verbindet.

Janet Brooks-Gerloff (geb. 1947)
Janet Brooks-Gerloff, 1947 in Kansas, USA, geboren, studierte Kunstpädagogik an der University of Northern Colorado. Sie lebt und arbeitet heute in Aachen-Kornelimünster. Viele ihrer Arbeiten beziehen sich auf literarische, musikalische oder religiöse Themen (vgl. www.brooksgerloff.de).

Janet Brooks-Gerloff: »Unterwegs nach Emmaus«, 1992

Das Ölgemälde ist ein Geschenk der Künstlerin an die Abtei Kornelimünster und hängt dort im Kreuzgang. Die Mönche wünschten sich ein Bild für die Statio, vor dem sie sich für den Gottesdienst sammeln könnten, und wählten dafür das Emmaus-Thema.
Das Ölgemälde »Unterwegs nach Emmaus« von Janet Brooks-Gerloff, das den Abschluss des Kreuzganges in der Benediktinerabtei Kornelimünster bildet, zeigt zwei Emmausjünger mit einer angedeuteten Figur in Umrissen. Die Betrachtungsperspektive ist die Rückenansicht von den zwei bzw. drei gebückt oder niedergedrückt wirkenden Figuren, die sich im Gehen begriffen zu unterhalten scheinen, da sich die linke Figur im Seitenprofil erkennbar zur mittleren neigt. Die Personen gehen aus dem Vordergrund von links unten in eine offene Landschaft in warmen Ocker-Gelb-Tönen, die den gesamten Malgrund ausfüllt. Die Horizontlinie erstreckt sich auf Stirnhöhe der Köpfe, der Himmel erscheint regenverhangen, zumal im rechten oberen Eck strichweise angedeuteter Regen vorstellbar ist, hinter dem sich aber ein heller Lichtpunkt öffnet. Die dunkle schwarze Kleidung der beiden linken Figuren, die von helleren Lichtreflexen schattiert wird, unterstreicht die Bewegung, aber auch die Niedergedrücktheit der Szenerie; die dritte Gestalt zur Rechten der beiden Figuren ist als transparenter Umriss eine Andeutung jenes unerkannten Mitgehers im Emmausgeschehen, der erst am Ziel des Weges erkannt wurde, als er verschwand: Ihnen gingen die Augen auf, als sie ihn erkannten, konnten ihn aber nicht mehr sehen.
Die warmen erdenen Farben der Landschaft verhelfen vordergründig zu einem ausgeglichen und zufrieden erscheinenden Landschaftsbild, das scharf von den schwarzen Gewändern der beiden Emmausjünger kontrastiert wird. Die ins Gespräch vertieften Jünger scheinen dem dritten Unerkannten eindringlich die Geschehnisse der vergangenen Tage mitzuteilen. Da die Szenerie von hinten gezeigt wird, ist der Betrachter mit hineingenommen in das Geschehen, als würde er auf dem Weg hinten nachgehen; er kann gleichsam die Gestalt des nicht näher Definierten einnehmen und wird dabei vom mittleren Jünger an der linken Schulter gefasst mit dem Ausdruck: »Wusstest du denn nicht, was geschehen ist?«
Die Bedeutung des Weges als Ziel und damit des Erkenntnisprozesses an sich scheint der Künstlerin besonders am Herzen gelegen zu haben: Kein konkretes Ziel ist auszumachen, aber ein lichter Moment am Horizont, zu dem zwar nicht auf schnellstem Weg geeilt wird, aber der sich abzeichnet und der sicher erreicht werden wird, wenn das erlebte Geschehen der Passion Jesu reflektiert ist. Dann allerdings ist der Weg am Ende und die Erkenntnis zur Gewissheit geworden: Jesus lebt, er ist auferstanden, er »ist wirklich auferstanden« (Lk 24,34) – mitten unter uns – er ist nicht mehr da unter den Irdischen, aber er hat mit uns gesprochen, er hat uns ein Zeichen der Erinnerung gegeben, er hat uns versprochen »ich bleibe bei euch«!
Da der Betrachter mitgenommen wird »unterwegs nach Emmaus«, steht nicht die schockierte Gefühlslage der Jünger, nicht der Zeugnischarakter der Jesusbegegnung und nicht die Predigt Jesu im Vordergrund, sondern in der Tat der eigene und persönliche Erkenntnisprozess, das eigentliche Emmausgeschehen unterwegs, gleichsam der dritten Magdalenischen Wendung (vgl. **53**), dass meine Erkenntnis »Jesus lebt – mit ihm auch ich – der Herr ist wahrhaft auferstanden« eine aktive Entscheidung der individuellen Religiosität ist und kein passives Erleiden, bei dem Jesus seinen Jüngern Schmerz und Verlust verursacht hat, indem er sie schmählich verlassen und im Stich gelassen hat: Er bleibt bei ihnen – auch wenn sie ihn nicht mehr sahen. Ihnen brannte aber das Herz (vgl. Lk 24,32).
Das Bild ist als Folie enthalten in: Bilder aus Religion vernetzt 5 und 6. 36 Farbfolien, München 2004.

2. Einsatzmöglichkeiten im RU

Bilderschließung: Der Gang nach Emmaus

- Sch betrachten einen auf Folie kopierten Bildausschnitt von Schmidt-Rottluff (eine Kopie als Folienvorlage so falten, dass die Christusfigur nicht zu sehen ist) und bearbeiten die AA zur Bilderschließung auf **55**.

- Durch die Methode der verzögerten Bildbetrachtung ergibt sich aus dem Originalbild ein neues Bild, dessen Aussage im Gesamtbild angelegt, dort aber verwandelt wird: Verzweiflung und Hoffnungslosigkeit der Jünger im Ausschnitt werden erst durch die noch verdeckte Wegweisung Jesu gebrochen. Aufgrund der doppelten Aussage von Ausschnitt und Gesamtbild erschließen Sch das Bild

mithilfe der Schrittfolge »Betrachten – Beschreiben – Deuten – Begegnen« in zwei Durchgängen.
- Mit der Erschließung des Ausschnitts wird der Blick der Sch zunächst auf die Situation der beiden Jünger konzentriert. Das Bild zeigt Verzweiflung, Hoffnungslosigkeit und Not des Menschen in einer pessimistischen Grundhaltung. Haben sich Sch derart intensiv mit der Teilaussage des Bildes beschäftigt, wird der Blick auf das Gesamtbild notwendig.

- Um erneut einen individuellen Zugang zum Gesamtbild zu ermöglichen, erhält jede/r Sch eine gefaltete Kopie des Bildes. Durch das gleichzeitige Auseinanderziehen des Bildes wird der Kontrast zwischen Ausschnitt und Gesamtbild besonders deutlich. So kann das Bild als ein Bild der Hoffnung, aber auch Zuversicht auf ein wegweisendes und Perspektiven eröffnendes Anwesendsein Jesu in Situationen menschlicher Verzweiflung und Trauer gedeutet werden.
- Anschließend erarbeiten Sch in PA oder GA die veränderte Bildaussage.

Bilderschließung: Unterwegs nach Emmaus

- Sch erarbeiten die Schritte der Bildanalyse mithilfe von **M 11.2.12(1)** und **(2), Lehrerkommentar S. 108/109**, (vgl. **55**) und erschließen in PA das Gemälde von J. Brooks-Gerloff.
- Anschließend bearbeiten sie die AA auf **54** und vergleichen beide Bilder hinsichtlich ihres Aussagegehalts in Bezug auf das Thema Jesus heute begegnen/erfahren.

3. Weiterführende Anregungen

- Der Hintergrund des Bildausschnittes bei Schmidt-Rottluff kann farbig gestaltet werden, um den Kontrast besser herauszuarbeiten.
- Sch nehmen eine Kopie des Bildes von Brooks-Gerloff und füllen als Collage aus, inwiefern und in welchen Situationen Jesus heute begegnen kann.

Der Geist weht, wo er will

Perspektiven 1 56 57

1. Hintergrund

Die zentralen Konturen des biblischen Gottesbildes werden auf der Perspektivseite durch die Aussagen zum Heiligen Geist vervollständigt. Der christliche Glaube unterscheidet sich von dem des AT und des Judentums durch den Glauben an Jesus, den Christus. Nach Mt 11,25-27 gib es keinen Glauben an Gott ohne Jesus Christus. Zweigliedrige Formeln brachten diesen Glauben in eine äußere Form (vgl. 1 Kor 8,6). Im NT ist nie ausdrücklich vom Glauben an den Heiligen Geist die Rede. Er wird jedoch als die verwandelnde göttliche Kraft angesehen, die durch Christus in den Gläubigen und der Kirche wirksam ist. Ohne diese Kraft Gottes kann niemand zu Gott »Abba«, Vater, sagen (Röm 8,15). In diesem Geist kann Paulus im Brief an die Korinther formulieren: »Jesus ist der Herr« (1 Kor 12,3). Dreigliedrige Formeln belegen, dass der Heilige Geist ganz eng zum Vater und zu Jesus Christus gehört (1 Kor 12,4-6).
Das Neben- und Miteinander von Vater, Sohn und Geist war ursprünglich kein theologisches Problem. Es wurde noch nicht als »Problem der Gotteslehre, d. h. als Gefährdung der Einzigkeit Gottes« empfunden (Franz Josef Schierse). Das »trinitarische Schema« taucht am Anfang der Kirchengeschichte in der Taufkatechese und -paränese (= Ermahnung), in Formeln über das liturgische Geschehen und in den Zusammenhängen auf, in denen die Fülle und der Reichtum christlicher Erfahrungen ordnend gedeutet wurden. Die Aussagen über Jesus, den Christus, wurden durch andere Aussagen aus dem NT ergänzt (vgl. das »Apostolische Glaubensbekenntnis«).
Unabhängig davon waren Theologen des 2./3. Jhs. in harte Auseinandersetzungen mit philosophischen Richtungen ihrer Zeit und den Irrlehren, die sich daraus ergaben, verwickelt. Während in Liturgie und Taufunterweisung an den alten Formeln festgehalten wurde, musste in der Auseinandersetzung mit damals aktuellen philosophischen Auffassungen der überlieferte Glaube in der Sprache des »Zeitgeistes« formuliert werden, wenn man bei der intellektuellen Oberschicht Gehör finden wollte.
Diese Entwicklung brachte neue Fragen, insbesondere die, wie sich die Einzigkeit Gottes mit seiner Dreifaltigkeit vereinbaren ließe. Die Trinitätslehre mit ihren Erörterungen über das Verhältnis der drei Personen in Gott zueinander ist dann das Ergebnis eines über viele Jahrhunderte gehenden theologischen Denkens und Ringens. Am Anfang steht die konkrete Gotteserfahrung des Menschen mit Gott in der Offenbarung. Die Offenbarung Gottes in seiner Dreieinigkeit ist nicht primär eine »Nachricht« über Gott »an sich«, sondern die Offenbarung seines Geheimnisses zum Heil der Menschen. Es geht hierbei nicht um Aneignung von Wissen, sondern um die Zusage des Heils.
Im NT findet man den entscheidenden Zugang zum

Geheimnis der Trinität: Der Heilswille des Vaters zeigt sich im Leben Jesu und im Wirken des Geistes. Gott offenbart sich als Vater, Sohn und Geist. Jesus Christus offenbart Gott als den Vater, der Ursprung, Mitte und Ziel seines Lebens ist. Jesus Christus weiß sich von ihm gesandt und bevollmächtigt; ohne seinen »Abba« kann er nichts bewirken (Joh 5,19.30). In Jesus Christus kommt Gott selbst zu den Menschen – als Retter und als Heiler (»Heiland«). Die Gemeinde nach Ostern erfährt Jesus als den erhöhten Herrn, den Christus, der vom Vater alle Macht erhalten hat und bei den Seinen wirkt. Die in den Gemeinden und in den einzelnen Christen wirkende Kraft Gottes wird als der »Heilige Geist« verstanden. Dieser Geist, der in Jesus schon wirksam war, wirkt jetzt in den Gemeinden. Er lässt auch die Gläubigen Gott »Abba« nennen (Röm 8,15) und Christus als »Herrn« (1 Kor 12,3) bezeichnen. Die Selbstoffenbarung Gottes in Jesus als Vater, Sohn und Geist erscheint so als allumfassende Bewegung, in die die Menschen und die Welt hineingenommen werden. In der Heilsbotschaft erhalten die Gläubigen das Angebot der erlösenden Nähe Gottes, der sich als Vater durch den Sohn im Geist zuwendet.

Walter Zacharias (1919-2000)
1919 in Regensburg geboren, studierte Zacharias 1947-51 an der Staatlichen Kunstakademie München. Ab 1952 war er zugleich als Geschäftsmann im ererbten Betrieb und als Maler tätig. Seit 1980 lebte und arbeitete Zacharias als freier Künstler in Regensburg und im Bayerischen Wald. Er erhielt zahlreiche Auszeichnungen für sein künstlerisches Schaffen, u. a. 1984 und 1989 Preise des japanischen Außenministeriums für Kalligrafie in Tokyo und 1988 den Kulturpreis der Stadt Regensburg. Zacharias ist 2000 in Regensburg gestorben.

Walter Zacharias: »Gnadenstuhl«, 1985
Das Objekt (98 x 68 cm) lädt auch den Betrachter, der mit zeitgenössischer Kunst wenig »anzufangen« weiß, zum Verweilen ein. Bereits der erste Blick wird auf ein wesentliches Bildelement gelenkt: das V-förmige Holzstück, welches den Mittelpunkt des Werkes bildet und die Assoziation »Taube« auslöst. Dem zweiten Blick erschließt sich die kreuzförmige Grundstruktur des Objekts. Was aber sollen der Ring oberhalb und der Y-förmige Holzast unterhalb der »Taube« bedeuten?
Auf einer breiten, oben abgeflachten und senkrecht angebrachten Holzplatte sind sieben schon benutzte Materialien – ein Eisenring und sechs »Fundstücke« aus Holz – zu einer Skulptur montiert. Durch den kräftigen, stark gemaserten und abgearbeiteten Querbalken, der – etwas oberhalb der Mitte befestigt – die Holzplatte überragt, wird die Horizontale betont. Sein Zentrum bildet ein auf einem Holzmedaillon befestigtes, auf der linken Seite zersplittertes V-förmiges Holzgebilde, welches der Betrachter als Taube identifiziert. Den geöffneten »Flügeln« der Taube korrespondiert ein – oberhalb des Querbalkens auf einer fast halbrunden Holzscheibe angebrachter – Ring aus Eisen.
Der »Kopf« der Taube zeigt nach unten in das geöffnete Y eines – auf eine weitere rechteckige Holzplatte gehefteten – dürren Zweiges. In der Taube überschneiden sich die Vertikale und Horizontale und bilden die Form eines lateinischen Kreuzes. Ring, Taube und Astgabel stehen in enger Beziehung: Der Ring könnte zwischen den Flügeln der Taube ruhen, die Taube wird von den geöffneten »Armen« des Holzastes »empfangen«. Zacharias, der sich als autonomer Künstler versteht, bezieht sich in diesem Werk bewusst auf die christliche Ikonografie. So ist der Ring – als in sich zurückfließende Linie – Zeichen der Ewigkeit, Ewigkeit aber ist ein wesentliches Attribut Gottes. Schon in der Bibel steht die Taube für den Heiligen Geist. Der Y-förmige Zweig erinnert an Pestkreuze, Gabelkreuze mit dem geschundenen Christus.
Nun leuchtet ein, warum Zacharias seine Montage »Gnadenstuhl« nannte. Jesus aus Nazaret ist der leicht zerbrechliche und auch zerbrochene, sich dem Geist Gottes öffnende Mensch, dessen Lebensvollzug das sichtbare Bild des unsichtbaren Gottes bildet. In ihm verendlicht sich der ewige Gott (Symbolik des Rings), in seiner Ohnmacht zeigt sich die Allmacht Gottes (nur der Ring ist aus Eisen).
Betrachtet man das Kunstwerk von oben nach unten, erinnert die Taube an den Heiligen Geist, den Jesus bei seiner Taufe empfangen hat. Durch den massiven Querbalken erhält jedoch die horizontale Dimension ein Übergewicht. Auf dieser Linie erinnert die Taube an den von Jesus gesandten Heiligen Geist; in seinem Licht erkannten die Jünger, dass Gott Jesus von den Toten auferweckt hat, in seinem Licht verkündeten sie die frohe Botschaft vom menschgewordenen Gott. Einem zeitgenössischen Ausdruck dieser Tradition begegnen wir in Walter Zacharias' Arbeit »Gnadenstuhl«.
(nach Thomas Menges)

Hinweise zu Joh 14
In den »Abschiedsreden« im Johannes-Evangelium (Joh 13,31-17,26) kann man einen besonderen Dialogverlauf erkennen. In den einzelnen Gesprächsabschnitten gibt Jesus (unterschiedlich lange) Antwort auf Fragen einzelner Jünger (Petrus [Joh 13,36.37], Thomas [Joh 14,5], Philippus [Joh 14,8], Judas [Joh 14,22], einige Jünger [Joh 16,17-18]) und zuletzt Antwort auf ein Bekenntnis der Jünger (Joh 16,29-30). Die Antworten Jesu sind sowohl Anrede eines einzel-

nen Jüngers (z. B. Petrus [Joh 13,36.38], Philippus [Joh 14,8-10a]) als auch Worte, die an alle und damit an die johanneische Gemeinde gerichtet sind (z. B. Joh 14,1-4.10b-21).
In Joh 14 liegt eine erste, vielleicht ursprünglich einmal selbstständige Abschiedsrede Jesu vor. Die Kapitel 15f. und dann 17 könnten Weiterentwicklungen, Fortschreibungen bedeuten. Daran lässt nicht zuletzt das »Aufbruchssignal« von Joh 14,31 denken: »Steht auf, wir wollen weggehen von hier«, das im Aufbruch Jesu und seiner Gruppe zum Garten Getsemani in Joh 18,1 seine Realisierung erfährt. Inhaltlich greift v. a. Joh 16,4a-33 auf die erste Abschiedsrede in Joh 14 zurück. Abschied und neues Kommen Jesu sind hier das Thema.
In der Tat bestimmen der Fortgang Jesu und sein erneutes Kommen zu den Seinen den Grundaufbau von Joh 14. Die ersten drei Verse des Kapitels führen zu diesem doppelten Thema hin. Die Jünger Jesu sollen sich nicht ängstigen, denn Jesus verlässt sie zwar, aber er geht nur fort, um ihnen eine Wohnung zu bereiten. Dann wird er erneut kommen und sie zu sich holen. In Joh 14,4-14 wird in der Folge der Fortgang Jesu zur Sprache gebracht, aber auch die Weise, wie die Jünger mit ihm in Verbindung bleiben können, nämlich im Glauben. Joh 14,15-24 spricht dann von dem erneuten Kommen Jesu zu den Seinen. Eingebettet in Verse, in denen die Jünger zur Liebe Jesu und zum Halten seiner Gebote aufgefordert werden, findet sich die dreifache Verheißung des erneuten Kommens Jesu: im Kommen des Geistes (Joh 14,16f.), in einem persönlichen Kommen Jesu (VV. 18-20) und in seinem Kommen zusammen mit dem Vater (V. 23). In Joh 14,26-29 kehren frühere Themen des Kapitels wieder, jedoch unter einer neuen Rücksicht. Offenbar greift Johannes hier auf die prophetischen Verheißungen für Israel in der Endzeit zurück. Jesus, der wiederkommende Auferstandene, wird ihnen seine endzeitlichen Gaben von Friede, Freude und Heiligem Geist gewähren. So brauchen sie sich nicht zu ängstigen. Und genau diese Zusage wollte der Evangelist seiner Gemeinde geben: Ich sende euch einen Beistand, der die Zeit bis zu meinem erneuten Kommen bei euch bleibt und euch auch in meine Lehre immer tiefer einführen wird.

2. Einsatzmöglichkeiten im RU

Informationstext und Joh 14

- Sch lesen **56** und fassen wesentliche Aussagen zusammen.
- Joh 14 ist Teil der Abschiedsreden Jesu. Sch sollen durch das Lesen dieser Perikope noch einmal auf die Situation der Gemeinde des Johannes schließen und so auch auf die heutige Zeit Bezug nehmen können (vgl. **50**).

Walter Zacharias, Gnadenstuhl

- Sch bearbeiten die AA zum Gnadenstuhl von Walter Zacharias.
- Anhand des Lexikons können andere Gnadenstuhldarstellungen und deren Aussagegehalt miteinander verglichen werden.

3. Weiterführende Anregungen

Auseinandersetzungen mit anderen Gnadenstuhldarstellungen

- Der Gnadenstuhl ist ein Darstellungstypus der Trinität in der christlichen Kunst. In den meisten Fällen besteht die Darstellung aus drei Elementen: Christus am Kreuz (Kruzifix), Heiliger Geist (symbolisiert durch eine Taube o. Ä.) und Gottvater auf dem himmlischen Thron, der das Kruzifix mit dem Gekreuzigten hält. Die Darstellungsform soll ein bestimmtes Verständnis von der Trinität ermöglichen: Gott präsentiert Christus den Menschen als denjenigen, der für ihre Sünden am Kreuz gestorben ist. Der Heilige Geist, der zwischen Gott und Christus steht, vermittelt zwischen beiden. Es ist also nur möglich, direkt vor den Thron Gottes zu gelangen, wenn man den Zugang über Christus wählt. Der Typus des Gnadenstuhls findet sich in der christlichen Kunst des Mittelalters und des Barock.
- Hier wäre ein fächerübergreifendes Arbeiten mit dem Fach Kunst interessant, das den Vergleich verschiedener Gnadenstuhl-Kunstwerke und deren Erschließung vertieft.

Dialog-Gedanken der Trinität

Durch das Gedicht »Gott Sein blüht gesellig« (**M 11.2.13, Lehrerkommentar S.110**) kann der Trinitätsgedanke als Dialog noch einmal aufgegriffen werden. Der Schweizer Pfarrer und Dichter Kurt Marti (geb. 1921) umschreibt darin Gott als Beziehungsvielfalt: als lebendige Gemeinschaft und Liebesgemeinschaft.

- Sch bearbeiten die Impulse des AB und können sich abschließend mit Darstellungsformen der Trinität in der christlichen Kunst auseinandersetzen.

1. Hintergrund

Diese DS setzt die Heilige Schrift in den Kontext mit einer weiteren Weltreligion, dem Islam. Nachdem an Einzelbeispielen die Frage nach den biblischen Grundlagen für Gotteserfahrung veranschaulicht wurde, wird hier das Offenbarungsgeschehen – zusammen mit der Grafik **62** – in den Blick genommen. Dabei kommt dem Begriff der Inspiration eine herausgehobene Bedeutung zu, um den Sch den Zusammenhang der jüdisch-christlichen und islamischen Offenbarungsauffassung zu verdeutlichen. »Gotteswort« wird in unterschiedlichstem Kontext »im Menschenwort« verlautbart.
Nach dem Studium dieser DS sollen Sch in die Lage versetzt sein, sowohl die Pluralität der jüdisch-christlichen wie auch islamischen Offenbarungsauffassung nachvollziehen zu können als auch die Funktion der christlichen Bibelinterpretation zu verstehen.

Gotteswort in Menschenwort

Ausgangspunkt für die Entstehung von Gotteswort als Menschenwort ist die Initiative in den Verfassern der biblischen Schriften. Adressaten dieses Vorgangs sind die Leserinnen und Leser oder Hörerinnen und Hörer des geoffenbarten Wortes Gottes. Die gehörte, gesprochene oder gelesene biblische Botschaft wird somit zur Vergegenwärtigung und Verwirklichung Gottes in der Gegenwart zum Zeitpunkt des Hörens, Sprechens oder Lesens. Daher ist Inspiration eine Wirklichkeit von Gottes Gegenwart, die vom menschlichen Verfasser auf den Adressaten übergreift und in das Handeln Gottes mit einbezieht. Wenn der glaubende Mensch die Bibel als Heilige Schrift liest, begegnet er direkt der Anrede Gottes in der Kraft des Geistes. Damit wird der Gläubige zur Antwort, Interpretation und zum vom Wort abgeleiteten Handeln aufgefordert. Die Inspiration schafft somit für den Kommunikationsprozess zwischen Textverfassern und Adressaten eine Atmosphäre des Geistes, in der nicht nur die Vermittlung der Botschaft Gottes gewährleistet wird, sondern auch die glaubende Antwort des Menschen ermöglicht.

Das christliche Verständnis
Die Übereinstimmung der katholischen Exegese mit dem Geheimnis der Menschwerdung

Es stimmt, dass das schriftliche Niederlegen der Worte Gottes, dank des Charismas der Inspiration der Bibel, ein erster Schritt der Menschwerdung des Wortes Gottes war. Diese geschriebenen Worte bildeten nämlich ein festes Werkzeug der Kommunikation und Communio zwischen dem auserwählten Volk und seinem einzigen Herrn. Andererseits wurde es dank des prophetischen Aspektes dieser Worte möglich, die Erfüllung des Planes Gottes zu erkennen, »als das Wort Fleisch geworden ist und unter uns gewohnt hat« (Joh 1,14). Nach der himmlischen Verherrlichung der Menschheit des fleischgewordenen Wortes wird weiterhin dank der geschriebenen Worte sein Weilen unter uns in bildender Weise bezeugt. In Einheit mit den inspirierten Schriften des Ersten Bundes bilden die inspirierten Schriften des Zweiten Bundes ein feststellbares Werkzeug der Kommunikation und Communio zwischen dem glaubenden Volk und Gott dem Vater, dem Sohn und dem Heiligen Geist. Dieses Werkzeug aber kann gewiss nicht vom Strom des geistlichen Lebens getrennt werden, der aus dem Herzen des gekreuzigten Jesus entspringt und sich dank der Sakramente der Kirche verbreitet. Doch hat es dennoch seinen eigenen Gehalt gerade als geschriebenen Text, der den Glauben weckt (vgl. BiKl 4/94, S. 176).

Ein Buch oder viele Bücher Gottes? – Der Koran als Offenbarung Gottes

Der Koran kann als ein eigenständiger Zugang zur Bibel gedeutet werden – als eine besondere Auslegung, in der die Person Muhammads eine entscheidende Rolle spielt. Im Islam ist der Koran das eigenständige Glaubensoffenbarungsbuch und keine weitere Bibelübersetzung: »Aber vor ihm war das Buch des Mosis, eine Richtschnur und eine Barmherzigkeit. Und dies (der Koran) ist ein Buch, das (es) in arabischer Sprache bestätigt« (46,12). Der Koran kann folglich als eine Bestätigung, und zwar in Arabisch, verstanden werden (vgl. Stephan Leimgruber/Stefan J. Wimmer, Von Adam bis Muhammad. Bibel und Koran im Vergleich, Stuttgart 2005).

2. Einsatzmöglichkeiten im RU

Spezifisch christliche Auffassung der Offenbarung

- Sch werden im 1. AA aufgefordert, auch mithilfe der Grafik **62**, den Offenbarungsbegriff zu erklären.

Offenbarungsverständnis im Koran

- Sch entdecken im 2. AA, dass der ikonografische Vergleich der beiden Bilder (**58/59**) Parallelen aufweist: In beiden Darstellungen bekommt ein Mensch von einer himmlischen Gestalt eine Schriftrolle gereicht. In der arabischen Miniatur findet sich darüber hinaus noch der Hinweis auf die Salbung Muhammads, der damit in der Autorität Gottes spricht.

Rolle der verschiedenen Glieder der Kirche bei der Interpretation der Bibel

- Sch sollen anhand der Quellenarbeit mit einem kirchlichen Lehrtext die Bedeutung des christlichen Interpretationsverständnisses der Bibel nachvollziehen können und den Anforderungen, mit lehramtlichen Texten – auch im Original – zu arbeiten, gerecht werden.
- Die Textfassung der Päpstlichen Bibelkommission »Die Interpretation der Bibel in der Kirche« findet sich unter www.dbk.de (Verlautbarungen des Apostolischen Stuhls 115).
- Der Rechercheauftrag im 3. AA kann Ausgangspunkt eines Kurzreferates sein. In verkürzter Form kann ein Textvergleich anhand **M 11.2.14, Lehrerkommentar S. 111**, erfolgen.

3. Weiterführende Anregungen

Anhand des Buches »Von Adam bis Muhammad« von Stephan Leimgruber und Stefan Jakob Wimmer können ausgewählte Textstellen das Offenbarungsverständnis in Bibel und Koran veranschaulicht oder ein vertiefender Referatsauftrag zu »Der Koran und die Bibel – ein Buch oder viele Bücher?« oder »Die Koranauslegung im Wandel der Zeit – Lesen und Deuten« (Welt und Umwelt der Bibel 15, 2000) gegeben werden.

Es muss im Leben mehr als alles geben ...

Perspektiven 3 60 61

1. Hintergrund

Korrigenda: In der 1. Auflage 2009 wird diese DS im Schulbuch mit »Perspektiven 2« untertitelt; sie ist jedoch eine eigenständige Blicköffnung von der Offenbarung und Inspiration Heiliger Schriften (*Perspektiven 2*) hin zu eigenständigen und persönlichen Erfahrungen der Gottesbegegnung (*Perspektiven 3*).
Der Begriff »kleine« und »große« Transzendenzen des Lehrplans wird auf dieser DS mit Leben gefüllt. Ausgehend von den biblischen »Erlebnissen«, wie im Eingangstext angeführt, können Jakob (**42**), Nikodemus (**50**) und Maria von Magdala (**52**) als Anknüpfungspunkt verwendet werden, um Transzendenzerfahrungen zu thematisieren. Darüber hinaus oder alternativ kann aber auch ausgehend von der Differenzierung »Religion-Religiosität-Glaube« der »Mehrwert« von Religion und Glaube erschlossen werden, indem die persönliche Zuwendung zur eigenen Gottesvorstellung und die Konsequenz für das eigene Leben angesprochen wird.
In tief gehenden Diskussionen gelingt es bisweilen, persönliche Glaubenszeugnisse »verraten« zu bekommen. Die sehr vertraulichen »Offenbarungen« zu persönlichen Transzendenzerfahrungen sind dabei sicherlich nicht Anlass und Notwendigkeit, nach tatsächlichen Gotteserfahrungen zu fragen, sondern individuelle Zeugnisse von eigenen – so empfundenen – Erfahrungen. Sollten die Möglichkeiten der Meditation oder gemeinsamen Betrachtung (vgl. **62**) gegeben sein, eröffnen diese natürlich eigene Zugänge zum Transzendenzbegriff. Das Beispiel der Schreibspirale verdeutlicht darüber hinaus die Form des kreativen Schreibens.

Ein Feld unterschiedlichster Zugänge möchte ermutigen und motivieren, aus einer möglichst breiten Angebotspalette zwei bis drei stimmige Konkretisierungen zu verwirklichen. Nach der Bearbeitung dieser DS können Sch aufgeworfene Fragen zu Gotteserfahrung und Transzendenz ansprechen und individuell dazu Stellung beziehen.

Nie genug

Der Songtextausschnitt aus »Nie genug« von PUR (Album »Seiltänzertraum«, 1993) verdeutlicht persönlich und einfühlsam Religiosität: Die Popmusik bietet im Wesentlichen drei Bezugspunkte zur Religion:
1. Ihre Wurzeln liegen in der religiösen Tradition von Spiritual und Gospel.
2. In den Song-Texten und Videoclips begegnen vielfältig religiöse Motive und Aspekte bis hin zur Theodizee-Frage.
3. Die öffentliche Präsentation der Popmusik in Konzerten enthält kultisch-religiöse Züge.
Popmusik ist für die Mehrheit Jugendlicher die Weltsprache, in der sich die wesentlichen Erfahrungen der Zeit spiegeln. Ihr Identität stiftender Charakter wird ernst genommen, wenn die damit verbundenen religiösen Symbolwelten auf ihrer subjektiven Bedeutungsebene nicht platt diffamiert werden, sondern hinterfragt wird, welche mythologischen und mythischen Inhalte zur Befriedigung von Bedürfnissen adaptiert werden, die früher durch Religion erfüllt wurden. Der kirchen- und glaubenskritische Ansatz, der – in Teilen zu Recht – im Gesamttext des Songs angesprochen wird, kann dabei – je nach Aufgeschlossenheit und Einstellung der Unterrichtsgruppe – ein hilfreicher Zugang sein.

Augustinus
Der Kirchenlehrer Aurelius Augustinus (13.11.354-28.08.430) war einer der bedeutendsten christlichen Kirchenlehrer und wichtiger Philosoph an der Zeitenwende zwischen Antike und Mittelalter. Von 395 bis zu seinem Tod war er Bischof von Hippo Regius. In seinen theologischen Schriften ist ihm der christliche Glaube Grundlage der Erkenntnis: crede, ut intelligas (»glaube, damit du erkennst«). Seine »Bekenntnisse« (Confessiones) geben einen tiefen Einblick in ein persönliches Glaubenszeugnis als einflussreichste autobiografische Texte der Weltliteratur.

Ernesto Cardenal (siehe Lehrerkommentar S. 119)

Pierre Stutz
Pierre Stutz ist 1953 in Hägglingen, Schweiz, geboren. Der Besuch des Institut Catholique in Neuchâtel bringt ihn mit den Frères des Ecoles Chrétiennes (Christliche Schulbrüder) in Kontakt. Er tritt 1974 als Novize in den Orden der Frères ein. 1978 verlässt er Neuchâtel, um in Luzern Theologie zu studieren und wird 1985 in Basel zum Priester geweiht. Nach Tätigkeiten in der Jugendseelsorge und einer Ausbildung im Sozialtherapeutischen Rollenspiel führt ihn sein Weg zurück nach Neuchâtel, in ein ehemaliges Prämonstratenserkloster (1143-1530): in die Abbaye de Fontaine-André. Nach einer zweijährigen Vertiefung in der christlichen Mystik – davon einige Monate in Jerusalem – gründet Pierre Stutz zusammen mit den Frères den Ort Fontaine-André als »offenes Kloster«. Es entsteht eine Gemeinschaft von Frauen und Männern, auch verheirateten, die miteinander eine Spiritualität im Alltag suchen und leben. Das Schreiben wird für Pierre Stutz zum inneren Feuer: Seine Bücher sind inspiriert von seiner Aufgabe als spiritueller Begleiter, von seinem persönlichen Hoffen und Ringen in der Gottessuche und von biblisch-mystischen Urtexten. Seine Vortrags- und Kurstätigkeit im deutschsprachigen Raum lässt ihn für viele Menschen zum spirituellen Begleiter werden. Im Sommer 2002 legt er sein Priesteramt nieder, weil er seine Homosexualität verantwortungsvoll leben will. Er verlässt Fontaine-André als Wohnort. Als Autor und spiritueller Begleiter gestaltet er weiterhin Lesungen und Kurse.

2. Einsatzmöglichkeiten im RU

Transzendenzerfahrungen klären PINNWAND 37
- Sch werden aufgefordert, im Rekurs auf die Religionsdefinition (**13**) die Begriffe »Religion«, »Religiosität« und »Glaube« zu differenzieren. Analog dazu kann in Form einer Mindmap AA 1 visualisiert werden.
- In GA oder in individueller Auswahl können die Stichworte der Definitionen mit Zitaten aus den Texten (vgl. auch **13**: Kurt Marti) ergänzt und veranschaulicht werden, indem entsprechend zugeordnet wird.

»Kleine« Transzendenzerfahrungen
- Verschiedene Formen des kreativen Schreibens erleichtern den Sch einen eigenen Textentwurf (AA 2, **61**):
- **M 11.2.15, Lehrerkommentar S. 112**, bietet einen Paralleltext zu Ps 139 zur Besinnung.
- Sch schreiben den Songtext »Nie genug« um, indem die vorgegebenen Versanfänge oder Fragmente individuell vervollständigt werden, z. B.:

Nie genug
In der Musik, einer Melodie, die mir Gänsehaut verpasst,
____
liegt so viel Gott,
das liegt ________________________
Davon krieg' ich nie genug
___________________ ...

- Wörter aus der Sprachspirale herausgreifen, ergänzen, neu zuordnen und verbinden (vgl. AA 4).
- Einen eigenen »Transzendenztext« mittels Wortmatrix schreiben lassen: alle Begriffe, die in der Wortmatrix entstehen, werden zu einem freien Text verbunden (keine gebundene Form nötig, aber möglich, je nach Vorliebe und Begabung), z. B.:

	Glaube	Wissen	Gott
mein	ich	vermuten	Bibel
dein	Gott Vater	Jesus	Mensch
unser	Kirche	kritisch	Christ

In diesem Beispiel wurden die Begriffe »mein Glaube« in der Matrix vorgegeben, die übrigen Begriffe werden durch freie Assoziation der Sch persönlich ergänzt, die sie zu einem Text verbinden – prosaisch oder lyrisch, auch sehr frei und modern.

Gotteserfahrungen von Menschen in der Bibel
- Ausgehend von den biblischen Erfahrungen von Menschen, wie im Eingangstext (**60**) erwähnt, können Jakob (**42**), Nikodemus (**50**) und Maria von Magdala (**52**) als Anknüpfungspunkt für AA 3 verwendet werden.

»Ich-Zeitalter«

- Sch erarbeiten – auch in Anlehnung einer möglichen Klausuraufgabe – eine Erörterung; folgende Stoffsammlung kann als möglicher TA erarbeitet werden:

Grenzen und Chancen für Transzendenz- und Gotteserfahrungen

These: »Die Gegenwart ist ein Ich-Zeitalter« (B. Borchert)

pro	pro/contra	contra
– jede/r denkt nur an sich allein – vorrangige wirtschaftliche Interessen – eigene Leistung zählt nur vor anderer	– Steuersystem – Sozialsystem – Gruppenleistung	– Solidaritätsaktionen – kommunikative Betriebsformen – projektorientiertes Arbeiten

Synthese: Die moderne Leistungsgesellschaft mag vordergründig gesehen keinen Platz für Transzendenz- und Gotteserfahrung, sprich mythische Erfahrungen, lassen; dennoch lassen sich auch in der Staats- oder Wirtschaftsform Elemente des religiösen Lebens verwirklichen. (Vorschläge müssen anhand der Sch-Meinungen und -Beispiele diskutiert werden.)

Möglicher TA zu AA 1:
Möglichkeiten und Grenzen der Transzendenzerfahrung

Religion	Religiosität	Glaube
– Bekenntnis zu einer Religion (S. 8) – Einstellung zu einer Religion – Ergriffenheit von dem, was den Menschen unbedingt angeht (P. Tillich) – institutionalisierte Praktiken (S. 13)	– subjektive Aneignung und Ausdeutung von Religion (S. 13) – religiös handeln, ohne Religion zu praktizieren – sozialer Charakter	Eigenperspektive der Religion: eigenen Glauben in der Religion erkennen
»Der Mensch wurde für die Liebe geschaffen, einzig geschaffen, um seinen Schöpfer zu lieben.« (Ernesto Cardenal, S. 60)	»Ich bin, was ich bin, durch andere; ich glaube, was ich glaube, dank anderen. (...) Leben aus geselliger Gnade« (Kurt Marti, S. 13) »Alle Menschen nennen eine innere Kammer ihr eigen. Im Inneren jedes menschlichen Wesens gibt es einen Raum, einen ganz persönlichen Bereich, zu dem nur Gott Zutritt hat.« (Ernesto Cardenal, S. 60)	»... in Musik, einer Melodie, (...) in einer Idee, einem Blick, einem wahren Wort, einem Kuss (...), liegt so viel Gott (...), davon krieg' ich nie genug (...), ich hör' ganz tief in mich, ich hör' ganz leise meine Stimme (...) das klingt nach mehr.« (PUR, S. 60) »... kehr wieder ein bei dir selbst! (...) schreite über dich selbst hinaus.« (Augustinus, S. 60) »Gott ist dieses innerste Gefühl der Einsamkeit in uns und das Wissen, dass es einen Gefährten gibt, der uns von Geburt an begleite.« (Ernesto Cardenal, S. 60) »Urvertrauen – Freiheit – Klagen – Trauern – Genießen – Solidarität – Gelassenheit – Dankbarkeit – Geduld – wach – Zärtlichkeit –Sinnlichkeit – hoffnungsvoll – Kreativität – erspüren – Verwandlung – trauen« (Pierre Stutz, S. 61)

Transzendenz ist das besonders intensive persönliche Erfahren von kleinen oder großen Ereignissen im Leben und die Erkenntnis dessen, was hinter der erlebten Wirklichkeit liegt (**60**).
(Sch-Formulierungen)

1. Hintergrund

Das Offenbarungsgeschehen ist über den exegetischen Befund hinaus eine zutiefst persönliche und individuelle Angelegenheit. Nach aller wissenschaftlichen und methodischen Auseinandersetzung des Kapitels soll den Sch vermittelt werden, dass ihr eigenes Offenbarungserlebnis der Grundstock jeglicher Religiosität ist. Natürlich spielt sich dieses Ereignis mehrheitlich im Verborgenen ab. Der im Erklärungstext verwendete Begriff soll diese Individualisierung des Offenbarungsprozesses verdeutlichen. Inspiration ist von alters her bis heute der Ausdruck für Erfahrungen außergewöhnlicher Eingebungen. Sie kann vom schöpferischen Einfall bis zum Gefühl reichen. Im religiösen Bereich ist das Wort »Inspiration« Bezeichnung für unmittelbare göttliche Eingebung. Biblische Offenbarungen wie in Ex 24,12; Jer 1,9; Joh 10,35; Apg 15,28 oder 2 Petr 1,21 wirken idealtypisch oder mustergültig. In manchen Fällen wirkt Inspiration aber auch, ohne dass die betreffende Person etwas dazu tut (Joh 11,51; Num 23,12; 24,13). Wenn Sch klar wird, dass sich Offenbarung auch bei ihnen ereignen kann, dann wäre über das Religionswissen hinaus ein inspirativer Gedanke verortet. Somit bleibt am Ende die Bibel als der von Gott inspirierte Menschentext oder sogar von Gott eingegebene Text (Verbalinspiration) die Matrix, auf der persönliche Inspiration stattfinden kann. Heute kann sich Inspiration da ereignen, wo die Bibel immer wieder neu zum Glauben verhilft. Der liturgische Hinweis »Wort des lebendigen Gottes« bei der gottesdienstlichen Schriftlesung verweist auf das biblische Offenbarungsverständnis: Die Lesungen geben uns Einblick in persönliche Offenbarungserlebnisse. Für das Verständnis der Inspiration ergibt sich daraus: Die biblischen Schriften sind von Gott eingegeben und von seinem Geist geprägt. Die Verfasserinnen und Verfasser schreiben nicht aus eigenem Antrieb, sondern aufgrund des Geistwirkens in ihnen und des Auftrags Gottes.

Zusammen mit der Kanonizität der Schrift hat das Konzil von Trient 1546 unter Bezugnahme auf 2 Tim 3,16 auch die Inspiration der biblischen Schriften definiert. In Abgrenzung gegenüber einem früheren Verständnis, das durch künstlerische Darstellungen noch gefördert wurde, ist Inspiration nicht als ein instrumentaler Vorgang bei der Niederschrift biblischer Texte zu verstehen. Das Wirken des Geistes in der Entstehung der biblischen Schriften ist stärker in das Verständnis der Texte als Weg der Kommunikation zwischen Verfasserin bzw. Verfasser und Adressatin oder Adressaten einzuordnen. Inspiration ist demnach nicht ausschließlich als eine Aussage über die Beschaffenheit der Schrift zu deuten, sondern als eine Umschreibung eines ihr eigenen dynamischen Wesenszuges. Die Grundlage für ein neu überdachtes Verstehen der Entstehung der biblischen Schriften bietet das Zweite Vatikanische Konzil in Dei Verbum. Der AA zu Dei Verbum 11 Abs. 1 zeigt darüber hinaus noch deutlicher die kirchliche Inspirationslehre auf.

Inspiration schafft also für den Kommunikationsvor-

Eine Künstlergruppe um Barbara Rainer, Harry Zeneler und Bernhard Dingler haben für die Bayerische Landesgartenschau 2007 in Waldkirchen zwei Waldinstallationen aus jeweils acht aufsteigenden Granitstelen geschaffen. Unter dem Titel »Oberer Lichtblick« bzw. »Unterer Lichtblick« bildeten sie den Eingang in den sogenannten Zauberwald, eine begehbare Kunstinstallation in einem natürlich gewachsenen Wald, der Jung und Alt auf verschiedenste Weise zu Entdeckungen verführen kann. »Natürlich ist der Wald ein schönes Stück Land, doch wenn man an den Schaden denkt, den der Orkan Kyril verursacht hat, zeigt sich auch die Gewalt der Natur«, erläutert Dingler. Ebenso wollen die Künstler die Polaritäten des menschlichen Lebens durch Granitfelder verdeutlichen: Die nach oben wegragenden Platten, die das erste Feld zieren, stehen für den Aufschwung, für das Einatmen. Das zweite Feld mit nach unten stehenden Platten zeigt den Abschwung oder das Ausatmen. Für die Kinder, die diesen Sinn anders erfassen können, bieten die Platten Harry Zenelers Gelegenheit zum Klettern. Der hier gezeigte »Untere Lichtblick« kann entweder beim Herausgehen aus dem Wald von oben gesehen als hinausweisendes Gestaltungselement gesehen werden, oder umgekehrt, beim Eintritt in den Wald fällt aber die himmelwärts strebende Richtung der Stelen auf, die über die Baumwipfel hinaus ins Freie weisen. Je nach Tageszeit setzt eine unterschiedliche Licht- und Schattenwirkung verschiedenste Akzente: Die Fotografie auf **62**, spät nachmittags aufgenommen, zeigt die Stelen vom Schlaglicht, das vom Boden reflektiert wird, beleuchtet. Das Licht verbindet somit Himmel und Erde zu einer Einheit. Kinder waren sowohl durch den thematisch gestalteten Wald angeregt, die Kunstinstallationen zu entdecken, wie auch durch die Anordnung der Stelen bei dieser Installation verleitet, wie weit diese je nach Neigungswinkel begangen werden konnten. Ist nicht jedes persönliche Offenbarungsgeschehen ein Austesten der Tragfähigkeit der Beziehung Gott – Mensch?

gang zwischen Verfasserin bzw. Verfasser und Adressaten eine Atmosphäre des Geistes, in der nicht nur die Vermittlung der Botschaft Gottes gewährleistet, sondern auch die glaubende Antwort des Menschen ermöglicht wird (vgl. DV 17). In diesem Sinn kann das linguistische Sprachmodell in der Weise auf das biblische Kommunikationsgeschehen angewendet werden, dass Offenbarung und Glaube die mediale Transformation zwischen Gott und Mensch darstellt.

2. Einsatzmöglichkeiten im RU

Bedeutung des Heiligen Geistes beim Offenbarungsgeschehen

Inspiration ist als ein dynamischer Prozess zu verstehen, der von Gottes Geist vorangetrieben wird. Ausgangspunkt dafür ist Gottes Initiative in den Verfasserinnen und Verfassern biblischer Schriften. Zielpunkt dieses Prozesses sind jedoch die Leserinnen und Leser und Hörerinnen und Hörer der biblischen Botschaft, die das Wort nicht nur lesen oder hören, darin dem Anruf des lebendigen, auch heute wirkenden Gottes begegnen. Daher ist Inspiration eine Wirklichkeit, die von der menschlichen Verfasserin bzw. vom menschlichen Verfasser auf die Adressatin und den Adressaten übergreift und diese in das gestaltende, auch fordernde Handeln Gottes mit einbezieht. Wenn der glaubende Mensch die Bibel als Heilige Schrift liest, begegnet er darin der Anrede Gottes in der Kraft des Geistes, die freilich seine Reaktion, seine Antwort erfordert.

Erläuterung des Kommunikationsprozesses zwischen Gott und Mensch

Kommunikation ist grundsätzlich als Übermittlungsprozess eines bestimmten Inhalts zu verstehen. Er erfolgt von einer Senderin oder einem Sender zu einem Empfänger oder einer Empfängerin. Für den Vermittlungsprozess bedient sich die Kommunikation eines Mediums, das sowohl vom Kommunikationsinhalt wie auch von der -situation abhängig sein kann. Mit dem gesamten Prozess verbinden Senderin bzw. Sender eine Absicht, die mittels des angestrebten oder eingeleiteten Prozesses an die Empfängerin oder den Empfänger übertragen werden soll. Intentionslose Kommunikation gibt es nicht, da in diesem Fall der innere Motor des gesamten Vorgangs nicht vorhanden wäre. Gelingt die Umsetzung der Vermittlungsabsicht, kann man von erfolgreicher Kommunikation sprechen. Dieser einfache Kommunikationsvorgang kann schematisch in folgender Weise dargestellt werden:
(*möglicher TA*)

Sender/-in → Aussage/Botschaft → Empfänger/-in

Wird dieser Vermittlungsprozess auf die Bibel übertragen, tritt an die Stelle der zu vermittelnden Botschaft der vermittelte Glaube, also die Offenbarung.
Durch übereinandergelegte, deckungsgleiche Folien (**M 11.2.16, Lehrerkommentar S. 113**), bei denen schrittweise die jeweiligen Begriffe ausgetauscht werden, kann diese gedankliche Entwicklung visualisiert werden:

Sender/-in	→ Aussage/Botschaft	→ Empfänger/-in

(Folie 1)

Gott	→ Aussage/Botschaft	→ Empfänger/-in

(Folie 2)

Gott	→ Aussage/Botschaft	→ **hörender Mensch**

(Folie 3)

Gott	→ *Offenbarung*	→ **hörender Mensch**

(Folie 4)

Wird der Kommunikationsprozess nun vom Menschen aus betrachtet, ergibt sich der Umkehrschluss des Glaubens:

Gott	→ *Offenbarung*	→ hörender Mensch
Gott	→ **GLAUBEN**	← **hörender Mensch**

(Folie 5)

Darlegung eines Inspirationsgeschehens an einem biblischen Beispiel

Anhand der Analyse des als **M 11.2.17, Lehrerkommentar S. 114**, zur Verfügung gestellten Quellentextes der Konstitution Dei Verbum 11 lassen sich die dort genannten Bibelstellen zur Darlegung eines Inspirationsgeschehens nutzen.

3. Weiterführende Anregungen

Entstehung von Dei Verbum

- Sch zeigen in einer Präsentation die historische Entwicklung der dogmatischen Konstitution über die göttliche Offenbarung »Dei Verbum« auf. Als Arbeitsmaterial steht ihnen dafür das Kleine Konzilskompendium von Rahner/Vorgrimler zur Verfügung, in dem sie das Vorwort zur Konstitution auswerten.

Kleine und große Transzendenzen entdecken

In Schulen mit eingeführten Bibel- oder Gebetskreisen würde es sich eignen, den eigenen Inspirationsgeschehnissen nachzugehen. Naturgemäß ist dafür eine Atmosphäre der Stille und absoluten Vertrautheit unabdingbar. Der äußere Rahmen eines Meditationsraumes oder die Möglichkeit von »Tagen der Orientierung« in der Oberstufe wären dafür ideale Voraussetzungen.

Inspiration ins Bild setzen

Das ergebnisoffene Foto auf der Seite sollte nicht nur zur Sch-Diskussion anregen, sondern durchaus als Aufforderung verstanden werden, sich selbst auf die Suche zu begeben, den Inspirationsbegriff ins Bild zu setzen – fotografisch, zeichnerisch, bildnerisch, per Kunstrecherche o. Ä.

Literatur

Berg, Horst Klaus, Ein Wort wie Feuer. Wege lebendiger Bibelauslegung, München/Stuttgart [4]2001.

Bibel und Kirche (BiKi), Maria Magdalena, 4/2000, Stuttgart 2000.

Ebner, Martin. Jesus von Nazaret. Was wir von ihm wissen können, Stuttgart 2007.

Ebner, Martin/Heininger, Bernhard. Exegese des Neuen Testaments. Ein Arbeitsbuch für Lehre und Praxis, Paderborn 2005.

Khoury, Adel Theodor, Bibel und Koran. Der Eingottglaube in der modernen Welt (Gebete aus dem Koran), in: Die Bibel. Geschichte und Gegenwart, Stuttgart 2002.

Kirchschläger, Walter, Einführung in das Neue Testament, Stuttgart 1998.

Kard. Lehmann, Karl, Theologisch-literarische Einführung zur Autorenlesung von Patrick Roth, Stadtschreiber 2006 in Mainz, »Magdalena am Grab« im Mainzer Dom am 28. April 2006.

Leimgruber, Stephan/Wimmer, Stefan Jakob, Von Adam bis Muhammad. Bibel und Koran im Vergleich, Stuttgart 2005.

Niehl, Franz W., Bibel verstehen. Zugänge und Auslegungswege. Impulse für die Praxis der Bibelarbeit, München 2006.

Ortkemper, F.-J./Schuller, F. (Hg.), Berufen, das Wort Gottes zu verkündigen. Die Botschaft der Bibel im Leben und in der Sendung der Kirche, Stuttgart 2008.

Ruschmann, Susanne, Geheilte, Jüngerin, Osterzeugin, in: Welt und Umwelt der Bibel (WUB 2/2008) Maria Magdalena, S. 21-27.

Schiefer Ferrari, Markus, »Leerstellen-Lektüre« am Beispiel von Joh 20, in: KatBl 1/2008, S. 62ff.

Gotteserfahrungen ins Wort bringen

Am Anfang der Welt war Gott.
Das war der Name
Ich vergaß ihn
wie den Regenschirm in der Bar und
nahm ihn
nicht mit zur Geliebten. Wir fütterten
Vögel im Winter, für ihn gab es
nichts zu fressen.
Kein Freund, kein Feind
er ließ sich zu nichts gebrauchen.
Falls er noch lebte in welcher Baracke,
in welchem Abfluss ging er zugrund.
Wer war das.

Christoph Meckel

Wenn dir der Gedanke kommt, dass alles,
was du über Gott gedacht hast,
verkehrt ist und dass es keinen Gott gibt,
so gerate darüber nicht in Bestürzung.
Es geht allen so.
Glaube aber nicht, dass dein Unglaube
daher rührt,
dass es keinen Gott gibt.
Wenn du nicht mehr an Gott glaubst,
an den du früher glaubtest,
so rührt das daher, dass in deinem
Glauben etwas verkehrt war,
und du musst dich bemühen,
besser zu begreifen, was du Gott nennst.
Wenn jemand an seinen hölzernen Gott
zu glauben aufhört,
so heißt das nicht,
dass es keinen Gott gibt, sondern nur,
dass er nicht aus Holz ist.

Leo Tolstoi

- *Inwiefern greift der Autor biblische Motive auf und womit kontrastiert er sie?*
- *Erörtern Sie das Lyrische Ich in Ihren Augen in dem Gedicht eine religiöse Erfahrung bzw. Gotteserfahrung beschreibt.*
- *Antworten Sie dem Autor auf die im letzten Vers angedachte Frage.*
- *Zeigen Sie auf, inwiefern der Wandel im Gottesbild, wie Tolstoi ihn beschreibt, mit Erfahrung zu tun hat.*
- *Erläutern Sie an Beispielen, welche Faktoren die Gottesvorstellung beeinflussen können.*
- *Welchen Zusammenhang sehen Sie zwischen der Biografie eines Menschen und seinen Gotteserfahrungen und Gottesbildern?*

Zugänge zur Bibel

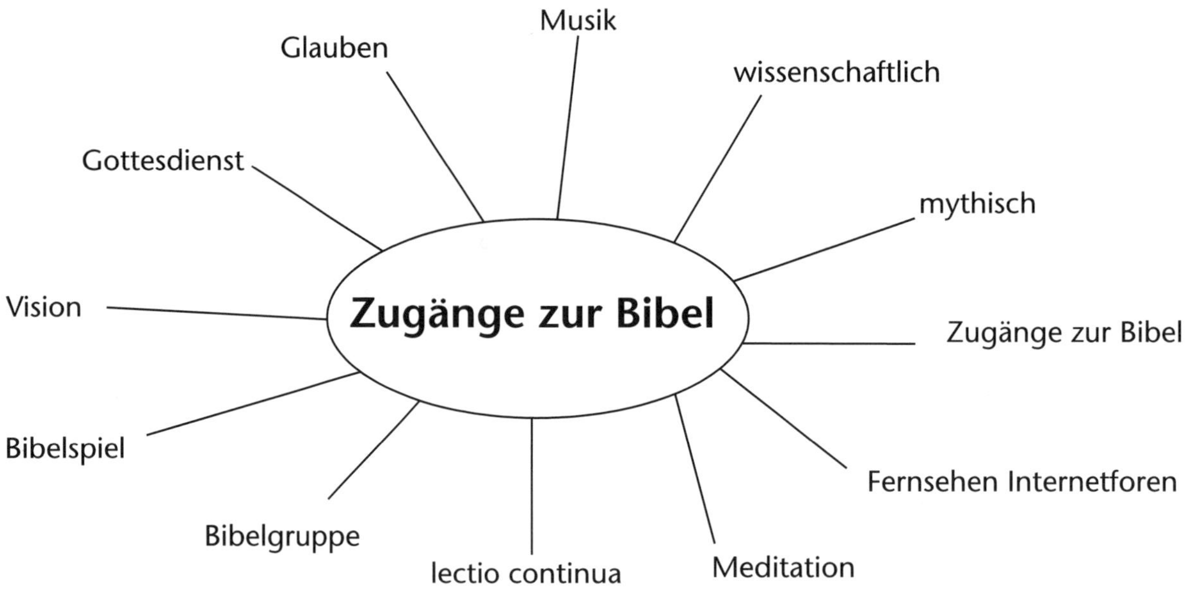

Glauben: Durch den eigenen Glauben einen Zugang finden zur Bibel, d. h., die Bibel so lesen, wie sie geschrieben ist, alles so annehmen, wie es im Text dasteht und sich danach im Leben ausrichten; dabei über wissenschaftliche Tatsachen hinwegsehen.

mythisch: Die Darstellungen der menschlichen Urerfahrungen suchen und durch die biblischen Deutungen einen Zugang finden.

Gottesdienst: Im Gottesdienst durch die Predigt einen Bezug zur heutigen Zeit und zur modernen Gesellschaft hergestellt bekommen und damit über einen Vergleich mit eigenen Erfahrungen und Problemen einen Zugang zur Bibel finden.

Bibelspiel: Sogenannte Mysterienspiele zeigen seit dem Mittelalter biblische Szenen und stellen sie schauspielhaft nach, z. B. Weihnachts- oder Passionsspiele. Die Darstellung auf der Bühne verdeutlicht den menschlichen Zugang zur Bibel.

Musik: Durch kompositorische Gestaltung werden biblische Gestalten oder Momente multisensorisch und emotional zur Geltung gebracht und damit das Unaussprechliche biblischer Erfahrung ausgedrückt (z. B. die Oratorien von Händel oder Bach).

Internetforen: Zwangloser und teilweise auch anonymer Austausch und Diskussion über biblische Themen oder konkrete Bibelstellen, die ausgelegt werden oder von Gleichgesinnten diskutiert werden, ohne dass man sich dafür im Bekanntenkreis schämen müsste.

Fernsehen: In Dokumentationen über biblische Themen wird in der Regel Wissenschaft und Glaube zusammengeführt. Ein umfassender Eindruck über neueste wissenschaftliche Erkenntnisse, unterschiedliche Auslegungen und Entstehungshintergründe werden meist effektvoll bildhaft dargestellt.

Bibelgruppe: Junge Menschen beispielsweise versammeln sich, lachen und feiern miteinander, lesen aus der Bibel vor, diskutieren darüber und gestalten Gottesdienste mit. Damit werden sie Teil der Kirche und identifizieren sich mit ihrer Kirche, finden immer mehr Zugang zu ihrem eigenen Glauben und merken, dass sie etwas bewegen können und sie etwas bewegt.

Methoden zur Erschließung biblischer Texte

<table>
<tr><th>Hermeneutischer Zugang</th><th colspan="2">Leistung</th></tr>
<tr><td>1. Historisch-kritische Auslegung</td><td colspan="2">sichert den Text; schützt die biblische Überlieferung vor unangemessener Vertrautheit</td></tr>
<tr><td>2. Existenziale Auslegung</td><td colspan="2">bahnt ein lebensbezogenes Verstehen der biblischen Überlieferung an</td></tr>
<tr><td>3. Linguistische Auslegung</td><td colspan="2">arbeitet die Struktur- und das Personalprofil des Textes heraus, hält zum genauen Sehen an</td></tr>
<tr><td>4. Tiefenpsychologische Auslegung</td><td colspan="2">regt einen Prozess der Identifikation mit dem Text und der Selbstfindung im Horizont der Gotteserfahrung an</td></tr>
<tr><td>5. Interaktionale Auslegung</td><td colspan="2">trägt durch den multiperspektivischen und gemeinschaftsorientierten Ansatz bei, eine rationale Engführung der Exegese zu überwinden</td></tr>
<tr><td>6. Ursprungsgeschichtliche Auslegung</td><td colspan="2">erläutert biblische Texte als erfahrungsbezogene Antworten auf konkrete historische Situationen zur Entstehungszeit</td></tr>
<tr><td>7. Materialistische Auslegung</td><td>begreift biblische Texte als befreiende Antworten auf konkrete ökonomische, politische und ideologische Herausforderungen und Konflikte der Zeit</td><td rowspan="3">– lenken den Blick auf reale Unterdrückungssituationen
– helfen Benachteiligten bei der Suche nach identitätsstiftenden Traditionen
– verstehen Benachteiligte als Subjekte der Auslegung
– sind prinzipiell für alle offen</td></tr>
<tr><td>8. Feministische Auslegung</td><td>liest biblische Texte in der Perspektive unmittelbarer (weiblicher) Betroffenheit</td></tr>
<tr><td>9. Lateinamerikanische Auslegung</td><td>verwickelt den Hörer in eine unmittelbare Konfrontation mit biblischen Texten, zielt auf Umkehr</td></tr>
<tr><td>10. Intertextuelle Auslegung</td><td colspan="2">beteiligt den Leser am Prozess der »wachsenden Erfahrung« eine Textes</td></tr>
<tr><td>11. Wirkungsgeschichtliche Auslegung</td><td colspan="2">legt Einseitigkeiten bei der Deutung von Texten im Laufe der Geschichte offen, nötigt zur Reflexion des eigenen hermeneutischen Ansatzes</td></tr>
<tr><td>12. Auslegung durch Verfremdung</td><td colspan="2">bricht traditionell verfestigte Sichtweisen eines Textes (»overfamiliar«) auf, regt zur produktiven Reflexion des Lebensbezugs an</td></tr>
<tr><td>13. Jüdische Auslegung</td><td colspan="2">öffnet bei der Deutung der biblischen Überlieferung für die Gegenwart den Blick auf eine ökumenische Perspektive</td></tr>
</table>

Die biblische Erzählung vom Kampf Jakobs und ihre Deutung

Gen 32,23-33	Ihre Deutung
23 In derselben Nacht stand er auf, nahm seine beiden Frauen, seine beiden Mägde sowie seine elf Söhne und durchschritt die Furt des Jabbok. **24** Er nahm sie und ließ sie den Fluss überqueren. Dann schaffte er alles hinüber, was ihm sonst noch gehörte. **25** Als nur noch er allein zurückgeblieben war, rang mit ihm ein Mann, bis die Morgenröte aufstieg. **26** Als der Mann sah, dass er ihm nicht beikommen konnte, schlug er ihn aufs Hüftgelenk. Jakobs Hüftgelenk renkte sich aus, als er mit ihm rang. **27** Der Mann sagte: Lass mich los; denn die Morgenröte ist aufgestiegen. Jakob aber entgegnete: Ich lasse dich nicht los, wenn du mich nicht segnest. **28** Jener fragte: Wie heißt du? Jakob, antwortete er. **29** Da sprach der Mann: Nicht mehr Jakob wird man dich nennen, sondern Israel (Gottesstreiter); denn mit Gott und Menschen hast du gestritten und hast gewonnen. **30** Nun fragte Jakob: Nenne mir doch deinen Namen! Jener entgegnete: Was fragst du mich nach meinem Namen? Dann segnete er ihn dort. **31** Jakob gab dem Ort den Namen Penuël (Gottesgesicht) und sagte: Ich habe Gott von Angesicht zu Angesicht gesehen und bin doch mit dem Leben davongekommen. **32** Die Sonne schien bereits auf ihn, als er durch Penuël zog; er hinkte an seiner Hüfte. **33** Darum essen die Israeliten den Muskelstrang über dem Hüftgelenk nicht bis auf den heutigen Tag; denn er hat Jakob aufs Hüftgelenk, auf den Hüftmuskel geschlagen.	

- *Wählen Sie eine Position aus – den biblischen Jakob, das Volk Israel nach dem Exil, den Maler Herbert Falken – oder entscheiden Sie sich für eine andere Situation, und erläutern Sie den biblischen Text als Antwort auf die ausgewählte Situation.*
- *Erläutern Sie an Beispielen, welche Faktoren die Gottesvorstellung beeinflussen können.*

Herbert Falken über den Jakobskampf

Häufig studierte ich in früheren Jahren Anatomie nach fotografischen Bewegungsabläufen. So überkam mich beim Zeichnen von Ringern die Idee eines »Jakobskampfes«. Eigentlich ist es in der Regel immer so: Bei malerischen oder zeichnerischen Prozessen, bei Anatomiestudien oder profanem Tun im Atelier überfallen mich geradezu die religiösen Inspirationen, niemals umgekehrt!
Meine Studien zum biblischen Jakobskampf sind also zunächst aus mir selbst erwachsen. Ich ringe mit meinem »Über-Ich«, aber auch mit meinem inneren »Schweinehund«. Darüber hinaus stehen meine »Jakobskämpfe« auch für die Erfahrungen mit einem DU, das ich nicht selbst sein kann, das ich oft nicht zu benennen, nicht zu erfassen und daher auch nicht in Besitz zu nehmen vermag. Ich bilde mir ein, manchmal mit Gott gerungen zu haben. Obwohl, wenn ich das so sage, es mir bereits falsch erscheint.
In diesem Kreis braucht man den biblischen Jakobskampf, der im 32. Kapitel des 1. Buches Mose geschildert wird, nicht im Detail wachzurufen. Nur dies: In der Bibel wird der nächtliche Angreifer nicht mit dem Wort »Gott« oder »Engel« umschrieben, sondern mit dem Wort »Er«.
Die Ehrfurcht vor dem Herausforderer in der Dunkelheit verlangt seine Anonymität. Jakob-Israel will von ihm gesegnet sein und lässt deshalb trotz zunehmender Überlegenheit im Kampf nicht von ihm ab. Der Segen des Unbekannten fällt ungewöhnlich aus: Er renkt Jakob-Israel die Hüfte aus. Seitdem hinkt Jakob, seitdem ist Israel verwundet. In der Wunde, im Verletztsein, im Hinken bis hin zum jüdischen Holocaust erblickt das auserwählte Volk das Zeichen für den Segen.
Das Thema des Jakobskampfes erscheint mir als Christus- und Christenthema. Im Kreuz von Golgotha sind wir gesegnet und zugleich verwundet. Und es ist ein Bildbericht über den Kampf zwischen Dunkelheit und Licht, zwischen Nacht und Morgen.

- *Zeigen Sie auf, wie der Maler Herbert Falken den Zusammenhang von Malen, Inspiration und eigenen Erfahrungen beschreibt.*
- *Beschreiben Sie, welche Erfahrungen Falken selbst mit einem DU macht und recherchieren Sie, was das »Über-Ich«, das der Modellvorstellung des psychischen Apparats des Menschen nach Sigmund Freud entnommen ist, bedeutet.*
- *Erklären Sie zusammenfassend, wie der Künstler menschliche Erfahrungen mit biblischen Erfahrungsberichten zusammenbringt und dann auf den Christusglauben überträgt.*

Nelly Sachs: Jakob

Die jüdische Schriftstellerin Nelly Sachs (1891-1970) setzt sich in ihrem Werk, für das sie 1966 mit dem Literaturnobelpreis ausgezeichnet wurde, immer wieder mit dem Schicksal Israels auseinander. Sie konnte 1940 unmittelbar vor einer drohenden Deportation nach Schweden fliehen, wo sie bis zu ihrem Tode lebte. Das Gedicht »Jakob« erschien zuerst 1949 in der Sammlung »Sternenverdunkelung«.

JAKOB

O ISRAEL,
Erstling im Morgengrauenkampf
wo alle Geburt mit Blut
auf der Dämmerung geschrieben steht.
O das spitze Messer des Hahnenschreis
der Menschheit ins Herz gestochen,
o die Wunde zwischen Nacht und Tag
die unser Wohnort ist!

Vorkämpfer,
im kreißenden Fleisch der Gestirne
in der Nachtwachentrauer
daraus ein Vogellied weint.

O Israel,
du einmal zur Seligkeit endlich Entbundener –
des Morgentaus tröpfelnde Gnade
auf deinem Haupt –

Seliger für uns,
die in Vergessenheit Verkauften,
ächzend im Treibeis
von Tod und Auferstehung
und vom schweren Engel über uns
zu Gott verrenkt
wie du!

- *Lesen Sie das Gedicht langsam und laut und versuchen Sie, Akzente zu setzen.*
- *Ein Ansatz für die Deutung des Gedichts können die Worte »Seliger für uns« sein. Wer ist mit »uns« gemeint? Wie wird das, was »uns« widerfahren ist, in Verbindung mit der biblischen Jakobserzählung gedeutet?*
- *Schreiben Sie eine kleine Kritik des Gedichts, in der Sie den Vorwurf diskutieren, es verharmlose durch die Inanspruchnahme der biblischen Vorlage das Schicksal des jüdischen Volkes in der ersten Hälfte des 20. Jahrhunderts.*

Jüdischer Glaube – geglaubte Geschichte

Die Geschichte des Judentums ist eine Geschichte zwischen Gott und seinem Volk. Gott greift in diese Geschichte immer wieder ein und zeigt sich als verlässlicher Bundespartner.

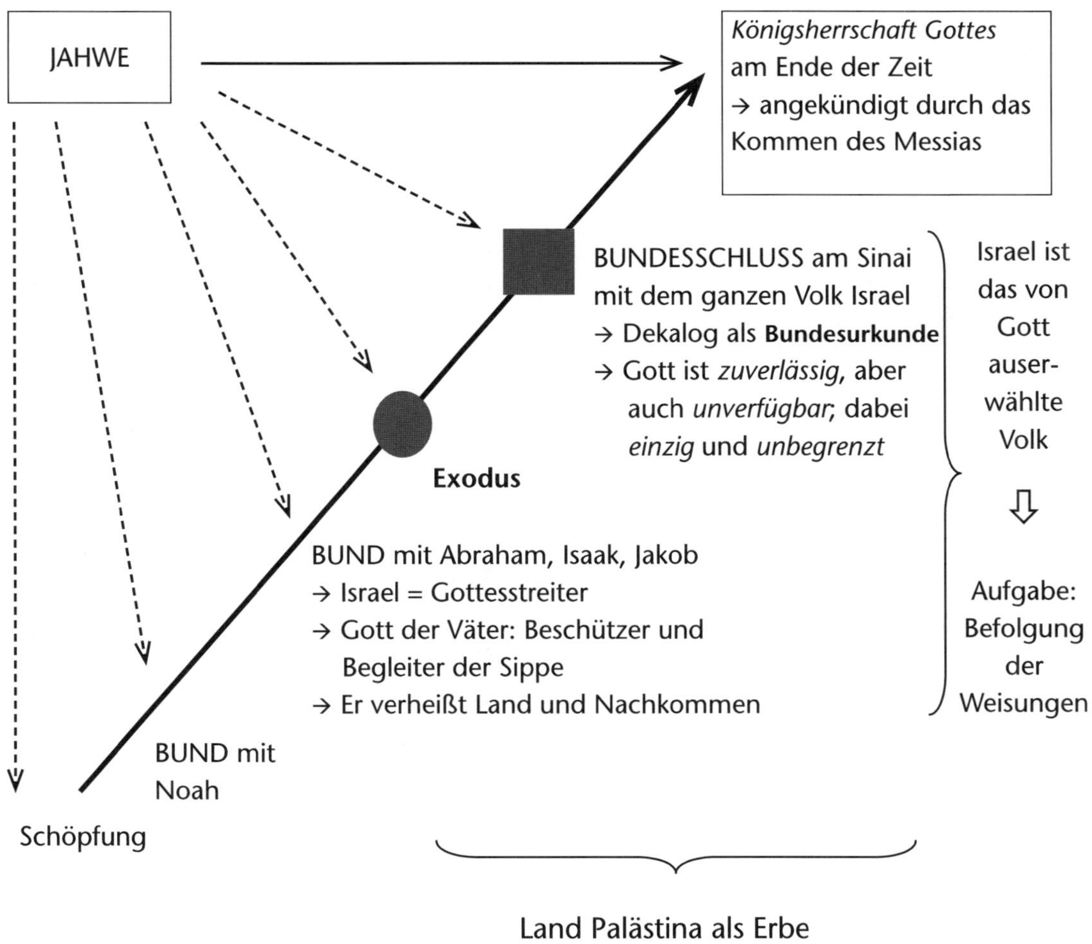

Gott schließt einen Bund mit seinem Volk

Der Gott des Alten Testaments, der mit den Menschen den Bund geschlossen hat, ist für die Israeliten konkret und wirklich. Gott ist. Gott ist da. Gott ist da für sein Volk. Und das Volk soll keine anderen Götter neben ihm verehren.

יהוה

Welchen Namen trägt dieser Gott, der für sein auserwähltes Volk da ist? Sein Name ist Jahwe, der genau das bedeutet: Ich bin der, als der ich da sein werde – so hat sich der Gott des Alten Testaments Moses im brennenden Dornbusch offenbart. Gott definiert sich also gegenüber den Menschen als »ihr Gott«, als »für sie da seiender Gott«, als Gott, der ihnen nahe ist und in Zukunft auch *zuverlässig* beistehen wird. Der Gott, der vor dem Menschen da war und den Menschen erschaffen hat, versteht sich also als Gott der Menschen, er geht auf sie zu. Auf der anderen Seite bleibt Gott aber auch unbegreiflich, unfassbar, unbeschreibbar und *unverfügbar*. Das auserwählte Volk Gottes im Alten Testament fühlt sich Gott sehr nahe, es empfindet ihn aber immer auch als geheimnisvoll und es weiß um seine unfassbare Größe, der es in großer Ehrfurcht begegnet.

- *Legen Sie den jeweiligen Stufen im Schema der jüdischen Glaubensgeschichte die entsprechenden Bibelstellen zugrunde.*
- *Erschließen Sie über Gen 12,6f. die theologische Bedeutung Palästinas als »Erbe«.*
- *Die üblichen Vorstellungen von Gott als Bundespartner sind männlich dominiert: Gott als Vater, Richter, König, Hirte. Lesen Sie Hos 11,1-8 und Jes 49,14-16 und analysieren Sie, welche Eigenschaften Gottes dort ausdrücklich betont werden.*
- *Lesen Sie Ex 3 und erschließen Sie den Text nach der Fünf-Schritt-Methode der Bibelauslegung.*
- *Analysieren Sie anschließend, an welchen Stellen im Text Gott als transzendenter und doch personaler Gott zum Ausdruck kommt und inwiefern der geoffenbarte Name zum Programm für Gottes Heilswirken wird.*

Rollenspiel zur Situation der Gemeinde, in der das Johannes-Evangelium entstand

Die **Situation**: Der Gemeindevorsteher der Johannes-Gemeinde hat drei Gemeindemitglieder zu sich eingeladen, um mit ihnen die schwierige Lage der Gemeinde zu besprechen: einen Jugendlichen, einen Beamten der Stadtverwaltung und einen Händler. Außerdem hat er ein Mitglied der jüdischen Synagogengemeinde eingeladen, um herauszufinden, ob der Riss zwischen der jüdischen Gemeinde und der Johannes-Gemeinde noch zu kitten ist.	Sie sind der **Gemeindevorsteher der Johannes-Gemeinde**. In letzter Zeit gibt es in der Gemeinde erhebliche Unruhe: Soll man gehen oder bleiben? Aufgrund des wachsenden Drucks in der Öffentlichkeit, der von der erstarkten jüdischen Gemeinde ausgeht, tragen sich immer mehr Leute aus der eigenen Gemeinde mit dem Gedanken, sich zu trennen und in den »Schoß« der jüdischen Gemeinde, zu der sie einmal gehört haben, zurückzukehren. Soll das das Ende Ihrer Gemeinde sein, die sich zu Jesus Christus bekennt und aus seinem Geist zu leben versucht? Angesichts der drohenden Abfallbewegung haben Sie einige Gemeindemitglieder zu sich eingeladen. Sie möchten mit ihnen die Frage besprechen: Wie können wir die Leute zum Bleiben und zum Durchhalten ermuntern?
Es herrscht Unruhe in der Johannes-Gemeinde. Soll man – unter dem wachsenden Druck der Öffentlichkeit – gehen oder bleiben? Sie sind als **Jugendlicher** ganz persönlich betroffen. Sie haben erleben müssen, wie Ihre Eltern auf Ihre Mitgliedschaft in der Johannes-Gemeinde angesprochen wurden und Sie dabei zu verleugnen versuchten: »Fragen Sie ihn doch selbst! Wir haben damit nichts zu tun« (vgl. Joh 8,21). Dieser innere Bruch mit den Eltern schmerzt Sie. Soll durch die Verbindung mit der Gemeinde für immer ein Riss durch die Familie gehen?	Sie sympathisieren mit der Johannes-Gemeinde, trauen sich aber als **Beamter der Stadt-Verwaltung** nur heimlich (möglichst erst, wenn es Nacht geworden ist) zu den Gemeindeversammlungen zu kommen (vgl. Joh 12,42f.). Sie haben immer gehofft, es würde einmal besser werden, sodass Sie sich ganz offen, ohne um Ihre Karriere fürchten zu müssen, als Mitglied der Johannes-Gemeinde bekennen können. Doch hat sich in letzter Zeit der politische Wind gewendet. Immer mehr werden Vertrauensposten mit Mitgliedern aus der jüdischen Gemeinde besetzt. Wie lange können Sie Ihr »heimliches« Doppelleben noch durchhalten?
Sie sind **Händler** und besitzen ein kleines Geschäft an der Hauptstraße. Seitdem man gehört hat, dass Sie zu den Gottesdiensten der Johannes-Gemeinde gehen und dort aktives Mitglied sind, bekommen Sie zunehmend die wirtschaftlichen Folgen zu spüren. Kurz: die Kasse stimmt nicht mehr. Die Kundschaft läuft Ihnen davon. Sollen Sie wegen Ihrer Mitgliedschaft in der Gemeinde am Ende Ihr Geschäft aufgeben? Was Sie besonders ärgert: Sie wissen, dass einige hochstehende Beamte mit der Johannes-Gemeinde sympathisieren. Man sieht sie gelegentlich in den Gottesdiensten. Wenn sie sich öffentlich zur Gemeinde bekennen würden, könnte dies die feindselige Stimmung nicht ändern und ein bisschen mehr Toleranz in der Öffentlichkeit schaffen?	Sie gehören zur **jüdischen Synagogengemeinde**. Sie haben den Aufstand gegen die Römer und seine schrecklichen Folgen miterlebt. Endlich scheinen sich die Verhältnisse wieder zu stabilisieren. Auch ein geregeltes Gemeindeleben kommt wieder in Gang – fast kaum zu glauben nach all den schlechten Erfahrungen, die die Römer mit religiös und national fanatisierten jüdischen Gruppen gemacht haben. Doch schon wieder gibt es Abspaltungen in der eigenen Gemeinde: Sektiererei, ja Ketzerei, die den mühsam gewonnenen politischen Frieden und die religiöse Toleranz der Römer auf's Spiel setzt. Wieder einmal wird jemand aus Ihrem Volk als »Messias« auf den Schild gehoben. Die verheerenden Folgen, die das haben kann, kennt man.

Erinnerungen Maria Magdalenas

Die Erinnerung ist das einzige Paradies, aus dem wir nicht vertrieben werden können.
Jean Paul

Mit jedem Menschen verschwindet, er sei auch, wer er sei, ein Geheimnis aus der Welt, das vermögen seiner besonderen Konstitution nur er entdecken konnte, das nach ihm niemand wieder entdecken wird.

Friedrich Hebbel

Auf der anderen Seite des Weges

Der Tod ist nichts.
Ich bin nur in das Zimmer nebenan gegangen.
Ich bin ich, Ihr seid Ihr.
Das, was ich für Euch war, bin ich immer noch.
Gebt mir den Namen, den Ihr mir immer gegeben habt.
Sprecht mit mir, wie Ihr es immer getan habt.
Seid nicht feierlich oder traurig.
Lacht weiterhin über das, worüber wir gemeinsam gelacht haben.
Betet, lacht, denkt an mich. Betet für mich.
Damit mein Name im Hause ausgesprochen wird, so wie es immer war.
Ohne irgendeine besondere Betonung, ohne die Spur eines Schattens.
Das Leben bedeutet das, was es immer war.
Der Faden ist nicht durchschnitten.
Warum soll ich nicht mehr in Euren Gedanken sein,
nur weil ich nicht mehr in Eurem Blickfeld bin?

Charles Peguy

- *Der Tod eines lieben Menschen reißt eine Lücke auf, die nur schwer zu schließen ist. Im Internet steigt die Zahl der Webseiten, auf denen Online-Todesanzeigen, Gedächtnis- und Kondolenztexte veröffentlicht werden können. – Inwiefern leisten sie einen Beitrag zur Trauerarbeit?*
- *Lesen Sie Joh 20,1-18 und formulieren Sie davon ausgehend eine Jesus-von-Nazaret-Gedächtnisseite aus der Sicht von Maria Magdalena.*

Maria Magdalena – eine Spurensuche

Magdalena heißen heute nur wenige Mädchen. Wer weiß schon, dass Magdalena eigentlich von einem Ortsnamen kommt, dem Ort Magdala am Westufer des Sees Genesaret, aus dem Maria stammte. Ihr Vorname Maria war so verbreitet, dass man sie nach ihrem Geburtsort Magdalena nannte, im Unterschied zu den zahlreichen Marien, die im Neuen Testament vorkommen. Wer ist diese Frau? Was weiß man von ihr historisch einigermaßen gesichert? Welche Rolle spielt sie in den Evangelien? Lukas berichtet, dass Jesus auf seinen Wanderungen nicht nur von Männern begleitet wurde, sondern auch von Frauen. Das war ganz ungewöhnlich, da kein Rabbi und kein Wanderlehrer je weibliche Gefolgschaft hatte. Lukas nennt sogar die wichtigsten der Gefährtinnen Jesu mit Namen. Magdalena steht an erster Stelle.
Welche Rolle spielte diese Frau? War sie einbezogen in den Jüngerkreis? Hat Jesus mit ihr ebenso geredet wie mit den Jüngern? Maria Magdalena gehörte zum Kreis derer, die Jesus mit allem, was sie besaßen, unterstützten. Sie war also eine seiner Sympathisantinnen. Leider erfahren wir über sie in der Zeit zwischen der Heilung Magdalenas und der Kreuzigung Jesu nichts mehr. Von dieser wichtigen Stunde an allerdings bringen die Evangelien sie wieder ins Spiel. Mit Ausnahme des Lukas berichten nämlich alle, dass Magdalena beim Kreuz gestanden habe, an dem Jesus zu Tode kam. Magdalena und mit ihr andere Frauen kennen die Begräbnisstätte Jesu. Sie beobachten und erkunden seine Bestattung. Was die Frauen in der Sorge wegen des schweren Steins vor der Grabkammer erleben, der dann merkwürdigerweise weggerollt war, ist die Begegnung mit einem jungen Mann in weißem Gewand, die Leere des Grabes und die Nachricht von der Auferstehung Jesu, schließlich den Auftrag, zu den verängstigten Jüngern zu gehen und ihnen die Nachricht von der Auferstehung zu bringen – das ist, wenigstens aus der Sicht des Markus, für die Frauen vorerst einfach zu viel. Da verließen sie das Grab und flohen, denn Schrecken und Entsetzen hatte sie gepackt und sie sagten niemand etwas davon, denn sie fürchteten sich.
Von Magdalena wird die Geschichte einer tiefen Trauer, einer verzweifelten Frau, aber auch einer merkwürdigen Begegnung erzählt. Magdalena ist hier eindeutig die erste Zeugin der Auferstehung Jesu. Dass es dabei um eine Erzählung geht, die mithilfe äußerer Vorgänge hauptsächlich eine innere Geschichte erzählt, ist klar. Jesus, der Auferstandene, ist nicht mehr einfach berührbar oder gar festzuhalten wie ein physischer Mensch. Mit ihm ist eine Verwandlung vor sich gegangen, die man nicht einfach erzählen kann, ohne Metaphern zu gebrauchen.

- *Entscheiden Sie, welche der folgenden Bibelstellen sich eindeutig auf die historische Person Maria Magdalenas beziehen: Mt 28,1-10; Mk 1,29-31; Mk 16,1-8; Lk 7,36-50; Lk 8,1-3.*
- *Ordnen Sie die entsprechenden Stellen der biblischen Magdalenaerzählung (Joh 19,25–20,18) dem Geschehen im Erklärungstext »Maria Magdalena« zu.*

Gedichtvergleich

Der Vergleich zweier Gedichte von Kurt Marti lässt unterschiedliche Schwerpunkte in Darstellung der Magdalenengestalt erkennen:

das leere grab

ein grab greift
tiefer
als die gräber
gruben

denn ungeheuer
ist der vorsprung tod

am tiefsten
greift
das grab das selbst
den tod begrub

denn ungeheuer
ist der vorsprung leben

einst hätte man dich
Als visionäRRin heilig gesprochen
oder als hexe
auf dürrem holzstoss verbrannt
(zwei seiten derselben medaille)
noch früher
find ich dich
unter levantinischen frauen
die in jesu wanderkommune
die menschenfreundlichkeit gottes
zu leben versuchten
in gebet und gedicht
im glauben und der liebe –
prophetin
einer magdalenischen zeit

■ *Wie thematisiert Kurt Marti die Gestalt Maria Magdalena in beiden Gedichten?*

Methodik der Bildbegegnung 1

Wenn es sich wirklich um vielschichtige (»polyvalente«), geheimnisvolle, für verschiedene Deutungen offene Bilder handelt, treten wir ihnen gegenüber, wie wenn wir einer zunächst fremden Person begegnen, mit der wir zu einer persönlichen Beziehung kommen möchten. Ein wichtiges Mittel, die Intensität der Bildbegegnung zu steigern, ist die möglichst genaue Beschreibung des sichtbaren Bildbestandes vor aller Interpretation. Die klare Beschreibung enthält die Einladung und den Versuch, sich auf das Gebilde voll und ganz einzulassen. Im Grunde geht es bei der Bildbeschreibung auch um eine spirituelle Forderung: Aufmerksam zu sein mit angespannter Außen- und Innenkonzentration, sich einlassen, sich öffnen, etwas mit sich geschehen lassen. Dazu tritt dann natürlich immer auch die möglichst angemessene Reflexion über das, was als vor Augen liegend oder in die Augen springend beschrieben wurde. Der mögliche Verlauf einer Bildbegegnung kann sich wie folgt gestalten:

1. Spontane Wahrnehmung
Was sehe ich?
Stilles Abtasten und Lesen des Bildes; spontane, unzensierte Äußerungen; im Bild spazieren gehen, hier und dort verweilen mit ungelenkter Aufmerksamkeit.

2. Analyse der Formensprache
Wie ist das Bild gebaut?
Systematische Wahrnehmung und Benennung der Formen, Farben, Strukturen und Rhythmen des Bildes: Einzelheiten und der Zusammenhang des ganzen sichtbaren Formbestandes und Bewusstmachung der Bildordnung.

3. Innenkonzentration
Was löst das Bild in mir aus?
Meine Gefühle und Assoziationen. Auf welche Gestimmtheit zielt das Bild selbst? An was erinnert es mich? Anziehend oder abstoßend?

4. Analyse des Bildgehalts
Was hat das Bild zu bedeuten?
Die Thematik des Bildes: Der Bezug zum Text der Bibel oder zu sonstigen Quellen. Sein Standort innerhalb der Ikonografie, von den dargestellten Gegenständen, den Stoffen oder Sujets der Bilder, auch von ihren Motiven, die jeweilige Darstellung von Attributen der Heiligen und von Allegorien und Symbolen.

5. Identifizierung mit dem Bild
Wo siedele ich mich auf dem Bild an?
Sich in das Bild hineinziehen, sich in die Geschichte verwickeln lassen. In welcher Figur finde ich mich am ehesten wieder? Wie behandelt mich das Bild als Betrachter? Was erwartet es von mir? Bewirkt es Einverständnis oder Irritation? Kann es mich unmerklich verwandeln? Zieht es mich in seinen Bann? Überlasse ich mich ihm oder sträube ich mich?

Zusammenfassend können die folgenden fünf Leitfragen zu einer gelungenen Bildbetrachtung verhelfen:
Achten Sie auf den Symbolwert von Farben, Gegenständen, Haltungen, Positionen, Kleidung.
Achten Sie auf den Aufbau und Komposition. Sehen Sie Parallelen zu anderen Gemälden?
Welche Ikonografie (Gegenstände, Stoffe, Sujets, Motive, Attribute der Heiligen, Allegorien und Symbole) wird verwendet?
Welche biografische und zeitgeschichtliche Situation bei der Entstehung des Bildes steht im Hintergrund?
Versetzen Sie sich in das Bild: Wie wirkt die Umgebung? Könnten Sie darin umhergehen, das Bild weitermalen, die dargestellte Szene weiterleben? Wo würden Sie gern sein, wo ungern?

Günter Lange

Methodik der Bildbegegnung 2

Impulse zur Bildanalyse

1. Wahrnehmen
Was ist auf dem Bild zu sehen?
Was ist oben / unten / links / rechts / in der Mitte?
Welche Richtungen, Verbindungen, Bewegungen und Kompositionslinien finden sich?
Beschreiben Sie die Menschen auf dem Bild, ihre Haltung, Kleidung, Gesichter, Hände ...
Welche Effekte, Kontraste, Schattierungen entdecken Sie?
Beschreiben Sie die Landschaft, den Hintergrund, die Umgebung – den Bildkontext.

2. Wirken
Welche Farben hat der Maler gebraucht? Warum? Wie wirken sie auf Sie?
Wie ist das Bild gemalt? Welchen (ersten) Eindruck macht das Bildnis insgesamt auf Sie?
Was könnten Personen auf dem Bild sagen /denken? Welche Gedanken stellen sich beim

3. Betrachten
Wo möchten Sie auf diesem Bild vorkommen?
Was würden Sie sehen / hören / riechen, wenn Sie in diesem Bild wären?
Wer möchten Sie auf diesem Bild sein / nicht sein?
Was würden Sie hinzumalen / weglassen / anders malen?
Wie könnte die Geschichte weitergehen? Was könnte sich vorher / nachher abspielen?
Schreiben Sie eine Geschichte zu diesem Bild.

4. Erkennen
Warum hat der Maler das Bild wohl gemalt?
Geben Sie dem Bild einen Titel! Hat das Bild einen Titel?
Fassen Sie die Aussage des Bildes (in 2-3 Sätzen) zusammen.
Was wissen Sie über das Thema des Bildes?
Wie hat der Maler das Thema bearbeitet? Kennen Sie andere Bilder zum Thema?

Beispiel:
Da wir Bilder eher von links nach rechts als umgekehrt lesen, empfinden wir z. B. eine von links oben nach rechts unten führende Schräge als »fallend« und damit als ein Signal für Abstieg, Trauer u. Ä. In Bildern der Auferstehung Christi dominiert stattdessen oft eine von links nach rechts aufsteigende Diagonale, sei es im Sargdeckel oder in der Figur des Engels oder des Auferstandenen selbst. Diese Linienführung »verkündet« bzw. unterstreicht visuell und emotional eindringlich die Botschaft: Er ist auferstanden. Ebenso kommt die bildeigene Sprache zum Zuge im Hoch- oder Querformat eines Bildes mit der Betonung der vertikalen oder der horizontalen Bildachse und den entsprechenden Folgen einer eher hierarchischen Über- und Unterordnung der Bildelemente bzw. eines Nebeneinanders. Symmetrische Anordnung bzw. Frontalität der Figuren steigert deren Würde und Feierlichkeit. Horizontale Linien vermitteln das Grundgefühl der Ruhe, vertikale Linien symbolisieren eher Erhabenheit, kurvige Linien Lebendigkeit. Das Dreieck gibt der Komposition Festigkeit, die Kreisform Geschlossenheit. Abweichungen von den Grundformen oder von der Links-Rechts-Wertigkeit werden als auffällig und damit als besonders bedeutungshaltig empfunden usw. Methodisch nützlich sind Tafelskizzen, die die planimetrischen Strukturen und die Bewegungsrichtungen einer Komposition verdeutlichen – vor allem, wenn daraus Gewinn für die Deutung gezogen werden kann.

■ *Erschließen Sie das Bild im Schulbuch auf S. 55 von Janet Brooks-Gerloff, in dem Sie sich von einigen Impulsen leiten lassen. Erproben Sie die Erschließungsschritte auch bei weiteren Bildern Ihrer Wahl im Buch.*

Kurt Marti, Gottes Sein blüht gesellig

1
Wenn Gott zum Götzen verzerrt wird,
muß man sich diesem verweigern.
Wo Gott zum Tyrannen gemacht wird,
müssen wir diesen stürzen.
So fordert's
Seine Dreieinigkeit.

2
Dreieinigkeit?
Ein Männerbund! empören sich Frauen.
Zu'Recht.
Zu Recht.

Und dennoch:
entwarf diese Denkfigur
die unausdenkbare Gottheit nicht
als Gemeinschaft,
vibrierend, lebendig,
beziehungsreich?
Kein einsamer Autokrat jedenfalls,
schon gar nicht Götze oder Tyrann!
Eine Art Liebeskommune vielmehr,
einer für den andern,
»dreifach spielende Minneflut«.
(Mechtild von Magdeburg)

3
Mich stellt's jedenfalls auf,
Gott als Beziehungsvielfalt zu denken,
als Mitbestimmung, Geselligkeit,
die teilt, mit-teilt, mit anderen teilt:
»Die ganze Gottheit spielt
ihr ewig Liebesspiel.« (Quirinus Kuhlmann)
Und insofern:
niemals statisch,
nicht hierarchisch,
actus purus,
lustvoll waltende Freiheit,
Urzeugung der Demokratie.

4
Alsbald ins Leere
laufen da Fragen wie:
personal oder apersonal?
transzendent oder immanent?
ruhendes Sein oder ewiges Tun?
Seit urher beides
und mehr noch als beides,
ein Drittes also
und mehr als ein Drittes:
das Ganze, die Fülle
(auch von Weiblichkeit, Männlichkeit),
die unausschöpflich – End ohne Ende –
in Beziehungen blüht.

5
Will ich die gesellige Gottheit begreifen,
von Ihr Besitz ergreifen,
lang' ich ins Leere.
Und auch sie
– von Mechtild »Frau Minne« genannt –
will nicht Besitz ergreifen von mir.
Eher berührt Sie,
wie Freunde, wie Liebende
einander berühren,
berührt,
damit überspringe der Funke, das Leben,
berührt, damit die Besessenheit vom Besitz,
der Wille zur Macht verglühe
im Angesicht jenes Tages,
»da alle Herrschaft,
jede Gewalt oder Macht
vernichtet
und Gott alles sein wird
in allem.« (1. Korinther 15,24)

6
Dreieinigkeit?
Weil sexistisch
und überhaupt: Entwurf
ohne Endgültigkeit.
Gott ist Liebe,
will er sagen,
Gottes Sein blüht gesellig,
»Seine Liebe wandelt
in immer frischem Trieb
durch die Welt.« (Franz Rosenzweig)

- *Sammeln Sie die Aussagen über Gott, die Kurt Marti ablehnt.*
- *Stellen Sie dieser Sammlung gegenüber, wie er den dreieinigen Gott beschreibt.*
- *Beschreiben Sie die Wirkung, die nach Ansicht des Autors vom Trinitätsglauben ausgeht.*

Die Interpretation der Bibel in der Kirche (1993)

Die Bibel ist für den christlichen Glauben, für das Leben der Kirche und für die Beziehungen zwischen Christen und Gläubigen anderer Religionen von entscheidender Bedeutung. Das Problem der Bibelauslegung ist keine moderne Erfindung, wie man manchmal glauben machen will. In der Bibel selbst sehen wir, dass ihre Auslegung Schwierigkeiten bereitet. Neben eindeutigen Texten enthält sie dunkle Stellen. Im 2. Petrusbrief lesen wir, dass »keine Weissagung der Heiligen Schrift eigenmächtig ausgelegt werden darf« (2 Petr 1,20), und weiter, dass in den Briefen des Apostels Paulus »manches schwer zu verstehen ist, und die Unwissenden, die noch nicht gefestigt sind, diese Stellen ebenso wie die übrigen Schriften zu ihrem eigenen Verderben verdrehen« (2 Petr 3,16).
Die Auslegung der Bibel will den ganzen Reichtum, der in den biblischen Texten enthalten ist, erschließen, damit das Wort Gottes immer mehr zur geistigen Nahrung für die Glieder seines Volkes werden kann, zur Quelle für ein Leben aus dem Glauben, der Hoffnung und der Liebe.
Die Texte der Bibel wurden von den Gemeinschaften des Alten Bundes und der apostolischen Zeit als gültiger Ausdruck ihres Glaubens anerkannt. Gemäß der Auslegung dieser Gemeinschaften und in Abhängigkeit von ihr wurden diese Texte als Heilige Schrift anerkannt. So wurde z. B. das Hohelied im Zusammenhang mit seiner Deutung auf die Beziehung zwischen Gott und Israel als Heilige Schrift anerkannt. Während der ganzen Entstehungszeit der Bibel wurden die zu ihr gehörenden Schriften in vielen Fällen neu aufgenommen und neu interpretiert, um auf neue, unbekannte Situationen Antworten zu geben. Da die Heilige Schrift aufgrund der Übereinstimmung von gläubigen Gemeinschaften entstand, die in ihrem Text den Ausdruck des geoffenbarten Glaubens erkannten, muss gerade auch ihre Interpretation selber wieder für den lebendigen Glauben der kirchlichen Gemeinschaften zur Quelle einer Übereinstimmung in den wesentlichen Punkten werden.
Da die Texte der Heiligen Schrift manchmal in Spannung zueinander stehen, ist die Interpretation notwendigerweise pluralistisch. Keine einzelne Interpretation kann den Sinn des Ganzen erschöpfen, der wie eine Sinfonie mehrstimmig ist. Die Auslegung eines einzelnen Textes darf also nicht exklusivistisch geschehen.
Die Heilige Schrift steht in fortwährendem Dialog mit den Glaubensgemeinschaften: sie ist ja aus ihren Glaubenstraditionen hervorgegangen. Ihre Texte haben sich in der Beziehung zu diesen Traditionen entwickelt und andererseits zu ihrer Entwicklung beigetragen. Daraus folgt, dass die Auslegung der Heiligen Schrift innerhalb der Kirche stattfindet, in ihrer Pluralität und ihrer Einheit, und in ihrer Glaubenstradition.

Dokument der Päpstlichen Bibelkommission (Rom, 15. April 1993)

- *Vergleichen Sie die Aussagen dieses Textes mit dem Ausschnitt auf S. 58 im Schulbuch.*
- *Fassen Sie die Ergebnisse in übersichtlicher Form zusammen (z. B. in Form von Thesen).*

Besinnung zu Psalm 139

Wenn er sein Leben ansieht,
dann schaut er in das Auge Gottes.
Wo er auch hinschauen mag,
im Stehen und Gehen, im Sitzen und Liegen,
in jeder Lage begegnet er Gott.
Dieser Gott kennt seine Worte,
noch ehe sie ausgesprochen sind;
sogar um seine innersten Gedanken weiß Gott.

Das scheint zunächst wie eine bedrückende Erkenntnis.
Das Wissen, von Gott »eingeschlossen« zu sein,
Gottes Hand auf sich zu fühlen,
von dieser Hand in Beschlag genommen zu sein,
das ist ein Gefühl,
das den Beter zunächst mehr lähmt als befreit.
»Wohin könnte ich fliehen vor deinem Geist?«
So heißt seine bange Frage. –

Doch der Psalmist überlegt:
Könnte ich überhaupt fliehen vor Gott?
In den höchsten Höhen, in den untersten Tiefen,
in den äußersten Fernen –
überall würde Gott mich ergreifen.
Es gibt kein Entrinnen,
es gibt keine Absicherung gegenüber Gott.

Der Beter des Psalms versucht deshalb nicht weiter,
sich diesem Gott zu entziehen.
Er geht einen anderen Weg,
den Weg vom Nein zum Ja,
von der zweifelnden Auseinandersetzung zur vertrauenden Hinwendung.
Er weiß sich einbezogen in Gottes Wunder,
»hineingewoben« in den Schöpfungsgedanken Gottes.

Wer aber eingebettet ist in Gottes Dasein und Liebe,
der hat nichts zu fürchten.
Der lebt in der Glaubensgewissheit:
Mein Leben, unser Leben ist eingeschrieben in Gottes Hand.
Nichts geht verloren.
Selbst im Tod ist unser Leben gehalten von Gott,
der es bewahrt und erlöst.

- *Vergleichen Sie den Besinnungstext mit der biblischen Fassung (S. 35 im Schulbuch).*
- *Entwerfen Sie dazu einen Paralleltext, in dem deutlich wird, wie Sie von Ps 139 angesprochen werden: »Wenn ich mein Leben anschaue ...«*

Kopiefertige Folienvorlagen zum Zerschneiden

Sender/in → Aussage/Botschaft → Empfänger/in

Folie 1

Gott → Aussage/Botschaft → Empfänger/in

Folie 2

Gott → Aussage/Botschaft → **hörender Mensch**

Folie 3 (Folien 1 und 2 wegnehmen)

Gott → ***Offenbarung*** → **hörender Mensch**

Folie 4

Gott →	***Offenbarung*** →	hörender Mensch
Gott ←	**GLAUBEN** ←	hörender Mensch

Folie 5

Dei Verbum 11

Das von Gott Geoffenbarte, das in der Heiligen Schrift enthalten ist und vorliegt, ist unter dem Anhauch des Heiligen Geistes aufgezeichnet worden; denn aufgrund apostolischen Glaubens gelten unsere heiligen Mutter, der Kirche, die Bücher des Alten wie des Neuen Testamentes in ihrer Ganzheit mit allen ihren Teilen als heilig und kanonisch, weil sie unter der Einwirkung des Heiligen Geistes geschrieben (vgl. Joh 20,31; 2 Tim 3,16; 1 Petr 1,19-21; 3,15-16), Gott zum Urheber haben und als solche der Kirche übergeben sind. Zur Abfassung der Heiligen Bücher hat Gott Menschen erwählt, die ihm durch den Gebrauch ihrer eigenen Fähigkeiten und Kräfte dazu dienen sollten, al das und nur das, was er – in ihnen und durch sie wirksam – geschrieben haben wollte, als echte Verfasser schriftlich zu überliefern.

Kommentierung der Konstitution Dei Verbum III Art. 11 Abs. 1
Der Text setzt bei der herkömmlichen Inspirationslehre an. Das Bekenntnis der Geistgegenwart der Schrift bedingt ihre Kanonizität. Sodann ist die Entstehung der Schrift in zwei Schritten erläutert: Die Bibel hat »Gott zum … als echte Verfasser Urheber« (*Deum habent auctorem*) »und Menschen … als echte Verfasser« (*homines … ut veri auctores*). Göttliches und menschliches Handeln in der Entstehung der Texte werden mit dem gleichen Begriff umschrieben (*auctor – auctores*); so ist erkennbar, dass Gott und Mensch in der Entstehung der Schrift zusammenwirken. Vom menschlichen Verfasser wird gesagt, dass er alle seine Fähigkeiten und Kräfte einbringt und dass er alle seine Fähigkeiten und Kräften einbringt und dass er »echter« Verfasser sei. Mit Gottes Wirken wird eine Formalabgrenzung des Inhalts (»all das und nur das …«) in Verbindung gebracht. Der eigentliche Schreibvorgang wird nicht beschrieben, umso deutlicher ist die Verklammerung von göttlichem Handeln mit menschlichem Tun zu sehen. Dies bewahrt davor, die Schrift als unantastbares Werk Gottes zu verstehen oder sie nur auf der Ebene eines Werkes aus der Antike zu betrachten. Nur in der Zusammenschau von Gottes Initiative mit menschlicher Indienstnahme kann sich Begegnung mit der Schrift in der Kirche ereignen.

nach W. Kirchschläger

- *Erläutern Sie den neutestamentlichen Befund über das Verständnis des biblischen (alttestamentlichen) Wortes »heilig«.*
- *Wie kann Inspiration im Rahmen des Kommunikationsprozesses zwischen Gott und Mensch verstanden werden? Was sagt dazu die Konstitution Dei Verbum (Art. 11)?*
- *In welcher Weise betrifft Inspiration die heutigen Leserinnen oder Hörerinnen bzw. Leser und Hörer der biblischen Schriften?*

3 Gott und die Vernunft

Das Thema im Schulbuch

Kann der Gottesglaube vernünftig sein? Ist es vernünftig, an Gott zu glauben? Diese Fragen stellt sich der Mensch nicht erst seit der Aufklärung. Seit den »Vorsokratikern« wurden das Denken des Menschen, die Welt und auch die Religion von der Vernunft her kritisch überprüft.
Wenn heute in Deutschland und anderswo die Kirchen leerer werden und die Anzahl an Kirchenaustritten konstant hoch bleibt, wird dies schnell mit einer Unvernünftigkeit des Glaubens in Verbindung gebracht. Und doch geben bei Umfragen (vgl. Religionsmonitor 2008, S. 84) rund zwei Drittel der Deutschen an, gläubig zu sein. Man mag einwenden, dass die Gläubigen die großen Kirchen zwar in unterschiedliche Richtungen verlassen, dabei aber keineswegs alle der Religion den Rücken kehren. »Viele suchen ihr Heil in alternativen Formen des Christentums oder in nicht christlichen, oft fernöstlichen Formen der Religiosität« (Norbert Hoerster, Die Frage nach Gott, München 2007, S. 7). Insgesamt scheinen diese Phänomene an der eigentlich grundlegenden Frage, ob der Gottesglaube vernünftig sei, vorbeizugehen. Der Gottesglaube wird heutzutage einzig als Ergebnis individueller Veranlagung, sozialer Prägung oder persönlicher Entscheidung verstanden. Rationale Argumente pro und kontra werden für unpassend gehalten. Nun lässt sich einwenden, dass die christlich religiöse Haltung mehr ist als nur die Annahme der Existenz Gottes, dass die Faktoren, die Menschen zu einer religiösen Haltung bringen, häufig nicht rationaler Natur sind, und dass die Existenz Gottes ihrer Natur nach gar nicht Gegenstand einer empirischen Wissenschaft sein kann. Trotzdem ist es ein Fehlschluss zu folgern, eine rationale Prüfung des Gottesglaubens sei für eine christliche Glaubenshaltung nicht relevant und eine bewusste Entscheidung für oder gegen den Gottesglauben könne nur ein Akt irrationaler Willkür sein. Gerade die rationale Auseinandersetzung mit dem Gottesglauben kann in Zeiten, in denen die Gesellschaft von säkularisierenden Tendenzen gekennzeichnet ist, ein Fundament bieten, auf dem den Argumenten gegen die Vernünftigkeit eines Gottesglaubens begegnet werden kann. Publikationen, in denen versucht wird zu zeigen, »warum der Glaube an Gott einer vernünftigen Betrachtung nicht standhalten kann«, und die sich wochenlang an der Spitze der Bestsellerlisten halten konnten – wie etwa das 2006 im Original und in deutscher Übersetzung im Jahre 2007 erschienene Buch von Richard Dawkins »Der Gotteswahn« –, kann zumindest argumentativ begegnet werden.
In einer Zeit, in der der Gottesglaube sich zu verteidigen hat gegenüber vielfältigen Tendenzen der Zeit, ist es gerade auch für junge Menschen hilfreich, Orientierung zu finden, indem man sich systematisch der rationalen Frage nach Gott nähert.

Kompetenzen

Nach der Bearbeitung des Kapitels können Sch
- die Sehnsüchte des Menschen und ihre Offenheit für religiöse Erfahrungen wahrnehmen und beschreiben (Komp 1 – Wahrnehmungskompetenz);
- die Gottesvorstellungen verstehen und beurteilen (Komp 3 – Deutungskompetenz);
- die Anfrage an Gott durch das Leid differenziert beschreiben und sich über die Theodizee-Frage verständigen (Komp 2 – Begriffskompetenz, Komp 4 – Dialogkompetenz);
- wesentliche Vertreter der Religionskritik und deren Aussagen darstellen (Komp 2 – Begriffskompetenz) sowie das Verhältnis von Naturwissenschaft und Glauben beurteilen (Komp 4 – Dialogkompetenz);
- klassische Versuche sowie neuere Tendenzen, Gott zu beweisen, darstellen und ihre Grenzen aufzeigen (Komp 2 – Begriffskompetenz, Komp 4 – Dialogkompetenz);
- in Auseinandersetzung mit Theologen und deren Deutungen eigene religiöse Überzeugung begründen (Komp 6 – Partizipationskompetenz);
- künstlerische Formen der Annäherung deuten und selbst kreativ umsetzen (Komp 5 – Ausdruckkompetenz).

Das *Titelbild* (**63**) verdeutlicht die Beschränktheit des menschlichen Geistes, die göttliche Sphäre gänzlich zu begreifen. Integriert in das göttliche Ganze scheint es den meisten Menschen doch nicht möglich, aus ihrer Begrenztheit auszubrechen und Gott zu erkennen (Komp 5).

Kontext 1 (**64f.**) greift die gegensätzliche Erfahrung auf, die göttliche Dimension im menschlichen Leben zu erkennen – oder eben nicht. Sch sind eingeladen, ihre Sehnsüchte und die Frage nach Gott zu reflektieren (Komp 1).
Kontext 2 (**66f.**) führt konkret die Frage nach Gott vor Augen und konkretisiert die in *Kontext 1* angesprochene Thematik. Sch-Äußerungen fordern zur Positionierung auf, die dargestellten Gottesbilder zur Reflexion der eigenen Gottesvorstellungen und regen an, weitere Gottesvorstellungen zu ergründen (Komp 3).

Die *Pinnwand* (**68f.**) greift unterschiedliche Bereiche auf, in denen nach Gott gefragt und Antworten geliefert werden. Die Aufgaben beziehen sich auf verschiedene Aspekte des Themenbereichs, in denen Sch Projektideen umsetzen können.

Orientierung 1 (**70f.**) behandelt die besondere Bedeutung des Theodizee-Problems in der Frage nach Gott. Mit dem Buch Ijob nähern sich Sch einer biblischen Antwort auf die Theodizee-Frage (Komp 2, Komp 4).
Orientierung 2 (**72f.**) bietet weitere Antwortmöglichkeiten zur Theodizee-Frage, die als ein ernst zu nehmender Einwand gegen den Glauben an Gott gesehen werden muss (vgl. J. Brantschen, Warum lässt der gute Gott uns leiden?, S. 18) (Komp 1, Komp 4).
Orientierung 3 (**74f.**) bietet religionskritische Ansätze von der Antike bis in die Moderne, wobei hier der Schwerpunkt auf dem wohl bedeutendsten Religionskritiker Ludwig Feuerbach liegt. Sch befassen sich kritisch mit seinem Ansatz und erarbeiten weitere wichtige Argumentationen (Komp 2).
Orientierung 4 (**76f.**) nimmt die religionskritischen Ansätze in der Post-Moderne auf und stellt die »Philosophie des Absurden« eines Albert Camus als Vertiefung und Fortführung der religionskritischen Ansätze Feuerbachs dar (Komp 2).
In *Orientierung 5* (**78f.**) wird konkret auf das Erscheinungsbild des »neuen Atheismus« eingegangen und die gegenwärtige Situation reflektiert (Komp 4).
Orientierung 6 (**80f.**) geht mithilfe zweier Vertreter auf das Spannungsfeld Naturwissenschaft und Glaube ein. Dabei wird versucht, die Grenzen wahrzunehmen und sie dadurch zu überwinden (Komp 4, Komp 5).
Orientierung 7 (**82f.**) nimmt naturwissenschaftliche und biblische Weltbilder wie auch Formen des Kreationismus in den Blick und fordert die kritische Auseinandersetzung (Komp 2-4).
Orientierung 8 (**84f.**) widmet sich dem Thema der »Gottesbeweise«. Neben einem klassischen Ansatz eines Gottesbeweises steht der moderne Versuch der sogenannten Neurotheologie, Gott im Gehirn verorten zu wollen. Sch setzen sich kritisch mit den Argumenten auseinander und forschen nach offenen Fragen (Komp 2, Komp 4).

Die Problematik der Sprache wird bei *Perspektiven 1* (**86f.**) durchleuchtet. Sch reflektieren die »Bildung« der Welt durch Sprache. Die Unterschiede im Umgang mit Sprache sind der Ausgangspunkt zur Reflexion der unterschiedlichen Zugänge zur Wirklichkeit von Glaube und Naturwissenschaft (Komp 2, Komp 4).
Perspektiven 2 (**88f.**) stellt zwei Versuche dar, sich der Gottesfrage zu nähern. Die Argumente der Theologen Hans Küng und Karl Rahner werden von den Sch aufgegriffen und eine eigene Position wird eingenommen (Komp 4, Komp 6).
Perspektiven 3 (**90f.**) greift den Versuch des Menschen auf, Gott trinitarisch zu beschreiben. Um die Bedeutung des Trinitätsdogmas zu erkennen, lernen Sch die Hintergründe der Entstehung sowie Deutungsansätze kennen (Komp 2, Komp 4).

Akzent (**92**) ruft Sch auf, weiterzudenken. Ein literarischer Ansatz reflektiert das Thema des Kapitels und lädt Sch zur Reflexion des Gelernten ein (Komp 5).

Vernetzung mit anderen Themen im Schulbuch

Das Problem der Sprache wird deutlich, wenn vom Unaussprechlichen gesprochen werden soll (*Perspektiven 3*, **28f.**). Verschiedene Formen des Redens werden dabei aufgeführt. Sprache und Wirklichkeit (*Perspektiven 1*, **86f.**) nehmen die Thematik auf, zeigen die Schwierigkeiten der Sprache in der Naturwissenschaft auf und suchen eine Klärung im Verhältnis von Naturwissenschaft und Glaube.

Die großen Fragen des Lebens zu beantworten und weitere konkrete Aufgaben von Religion zu beschreiben, behandelt *Perspektiven 2*, **26**. Diese großen Fragen des Menschen werden in *Perspektiven 2*, **88** aufgenommen; Küngs Text versucht, eine Antwort zu formulieren.

Gottesbilder, die den Menschen prägen, stehen im Mittelpunkt von *Kontext 2*, **67**. Um Gottesbilder und deren Problematik geht es auch in *Orientierung 4*, **44f.** Das Bilderverbot versucht auf eigene Weise, dem Problem der Gottesbilder entgegenzuwirken.

Grenzen der Erkenntnis, wie sie z. B. in 1 Kor 13 beschrieben sind, sind das Thema in *Perspektiven 4*, **30** und leiten Sch an, in tiefere Schichten des Erkennens zu blicken. Die Grenzen des Erkennens sind auch Thema des Titelbildes **63**, auf dem die menschlichen Grenzen bzw. Möglichkeiten der Gotteserkenntnis dargestellt sind.

Der Heilige Geist im biblischen Kontext wird den Sch in *Perspektiven 1*, **56** verdeutlicht. In seiner trinitarischen Ausformulierung begegnet er auf *Perspektiven 3*, **90**. Sch erschließen sich den Hintergrund der urchristlichen Gotteserfahrung und lernen die daraus entstehende Trinitätslehre kennen.

Die sogenannte Neurotheologie versucht, Gott im Gehirn nachzuweisen (vgl. *Orientierung 8*, **85**). In ähnlicher Weise versucht die Neurophysiologie, den freien Willen im Gehirn zu verorten, wie in *Orientierung 2*, **101** nachzulesen ist. Hier findet sich ebenso ein Bezug zu *Perspektiven 2*, **113**, wo Absolutheitserfahrungen bei meditierenden Buddhisten beschrieben werden und sich dabei die Frage nach dem Weg der Erlösung stellt.

Vernetzung mit unteren Jahrgangsstufen

5.4 Jesus fasziniert – 11.3 *Perspektive 3* (**91**) Gottesbilder Jesu; Jesu Rede vom Reich Gottes

6.4 Aus dem Dunkel zum Licht: Mit Jesus aufstehen gegen das Leid (*Orientierung 1*, **90**) – 11.3 *Orientierung 1*, **70f.**; *Orientierung 2*, **72f.** mit Tod und Leid umgehen

10.4 Aus der Stille kommt die Kraft: Auf der Suche nach Sinn (*Kontext 2*, **82**) – 11.3 Sehnsüchte in *Kontext 1*, **64f.**

10.2 Sterben, Tod – und dann: Trauer und Leidbewältigung; Die Frage nach dem Sinn des Leids (*Orientierung 3*, **42f.**) – 11.3 Die Theodizee-Frage und Antwortmöglichkeiten (*Orientierung 2*, **72f.**) und eine biblische Antwort in Ijob (*Orientierung 1*, **70f.**)

10.3 Jesus Christus: Bergpredigt; Wunder (*Orientierung 3*, **66f.**; *Orientierung 4*, **68f.**) – 11.3 *Orientierung 2*, **72f.**: Umgang Jesu mit Leid und Tod und Konsequenzen für den Christen

7.2 Eine bessere Welt in Sicht: Das Reich Gottes – Gegenwart und Zukunft (*Perspektive 2*, **54**) – 11.3 *Orientierung 2*, **72f.** Umgang Jesu mit Leid und Tod und Konsequenzen für den Christen

Gott und die Vernunft

Titelseite 63

1. Hintergrund

Mithilfe der Vernunft und des Verstandes versucht der Mensch, Gott zu erkennen. Wird im LThK Vernunft und Verstand zusammen in einem Artikel besprochen (vgl. LThK, ³2006, Bd. 10, Sp. 701), so versucht der Brockhaus beide Begriffe gesondert zu erklären (vgl. dtv-Lexikon in 20 Bänden, München 1992, 154.162). Demnach wird die Vernunft mit Besonnenheit, Einsicht, Geist, Denkvermögen und Intelligenz umschrieben. Insbesondere bedeutet es die »geistige Fähigkeit, die Dinge und Geschehnisse in ihrem inneren und äußeren Zusammenhang zu begreifen, im Unterschied zum Verstand« (dtv, 154). Der Verstand als »Fähigkeit des richtigen Erkennens und Beurteilens« (dtv, 162) steht demnach zwischen dem Erkenntnisvermögen der sinnlichen Wahrnehmung und der Vernunft.
Wenn nun in diesem Kapitel von »Gott und der Vernunft« gesprochen werden soll, dann will versucht werden, Gott bzw. den Gottesglauben zu begreifen. Die Unterscheidung zwischen Vernunft (griech. *nous* = Geist, Vernunft) und dem Verstand (griech. *dianoia* = zergliederndes Denken, Denkkraft) reicht in die antike griechische Philosophie zurück. So ordnet Platon (ca. 428-348 v. Chr.) die Anschauung/Wahrnehmung der Dinge samt sinnlicher Hilfsmittel dem Verstand zu, die Möglichkeit, das Seiende im Wesen zu erkennen, der Vernunft (vgl. LThK, 701).
Bei Immanuel Kant (1724-1804) bestimmen Verstand und Vernunft thematisch die Hauptwerke, wobei die Vernunft als oberstes Erkenntnisvermögen anerkannt wird (vgl. ebd., 704). Argumente für und gegen die Existenz Gottes werden sorgfältig abgewogen und ausführlich geprüft. Die Lehre, dass es einen Gott gibt, wie ihn z. B. die wichtigen monotheistischen Religionen Judentum, Christentum und Islam vertreten, kann als Frage, ob es einen Gott gibt oder nicht, vernünftig erörtert werden. So hat es z. B. der Philosoph John Leslie Mackie (1917-1981) in seinem Buch versucht, das er kurz vor seinem Tod geschrieben hat und das erst posthum veröffentlicht wurde (Das Wunder des Theismus. Argumente für und gegen die Existenz Gottes, Stuttgart 1985). Die Frage nach Gott scheint eine Sache des vernünftigen Nachdenkens zu sein, die auch der Theologe Hans Küng (geb. 1928) im Buch »Existiert Gott? Antwort auf die Gottesfrage

der Neuzeit« von 1995 beantwortet wissen will. So schwierig auch eine vernünftige Antwort auf die Gottesfrage sein wird, so muss dennoch das Thema vom Menschen, als *animal rationale*, als vernunftbegabtes Wesen, angegangen werden: Der Mensch auf der Suche nach Gotteserkenntnis.
Diese Thematik greift auch das **Titelbild** von Hans-Peter Eggerl auf: Der Mensch auf der Suche nach Gotteserkenntnis.

Hans-Peter Eggerl (geb. 1967)
1967 in Passau geboren, begann Hans-Peter Eggerl schon während des Studiums der Theologie zu malen und entwickelte seinen ganz eigenen Stil. Der promovierte Theologe ist seit 2009 Schulreferent der Diözese Passau.

Hans-Peter Eggerl: »Gotteserkenntnis – Gotteswahrnehmung«, 2008
Das Bild »Gotteserkenntnis – Gotteswahrnehmung« (Acryl) von 2008 zeigt verschiedene Grundformen: Der Kreis gilt als Symbol für das Göttliche, das Quadrat als Symbol für das Irdische, das Weltliche. Die Vierseitigkeit des Quadrats wird in der Vier-Zahl der skizzierten Personen aufgenommen. Durch die Verwendung der drei Primärfarben (gelb, rot, blau) will Grundlegendes ausgesagt werden. Innerhalb des irdischen Quadrats streben drei Figuren im Hintergrund mit ihren Köpfen nach oben bzw. über die Grenzen hinaus, doch sie sehen/erkennen nichts, ihr Vorhaben scheitert. Die geschlossenen Augen der männlich dargestellten Gesichter verdeutlichen dies. Die weiblich anmutende Figur an der vorderen rechten Ecke stellt sich dagegen einfach in die helle Farbe und kann, wenn auch nicht unbedingt das Göttliche gänzlich erkennen, so es doch wahrnehmen. Die offenen Augen lassen das helle Licht in die Figur eindringen. Das Weibliche ist hier auch als Symbol für die Anima, die Seele, zu verstehen. Mit dem Verstand allein werden wir Gott nicht fassen können. Unsere Seele aber kann das Göttliche erkennen. Das Gelb als Farbe für das Göttliche soll hier nicht eingegrenzt sein durch das Blau. Denn Gott lässt sich nicht eingrenzen. Das Gelb erstreckt sich über den roten Kreis in das Blau hinein. Das umgebende Blau gilt auch als Symbolfarbe für das Transzendente. Das Göttliche durchdringt mit der Farbe Gelb das Irdische, auch wenn die Mehrheit das helle Licht nicht erkennen kann. Der rote Kreis grenzt grundsätzlich die transzendente Dimension des Göttlichen, das Ganz-anders-Sein Gottes, sowohl von der empirischen Wahrnehmbarkeit wie auch der verstandesmäßigen Erkenntnis Gottes ab.

2. Einsatzmöglichkeiten im RU

Titelbild betrachten und erschließen
- Sch formulieren, was sie erkennen.
- Dann betrachten Sch das Bild in allen Einzelheiten:
  - das Runde des Gelben,
  - das angedeutete Viereck/Quadrat,
  - die skizzierten Figuren,
  - die geschlossenen/offenen Augen,
  - die nach oben gehenden Stirne/Köpfe der drei Figuren im Hintergrund,
  - die unterschiedlichen Töne der Farbe Gelb,
  - das umgebende Blau mit dem roten Kreis als Grenze.

Kunst fragt und antwortet PINNWAND 69
- Mithilfe der Hinweise auf Farb- und Formsymbolik erschließen Sch die Bedeutung des Bildes.
- »Der Künstler wollte der Frage nachgehen, ob und wie Gott mit dem Verstand wahrgenommen werden kann.« Sch beschreiben den Umsetzungsversuch.
- Sch benennen Gründe, warum der Maler die eine weibliche Figur im Vordergrund mit sehenden Augen dargestellt hat, die drei männlichen Figuren aber im Kontrast dazu nicht.
- Sch äußern sich zur Symbolik der Männer bzw. der Frau: Wen oder was symbolisieren die Männer? Wen oder was symbolisiert die Frau?
- Sch überlegen sich, wie sie die drei Figuren im irdischen Quadrat gestalten würden, um auszudrücken, ob und wie Gott erkannt werden kann.

3. Weiterführende Anregung

Das Bild selbst »weitergestalten«
- Sch gestalten ein Bild zum Kapitelthema als Collage.
- In Absprache mit dem Fach Kunsterziehung überlegt sich eine Schulklasse/Jahrgangsstufe, wie das Thema künstlerisch umgesetzt werden kann. Sie gestalten mit ihren Ergebnissen eine kleine Ausstellung im Schulhaus, welche zum Nachdenken anregt, ob und wie Gott erkannt werden kann.

1. Hintergrund

Die Frage nach Gott begegnet den Sch in ihrem Alltag unterschiedlich und wird ebenso unterschiedlich beantwortet. Im **Bildstreifen** sind Szenen zu sehen, in denen die Präsenz Gottes wahrgenommen werden kann bzw. wo Gott verneint wird. Manche Sch sind noch kirchlich sozialisiert, die Rede von Gott und zu Gott im Gebet wird durch Erfahrungen in der Sakramentenkatechese bei vielen in Erinnerung sein. Auch die vielfach in den Medien betonten Zusammenhänge religiös motivierter Kriege werden mit dem Gottesglauben in Verbindung gebracht. So kann eine gewisse Diskrepanz zwischen einer positiv erlebten Religiosität oder zumindest deren grundsätzlicher Anspruch und der erlebten religiösen Wirklichkeit entstehen. Der Mensch, als Wesen zur Transzendenz fähig, erlebt sich ja als Fragender. Antworten auf seine großen Fragen des Lebens (vgl. Religion vernetzt 11, S. 26) geben die Religionen. Im Christentum werden die Antworten letztlich in Gott verortet. Die Fragen des glaubenden Menschen, sein Suchen, seine Sehnsüchte sind in Gott aufgehoben: »Unruhig ist unser Herz, bis es Ruhe findet in Dir, o Gott« – wird dem Kirchenvater, dem hl. Augustinus (354-430) zugeschrieben.
In Kontrast zu den ersten fünf Bildern steht das letzte Bild. Hier kommt Gott gleichsam selbst zur Sprache. Worüber in den ersten Bildern gerätselt wird, wird hier als Faktum präsentiert – und provozierend wird eine Antwort vorweggenommen.
Doch erleben gerade auch junge Menschen, dass der Glaube an Gott schwindet, die Frage nach Gott oft nicht mal mehr gestellt wird, oder eben behauptet und vorausgesetzt wird. In dieser Spannung leben die Jugendlichen.

Ernesto Cardenal beschreibt in seinem 1971 veröffentlichten **Text** »Der Durst« die unstillbare Sehnsucht der Menschen nach Glück, Freude und Besitz ohne Ende. Cardenal bringt diesen Durst des Menschen mit der Liebe zu Gott in Verbindung, er stellt eine spirituelle Diagnose: Alles menschliche Tun ist eine Suche nach Gott. Der Autor bietet für die existenziellen Grunderfahrungen des Menschen eine spirituelle Perspektive. Diese Dimension, die in allen Menschen angelegt ist, zu leben, hieße, sich auf die Suche nach Gott zu machen, sich diesem Verlangen auszusetzen, die Verbundenheit mit Gott zu suchen und sich dieser Liebe zu Gott zu öffnen. Der Priester, Dichter und Revolutionär spricht aber auch davon, diese Dimension verdrängen und die Liebe an anderer Stelle finden zu wollen: »Der unstillbare Hunger der Diktatoren nach Macht und Geld und Besitz ist in Wirklichkeit Liebe zu Gott« (Ernesto Cardenal, Die Stunde Null, Wuppertal 1971, S. 21f.). In seinem Buch »Das Buch der Liebe« definiert Cardenal diese Liebe wie folgt: Alles, was nicht Liebe ist, ist letztlich unmöglich. Die Psychoanalyse hat uns gelehrt, dass Hass, Angst und sogar körperliche Krankheiten den Ursprung in jeder Liebe haben, die sich weigert, sich selbst zu erkennen, in jeder Liebe, die daran erkrankte, dass sie ihre eigene wahre Natur nicht erkannte und den Gegenstand ihrer Liebe aus dem Blick verlor. Konflikte dieser Welt sind keineswegs auf das Nichtvorhandensein der Liebe zurückzuführen, sondern auf Liebe, die nicht wagt, sich selbst zu erkennen, die ihrer eigenen Realität untreu geworden ist. Cardenal war überzeugt, dass Liebe *ist*. Liebe ist die Vollkommenheit der menschlichen Freiheit. Liebe existiert nicht nur in Gedanken oder im Herzen, sie ist mehr als Gedanke und Wunsch.
Das Buch von der Liebe, das Cardenal geschrieben hat, ist klar und tiefgründig. Es ist eine intuitive Erkenntnis der tiefsten Wahrheit des christlichen Lebens: Der Christ ist verbunden mit Gott in Christus durch die Liebe.

Ernesto Cardenal (geb. 1925)
Das Leben Ernesto Cardenals ist eng mit der wechselhaften Geschichte seines Heimatlandes Nicaragua verwoben. So z. B. durch seine Beteiligung an der »April Revolution« gegen Diktator Samoza, in der er viele seiner Freunde verlor. Nachdem er 1965 zum Priester geweiht wurde, gründete Cardenal die christliche Kommune Solentiname, die in exemplarischer Armut und Gewaltlosigkeit unter indianischen Bauern lebte und rasch auch für die Intellektuellen und Industriellen Zentralamerikas zu einem Ort der Besinnung und des Gesprächs wurde. Auch hier griff der Diktator ein und ließ die Kommune vernichten, sodass Cardenal 1977 ins Exil gehen musste. Erst nach dem Sturz des Diktators 1979 kehrte er zurück und trat aktiv in die Politik ein, was schließlich zur Suspendierung vom Amt des Priesters führte. Obwohl Ernesto Cardenal Anfang der 90er-Jahre aus der Befreiungsbewegung austrat, bemühte er sich nie um eine Rückgängigmachung der kirchlichen Sanktionen.

Eine ähnliche Sehnsucht des Menschen beschreiben die Autoren des **Musicals** »Tanz der Vampire«, Michael Kunze und Jim Steinman, auch wenn hier die Antwort nicht ganz eindeutig ausfällt. Das 1998 in Wien uraufgeführte Musical spricht von der Sehn-

sucht der Menschen nach dem für sie Unerreichbaren. Beantwortet wird die Frage nach dem Woher der Sehnsucht mit der unstillbaren Gier des Menschen. Graf von Krolock, ein Vampir, der die Sehnsucht Sarahs nach Freiheit (von ihren Eltern) kennt, lockt sie in sein Schloss. Dabei gibt er seiner Sehnsucht nach ihrem Blut nach, die er schon als Gier bezeichnet. Krolock erweckt die anderen Vampire, die, in Erkenntnis ihrer eigenen Verdammnis und dem Bewusstsein, ihre Sehnsucht/ihre Gier nach Blut nie ganz stillen zu können, konstatieren: »Gott ist tot. Nach ihm wird nicht mehr gesucht.« Alle Vernunft scheint überrollt von der Gier der Menschen nach dem Unerreichbaren.
Geht Cardenal von der Wirklichkeit Gottes aus, verneint das Musical die Existenz Gottes in der Gegenwart. In dieser Spannung stehen auch Sch in ihren Erfahrungen und Meinungen. Dies bietet den Rahmen, über Gott und dessen Existenz nachzudenken.

2. Einsatzmöglichkeiten im RU

Sehnsüchte des Menschen

- Sch listen (evtl. in KG) die Sehnsüchte von Menschen, insbesondere von Jugendlichen, auf.
- Sch schreiben in anderer Farbe dazu, wie Menschen ihre Sehnsüchte stillen wollen.
- Sch lesen **64f.** und vergleichen ihre erarbeiteten Sehnsüchte mit denjenigen, die in den Texten aufgeführt sind. Sch ergänzen ggf. die Auflistung.
- Sch setzen die Sehnsüchte mit aktuellen Lebensentwürfen in Verbindung: »Wie äußern sich die Sehnsüchte in den entsprechenden Lebenseinstellungen vieler Menschen?«

Gott in meiner Biografie

- Sch überlegen sich, wie sich ihr Gottesglaube entwickelt hat: Wann war ich überzeugt, Gott gibt es? Wann haben sich Zweifel eingestellt?
- Sch überlegen sich relevante Situationen des Lebens in Hinblick auf die Gottesfrage.
- Sch notieren auf einzelne Notizzettel die Umstände, wichtige Ereignisse, Situationen im Leben, in denen sich die Gottesfrage gestellt hat.
- Sch erstellen aus den Notizzetteln z. B. ein Leporello, auf dem wichtige Situationen bildhaft/szenenhaft festgehalten werden.
- Sch stellen sich gegenseitig die biografische Entwicklung der Gottesfrage vor.

»Alle Lebewesen lieben einander« (E. Cardenal)

- Spontane Äußerungen der Sch auf das Zitat von Cardenal
- Sch erarbeiten die Theologie der Liebe:
  - Dazu lesen Sch den Textauszug aus »Der Durst« (**AB 11.3.1, Lehrerkommentar S. 148**), gliedern den Text nach inhaltlichen Abschnitten und formulieren Überschriften.
  - L liefert zu E. Cardenal biografische Informationen auf Folie bzw. TA (Studium der Literatur; politisches Engagement; Kloster; Studium der Theologie; Priesterweihe; Gründung der Gemeinschaft in Solentiname; Zerstörung Solentinames durch das Militär; Exil; Sturz der Diktatur; Kulturminister; Suspendierung als Priester).
- Sch diskutieren über die Legitimität, sich gegen Gewalt notfalls mit Gewalt zu verteidigen. Mögliche Gründe: Recht auf Selbstverteidigung/ Freiheit/Selbstbestimmung ...

Möglicher TA:

Unterdrückung Armut Politische Willkür Verfolgung Haft	⟷	praktizierte Liebe verändert die Welt

Liebe ist Realität, anfanghaft Wirklichkeit. Sie muss zur Geltung kommen dürfen. Unterdrückte Liebe schlägt in Hass um.

Liebe setzt in Bewegung und fordert Gerechtigkeit

- Cardenal legitimiert letzten Endes auch den Einsatz von Gewalt, falls friedliche Verhandlungen scheitern. Er gilt als ein Vertreter jener Befreiungstheologen, die auch Gewalt als Mittel gegen Ungerechtigkeiten aus dem Evangelium ableiten.
- Sch überlegen sich, inwiefern sich dieser Gedanke der Theologie der Liebe, die Cardenal selbst entworfen hat, widerspricht.

3. Weiterführende Anregungen

Sehnsüchte industriell stillen?
Die Erfüllung menschlicher Sehnsüchte scheint in heutiger Zeit destruktive Züge anzunehmen. Aktuelle Beispiele zeigen, dass Zukunftsforscher glauben, dass Neuro-Drinks der nächste Coup der Getränkeindustrie sein könnten. Dabei ist die Steigerung der geistigen Potenz das Ziel. »Normal« ist offensichtlich nicht mehr genug, Doping scheint im Alltag angekommen zu sein.

- Sch informieren sich über aktuelle Tendenzen, Sehnsüchte industriell zu stillen (**AB 11.3.2, Lehrerkommentar S. 149**).
- Sch beziehen Stellung zu den Aussagen von Ines Geipel.
- Auf Einladung kann ein Mediziner über Gefahren aufklären und auf Risiken aufmerksam machen.

Präsenz Gottes im Alltag
- Sch machen sich auf die Suche, wo Gott in ihrem konkreten Alltag Thema ist, z. B.: Gläubige im Gebet versunken; Jugendliche bei einer Wallfahrt; Karikaturen/Comics; Modeschmuck ...
- Sch gestalten analog zu **64f.** eine Fotoreihe als Ausstellung im Klassenzimmer oder in der Schule.

Gott – wer oder was ist das?

Kontext 2 66 67

1. Hintergrund

Jugendliche stellen sich Fragen nach Gott und der Religion. Laut »Institut für Demoskopie Allensbach« interessierten sich 2006 21 % der 16- bis 29-Jährigen »sehr« oder »ziemlich« für religiöse Fragen. 1994 waren das nur 14 %, und »gar nicht« interessierten sich damals für Religion noch 47 %, 2006 nur noch 38 %. In der gesamten Bevölkerung lag das Interesse 1994 bei 24 % und 2006 bei 33 % (vgl. Thomas Gensicke, Jugend und Religiosität, in: Jugend 2006, hg. v. Shell Deutschland Holding, S. 203-239, hier S. 203). Eine Analyse legt nahe, dass die Säkularisierung in der Mitte der 1990er-Jahre auf weit fortgeschrittenem Niveau zum Stillstand gekommen ist.
Nach der Studie kann etwa die Hälfte der Jugendlichen (49 %) als religiös eingestuft werden. Sie glaubt entweder an die Existenz eines persönlichen Gottes (30 %) oder an die Existenz einer überirdischen Macht (19 %). 23 % der Jugendlichen »wissen nicht richtig, was sie glauben sollen« und 28 % geben an, dass sie weder an einen persönlichen Gott noch an eine überirdische Macht glauben. Angemerkt sei, dass der Religionsbegriff der Shell-Studie aus religionswissenschaftlicher und theologischer Sicht unbefriedigend ist, da ein Glaube als umso »echter« angesehen wird, je mehr ein buchstäbliches »Für-wahr-Halten« von Mythen und Symbolen praktiziert wird, wie Bruno Schmid erläutert (Jugend und Religion: Das Bild der Shell Studie 2006, in: KatBl 132 (2007), S. 444-449). »Ein aufgeklärter, historisch-kritisch argumentierender Glaube hingegen, wie er in den Gesellschaften Zentraleuropas gelebt wird, ist in den Augen der Shell-Forscher ›Religion light‹« (ebd. 49).
Mit der Festlegung »Religiös ist, wer an einen persönlichen Gott bzw. an eine überirdische Macht glaubt« (Shell 207-211) ignoriert die Studie etwa die neueren Ergebnisse der Entwicklungspsychologie des Jugendalters. Sowohl die psychoanalytischen Ansätze wie die struktur-genetischen Theorien der psychischen Entwicklung rechnen damit, dass ab der beginnenden Pubertät ein Umbruch im Gottesverhältnis erfolge. Das »Tauschverhalten«, mit dem Kinder Gott begegnen, werde in der Pubertät abgelöst durch eine radikale Selbstbestimmung, die zu Deismus oder Atheismus führe. Lothar Kuld stellt fest, im Jugendalter werde Gott zu einem Gefühl; ein Gefühl wie die Liebe »ist eine psychische Wirklichkeit, die man nicht sehen kann, die aber *ist* und analog als Ausdruck auch für die Wirklichkeit der Religion, Gott, gebraucht werden kann« (L. Kuld, Das Entscheidende ist unsichtbar. Wie Kinder und Jugendliche Religion verstehen, München 2001).
Die verschiedenen Aussagen von Sch bringen die Ergebnisse der Shell-Studie ins Bild.

Hans-Peter Eggerl: »Der anthropophane Ungott«, 2008
Im Bild von Hans-Peter Eggerl aus dem Jahre 2008 (Mischtechnik Aquarell, Tusche und Acryl) ist ein »dämonisches Gottesbild« dargestellt. Ein Gott, der eher als Teufel, als unnahbares, sogar gefährliches, grausames Überwesen dargestellt ist, ist ein »Ungott«. »Am Boden« (zerstört?) befinden sich menschliche Figuren, die leiden, trauern, verzweifelt bzw. tot sind. Dieser Gott bedient sich ihrer als Futterquelle (Arm, der aus dem Mund hängt) ohne Mitleid. Die Menschen sind grau, namenlos, stilisiert.
Gottesbilder sind immer »Vergleiche«, die sich aus den Erfahrungen derjenigen Menschen, die sie formulieren, speisen. Auf diesen Aspekt verweist ein Detail im Bild: Beim genauen Betrachten erkennt man, dass die rötliche hockende Figur dieselbe Haltung wie die-

ser Ungott eingenommen hat; auch Mimik und Blick sind gleich. Diese Figur bildet über den Körper eine Verbindung zum roten Rahmen des Bildes, auf den hin sie offen ist bzw. den sie mitkonstituiert. Man könnte sagen: Ihre Situation ist der Rahmen, durch den sie auf Gott sieht, also der Rahmen und die Grundbedingung für das eigene Gottesbild. Eigene Situationen sind die Brillen, durch die Menschen ihr jeweiliges Bild von Gott »sehen«. Die Wortschöpfung »anthropophan« (griech. = auf das Menschliche hin durchsichtig) will auf diesen Aspekt verweisen.

2. Einsatzmöglichkeiten im RU

Einzelaussagen und Statistik

- Sch vergleichen die auf **58** zitierten Sch-Aussagen mit der Statistik der Shell-Studie; ergänzt durch L-Info bez. der Aussagen von Schmid und Kuld (s. unten). Dass es einen persönlichen Gott gäbe, wie in der Studie gefragt, taucht in den Schüleraussagen kaum auf. Nur die Aussage von Sophie kann entsprechend gedeutet werden. Die weiteren drei Statements können gut zugeordnet werden:

– Simon und Verena sind eher den 28 % zuzuordnen,
– Maria und Julia den 19 %,
– Theresa den 23 %.

Wolfgang Borchert (1921-1947)
Wolfgang Borchert wurde nur 26 Jahre alt, er gilt mit seinen Kurzgeschichten, Gedichten und seinem Theaterstück allerdings als einer der bekanntesten Autoren der »Trümmerliteratur« (Verarbeitung von Erlebnissen des Krieges, der Nachkriegszeit, mit einem Blick nach vorne). Sein Leben ist gezeichnet von schweren Krankheiten, die ihn aber nicht vom Schreiben abhalten konnten. Während des Zweiten Weltkriegs wird er inhaftiert und auf Bewährung an die Front geschickt. Seine desaströse Gesundheit führt jedoch bald zur Entlassung aus der Armee. Als er 1943 Joseph Goebbels parodiert, wird er erneut inhaftiert und an die Front geschickt. Nach seiner Flucht aus der französischen Kriegsgefangenschaft kehrt er in seine Heimatstadt Hamburg zurück. Zwei Jahre später schreibt er in nur einer Woche sein Theaterstück »Draußen vor der Tür«, ein expressionistisches Drama über die Situation eines Kriegsheimkehrers in das Elend und die Einsamkeit der Kriegsgeneration des Zweiten Weltkriegs. Die Uraufführung seines Stückes erlebt er nicht mehr, er stirbt nur einen Tag vorher.

Zur Info
Verteilung nach der Shell-Studie:

Glaubensüberzeugung	Westdeutschland	Ostdeutschland	Migranten
Es gibt einen persönlichen Gott.	31	12	48
Es gibt eine überirdische Macht.	22	9	13
Ich weiß nicht, was ich glauben soll.	25	14	21
Ich glaube weder an einen persönlichen Gott noch an eine überirdische Macht.	21	64	14
Keine Angabe	1	1	1

- Sch überlegen weitere Einflüsse, die sich auf die Frage nach Gott/Gottesvorstellung auswirken können (als TA sammeln):

– (frühkindliche) Mutter- und Vatererlebnisse (z. B. bei der Rede von Gott, dem Vater),
– psychologische Bedingtheiten (z. B. Hoffnung, Ängste),
– soziokulturelle Bedingtheiten (z. B. Erziehung, Familie, Freunde),
– gesellschaftliche Bedingtheiten (z. B. Medien, Trends),
– sprachliche Bedingtheiten ...

Recherche aktueller Daten

- Sch recherchieren aktuelle Daten z. B. in:
  - Shell-Jugendstudie der Shell Deutschland Holding;
  - Religionsmonitor der Bertelsmann-Stiftung;
  - Dietlind Fischer und Albrecht Schöll, Lebenspraxis und Religion. Fallstudien zur subjektiven Religiosität von Jugendlichen, Gütersloh 1994 (eine sehr sensible Erfassung jugendlicher Religiosität).
- Zitate Jugendlicher sind in der Shell-Jugendstudie, die in der Fachwelt wie auch in der Öffentlichkeit als Standardwerk angesehen wird und daraus ihre Legitimation erhält, zu finden. Die Überlegung, wie sich Jugendliche Gott vorstellen, leitet über zur Rückfrage nach Gott und wie von Gott überhaupt gesprochen bzw. nicht gesprochen werden kann.

Mögliche Gottesbilder, die uns bestimmen

- Sch charakterisieren die dargestellte (Un-)Gottesfigur mit fünf Eigenschaftswörtern.
- Sch beschreiben, welche Position die Menschen dieser Gottesfigur gegenüber einnehmen.
- Sch kennzeichnen die Lage dieser Figuren mit fünf Eigenschaftswörtern.
- Sch überlegen mögliche Interpretationen des Umstands, dass eine Figur an einer Stelle den roten Rahmen besetzt hat und viele Gemeinsamkeiten mit der Gottesgestalt aufweist.

Der »liebe Gott« – Textarbeit

- Sch lesen den Text auf **67** und sammeln Kennzeichen, die den »lieben Gott« ausmachen: er schafft alle Probleme aus dem Weg; er hindert Leid; er mehrt Glück; er übernimmt Aufgaben der Menschen; im Gegensatz zum »liebenden Gott«, der mitgeht, begleitet, rettet ...
- Sch überlegen weitere Gottesbilder, die Menschen bestimmen können:
  - Autoritärer Gott
  - Willkürgott
  - Buchhaltergott
  - Gott als Lückenbüßer
  - Instrumentalisierter Gott

Biblische Gottesbilder

- Sch schlagen folgende Bibelstellen nach und erarbeiten in KG, wie Gott beschrieben wird (vgl. dazu auch Religion vernetzt 11, Kapitel 2):
  - Gen 12 (Gott schenkt Segen, Nachkommen, Land)
  - Ex 13,17-22 (Schilfmeer); 15,22-17,7 (Weg zum Sinai); 19,1-6 (Bundesschluss); 32 (Bundesbruch); 33 (Unverfügbarkeit, Gnade)
  - Jes 11,1-16 (Ankündigung des messianischen Reiches)
  - Jes 25,6-8 (Festmahl auf dem Berg Zion)
  - Lk 15,11-32 (Der barmherzige Vater)
  - Mt 25,14-30 (Vom anvertrauten Geld)
- Sch sammeln im Überblick wesentliche Züge Gottes in der Bibel und vergleichen diese mit wesentlichen Zügen von verfehlten Gottesbildern.

Pinnwand 68 69

Folgende Arbeitsimpulse der Pinnwand (**68f.**) werden im Lehrerkommentar aufgegriffen:

Lebensgeschichten fragen und antworten	S. 127
Sprache fragt und antwortet	S. 132
Literatur fragt und antwortet	S. 147
Theologie fragt und antwortet	S. 136
Kunst fragt und antwortet	S. 118

Ijob und das Leid

Orientierung 1 70 71

1. Hintergrund

Die Erfahrung von Leid und die Frage nach dem Umgang damit gehören zum menschlichen Leben. Menschen aller Zeiten und Kulturen haben sich damit auseinandergesetzt. Die Frage, wie ein guter Gott Leid zulassen kann, stellt sich für gläubige Menschen. Im Kontext der Heiligen Schrift ist es die Gestalt des Ijob, die mit der bewegenden Frage nach dem Leid verbunden wird. Das Leiden, das ihm widerfährt, ist die Folge einer Intrige zwischen Gott und dem Satan. Nach einer intensiven Auseinandersetzung Ijobs mit seinen Gesprächspartnern Elifas, Bildad, Zofar und Elihu ist es Gott, der Ijob letzten Endes aus dem Leid herausführt. Sch nähern sich der Frage nach Gott anhand der Leidproblematik an und werden zuerst mit einem Überblick über das Buch konfrontiert. Die Arbeitsaufträge beschäftigen sich mit dem Buch Ijob, sodass am biblischen Text gearbeitet wird. Das **Bild** auf **71** stellt einen anderen Zugang zur Problematik des Leids und Ijobs dar.

Ijob

Bei Ijob und dem Drama um ihn geht es weniger darum, die *persona dramatis* konkret einem bestimmten Ort und einer exakten Zeit zuzuordnen, sondern es handelt sich um ein Paradigma für das menschliche Leben überhaupt. Der Name Ijob ist im AT nur noch in Ez 14,14.20 und Sir 49,9 belegt. Die Herkunft des Namens ist nicht sicher, doch kann er aus dem Akkadischen abgeleitet und mit »wo ist der (mein) Vater?« übersetzt werden. Damit würde Ijob als die »Mensch gewordene Frage nach Gott« zu sehen sein.
In vierfacher Weise wird Ijob charakterisiert: Er ist untadelig, rechtschaffen, fürchtet Gott und meidet das Böse. »Diese charakterliche Vollkommenheit setzt sich fort im Blick auf die familiären, materiellen und wirtschaftlichen Verhältnisse: Sieben Söhne und drei Töchter darf er seine Kinder nennen. Diese garantieren gleichsam, dass der gesamte Besitz Ijobs, der als sehr groß beschrieben wird, Erben findet und sein Name und all sein Hab und Gut Zukunft haben werden« (Bernhard Klinger, Im und durch das Leiden lernen, Hamburg 2007, 130). Ijobs Frömmigkeit wird besonders hervorgehoben, die sich darin zeigt, dass er nach jedem Gastmahl seiner Kinder präventiv ein Opfer darbringt, um so seine Kinder zu entsühnen (vgl. ebd.). Der Tun-Ergehen-Zusammenhang im Sündenverständnis wird in dieser Haltung deutlich. Seine Frömmigkeit ist über jeden Zweifel erhaben, sein Reichtum unermesslich und sein Glück vollkommen.
Diese Figur in ihrer idealtypischen Zeichnung ist der Ausgangspunkt der Geschichte, in der Ijob zum Paradigma für die Leidproblematik wird.
Ijobs Klage/Anklage: Nachdem Ijob Hab und Gut verloren hat – die Vielzahl der Unglücksfälle ist wohl wieder symbolisch im Sinne eines totalen Leidens zu verstehen –, reagiert Ijob, wie es seiner frommen Haltung und auch der Tradition entspricht. Er vollzieht an sich die üblichen Trauer- und Bußriten (1,20). In 3,1-26 ändert sich nun das Bild des Ijob. Hat er bisher alles erlittene Leiden geduldig und demütig ertragen, so gibt er sich nun weder mit dem strikten Festhalten an dem traditionellen Erklärungsmuster, d. h. dem Tun-Ergehen-Zusammenhang, zufrieden, noch damit, keine Erklärung anzunehmen und das Leben als gänzlich sinnlos zu betrachten. Ijob breitet seine Klage aus, in der er zunächst um sich und seine Situation kreist. Ijob klagt über sein Leid, über sein Leben und entfaltet seine Klage über seine Geburt und die Nacht seiner Empfängnis (3,1-10). Diese Klage wird zum Ausgangspunkt, von dem aus sich der Dialog mit den Freunden entfaltet.
Ijobs Freunde – und ihre Ratschläge: Elifas' Erklärung für Ijobs Leiden entspricht voll und ganz dem vom weisheitlichen Denken geprägten Tun-Ergehen-Zusammenhang. Demnach ziehlt sündhaftes Vergehen gegen Gottes Gebote eine Art Bestrafung in Form leidvoller Erfahrung nach sich. Elifas verweist aber auch noch auf seine persönliche Erfahrung, auf eine Vision (4,12-16), in der ihm geoffenbart wurde, dass es keinen Menschen gibt, der vor Gott gerecht sei. Dies verweist den Menschen auf seine Fragilität und Endlichkeit. In 5,6f. hält Elifas Ijob entgegen, dass Unheil und Mühsal ein Teil des menschlichen Lebens seien. Elifas rät Ijob schließlich, sich erstens an Gott zu wenden und zweitens das Leiden als Zucht Gottes zu verstehen und anzunehmen. In diesem Sinn macht Elifas in 5,18-26 positive und rettende Aussagen über Gott: Auch wenn Gott Wunden zufügt und zulässt, so erweist er gerade in den Heilungen und der Errettung seine Gnade (vgl. Klinger, 153).
Bildad lässt sich vom traditionellen Motiv der Gerechtigkeit Gottes leiten (vgl. 8,3). »Für ihn besteht kein Grund daran zu zweifeln, dass Recht und Gerechtigkeit schlechthin Sache Gottes sind« (Klinger, 159). Der Unschuldige darf aufgrund der göttlichen Gerechtigkeit mit Gottes Schutz rechnen, während der Schuldige damit rechnen muss, dass Gott ihm seine Hand entzieht. Bildad unterstreicht die Richtigkeit des Tun-Ergehen-Zusammenhangs (vgl. Klinger, 160).
Zofar weist Ijobs Darstellung der Ungerechtigkeit Gottes zurück und charakterisiert Ijobs Rede als Wortschwall (11,2) und Geschwätz (11,3). Zofar gründet seine Ansicht in der unermesslichen Weisheit Gottes, und Gott selbst könnte am besten bezeugen, dass Ijob im Unrecht ist. Zum Schicksal des rechtschaffenen, frommen Menschen bezieht Zofar dann Stellung (11,13-20), indem er Rechtschaffenheit und Frömmigkeit als innere Haltung so darstellt, dass sich diese im Eingestehen von Sündhaftigkeit und Schuld zeigt. In der Konsequenz heißt dies: Ijob muss sich vertrauensvoll an Gott wenden. Zofar überschüttet Ijob förmlich mit gut gemeinten Ratschlägen, die einzig das Ziel haben, ihn zum Bekenntnis seiner eigenen Schuld zu bewegen. »Dieses Eingeständnis wird ihn – so Zofar – alles Leid vergessen lassen (11,16) und sein Leben wieder erhellen (11,17)« (Klinger, 169).
Elihu wird als zornentbrannt eingeleitet: zornig gegen die drei Freunde, weil sie keine Antwort mehr fanden, um Ijob schuldig zu sprechen (32,3), und zornig gegen Ijob, weil er sich vor Gott für gerecht hielt (32,2). Den Einwand Ijobs, Gott antworte nicht, er kümmere sich nicht um die Angelegenheiten der Menschen (vgl. 19,7 und 30,20) kann Elihu nicht gelten lassen. Nach Elihu teilt sich Gott im Traum (33,15-18) und in der Krankheit (33,19-22) mit (vgl. Klinger, 270). Träume und Krankheiten versteht Elihu als Warnzeichen

Gottes, die den Menschen wieder auf den rechten Weg zurückbringen sollen. Der Mensch müsse die Zeichen sehen und deuten (33,29f.). Diese Deutung des Leids ist nun neu im Vergleich zu den bisher genannten.
Was allerdings die Begründung menschlichen Leidens anbelangt, bringt Elihu nichts Neues: Das Leiden hat seinen Ursprung letztlich in der Schuld des Menschen (vgl. 33,27). Elihu hält an der Gerechtigkeit Gottes fest, der niemals Unrecht tut (vgl. 34,12), sondern jedem Menschen entsprechend dem Tun-Ergehen-Zusammenhang vergilt und dabei das Rufen auch der Armen hört (vgl. 34,28). Elihu betont in seiner dritten Rede (35,1-16) die Souveränität Gottes, der durch das Handeln des Menschen nicht berührt wird, vielmehr fällt das Handeln des Menschen immer auf diesen selbst zurück. Insofern beschreibt Elihu Gott als den absolut transzendenten und freien Gott, der aber das bittende Rufen des Menschen nicht unerhört lässt, auch wenn das Gegenteil zuzutreffen scheint (vgl. 35,9-14). Die vierte und letzte Rede Elihus (36,1–37,24) ist gekennzeichnet durch zwei Leitlinien, nämlich durch die für den Menschen unbegreifliche Größe Gottes (vgl. 36,26) und durch die Möglichkeit, dass der Mensch im Leiden zu Gott findet (vgl. 36,10f.). Gottes Allmacht wird bekräftigt, indem Elihu die Schöpfungstheologie in den Blick nimmt: Die Natur lässt die unbegreifliche Größe Gottes erahnen. Elihu fordert Ijob zum Hören auf (37,14): Ijob soll die von Gott geschaffenen Wunder staunend wahrnehmen. Ehrfurcht, Gottesfurcht ist nach Elihu die einzig angemessene Haltung, mit der der Mensch Gott begegnen könnte. Diese Haltung, die Elihu als Weisheit deutet, ist nun ein zweites neues Motiv, das genannt wird.
Die Gottesreden als Lösungsansatz: In 37,24 scheint durch: Das Ijob-Problem lässt sich letztlich nur in der Gemeinschaft mit Gott lösen. »Entscheidend ist nicht die Weisheit des Verstandes, sondern des Herzens« (Klinger, 283). In den Gottesreden (38,1–42,6), in der Begegnung zwischen JHWH und Ijob wird die Spannung und innere Dramatik aufgelöst und Ijob wird wiederhergestellt. »Weder vernichtet JHWH den Frevler, was nach Ansicht der Freunde geschehen müsste, noch lässt er Ijobs Standpunkt unwidersprochen gelten« (Klinger, 290). Das »Gottesurteil« ist vielmehr eine einzige große Frage an Ijob, die ihm die Paradoxie von sinnvoller Ordnung und letzter Undurchschaubarkeit vor Augen führt und die er nicht bemerkt hat, sodass Ijob die Weltordnung als sinnwidrig und willkürlich empfindet (vgl. etwa 21,7-21). Wollte Ijob aber in der Undurchschaubarkeit Sinnhaftigkeit und Ordnung entdecken, müsste er sein wie Gott. Somit ist Ijob vor die Entscheidung gestellt, ob er die Ursünde des Menschen – wie Gott sein zu wollen – auf sich nehmen oder von seinem bisherigen Verhalten lassen will (vgl. Klinger, 291).

Ijob macht in seinen Antworten deutlich – und auch das Schweigen ist eine Antwort –, dass er seine eingeschränkte Wahrnehmung anerkennt. Er gesteht sich zu, dass er im Unverstand geredet hat über Dinge, die zu wunderbar für ihn und unbegreiflich gewesen sind (vgl. 42,3). Die Erkenntnis Ijobs ist in 42,5 beschrieben: »Vom Hörensagen nur hatte ich von dir vernommen; jetzt aber hat mein Auge dich geschaut.« Dabei bezieht sich »hören« auf etwas Äußerliches, »schauen« auf etwas Innerliches« (Klinger, 312), womit ein Wesenszug der jüdisch-christlichen Tradition sehr bildhaft beschrieben wird: »Es ist nämlich ein Unterschied, ob jemand Gott nur vom Hörensagen her ›kennt‹, oder ob er ihn ›geschaut‹ hat« (vgl. Klinger, 312, auch zum Folgenden).
Existenzielle Fragen des Menschen – und die Frage nach dem Leiden, dem unschuldigen Leiden, ist existenziell – lassen sich nicht vom Hörensagen her beantworten. Denn Religion wird v. a. über Erzählen und Hören, über narrativ eingekleidete rituelle Handlungen tradiert. Das Tradieren der rituellen Handlungen geschieht aber nie zum Selbstzweck, sondern die Funktion besteht darin, Wege aufzuzeigen in die Erfahrung der Wirklichkeit Gottes.

Hans-Peter Eggerl: »Ijob«, 2002
Das Bild »Ijob« (Aquarell/Tusche) von Hans-Peter Eggerl zeigt die biblische Figur in der Not. Er ist (bewusst) schwer erkennbar (links unten in der Ecke). Dabei will ästhetisch zum Ausdruck gebracht werden, wie sehr er in der Not untergeht, unerkennbar wird, seine Konturen verliert, fast in der Not aufzugehen scheint. Die Zerrissenheit Ijobs findet seine Entsprechung im Zerrissensein des Papiers. Einerseits kann das Bild möglicherweise Anklänge an eigene Leiderfahrungen bringen und zur Frage nach dem Wesen des Leids anregen. Andererseits kann auch der Betrachter über das schwere Erkennen der Ijob-Figur im Bild angefragt werden, ob es denn nicht generell schwer ist, Leidende in ihrer Not zu erkennen. Auch kann angefragt werden, ob nicht manch einer derart mit seiner Notlage identifiziert wird, dass er seine eigene Kontur verliert: Mitleid als Demütigung?

2. Einsatzmöglichkeiten im RU

Figur des Ijob

- Sch lesen Ijob 1 und 42.
- In EA schreiben sie Charakter, Besitzverhältnisse und Sündenverständnis heraus (vgl. **M 11.3.3, Lehrerkommentar S. 150**).

Antworten der Freunde

- Sch lesen in KG jeweils eine Rede der drei Freunde Ijobs.

- Sie notieren auf ein Plakat Argumente und Sichtweisen der Freunde und präsentieren die einzelnen Ergebnisse vor der Klasse (vgl. **M 11.3.3, Lehrerkommentar S. 150**).

Elihus Argumente
- Sch lesen die Passagen mit Elihus Rede (Ijob 32,1–37,24) und erarbeiten die Argumentation Elihus.
- Sch vergleichen die Ergebnisse mit den Antworten der Freunde und stellen Unterschiede und Gemeinsamkeiten fest.
- L weist auf Neues bei Elihu hin und leitet zur Lösung über:
- Das Leiden ist eine Art und Weise der göttlichen Pädagogik. Leiden ist letztlich Mahnung Gottes.
- Vor Gott zählt das Ansehen der Person nicht. Jedem Menschen sind dieselben Chancen gegeben. Je nachdem, wie er diese nutzt, gestaltet er selbst sein Ergehen.
- Gott ist mächtig und groß und erweist dies in der Schöpfung.

Erkenntnis Ijobs
- Sch lesen Ijob 38–42.
- Sch diskutieren in KG die Erkenntnisse Ijobs zu folgenden Themengruppen: Argumente zur Größe Gottes; Motive aus der Natur; staunenswerte Schöpfung.

Formulierungen des Trostes
- Sch sammeln ihnen bekannte Formulierungen des Trostes.
- L ergänzt und deutet die Motivationen für die Argumente (vgl. **M 11.3.4, Lehrerkommentar S. 151**).
- L gibt Impulse für den »guten Trost«.
- Ein Gespräch über erfahrenen Trost und Vertröstungen kann sich anschließen.

Ijob und das Leid – Bildbetrachtung
- Fragen für die Bildbetrachtung:
- Wie war der erste Eindruck des Bildes auf Sie?
- Inwiefern passt er zu Ihren Erfahrungen mit Leid?
- Beim »zweiten Hinschauen« ist Ihnen die Ijob-Figur aufgefallen: Welche Position haben Sie spontan beim Betrachten eingenommen, die des Leidenden oder dessen, der Leid entdeckt? Warum meinen Sie, war das so?
- Ein Mensch in Not, in all der Zerrissenheit seiner Umstände, wünscht sich Hilfe und Befreiung. Wie könnten Sie das Bild so umgestalten, dass ein Hoffnungsmoment zum Tragen kommt? (Vgl. dazu auch die Stellen im Buch Ijob: 1,20; 2,1-10, hier v. a. 2,8; 3,3.)

Gott und das Leid

Orientierung 2 72 73

1. Hintergrund

In *Orientierung 2* steht die Theodizee-Frage im Mittelpunkt. Nach einer begrifflichen Annäherung in einem ersten Infotext, der sich über beide Seiten erstreckt (**Kastentext**), stehen verschiedene Erklärungs- und Deutungsmöglichkeiten in Irrgartenform in der Mitte. Fünf Antwortmöglichkeiten auf die Theodizee-Frage werden näherhin beschrieben, wobei weitere Antwortversuche in der Mitte im Bild zu finden sind.

Zu »Leid als Begleiterscheinung«: In der sich entwickelnden Welt kann oftmals Leid als Begleiterscheinung angesehen werden. Als Gesetzmäßigkeit der Biologie wird der Kampf um das Dasein gesehen, indem der Stärkere sich durchsetzt. Der Mensch, als Teil der Natur, ist in diesen Kampf ums Überleben miteinbezogen. Dem »Bösen« als Naturgesetz ist der Mensch aufgrund seiner Existenz ausgesetzt.
Zu »Lernen am Leid«: Die Seele soll durch die Erfahrung des Leids geformt und zur Vollkommenheit geführt werden (Seelenbildung). Ähnlich ist auch »Leid als Erziehung« und »Entwicklungsmöglichkeiten« zu sehen. Es geht vor allem darum, aus den gemachten Erfahrungen Erkenntnisse zu ziehen, die das Leid verhindern können oder doch zumindest abschwächen.
Zu »Der im Leid solidarische Gott«: Gott lässt uns Menschen auch im Leid nicht allein, obwohl wir gerade in diesen dunkelsten Momenten das Gefühl haben mögen, dass wir von ihm verlassen worden sind. Manche Menschen gehen aber auch von einem Kausalzusammenhang innerhalb des Universums aus. Sichtbare und unsichtbare Welten stehen in Verbindung und alles ist aufeinander bezogen. Leid und Schmerz werden verursacht durch schuldhaftes Verhalten, welches ausgeglichen, gesühnt werden muss. Nun kann ein Mensch anstelle eines anderen die Strafe sühnen, sodass der Nachteil ausgeglichen und der betreffenden Person nicht mehr angelastet werden kann.
Zu »Der freie Wille«: Der freie Wille des Menschen wird oftmals mit Blick auf das Leid hinterfragt. Wenn Gott den Menschen keinen freien Willen gegeben hätte, gäbe es auch keine Menschen, die sich für das Schlechte entscheiden könnten (Kausalschluss). Umgekehrt bedeutet dies aber auch, dass wir dann Mari-

onetten wären, die von einem allmächtigen Marionettenspieler gelenkt würden. Der freie Wille ermöglicht es den Menschen, sich für das Gute und gegen das Böse/Schlechte zu entscheiden, dies trägt zur Gewissensbildung bei, zur Entwicklung eines jeden Menschen.

Zu »Unbegreiflichkeit Gottes«: Der begrenzte menschliche Verstand vermag Gott nicht zu erfassen. Auch die Sprache ist begrenzt und kann Gott nicht erklären, sondern nur versuchen sich Gott anzunähern. Dies bedeutet, dass der Mensch es aushalten muss, Gott nicht zu kennen, zu beschreiben, zu erkennen und kann somit auch keinen Einblick nehmen in sein Wesen und Wirken. Diese Ohnmacht erschwert es, das Leid zu ertragen, ja über das Leid hinweg die Liebe Gottes zu den Menschen wahrzunehmen.

Der dargestellte **Irrgarten** verbindet die Aussagen und steht symbolisch für die Suche nach Antworten auf die Frage, wie ein guter und allmächtiger Gott Leid zulassen kann. Es gibt keine »richtige« Antwort auf diese Frage, es gibt verschiedene Antwortmöglichkeiten, die greifbar zu sein scheinen, letztlich aber auch nicht aus dem Irrgarten herausführen. Ob überhaupt eine Antwort zufriedenstellt, ist fraglich. Vielleicht bleibt der Weg zurück zum Ausgangspunkt, dem man aber nun mit neuen Erfahrungen begegnet, und dort neu sehen lernt und sich womöglich dadurch eine Antwort als plausibel herausstellt.

2. Einsatzmöglichkeiten im RU

Leid im Umfeld junger Menschen

- Sch recherchieren (Tagespresse, Zeitschriften o. Ä.), wo ihnen Leid begegnet. Inwiefern wird Gott dabei zur Rechenschaft gezogen?
- Sch erzählen evtl. von Leiderfahrungen im persönlichen Umfeld.
- L gibt den Impuls: »Leid als Möglichkeit der Entwicklung«.
- Sch äußern sich spontan: Verbesserung der Technik (z. B. Tsunami, Atomenergie o. Ä.).
- Impuls: »Gibt es eine vertiefte Sicht des Lebens nach Unglücksfällen?«
- Wie bzw. wo wird Leid angeklagt?

– Staat/Gesetzgebung: z. B. bei Mördern (Todesstrafe, Waffengesetz, Überwachung ...)
– Polizei: z. B. bei Unfällen (strengere Kontrollen ...)
– Arzt: Misslungene Operation, Problematik Patientenverfügung (Schadensersatzforderungen ...)
– Gott (»letzter Rettungsanker«) ...

Lebensgeschichten fragen und antworten

- Sch befragen Menschen aus ihrem (familiären) Umfeld oder Menschen wie Krankenhausseelsorger, die täglich mit Leid konfrontiert werden, nach ihren Erfahrungen und den Veränderungen im Gottesverhältnis.
- Sch entdecken dabei, dass ein solches Gespräch einer besonders geschützten Atmosphäre bedarf und dass theologische Floskeln keine Antwort auf Leid geben.

Jesu Umgang mit Leid und Tod

- Sch lesen in den Evangelien und suchen Stellen, in denen Jesus anderen Menschen in Leidsituationen begegnet.
- Sch notieren sich die Reaktionen Jesu und überlegen sich, was das für die Handlung eines Christen bedeuten könnte, z. B.:

– Mk 3,1-6: Die Heilung eines Mannes am Sabbat: »Stell dich in die Mitte« (3b) – Jesus interessiert sich für den leidenden Menschen, stellt ihn in die Mitte des Raumes und des Interesses. – Bedeutung für uns Christen: Der leidende Mensch muss im Zentrum des Interesses stehen; wir dürfen ihn nicht »links liegen lassen«.
– Joh 8,2-11: Jesus und die Ehebrecherin: »Geh, und sündige in Zukunft nicht mehr« (11c) – Jesus verurteilt den in Not geratenen Menschen nicht. Ein Neuanfang ist möglich, der Mensch ist zur Umkehr aufgerufen. – Bedeutung für uns Christen: keine Verurteilung, keine Diskriminierung von (körperlich oder psychisch) leidenden Menschen

3. Weiterführende Anregungen

»So schön wie hier kann's im Himmel gar nicht sein«

- Lektüre des Buches von Christoph Schlingensief (Regisseur, 1960-2010), Köln [4]2009 bzw. des Textausschnitts **M 11.3.5, Lehrerkommentar S. 152.**

– Beschreiben Sie den Umgang Schlingensiefs mit Leid und die Auswirkungen des Leids.

- Wer etwas mehr Zeit einplanen kann, sei auf die Seiten 51-55 und 125-130 des Buches verwiesen. Darin wird das Ringen um die Gottesfrage im Leiden Schlingensiefs noch deutlicher.

»Wie kann Gott das zulassen«

- Lektüre des Textes von Meinrad Limbeck (**M 11.3.6, Lehrerkommentar S. 153**).
- Sch exzerpieren den Text und formulieren neue Erkenntnisse.
- Sch versuchen, eine fundierte theologische Aussage zur Theodizee-Frage auszuformulieren; Bsp. aus

einer Schülerarbeit: »Eine eindeutige Antwort auf die Frage ›Warum lässt Gott Leid zu?‹ ist nicht zu geben. Denn niemand kann letztlich diese Frage beantworten. Ob man nun Leid als naturale Begleiterscheinung, als aus der Freiheitstat resultierend, als Mittel zur individuellen Reifung oder Leid als etwas Vorübergehendes in Hinsicht auf das ewige Leben sieht – es ist keine allgemein zufriedenstellende Antwort möglich. Es bleibt immer die einzig möglich Feststellung, dass das Vertrauen und die Liebe zu Gott der einzige Weg ist, mit der Unbegreiflichkeit der Theodizee-Frage umzugehen.«

Hinterfragter Gottesglaube – Klassiker der Religionskritik

Orientierung 3 74 75

1. Hintergrund

Religionskritik ist kein Privileg der Moderne (vgl. Gregor Maria Hoff, Religionskritik heute, Regensburg 2004, 15-22). Die neuzeitliche Bestreitung Gottes zehrt von der griechischen Aufklärung und ihrer Religionskritik, wofür Xenophanes (570-475 v. Chr.) exemplarisch stehen kann: »Wenn Kühe, Pferde oder Löwen Hände hätten und damit malen und Werke wie die Menschen schaffen könnten, dann würde die Pferde pferde-, die Kühe kuhähnliche Götterbilder malen und solche Gestalten schaffen, wie sie selber haben« (ebd., 16). In der griechischen Antike finden wir auch eine erste Fassung des Projektionsverdachts, der von Feuerbach und Freud erhoben wurde. Gerade am Theodizee-Problem, welches auch bei Epikur (341-270 v. Chr.) thematisiert wurde, hat sich die Religionskritik immer wieder entzündet. In der Bibel ist dieser Frage mit dem Buch Ijob ein eigenes Buch gewidmet. Vor diesem geschichtlichen Hintergrund ist nun der religionskritische Atheismus der Moderne zu sehen. Dieser hat sich aus einem letztlich religiös bestimmten Diskurs heraus entwickelt und ist theologisch inspiriert. Die nun stattfindende moderne Ablösung der Religionskritik aus dem religiösen Bereich vollzieht sich unter den Bedingungen der Säkularisierung und ist ein Ergebnis der Trennung von religiöser und weltlicher Sphäre. Religion erscheint demnach nicht selten als modernitätsfremd oder aber auch als zu angepasst. Argumentativ stützt sich die moderne Religionskritik hauptsächlich auf das Projektionsargument, entfaltet es aber in unterschiedliche Richtungen:

Nach *Feuerbach* sind die Götter Illusionen, die aus den Wünschen des Menschen entstammen. Die Menschen glauben an einen Gott als die Vollkommenheit, da sie sich selbst als unvollkommen sehen. Gott ist das nach außen gewendete Wesen des Menschen, das er eigentlich selbst ist.

Marx sieht die Religion als Hilfe zur Verarbeitung des konkreten menschlichen und gesellschaftlichen Elends. Religion ist Ausdruck dieser Situation, die allerdings beschwichtigt und auf das Jenseits vertröstet.

Freud sieht Gott als überhöhten Vater und den religiösen Glauben als Ausdruck eines Vaterkomplexes, einer kindlichen Illusion.

Für *Nietzsche* ist die Religion lebensfeindlich, der moderne Mensch hat Gott getötet, und anstelle Gottes ist ein Nihilismus getreten, die Einsicht, alles sei absolut sinnlos.

Die unterschiedlichen Einwände gegen den Gottesglauben werden in *Orientierung 3* systematisch reflektiert. Dabei reicht die Spanne vom theoretischen bis zum praktischen Atheismus. Bei den Ansätzen des theoretischen Atheismus, wobei sich theoretisch auf die Erkenntnisweise Gottes bezieht, wird die Existenz eines personalen, transzendenten und absoluten Gottes ausdrücklich verneint. Gott wird geleugnet, weil er grundsätzlich nicht erkannt werden kann. Das Verschwinden der Gottesfrage in heutiger Zeit, die praktisch gelebte Gottlosigkeit, wird als praktischer Atheismus verstanden. Darauf wird auf der nächsten Doppelseite näher eingegangen.

Wichtige Grundzüge der antiken Philosophie sind:

- die Frage nach dem Urgrund und dem Urgesetz der Welt und damit verknüpft die Suche nach dem Einheitsgrund,
- die Frage nach dem Sein, der Wahrheit und der wahren Erkenntnis,
- die Beschäftigung mit der Natur des Menschen und seiner sittlichen Bestimmung.

Die Philosophen vor Sokrates (ca. 470-399 v. Chr.) sind die ersten Denker, die traditionell als Philosophen gelten. Ein bedeutender Vorsokratiker war Heraklit (ca. 544-484 v. Chr.). Er schien überzeugt zu sein, dass sämtliche Dinge einem steten Wandel unterworfen sind. Dem widersprach Parmenides von Elea (geb. ca. 515 v. Chr.), der diese Vorstellung einer sich wandelnden Welt mit den Gesetzen der Logik konfrontierte. Das philosophische Denken der Vorsokratiker kann hauptsächlich als Ursachen- und Ursprungsforschung verstanden werden, als Frage nach den Ursachen und Ursprüngen dessen, was ist.

Die Periode der Sophisten (= Lehrer der Weisheit), die auch als griechische Aufklärung bezeichnet wird, begann spätestens mit dem 5. Jh. v. Chr. Ein Denken nahm Gestalt an, das seiner Tendenz nach als Hinwendung auf den Menschen charakterisiert werden kann und in dem praxisorientierte Erkenntnisinteressen dominierten. Protagoras von Abdera (481-411 v. Chr.), dem der Satz »Der Mensch ist das Maß aller Dinge« zugeschrieben wird, gilt als einer der berühmtesten unter ihnen. Prodikos aus Julis (Insel Keos, heute Kea; um 450 v. Chr.) war der Meinung, die Götter seien Ausdruck menschlicher Gefühle, besonders der Dankbarkeit, und die Menschen projizierten alles, was ihnen Nutzen bringe, ins Göttliche, so z. B. die Ägypter den Nil.

2. Einsatzmöglichkeiten im RU

Die Religionskritik Feuerbachs

- Sch recherchieren biografische Daten zu Feuerbach und erstellen eine Übersicht.
- Sch lesen den Text über Feuerbach (**74**) und den Auszug aus seinem Hauptwerk (**75**) und stellen die wichtigsten Aussagen zusammen. Anschließend bringen Sch die Aussagen in eine Grafik.

Dies kann ggf. durch L gelenkt werden, indem er z. B. den Anfang der Grafik vorgibt: »Gehen wir davon aus, dass der Mensch als Ganzer als Kreis dargestellt werden kann. Wenn sich nun der Mensch in seiner Psyche entzweit ...« L zeichnet die Trennungslinie in den Kreis. Sch sind nun aufgefordert, diesen Ansatz weiterzudenken und die Erkenntnisse Feuerbachs zu Papier zu bringen und die Grafik zu vervollständigen.

Mögliche grafische Darstellung der Projektionstheorie Feuerbachs:

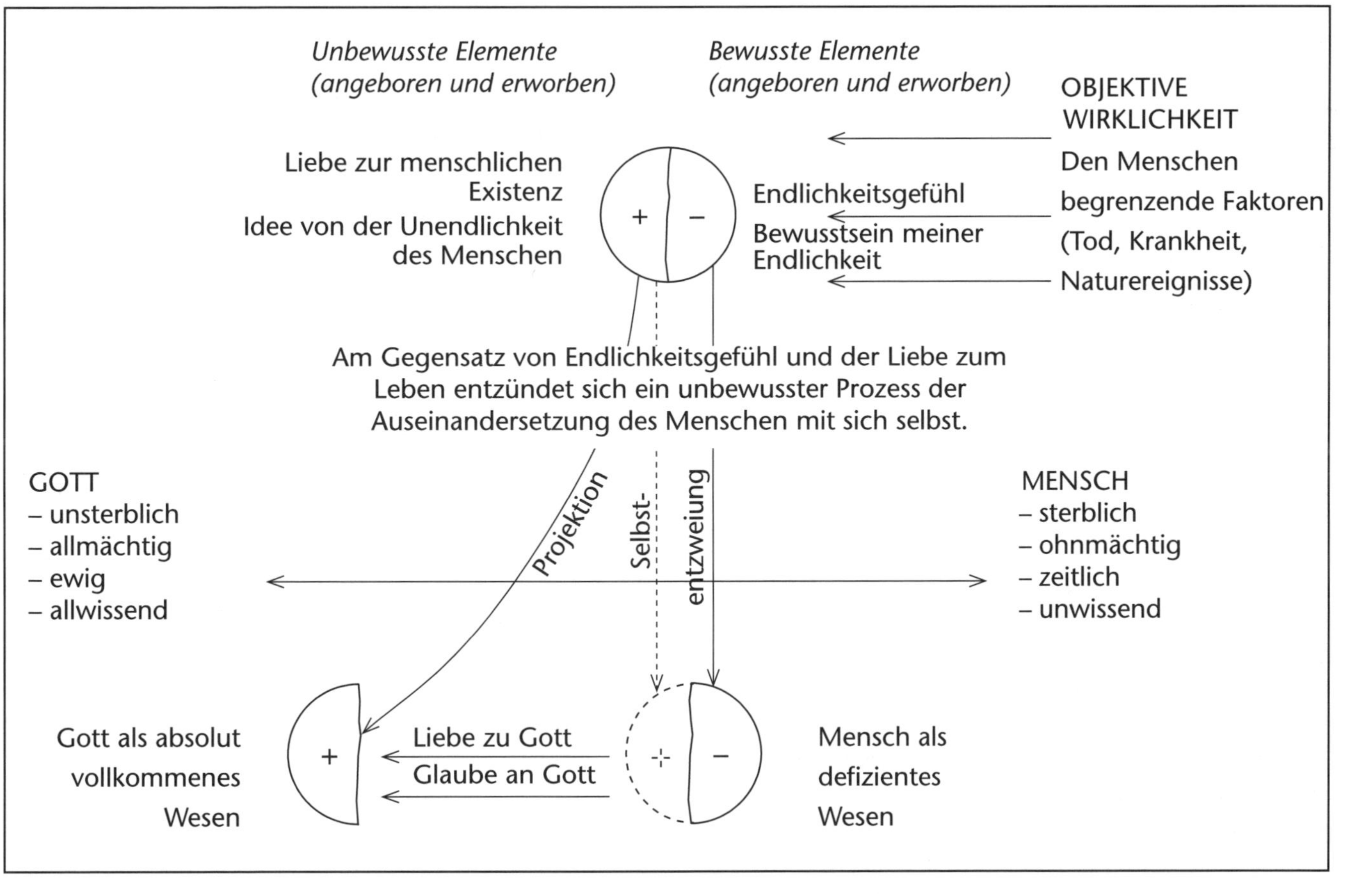

Das innersubjektive Ideal des Menschen wird im Prozess der Selbstentzweiung nach außen »projiziert«. Die Einbildungskraft verwandelt die Idee von der Unendlichkeit des Menschen in die Vorstellung eines absoluten höchsten und realen Wesens außerhalb des Menschen.

- L kann die mögliche Lösung als Folie auflegen und mit den Sch-Arbeiten (ein Bsp. **130**) vergleichen lassen. Welche Aspekte fehlen? Welche wurden anders, aber auch richtig umgesetzt?
- Ein L-Sch-Gespräch über das Anliegen Feuerbachs schließt sich an.

Schülerarbeit

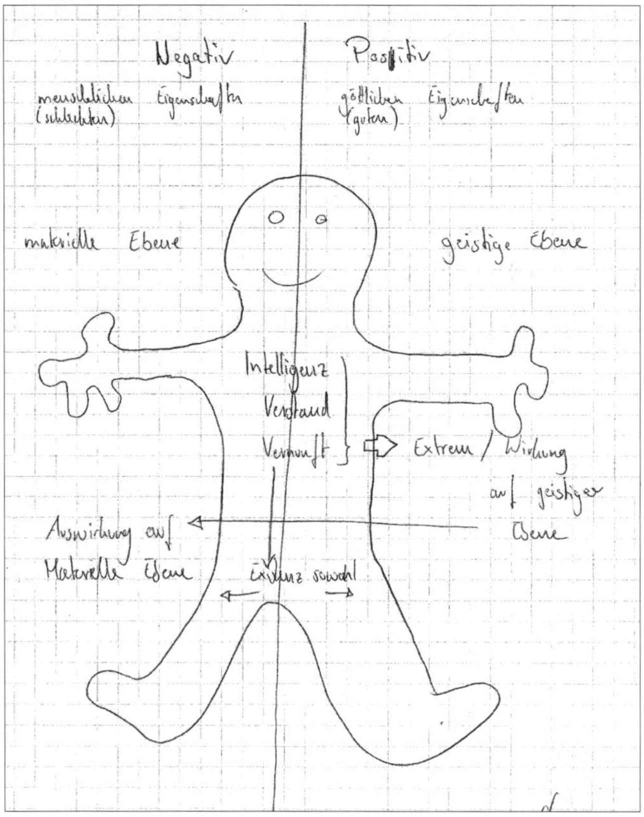

- Sch überlegen sich Kritikpunkte am Ansatz Feuerbachs: Inwiefern kann ihm zugestimmt werden? Wo müssen Anfragen an Feuerbach gestellt werden (vgl. **M 11.3.7, Lehrerkommentar S. 154**)?

Religionskritische Ansätze in der Antike

- L gibt Information zu den Anfängen der abendländischen Philosophie, den Vorsokratikern und den Sophisten.
- Zur näheren Vertiefung recherchieren Sch z. B. in: Hermann Diesl, Die Fragmente der Vorsokratiker (griech./deutsch, Nachdr. d. 6. Aufl., hrsg. v. W. Kranz, Dublin/Zürich 1972) und erstellen die wichtigsten Thesen zu Vertretern der Vorsokratiker wie etwa Protagoras von Abdera, Gorgias von Leontinoi, Kristias oder Prodikos aus Julis.

Religionskritik der Neuzeit

- Sch recherchieren biografische Daten zu wichtigen Vertretern der Religionskritik, wie etwa Karl Marx, Friedrich Nietzsche und Sigmund Freud.
- Wichtige Aussagen zur Religionskritik der einzelnen Vertreter werden thesenartig zusammengefasst und der Klasse als Kurzreferat vorgestellt (vgl. **M 8–10, Lehrerkommentar S. 155-157** zu den einzelnen Vertretern der Religionskritik).

Negierter Gottesglaube – »Philosophie des Absurden« Orientierung 4 76 77

1. Hintergrund

Nach den klassischen Vertretern der Religionskritik wird nun der Blick auf einen weiteren Vertreter der Religionskritik gelenkt: **Albert Camus**. Im Zentrum seiner Werke steht die Erfahrung des Absurden. In einer sinnentleerten Welt, deren Einheit weder durch einen Gott noch durch menschliche Vernunft garantiert ist, sieht sich der Einzelne mit dem absurden Befund konfrontiert, dass alles, worin der Mensch einen Sinn finden will, sich ihm entzieht und die Welt und die Geschichte als absolut sinnlos erscheint. Alle Anstrengungen des Menschen, dem Leben Sinn zu verleihen, erweisen sich als vergeblich. Dennoch erachtet Camus Verzweiflung, Resignation und Selbstmord als nicht angemessene Reaktionen auf den Widersinn des Lebens. Er hält daran fest, dass der Mensch ein Recht auf Sinn und Glück hat. Dieses Recht muss er der immer von Neuem verweigerten Erfüllung zum Trotz unermüdlich geltend machen.
Anstatt sich mit dem Absurden zu arrangieren und gemäß der Maxime »Alles ist erlaubt« auf dem Boden einer grenzenlosen Freiheit Gewalt und Terror auszuüben, plädiert Camus für eine solidarische Verbundenheit der Individuen untereinander, die im gemeinsamen Protest gegen die Absurdität des Lebens die Idee einer menschenwürdigen Lebensform zu verwirklichen sucht.
Im Anschluss an die klassischen Vertreter der Religionskritik greift Camus die Religionskritik nun in der Weise auf, dass er Gott, den er für ein launenhaftes Machtwesen hält, verneint, und zusätzlich der Kirche vorhält, nicht mehr Gott zu vertreten, sondern auf der Seite der Mächtigen zu stehen.

Die DS dient auch als Scharnier zwischen exemplarischen Vertretern der theoretischen Religionskritik und den modernen Formen der praktischen Religionskritik.
In einer diesseits ausgerichteten Lebensführung, in der Glaube und Gott keine Rolle mehr spielen, ja Gott sogar theoretisch bejaht werden kann, er aber für die Lebenspraxis keine Bedeutung mehr hat, kennzeichnet den praktischen Atheismus die unbewusste Teilnahme am allgemeinen Zeittrend, in dem Menschen leben, als gäbe es keinen Gott.
Das Verschwinden der Gottesfrage geht einher mit dem Säkularisierungsprozess der Neuzeit. Im Prozess, der die Eigenständigkeit des Menschen und seiner Beziehungen zur Welt betont, wird Gott überflüssig. Die

Autonomie und Eigenständigkeit des Menschen wird hervorgehoben, die Einflussnahme der Religion zu überwinden versucht. Als einer der Vorreiter des aufklärerischen Denkens kann etwa der niederländische Rechtsgelehrte Hugo Grotius (1583-1645) gesehen werden, in dessen Denken und Handeln Gott zwar nicht geleugnet, aber überflüssig wird. Der Positivismus, als Vertreter sind René Descartes (1596-1650) oder auch Auguste Comte (1798-1857) zu nennen, sieht die Möglichkeit der Erkenntnis am Nachweisbaren (= Positiven), was der Sinneswahrnehmung zweifelsfrei zugänglich ist. Wissenschaftliches Arbeiten ist nur im Erfahrungsbereich der reinen Tatsachen möglich, Metaphysik und Religion seien überflüssig. Im Neopositivismus, als Vertreter wäre Bertrand Russel (1872-1970) zu nennen, gelten Gottesglaube und Religion als Hindernisse für Fortschritt und Freiheit. Nachprüfbare Aussagen sind sinnvoll, Theologie wird automatisch als unsinnig angesehen.
Gehörte Ludwig Wittgenstein (1889-1951) in seinen früheren Jahren noch dem neopositivistischen »Lager« an, so verlangt der spätere Wittgenstein, das Idol Wissenschaft nicht zu vergöttern. Für ihn sind Ästhetik und Religion Bereiche, in denen die naturwissenschaftliche Methode nicht angewandt werden kann. Im Denken Wittgensteins zeichnet sich ab, was später als Postmoderne beschrieben wird: die Praktizierung eines grundsätzlichen Pluralismus, wo »die Sehnsucht nach dem Einen und Ganzen der Anerkennung des Vielen Platz macht« (LThK, Bd. 8, Sp. 455). Im Auseinanderbrechen der sinnstiftenden Ganzheitsmodelle sieht die Postmoderne keinen Verlust, sondern einen Fortschritt.

Der Mythos von Sisyphos
Die Götter hatten Sisyphos dazu verurteilt, unablässig einen Felsblock einen Berg hinaufzuwälzen, von dessen Gipfel der Stein von selbst wieder hinunterrollte. Sie hatten mit einiger Berechtigung bedacht, dass es keine fürchterlichere Strafe gibt als eine unnütze und aussichtslose Arbeit. Wenn man Homer (griechischer Dichter, ca. 800 v. Chr.) Glauben schenken will, war Sisyphos der weiseste und klügste unter den Sterblichen. Über die Gründe, weshalb ihm in der Unterwelt das Dasein eines unnützen Arbeiters beschert wurde, gehen die Meinungen auseinander. Ein Grund ist, dass er den Tod überlistet hätte.
Es heißt, Sisyphos wollte, als er zum Sterben kam, törichterweise die Liebe seiner Frau erproben. Er befahl ihr, seinen Leichnam unbestattet auf den Markt zu werfen. Sisyphos kam in die Unterwelt. Dort wurde er von ihrem Gehorsam, der aller Menschenliebe widersprach, derart aufgebracht, dass er von Pluto die Erlaubnis erwirkte, auf die Erde zurückzukehren und seine Frau zu züchtigen. Als er aber diese Welt noch einmal geschaut, das Wasser und die Sonne, die warmen Steine und das Meer wieder geschmeckt hatte, wollte er nicht mehr ins Schattenreich zurück. Alle Aufforderungen, Zornausbrüche und Warnungen fruchteten nichts. Er lebte noch viele Jahre am leuchtenden Meer, auf der lächelnden Erde und musste erst von den Göttern festgenommen werden. Merkur packte den Vermessenen beim Kragen, entriss ihn seinen Freuden und brachte ihn gewaltsam in die Unterwelt zurück, in der sein Felsblock schon bereitlag.

2. Einsatzmöglichkeiten im RU

Theoretischer und praktischer Atheismus
- Sch informieren sich anhand des Textes auf **76** und weiterer Recherche über A. Camus und stellen seine wichtigsten Thesen zusammen (vgl. **M 11.3.11, Lehrerkommentar S. 158**).
- Sch lesen den Auszug aus Camus' »Die Pest« und bearbeiten die Arbeitsaufträge auf **M 11.3.11**.

3. Weiterführende Anregungen

»Der fromme Atheist«
- Sch lesen den Text von Herbert Schnädelbach (**M 11.3.12, Lehrerkommentar S. 159**) sowie den Text »Glaube, Vernunft und Universität. Erinnerungen und Reflexionen« von Papst Benedikt XVI. (**M 11.3.13, Lehrerkommentar S. 160**) und erarbeiten die jeweilige Position. Dazu schreiben sie stichpunktartig wesentliche Aussagen der beiden Autoren auf.
- Sch stellen die Aussagen einander gegenüber. Wo ergänzen sie sich? Wo widersprechen sie sich?

Karikatur
- Sch betrachten die Karikatur (**M 11.3.14, Lehrerkommentar S. 161**) und stellen sie in Verbindung zum »Religiösen Indifferentismus«, wie er in der Postmoderne anzutreffen ist.
- Dann beschreiben sie die Karikatur vor dem Hintergrund der Postmoderne. Welche Konsequenzen ergeben sich aus einer wie in der Zeichnung dargestellten Haltung?

Bekämpfter Gottesglaube oder Wiedererstarken der Religion? Orientierung 5 78 79

1. Hintergrund

Der Blick in die Post-Moderne verrät, dass einerseits der Gottesglaube immer stärker infrage gestellt oder auch bekämpft wird, andererseits eine neue spannungsreiche Beziehung unter und mit allen Modellen zu verzeichnen ist, in denen ebenfalls die Frage nach Verantwortung, nach Sinn und damit nach Gott auf neue Weise gestellt wird.
Doch es fällt auf, dass die Töne schärfer werden, in denen eine Abschaffung der Religion gefordert wird. Seit etwa 2006 ist eine Entwicklung in Gang, die in ihren Ursprungsländern Amerika, England und Kanada als eine rasant anschwellende Bewegung wahrgenommen werden kann. Autoren wie Richard Dawkins oder Christopher Hitchens zählen sich zu den »neuen Atheisten« und ihre Publikationen wie »Der Gotteswahn« (Dawkins) oder »Der Herr ist kein Hirte« (Hitchens) waren Bestseller. Die meisten der Veröffentlichungen bedienen sich ungeniert des Klischees einer Vulgäraufklärung, sodass sich eine Auseinandersetzung mit ihnen nicht lohnt, ja im Grunde mangels intellektueller Masse gar nicht möglich ist (vgl. Klaus Müller, Neuer Atheismus? Alte Klischees, aggressive Töne, heilsame Provokationen; in: Herder Korrespondenz 61 (11/2007), 553).

2. Einsatzmöglichkeiten im RU

Der neue Atheismus
- Sch schreiben stichwortartig Informationen aus dem Text zu Anliegen, Argumentation und Vorgehensweise des »neuen Atheismus« heraus.
- L teilt Zusatzinformation (**M 11.3.15, Lehrerkommentar S. 162**) »Was ist der ›neue Atheismus‹?« als Kopie aus.
- Alternativ: Der Text wird auf Folie kopiert und Wichtiges dort unterstrichen; Zusatzinformationen werden von den Sch in ihre Unterlagen übertragen.

Sprache fragt und antwortet PINNWAND 68
- Sch hören/lesen den Text von Karl Rahner »Erfahrungen eines katholischen Theologen« (vgl. www.religion-vernetzt.de → Lehrerforum, Jgst. 11, Kap. 3).
- Sie formulieren die Anliegen Rahners in eigenen Worten, z. B.: Alle theologischen Aussagen sind analoge Aussagen. Der Theologe ist erst dann wirklich Theologe, wenn er die Unbegreiflichkeit Gottes immer wieder betont und bezeugt ...
- Sch überlegen, inwiefern ihnen die Analogheit aller theologischen Aussagen bisher deutlich war bzw. im RU vermittelt wurde: Welche Erfahrungen bringen Sch mit aus der Kinder- oder Grundschulzeit? Inwiefern ist die »kindliche Rede« von Gott notwendig?
- Sch informieren sich über die Möglichkeiten, theologisch von Gott zu reden (**M 11.3.16, Lehrerkommentar S. 163**).

Karikatur
- Sch betrachten die Karikatur (**M 11.3.17, Lehrerkommentar S. 164**) und stellen sie in Verbindung zum »Neuen Atheismus«. Das Bild kann auch als Einstieg in das Thema verwendet werden.

Naturwissenschaft und Glaube Orientierung 6 80 81

1. Hintergrund

»Am Anfang schuf Gott Himmel und Erde« lesen wir zu Beginn der Hl. Schrift. Alle L haben vermutlich Sch aus den unteren Jahrgangsstufen gefragt, ob wir denn allen Ernstes das für wahr halten, wie es in der Bibel beschrieben ist. Glauben wir denn allen Ernstes, dass die Bibel uns die Urfrage der Kosmologie, woher alles kommt, beantwortet? Wollen wir die Bibel ernst nehmen, dürfen wir sie natürlich nicht buchstäblich lesen. Die Aufklärung wollte mithilfe der Vernunft den Menschen »aus seiner selbstverschuldeten Unmündigkeit«, wie Immanuel Kant es formulierte, »befreien«. Und wir können und wollen vernünftigerweise nicht mehr hinter die Aufklärung zurück (vgl. H. Küng, Der Anfang aller Dinge, 11).
Aber müssen wir nicht auch umgekehrt die Naturwissenschaften anfragen, ob uns die aufgeklärte Vernunft nicht auch manchmal in die Irre geführt hat (vgl. Küng, 12). »Hat sie mit all ihren segensreichen Fortschritten nicht auch zunehmend mörderische Kriegsmaschinerien geschaffen? Hat sie nicht vielfach die natürlichen Grundlagen des Lebens zerstört, sodass heute viele Menschen um die Zukunft der Erde bangen?« (ebd.) Es gibt auch eine Dialektik der Aufklärung, einen »Umschlag der naturwissenschaftlich-technischen Vernunft in Unvernunft. Ob es also nicht vielleicht noch eine andere Sicht der Dinge braucht

Prof. Dr. Ulrich Lüke (geb. 1951) studierte Philosophie, Theologie und Biologie in Münster und Regensburg und wurde 1980 zum Priester geweiht. Lüke unterrichtete bis 1982 Biologie und Religion in Recklinghausen. Nach seiner Promotion und Habilitation wurde er 1991 Professor für Philosophiegeschichte und Theologische Propädeutik an der Theologischen Fakultät in Paderborn und später Professor für Systematische Theologie in Aachen. In seinen Arbeiten setzt er sich u. a. mit dem Verhältnis von Naturwissenschaft und Glaube auseinander.

Prof. Dr. Bernulf Kanitscheider (geb. 1939) ist Philosoph und Wissenschaftler. In seinen Veröffentlichungen behandelte er vorwiegend Fragen der Kosmologie und der Lebensphilosophie. Bis 2007 hatte er den Lehrstuhl für Philosophie der Naturwissenschaft im Fachbereich Physik am Zentrum für Philosophie und Grundlagen der Wissenschaften der Justus-Liebig-Universität Gießen inne. Kanitscheider vertritt den Naturalismus und geht sogar so weit, dass er die Leistungen des Menschen als »Organisationsformen spontaner Ordnungsentstehung auf einer ontologisch frühen Schicht der Materie« sieht.

als nur die Naturwissenschaft?« (ebd.) Zumal die Naturwissenschaft sowohl im Kleinsten wie im Größten nicht alles erklären kann.
In *Orientierung 6* ist zu überlegen, ob nicht jede Wissenschaft begrenzt ist, ob in der Postmoderne eine Überwindung oft ideologisch gefärbter Gegensätze zwischen Naturwissenschaft und Religion durch eine neue Gemeinsamkeit – bei allen unterschiedlichen Perspektiven gerade hinsichtlich der Evolution von Kosmos und Mensch – zu erzielen wäre. Der Philosoph und Naturalist Bernulf Kanitscheider auf der einen Seite und der Biologe und Theologe Ulrich Lüke auf der anderen Seite haben sich in einem Streitgespräch mit dem Verhältnis von Naturwissenschaft und Glaube auseinandergesetzt.

Der Streitfall und die Grenzüberschreitungen – Der Fall Galileo Galilei	
Wissenschaft	Theologie/Kirche
Die Sonne ist Mittelpunkt des Planetensystems; die Erde kreist um die Sonne. *Folgerung:* Die Bibel muss in Einklang mit der Naturwissenschaft gebracht werden. *Argumente Galileis:* – die wörtliche Schriftauslegung kann irren; – die Bibel hat in physikalischen Fragen keinen Vorrang; – die Ausleger der Bibel müssen sich um den wahren Sinn der Schrift kümmern; – es gibt keine zwei, sich widersprechenden Wahrheiten; – es konnte früher nicht alles gewusst werden; – Gott will, dass wir unsere Vernunft einsetzen. *Fazit:* Wir müssen die Natur erst noch entdecken. Galilei hält sich nicht an Abmachungen: 1632 erscheint »Dialogo«.	Die Erde ist Mittelpunkt des Planetensystems; die Sonne kreist um die Erde. (nach dem Astronomen Ptolemäus, ca. 140 n. Chr.) *Bewertung:* Dies ist ein Angriff auf die Hl. Schrift. *Folge:* Die Inquisition wird tätig. *Argumente der Inquisition:* – steht die Sonne im Mittelpunkt, irrt die Bibel; – alle bisherigen Schriftausleger können nicht geirrt haben; – die Bibel ist wörtlich zu verstehen, z. B. Ps 19,7: »Am einen Ende des Himmels geht die Sonne auf und läuft bis ans andere Ende.« – Es kann nicht sein, dass etwas anderes als Gottes Wort wahr ist; – Fernrohr zeigt nur eine Illusion. *Fazit:* Was nicht in der Bibel steht, kann nicht sein. 1616: Die Meinung der Wissenschaft darf nicht gelehrt, verteidigt und besprochen werden. Prozess gegen Galilei und Zwang zur Abschwörung der Lehre. 1633: Verurteilung/Hausarrest
Oktober 1992: Im 350. Todesjahr von Galilei wird das Urteil gegen ihn offiziell von Papst Johannes Paul II. zum Fehlurteil erklärt.	

2. Einsatzmöglichkeiten im RU

Argumentation der Wissenschaftler

- Sch erarbeiten die wesentlichen Aussagen der beiden Vertreter (**M 11.3.18, Lehrerkommentar S. 165**).
- Sch überlegen sich, wo Fragen offen bleiben.

Der Fall Galileo Galilei

- Sch erkundigen sich über den beispielhaften Fall des Galileo Galilei und gestalten ein Kurzreferat. (Literatur: N. Copernicus, De revolutionibus orbium coelestium libri VI (1543), Kritische Neuausgabe, Hildesheim 1984; dt.: Über die Kreisbewegungen der Weltkörper, 1. Buch, hg. v. G. Klaus, Berlin 1959; G. Galilei, Dialogo (1632); dt.: Dialog über die beiden hauptsächlichen Weltsysteme, das ptolemäische und das kopernikanische, hg. v. R. Sexl / K. v. Meyenn, Darmstadt 1982)
- Sch informieren sich über aktuelle Themen/ Meldungen zu Grenzbereichen der Wissenschaft (vgl. AA 4, **81**). Ihre Ergebnisse gestalten sie z. B. als Newsticker:

> 25.03.2010 – Kosmische Zählung
>
> Universum hat weit mehr Galaxien als vermutet
>
> Wie viele Galaxien hat das Universum? Bisher haben Astronomen offenbar eine große Zahl von Sternsystemen schlicht übersehen. Vor allem bei den alten Galaxien ging ihnen sogar der größte Teil durch die Lappen, wie eine neue Suchtechnik belegt ...

Schöpfung und Evolution

Orientierung 7 82 83

1. Hintergrund

Bei der Behandlung dieser DS steht der Sinn des Schöpfungsglaubens im Vordergrund. Den Sch wird anhand der Texte auf **82** noch einmal bewusst gemacht, dass die biblischen Schöpfungserzählungen existenzielle und elementare Grundfragen, welche sich für die Menschen von heute stellen, in zeitbedingten Bildern und Gleichnissen beantworten. Fragen wie »Was war am Anfang?«, »Was ist das Ziel der Welt und des Evolutionsprozesses?« kann die Naturwissenschaft nicht mit ihrer Sprache und ihren Methoden beantworten. Sch sollen erkennen, welchen Sinn es heute noch macht, hinsichtlich des Anfangs der Welt nicht nur naturwissenschaftlich, sondern auch theologisch zu reden. Der Schöpfungsglaube bietet keine naturwissenschaftlichen Informationen zu Weltmodellen und Kosmostheorien, sondern schenkt dem Menschen ein Orientierungswissen, um Sinn im Leben und im Evolutionsprozess zu finden. Im Horizont der wissenschaftlichen Kosmologie, der Astrophysik und der Evolutionstheorie an Gott als Schöpfer der Welt glauben, heißt, dass Welt und Mensch nicht aus dem Nichts sind und ins Nichts geworfen werden, sondern in Gott ihren Ursprung und das letzte Ziel haben. In einem vernünftigen Glauben an Gott darf man keine naturwissenschaftlichen Erkenntnisse mit religiösen Bekenntnissen vermischen. »Kreationisten« und Vertreter von »Intelligent Design« (ID) (**83**) sind der Meinung, das heutige Leben sei viel zu komplex, um nur durch zufällige Evolution erklärbar zu sein, also müsse eine übernatürliche Intelligenz – eine Art Ingenieur der Schöpfung – die Finger im Spiel haben. Doch muss kritisch angemerkt werden, dass dieser »Ingenieur« ziemlich planlos vorzugehen scheint, denn 99,9 % aller Arten, die jemals auf der Erde gelebt haben, sind wieder ausgestorben. Dass die Evolution mehr oder weniger »vor sich hinbastelt« und dabei immer wieder auf bereits vorhandenes Material zurückgreift – und nicht planvoll von vorne beginnt –, erkennt man auch am menschlichen Erbgut, in dem sich zu einem nicht unerheblichen Teil Gene befinden, die schon in Bakterien vorhanden sind.
Die Argumente der Evolutionstheorie wiegen schwerer als die der Kreationisten. Aber auch Naturwissenschaftler stellen die existenzielle Frage nach Ursprung und Sinn-Ziel des Evolutionsprozesses. Deshalb sollten sich Religionen und Naturwissenschaft auf Augenhöhe begegnen, gleichberechtigt nebeneinander. Ein Integrationsmodell gilt es zu vermeiden, es bedarf der Komplementarität.
Die Komplementaritätsmethode sucht nicht die Konfrontation zwischen Naturwissenschaft und Religion, weder fundamentalistisch-vormodern, welche die Ergebnisse der Naturwissenschaft wie der historisch-kritischen Methode ignoriert, noch rationalistisch-modern, welche die philosophisch-theologischen Fragen verdrängt und die Religion für irrelevant erklärt. Die Komplementaritätsmethode will nicht harmonistisch integrieren und naturwissenschaftliche Ergebnisse theologischen Dogmen anpassen oder die Religion für naturwissenschaftliche Thesen instrumentalisieren. Vielmehr stellt sie eine kritisch-konstruktive Interaktion von Naturwissenschaft und Religion dar, wobei die Eigensphären bewahrt und illegitime Übergänge vermieden werden. Verabsolutierungen für alle Dimensionen geistiger, psychischer und physischer Wirklichkeit lehnt sie ab und sucht nach einem zusammenhaltenden Sinn-Grund aller Gegenstände der Erscheinungswelt. Hier stellt sich auch für den Naturwissenschaftler ohne religiösen Glauben die Frage nach dem Anfang aller Dinge.
In diesem Zusammenhang lernen Sch die Theorie von Teilhard de Chardin (1882-1955) kennen, der als ers-

ter Theologe naturwissenschaftliche Erkenntnisse und theologische Vorstellungen genial in Einklang zu bringen suchte. Er sieht Gott im Prozess, Gott ist Ursprung und Ziel der Schöpfung, er ist selbst in Evolution, macht diese mit, von den Elementarteilchen, über die Biosphäre bis in die Noosphäre des menschlichen Geistes. Für ihn ist der Mensch noch nicht vollendet. In seiner Schrift »Comment je crois« formuliert er sein Credo: »Ich glaube, dass das Weltall eine Evolution ist. Ich glaube, dass die Evolution auf den Geist hin strebt. Ich glaube, dass der Geist sich im Personalen vollendet. Ich glaube, dass das höchste Personale der universale Christus ist.« Ihm lag an der religiösen Bedeutung der Evolution und an der evolutionären Tragweite der Religion. Teilhard de Chardin ist ein Mystiker und sieht in der gesamten Schöpfung »eine mystisch universelle Heilsgeschichte«.

Auch in einem neuzeitlich-evolutionären Wirklichkeitsverständnis wirkt Gott nicht von oben als Leiter und Designer oder von außen als »unbewegter Beweger« in die Welt hinein, sondern ist die dynamische Wirklichkeit von innen als Geist in der Welt, d. h. Transzendenz in Immanenz. Gottes Geist wirkt in den Strukturen der Welt, ist aber nicht identisch mit ihnen. Gott wirkt demnach ständig und ist auch im Zufall und Unfall allgegenwärtig. Die beiden Schöpfungserzählungen verkünden die Botschaft: Am Anfang der Welt ist Gott. Damit bringt die Bibel zum Ausdruck, dass die Welt von Gott abhängig ist und bleibt als dem Urheber und Erhalter allen Seins, die Schöpfung dauert demnach fort. An dieser *creatio continua* hat auch Teilhard de Chardin festgehalten. Nach heutigem Verständnis ist so das Werden als weitergehender Prozess möglich, der das Entstehen neuer Strukturen nicht aus-, sondern einschließt. Die Schöpfung bedeutet nach der Bibel die Zuwendung Gottes zu Welt und Mensch, so kann die Erhaltung der Welt als *creatio continua* und Evolution verstanden werden.

Pierre Teilhard de Chardin (1881-1955)
Der Paläontologe, Philosoph und Theologe wurde 1881 in Sarcenat (Frankreich) geboren und starb 1955 in New York. Mit 18 Jahren trat er in den Jesuitenorden ein und wurde 1922 Professor für Geologie am Institut Catholique von Paris, bis ihm unter römischen Druck bereits vier Jahre später der Lehrstuhl entzogen wurde. Denn Chardin wollte keineswegs einen oberflächlichen »Konkordismus« zwischen Bibel und Naturwissenschaft, wie ihn Rom favorisiert. Er suchte nach einer Synthese des christlichen Schöpfungsgedankens mit der anthropologisch verstandenen Evolution. Vitalistisch-spirituell beeinflusst sah er in der schöpferischen Evolution einen riesigen Entwicklungsprozess, der in Jahrmillionen durch immer stärkere Komplexität und Verinnerlichung der Materie seiner Erfüllung zustrebt. Er lehnte unausgereifte Versöhnungsversuche ab, vermischte keine Erkenntnisebenen und -quellen, sondern wollte eine tiefgründende Kohärenz der Teile, die sich gegenseitig tragen und ergänzen, verständlich machen.

2. Einsatzmöglichkeiten im RU

Bibel und Evolution

- Sch stellen die Unterschiede zwischen biblischem Schöpfungsglauben und Evolutionstheorie zusammen (unterschiedliche Ziele, Methoden, Sprache, Ausgangspunkte, Grundlagen etc.).

Möglicher TA zur biblischen Anthropologie:

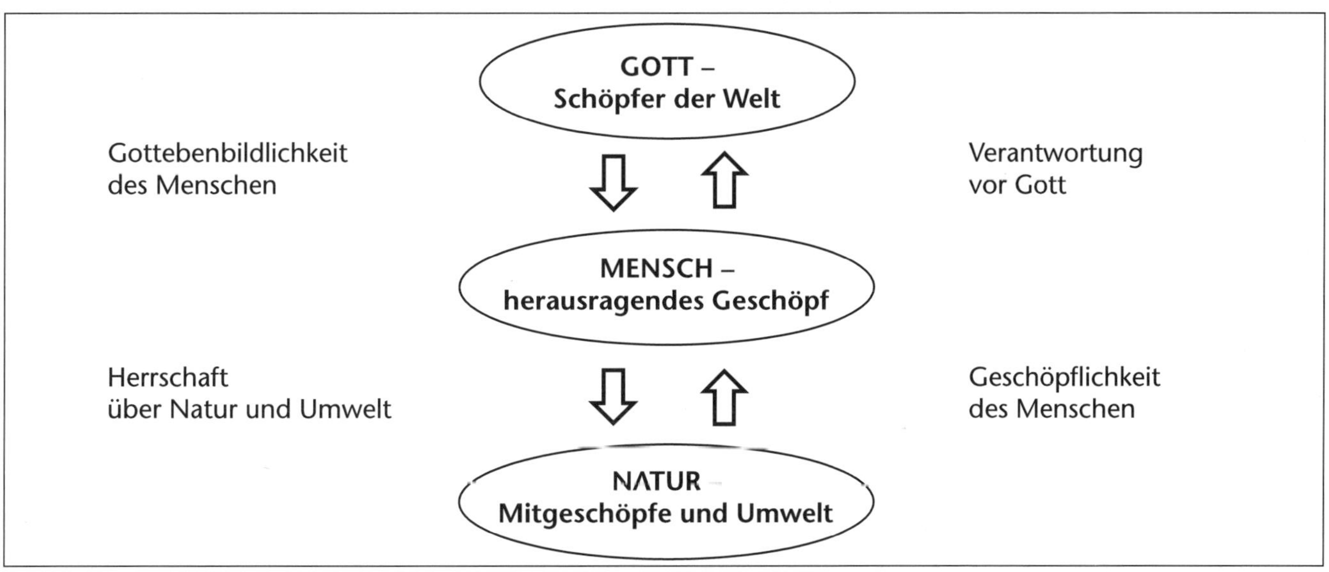

- Sch vergleichen die biblischen Schöpfungserzählungen mit dem Enuma-elisch-Epos (babylon. *enuma elisch* = »Als oben [der Himmel noch nicht existierte und unten die Erde noch nicht entstanden war ...]«; Anfangsworte eines Schöpfungsmythos, der vom Aufstieg des babylonischen Stadtgottes Marduk zur universalen Gottheit berichtet. Der Text entstand im 19. Jh. v. Chr. und ist aufgrund gefundener Fragmente von Keilschrifttafeln rekonstruiert worden). Sie arbeiten Gemeinsamkeiten und Unterschiede heraus. Was kann über die Aussageabsicht gesagt werden (vgl. **M 11.3.19, Lehrerkommentar S. 166**)?

Lösung zu M 11.3.19:
Gemeinsamkeiten:
- In beiden Fällen erschaffen Götter bzw. Gott die Welt und den Menschen.
- Schöpfung wird in der Bibel ebenfalls beschrieben als Ergebnis von göttlichem Wort bzw. göttlicher Töpferkunst.

Unterschiede:
- Im Enuma-elisch-Epos werden Götter geschaffen (im Gegensatz zu den biblischen Schöpfungsgeschichten).
- Biblische Schöpfungsmythen sehen im Gott Israels den Urgrund des Seins; die mesopotamischen Erzählungen legen ihre eigenen Götter zugrunde.

- Sch erarbeiten aus den Informationen auf **82** die unterschiedlichen Zugänge der Wissenschaften zum Thema »Schöpfung und Evolution«, z. B.: Theologie fragt nach dem inneren Ursprung des Menschen und seinem Wesen. Empirische Wissenschaft fragt nach der grundsätzlichen Herkunft des Menschen und den biologischen Abläufen.

Kreationismus
- Sch erstellen eine Übersicht zum Unterschied von Kreationismus/ID und dem christlichen Glauben.

Lösung:
Wesensmerkmale des Kreationismus
- Ursprung in protestantisch-evangelikalen Kreisen in Amerika (19. Jh.);
- religiös motiviertes Vorgehen gegen die Erkenntnisse der Wissenschaften;
- wörtliche Schriftauslegung wird betont;
- leugnet die Abstammung des Menschen aus dem Tierreich;
- schrittweise Entwicklung von einem Ursprung zum Menschen ist auszuschließen.

Intelligent Design (Neo-Kreationismus)
- Vorwurf: Die naturwissenschaftliche Beschränkung

Schülerarbeit zu creatio continua – »Gott erhält und trägt die Schöpfung«

Die Schöpfung wird grundsätzlich als von Gott ausgehend angesehen: »Weißt du es nicht, hörst du nicht? Der Herr ist ein ewiger Gott, der die weite Erde erschuf« (Jes 40,28a). Der Schöpfergeist wird erkennbar, indem Gott den Himmel, die Erde, das Meer und alle »Geschöpfe« erschaffen haben soll. Aber gleichzeitig wird auch betont, dass der Herr »nicht müde und matt wird« (28b) und weiter in der Welt wirkt (»Er gibt den Müden Kraft ...«, 29a).
- Psalm 104 stellt metaphorisch die Omnipräsenz Gottes dar, woraus sich der Schluss ziehen lässt, dass Gott weiterhin (und nicht nur im Schöpfungsakt selbst) auf Erden wirkt, z. B.: »Du nimmst dir die Wolken als Wagen, du fährst einher auf den Flügeln des Sturmes« (V. 3).
- Psalm 146 spricht insofern von einem beständigen Wirken Gottes, als dass er für Gerechtigkeit sorgt und gegen Ungerechtigkeit und Frevel ankämpft (vgl. VV. 7ff.).
- KKK fasst die biblischen Aussagen zusammen: Gott achtet den Menschen und ermöglicht ihm persönliche Entfaltung, indem er überhaupt für Kontinuität der Geschöpfe sorgt und ihnen die Möglichkeit gibt, selbst zu handeln; die Abhängigkeit von Gott, die sich daraus ergibt, führt also keineswegs zu Unmündigkeit, sondern vielmehr zu Freiheit, Weisheit, Freude und Vertrauen.

Komplementarität ist insofern gegeben, als dass Gott
- als Schöpfer angesehen wird, der den Menschen in seinem Leben leitet und auch Sinn bietet (theologische Perspektive),
- dem Menschen aber auch die Freiheiten und Handlungsmöglichkeiten bietet, um im zwischenmenschlichen Bereich Verhältnisse zu hinterfragen (anthropologische Perspektive),
- zwar als Schöpfer aller Dinge dargestellt wird, aber, indem er dem Menschen Freiheiten einräumt, kann dieser im physikalischen, chemischen oder biologischen Sinn diverse Sachbestände analysieren und dadurch eben diese be- oder widerlegen (wissenschaftliche Perspektive).

auf die Frage nach den Ursachen schließe Fragen nach Sinn, Zweck und Ziel der Schöpfung aus.
- Höherentwicklung sei durch Zufall und Auslese nicht erklärbar.
- Deswegen müsse es einen Schöpfer geben, der plane, ordne und die Entwicklung steuere.
- Gott wirke als »intelligenter Planer« hinter allen materiell beschreibbaren Naturphänomenen.

Theologische Einwände:
- Freiheit des Menschen
- Leid als Mittel zur Optimierung ist auszuschließen
- Gottesbild der Bibel

- Sch lesen das Interview »Der Schöpfer ist ein Käfermacher« (vgl. **M 11.3.20, Lehrerkommentar S. 167**) und arbeiten wesentliche Aussagen des Biologen Kutschera heraus.

Synthese von Evolution und Bibel
- L stellt die Theorie von Teilhard de Chardin vor (**M 11.3.21, Lehrerkommentar S. 168**).
- Worin besteht die Leistung von Teilhard de Chardin?
- Wo bleiben Fragen im Bezug zwischen christlichem Schöpfungsglauben und der Evolution offen?

Theologie fragt und antwortet PINNWAND 69
- Sch recherchieren KKK 301, Ps 104; 146 und Jes 40 und fassen die Aussageabsicht der Texte bezüglich der Schöpfung/*creatio continua* zusammen.
- Sie überlegen, inwiefern es sich bei den angegebenen Belegstellen um eine komplementäre Sichtweise von Schöpfung und Evolution handelt (ein Bsp. s. S. 136).

3. Weiterführende Anregungen

- Inszenierung einer Spielszene (Streit oder Diskussion) zwischen Evolutionsbiologen, Kreationisten und Theologen.
- Besuch einer Ausstellung zur Evolution oder eines Museums.
- Dokumentationsfilm zum Kreationismus ansehen, z. B.: »Der Teufel heißt Darwin« (über Medienzentralen der Bistümer).
- Bibelfilm über die Schöpfung ansehen und anschließend darüber diskutieren, wie versucht wurde, die biblischen Überlieferungen umzusetzen.

Gott beweisen wollen. Rational und empirisch

Orientierung 8 84 85

1. Hintergrund

Als *animal rationalis* – vernunftbegabtes Wesen – hat der Mensch immer wieder und in allen Kulturen versucht, den Urgrund allen Seins zu ergründen, Gott zu beweisen. Gottesbeweise sind rational logisch entfaltete Argumentationen, die die Existenz eines personalen Absoluten behaupten. In den Gottesbeweisen der Antike und des Mittelalters suchten die Menschen nach einem Grund für das Vergängliche. Sie staunten über die Ordnung und Zielstrebigkeit in der Welt und schlossen dabei von der Schönheit und Vollkommenheit auf geistige Ideen und ewige Wahrheit.

Platon und seine Ideenlehre
Mit Platon (428/427-348/347 v. Chr.) wird ein erster Höhepunkt abendländischer Philosophie erreicht. Sein Schüler war Aristoteles, er selbst war Schüler des Sokrates. Grundlage seiner Philosophie ist die Ideenlehre. Dabei geht er von dem sich stets Verändernden aus auf die Suche nach dem Unwandelbaren, nach dem Urgrund. Dieses Bleibende nennt Platon Idee. Demnach ist also die Welt zweigeteilt: Idee und Phänomen. Zwischen Idee und Phänomen gibt es eine unüberbrückbare Kluft. Trotzdem gibt es einen Weg vom Phänomen zur Idee: die Teilhabe am Absoluten. Jedes einzelne Ding hat an seiner zugeordneten Idee Anteil. Alle Ideen zusammen bilden eine umfassende Einheit. Die Ideen, die untereinander in einer hierarchischen Ordnung stehen, haben ihre Spitze im sogenannten Guten. Die Ideen (= Werte) existieren in einem ewigen Reich. Die höchste Idee ist die Idee des Guten. Gott ist für Platon identisch mit der obersten Idee, dem Guten. Gott ist der Ewige, Unwandelbare, der jedoch diesem System angehört, als weltimmanent gedacht wird, sodass an ihm jedes Seiende teilhaben kann. Gott ist nicht Person, er ist auch nicht Gegenstand des Glaubens, sondern des Wissens. Gott ist für Platon evident, d. h. auch ohne Beweis einleuchtend.

Der Gottesbeweis des Anselm von Canterbury (1033-1109)
Anselm von Canterbury legt einen ontologischen Gottesbeweis (gr. *to on* = das Sein) vor, d. h., er schließt vom Begriff Gott auf dessen Existenz.
Logische Voraussetzung: Was wirklich real existiert, ist größer als das, was nur im menschlichen Geist existiert. Das Reale ist größer als das bloß Gedachte (»Ich habe 15 Punkte in der Klausur« ist »größer«,

d. h. wertvoller, als die bloß gedachten 15 Punkte, wie z. B. im Satz »Ich möchte 15 Punkte in der Klausur«.)

Metaphysische Weiterführung: Das menschliche Denken kommt bei der Vorstellung immer größerer Objekte irgendwann an eine Grenze. Es kann sich etwas Ewiges und unendlich Großes vorstellen (wenn auch nicht begreifen). Über dieses hinaus kann nichts Größeres mehr gedacht werden. Das ist der Begriff »Gott«.

Schluss auf die wirkliche Existenz Gottes: Das ewige und unendliche Sein, das wir mit dem Begriff »Gott« bezeichnen, muss wirklich existieren, sonst wäre es nicht das Größte, sondern man könnte sich etwas noch Größeres denken, nämlich ein ewiges und unendliches Sein, das nicht nur in der Vorstellung der Menschen, sondern auch in der Wirklichkeit existiert. Die Idee eines vollkommenen und absolut notwendigen Wesens schließt also notwendig auch dessen reale Existenz mit ein.

Aristoteles, Thomas von Aquin oder auch Anselm von Canterbury schlossen aufgrund ihrer »Beweisführung« auf die reale Existenz Gottes. Der »moralische Gottesbeweis« des Immanuel Kant geht von der Unsterblichkeit der Seele aus und postuliert die Existenz Gottes, der im Jenseits der Seele zum absoluten Glück verhilft. In der Moderne wird versucht, Gott im Gehirn oder in den Genen festzumachen. Der exemplarische Gottesbeweis, die fünf Wege zu Gott (**85**), wird in den Ausführungen mit den Gottesbeweisen des Aristoteles wie auch mit dem des Anselm von Canterbury überblicksartig ergänzt. Ebenso wird das Gottespostulat Kants dargestellt.

Die Widerlegung aller früheren Gottesbeweise und das Gottespostulat von Immanuel Kant

Da die Erkenntnis Gottes nicht auf eine sinnliche Erfahrung zurückgeführt werden kann, leugnet Kant grundsätzlich die Möglichkeit und Richtigkeit irgendeines Gottesbeweises.

- Er kritisiert den kosmologischen Gottesbeweis: Die Behauptung, in der Transzendenz gebe es dasselbe Kausalitätsprinzip wie in der empirischen Welt, ist eine Aussage, die über das menschlich Beweisbare hinausgeht: Die Gültigkeit eines allgemeinen Kausalitätsprinzips ist also unbeweisbar.
- Er kritisiert den teleologischen Gottesbeweis: Die menschliche Vernunft kann nur über die Erscheinungswelt (= empirische Welt) beweiskräftige Aussagen machen; beim teleologischen Gottesbeweis macht sie aber Aussagen über die Transzendenz; also sind diese Aussagen nicht beweisgültig.
- Er kritisiert den ontologischen Gottesbeweis: Der Schluss, dass das höchste Denkbare auch tatsächlich existieren müsse, ist durch die sinnliche Erfahrung nicht zu stützen und deshalb nicht beweiskräftig.

In seinem Werk »Kritik der reinen Vernunft« von 1781 hat Kant das Unvermögen der menschlichen Vernunft, Gott zu beweisen, dargelegt. In der »Kritik der praktischen Vernunft« von 1788 stellt er dar, wie der Mensch dennoch zu einer sicheren – wenn auch unbeweisbaren – Erkenntnis Gottes gelangen kann. Dass nämlich der Gottesidee tatsächlich eine Wirklichkeit entspricht, sagt uns nicht unsere theoretische (= reine) Vernunft, sondern unsere praktische Vernunft (= Moral; die menschliche Unterscheidungsfähigkeit von Gut und Böse).

- Die praktische Vernunft zeigt, dass es ein unbedingt verpflichtendes Sittengesetz gibt (den kategorischen Imperativ). Zwischen Gut und Böse wählen zu können, setzt die menschliche Willensfreiheit voraus. Das 1. Postulat der praktischen Vernunft Kants ist die menschliche Willensfreiheit.
- Menschen stehen ein Leben lang im Konflikt von Pflicht und Neigung (= Streben nach Glück). Beides können sie nur annähernd, aber nicht vollkommen, miteinander in Einklang bringen. Nach Kant haben Menschen aber die absolute Pflicht, die Übereinstimmung von Pflicht und Glückseligkeit zu erreichen. Da dies in der Immanenz nicht völlig gelingt, stellt Kant das Postulat auf, dass es nach diesem Leben ein weiteres – transzendentes – geben müsse. In jenem bringen Menschen dann Moral und Glück vollkommen zur Deckung, d. h. sie gelangen zur vollen Heiligkeit. Das 2. Postulat Kants ist die Unsterblichkeit der Seele.
- Die Vereinigung von Pflicht (Moral) und Glücksstreben nennt Kant das »höchste Gut«. Da der Mensch die Verknüpfung beider Bestandteile aus eigener Kraft nicht zustande bringt, da es aber Pflicht ist, das höchste Gut zu verwirklichen, muss nach Kant Gott postuliert werden. Gott in sich ist die vollkommene Harmonie von Moral und Glück und wird dem glückwürdigen Menschen als Gnade im jenseitigen Leben geschenkt, so Kant. Dies ist von der reinen Vernunft nicht beweisbar, muss aber um der Moralität willen postuliert werden. Das 3. Postulat ist die Existenz Gottes. Gott ist für Kant die Bedingung der Möglichkeit von Sittlichkeit und Glückseligkeit.

Kritik der traditionellen Gottesbeweisführung

Allgemeine Kritik

Vom Gottesbegriff her: Die Unmöglichkeit, Gott zu beweisen, geht schon aus dem Gottesbegriff hervor. Gott ist der Absolute, Transzendente, ganz Andere; deshalb wäre es ein Widerspruch zu diesem Gottesbegriff, wenn der immanente Menschengeist Gott durch einen wissenschaftlichen Beweis »einfangen« könnte. In diesem Fall würde sich der Mensch Gottes bemächtigen.

Von der Unbeweisbarkeit der Axiome her: Die zweite Prämisse der syllogistisch aufgebauten Gottesbeweise ist eine metaphysische Aussage, deren Gültigkeit nicht beweisbar ist.
Positive Würdigung: Der Atheismus kann die Unrichtigkeit der Gottesbeweise keinesfalls beweisen, er kann nur ihre Stringenz anfechten. Der Ausschluss des *regressus in infinitum* ist zwar auch unbeweisbar, erscheint aber zumindest wahrscheinlicher und vernünftiger als seine Annahme. Die Richtigkeit des *regressus in infinitum* würde bedeuten, dass die Immanenz letztlich ohne Grund, Halt, Sinn und Ziel ist. Gottesbeweisführungen können einen schon bestehenden Glauben rational ergänzen und stützen, sie können als Hinweise auf Gott dienen.
Kritik einzelner Gottesbeweise
Anselms ontologischer Gottesbeweis: Hinter diesem Beweis steht der Begriffsoptimismus des Mittelalters: Man hielt es für selbstverständlich, dass den denkerisch (= logisch) richtig gewonnenen Begriffen auch entsprechende Wirklichkeiten zugrunde liegen.
Die »Fünf Wege zu Gott«: Die »quinque viae« als Beweise scheitern an ihrem Untersatz, der ein metaphysisches Axiom darstellt:

- Bewegungsbeweis: Die Geschaffenheit der Materie, der Ausschluss des Zufalls als ersten Beweger und des *regressus in infinitum* sind unbeweisbare Axiome.
- Kausalitätsbeweis: Heute ist sogar die universale Gültigkeit des physikalischen Kausalitätsgesetzes infrage gestellt, umso mehr die Geltung eines metaphysischen Kausalitätsgesetzes.
- Kontingenzbeweis: Dass Gott das einzige notwendig existierende Wesen ist, dass es in ihm keine Endlichkeit und keine Unvollkommenheit gibt, ist ein unbeweisbares Axiom.
- Stufenbeweis: Dieser Beweis setzt wie der ontologische einen ungebrochenen Begriffsoptimismus voraus, d. h. die Überzeugung, dass den menschlichen Begriffen Realitäten entsprechen; dies ist aber wiederum nur ein Axiom.
- Finalitätsbeweis: Die in der Immanenz überall neben der Ordnung auch feststellbare Unordnung und Sinnwidrigkeit macht die Stringenz dieses Beweises fragwürdig.

Kants Gottespostulat der praktischen Vernunft
Kant hat seine Ausführungen zur Gottesfrage nie als Beweis bezeichnet, sondern als Postulat; aber er war überzeugt, dass sein Postulat zwingend sei. Dagegen aber lässt sich einwenden:

- Das Vorhandensein eines unbedingt geltenden Sittengesetzes in jedem Menschen als natürlicher Wesensbestandteil des Menschen und das Bewusstsein seiner unbedingt geltenden Pflicht, dieses Sittengesetz zu verwirklichen, sind unbeweisbare Behauptungen. Man muss nicht notwendig das Faktum einer unbedingten moralischen Verpflichtung in uns annehmen, man kann sie z. B. als Produkt menschlicher Erziehung und Gewöhnung deuten.
- Ebenso wenig lässt sich beweisen, dass Pflicht und Neigung zur Übereinstimmung kommen müssen. Es muss dem Menschen, der dem moralischen Gesetz gehorcht, nicht mit Notwendigkeit die Glückserfüllung zuteilwerden. Deshalb ist die Existenz Gottes, der die Vereinigung von Sittlichkeit und Glückseligkeit herstellt, keine notwendige, sondern nur eine höchst wünschenswerte Forderung, also ein Desiderat, kein Postulat. Ferner lässt es sich nicht beweisen, dass es die vollendete Glückseligkeit (»höchstes Gut«) überhaupt gibt. Die Sinnlosigkeitslehre des Nihilismus bestreitet Kants moralischen Optimismus entschieden.

Letztlich sind die klassischen Versuche, Gott beweisen zu wollen, ebenso gescheitert wie auch ein neuerer Ansatz, Gott empirisch beweisen zu wollen, scheitern wird. Der neuzeitliche Versuch, Gott im Gehirn nachzuweisen, ist auf **85** dargestellt.
Der Begriff **Neurotheologie** ist nicht ganz unumstritten und geht auf einen Aufsatz von J. B. Ashbrook aus dem Jahre 1984 zurück, in dem die unterschiedlichen Aspekte von Religion auf die Unterschiede der rechten und linken Gehirnhälfte zurückgeführt werden. Dabei versucht die Neurotheologie zu beschreiben, was im Gehirn eines Menschen vorgeht, der religiöse Erlebnisse hat (vgl. Publik-Forum Nr. 17/2003, S. 29). Dass sich nun damit die Existenz Gottes dank naturwissenschaftlicher Erkenntnisse endgültig beweisen ließe, heißt dies allerdings nicht. Seit Langem ist bekannt, dass Patienten mit Anfallsleiden, die ihren Ausgang im Temporalhirn haben, zu starkem religiösem Erleben neigen. Manche haben daraus gefolgert, dass der Temporallappen der Sitz religiöser Erfahrungen sei (vgl. M. Spitzer, Neurotheologie, in: Nervenheilkunde 9/2006, 762). Die Aktivierung von Arealen im Gehirn kann dabei nachgewiesen werden. Aber über die Existenz bzw. Nichtexistenz Gottes kann nichts ausgesagt werden. Sch lernen diese neueren Erkenntnisse kennen und ordnen sie kritisch ein.

2. Einsatzmöglichkeiten im RU

Gottesbeweis der Antike

- Sch informieren sich mithilfe von **M 11.3.22, Lehrerkommentar S. 169**, über Aristoteles.
- Sie versuchen, »Möglichkeit und Wirklichkeit« z. B. anhand der Möglichkeit der Entwicklung einer Blume (von der Knospe zur Blüte) zu beschreiben.

Mittelalterlicher Gottesbeweis

- Sch recherchieren zum Gottesbeweis des Anselm von Canterbury und erstellen ein Informationsblatt für ihre Mit-Sch.
- Sch lernen die Grundlagen der Gottesbeweise des Thomas von Aquin (**M 11.3.23 (1) (2), Lehrerkommentar S. 170-171**) kennen.
- Sch erarbeiten sich nach der Lektüre von **84** und den Informationen im AA die Argumentationsweisen des Thomas.

Das Gottespostulat von Immanuel Kant

- Sch recherchieren zum Gottespostulat des Immanuel Kant als Vertreter der Neuzeit. Sie erstellen ein Informationsblatt für ihre Mit-Sch.

Kritik der traditionellen Gottesbeweisführung

- Sch überlegen sich offene Fragen und Kritikpunkte zur Argumentation der klassischen Vertreter der Religionskritik (s. oben).

Versuche, Gott empirisch zu beweisen

- Sch lesen **85** und notieren sich Fragen, die sich während der Lektüre ergeben.
- Gott im Gehirn? Offene Fragen:
  - Religiöse Erlebnisse können erzeugt werden; das schließt Gottes Existenz aber nicht aus.
  - Die Existenz Gottes kann weder bewiesen noch widerlegt werden.
  - Wenn Gott ein Produkt der Biologie wird, wo bleibt der freie Wille des Menschen?
  - Gibt es nicht auch eine soziale Dimension des Gottesglaubens?
  - Die Gefahr besteht, dass Naturwissenschaft die Objektivität verliert (erklären – wegerklären).
  - Ist eine erfahrene Gottesbegegnung eine Selbstsuggestion des Gehirns?
  - Zu berücksichtigen sind religiöse Erfahrungen von Menschen, die gesund sind, und nicht nur von Menschen, bei denen eine Veränderung des Scheitellappens festgestellt wurde und die unter Schizophrenie oder Depressionen leiden.
  - Die Bedeutung der Befunde bleibt eine Frage der Interpretation.
- Bei Meditationsmusik überlegen sich Sch, welche Gründe es gibt, an Gott zu glauben bzw. ihn widerlegen zu wollen.
- Sch versuchen selbst die angegebenen Gründe zu widerlegen und eine offene Diskussion auf dem Papier zu führen; z. B.:

Die Suche nach Gott und dessen Widerlegung
Ist die Religion einerseits eine Folge eines biologischen Reizmechanismus? Kann Religion verstanden werden als Suche nach einer Verbindung zum Himmel, zur Transzendenz, zu einem starken, übermächtigen Gott, um Sicherheit und Schutz zu finden? Ist Religion nur ein Gefühl, ein Schutzbedürfnis, aus Hilflosigkeit und Angst geboren?

Ist der Glaube an Gott ein Sprung ins Risiko, ein tapferes Sich-Einlassen auf einen Gott, der hilft, aber vielleicht auch schweigt? Ein Gott, der sich nicht manipulieren lässt mit Gebeten und Vorleistungen, ein Gott, der kein »Kuschelgott« ist; zwar tröstet und hilft, aber auch herausfordert und das Sich-Einrichten in bequeme Nischen infrage stellt. Ist deswegen der Glaube an Gott so unattraktiv und ist es daher notwendig, den Glauben nicht nur anzuzweifeln, sondern auch zu bekämpfen?

Sprache und Wirklichkeit

Perspektiven 1 86 87

1. Hintergrund

Noch einmal werden Natur- und Geisteswissenschaften als sich scheinbar widersprechende und doch sich gegenseitig ergänzende Bereiche der menschlichen Erkenntnis in den Blick genommen. Sensibilisiert werden Sch für die Problematik der Sprache in den Naturwissenschaften durch die Ausführungen Heisenbergs auf **86**. Die Sprache scheint selbst in den Naturwissenschaften nicht eindeutig verwendbar zu sein: »Die mathematisch formulierten Gesetze der Quantentheorie zeigen deutlich, dass unsere gewöhnlichen anschaulichen Begriffe nicht in unzweideutiger Weise für die kleinsten Teile gebraucht werden können. Alle Wörter oder Begriffe, mit denen wir die gewöhnlichen physikalischen Objekte beschreiben, wie etwa Lage, Geschwindigkeit, Farbe, Größe usw., werden unbestimmt und problematisch, wenn wir versuchen, sie auf die kleinsten Teile anzuwenden« (Werner Heisenberg, in: Schritte über Grenzen. Gesammelte Reden und Aufsätze. Neuausgabe, München 1984, S. 198). Sch werden dafür sensibilisiert, dass es innerhalb der Naturwissenschaften Schwierigkeiten gibt, über eine bestimmte Sache zu reden, die man nicht sehen kann, die nicht mit den Sinnen erfahrbar ist. Am Beispiel der Mathematik: Können Mathematiker untereinander exakt reden? Wie unterhält man sich, wenn man von der mathematischen Fachsprache abweicht? Ist es überhaupt möglich, Mathematik in Sprache zu bringen?
Im Anschluss daran wird mit den Sch die Eigenart religiöser Sprache betrachtet. Die Erkenntnisse aus **28f.**

(Vom Unaussprechlichen sprechen) werden hier aufgegriffen. Ein komplementärer, sich ergänzender Zugang steht am Ende der Überlegungen, nicht »Entweder-oder«, sondern ein »Sowohl-als-auch«.

Werner Heisenberg (1901-1976)
Heisenberg wurde 1901 in Würzburg geboren und starb 1976 in München. Er formulierte 1927 die nach ihm benannte Heisenbergsche Unschärferelation. Als fundamentale Aussage der Quantenmechanik besagt sie, dass bestimmte Messgrößen eines Teilchens (z. B. Ort und Impuls) nicht gleichzeitig bestimmt werden können.

Die **Nebelkammer** (ein Teilchendetektor) wurde 1912 von Charles Wilson (1869-1959), einem britischen Physiker und Nobelpreisträger, erfunden. Der Teilchendetektor kann zum Nachweis von ionisierender Strahlung bzw. von Kernreaktionen dienen. Dabei kann für manche Teilchen auch die Bahn sichtbar gemacht werden: In einem wasserdampfgesättigten, zylindrischen Gefäß, wird ein Kolben zurückgeschoben, sodass sich das Gasvolumen um ca. 30 % vergrößert und sich das Innere mit Wasserdampf übersättigt. Der Wasserdampf scheidet sich in Form von kleinen Wassertropfen (Nebeltropfen) ab, wenn z. B. kleine Staubteilchen oder geladene Gasmoleküle (Ionen) vorhanden sind. Beleuchtet man das Kammerinnere von einer Seite, kann man die Spur des Teilchens durch eine gläserne Deckplatte der Kammer als hell leuchtenden Nebelstreifen beobachten.

2. Einsatzmöglichkeiten im RU

Sprache und Wirklichkeit in der Physik

- Sch fassen die wesentlichen Gedanken Heisenbergs stichpunktartig zusammen, z. B.:
- jede Ortsbestimmung eines Elektrons verändert dessen Impuls, also dessen Geschwindigkeit
- das Problem der Sprache ist lange Zeit als untergeordnet angesehen worden
- Kunstwörter wurden in die Sprache eingeführt, damit Zusammenhänge bezeichnet werden konnten ...

Besonderheit der Sprache

- Sch überlegen sich (wiederholend) die Eigenart religiöser und wissenschaftlicher Sprache, z. B.:

Grundsätzliches:
- Sprache und Begriffe ändern sich ständig.
- Sprache ist das wichtigste Kommunikationsmittel. Sprache hat Grenzen; nicht jeder Gedanke lässt sich in jeder Sprache gut ausdrücken ...

Wissenschaftliche Sprache:
- muss eindeutig sein;
- auch in den Naturwissenschaften sind manchmal Symbole notwendig, weil Inhalte sprachlich nicht immer verständlich vermittelt werden können ...

Religiöse Sprache (vgl. Religion vernetzt 11, S. 27):
- Paradoxie
- Metapher
- Symbol
- Allegorie

Die (Un-)Exaktheit der Sprache

- Den Sch werden Postkarten mit unterschiedlichen Motiven zur Verfügung gestellt (z. B. Naturaufnahmen).
- Sch setzen sich zu Zweit Rücken an Rücken aneinander;
- ein Sch erklärt möglichst genau die Abbildung auf der Karte; der andere hört zu, ohne das Bild zu sehen, und macht sich davon nun eine Vorstellung.
- Nach einer gewissen Zeit wird die Sitzordnung aufgelöst und dem Zuhörenden das Bild gezeigt: Wie hat er sich das Bild vorgestellt? Ist es ähnlich? Wo bleiben Unterschiede?
- L gibt den Auftrag, in einer zweiten Runde (Erklärer und Zuhörer wechseln die Rollen) ein weiteres Bild nun noch exakter zu erklären.
- Eine Reflexion über die gemachten Erfahrungen mit der Sprache kann sich anschließen. (»Der Sender sendet immer etwas anderes, als der Empfänger empfängt.« Diese Unsicherheit findet sich im gesamten Bereich der Sprache wieder.)

Lösung für AA 1, S. 87
Das Komplementaritätsprinzip
1. Die moderne Physik kann nicht mehr alles eindeutig erklären.
2. Bei der Erklärung der Wirklichkeit sind wir angewiesen auf mehrere, unterschiedliche Erklärungsversuche: Analyse – Deutung – Komplementarität (Ergänzung).
3. In der Physik wird heute nicht mehr von der »Natur an sich« gesprochen im Sinne von objektiver Erkenntnisweise.
4. »Wir sind nicht nur Zuschauer, sondern immer auch Beteiligte.«
- Unsere Beobachtungsergebnisse müssen in Relation zum Beobachtungsvorgang gesehen werden;
- die Beobachtung ist immer auch subjektiv gefärbt und nie absolut objektiv (»Intersubjektivität«).
5. Wir können heute nicht mehr von einem Naturbild der exakten Naturwissenschaft sprechen, sondern nur von einem Bild unserer Beziehung zur Natur.

Das Komplementaritätsprinzip

- Sch lesen den Text »Komplementäre Zugänge zur Wirklichkeit« (**87**) und versuchen, den Inhalt grafisch darzustellen.

Beispiele von Schülerarbeiten:

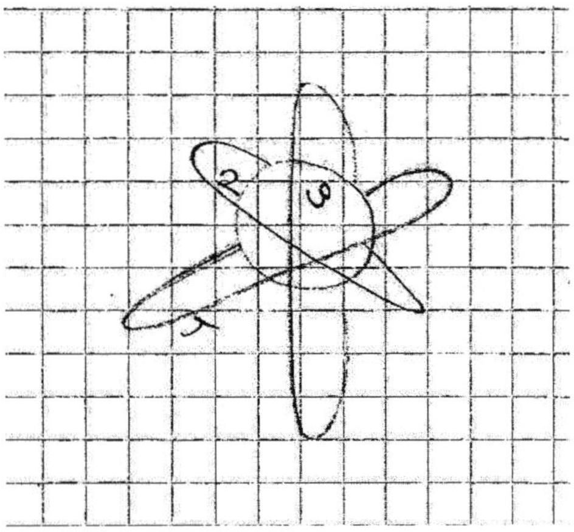

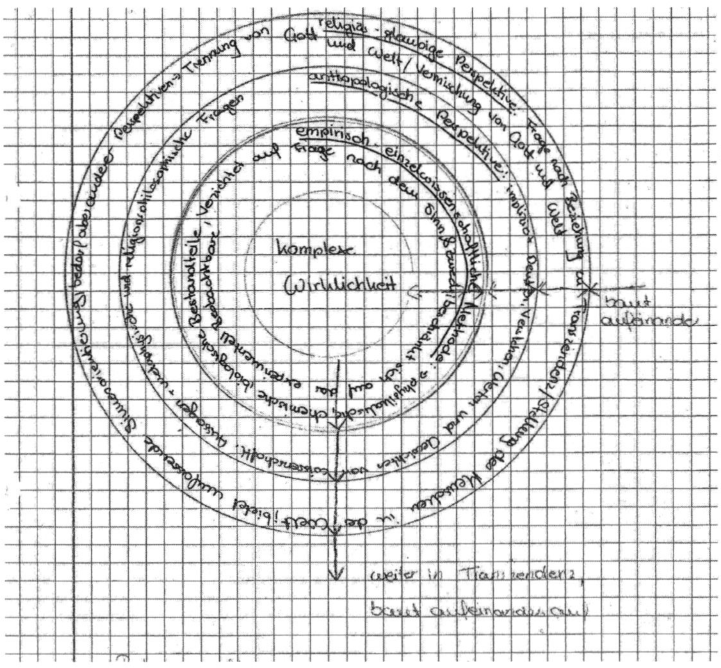

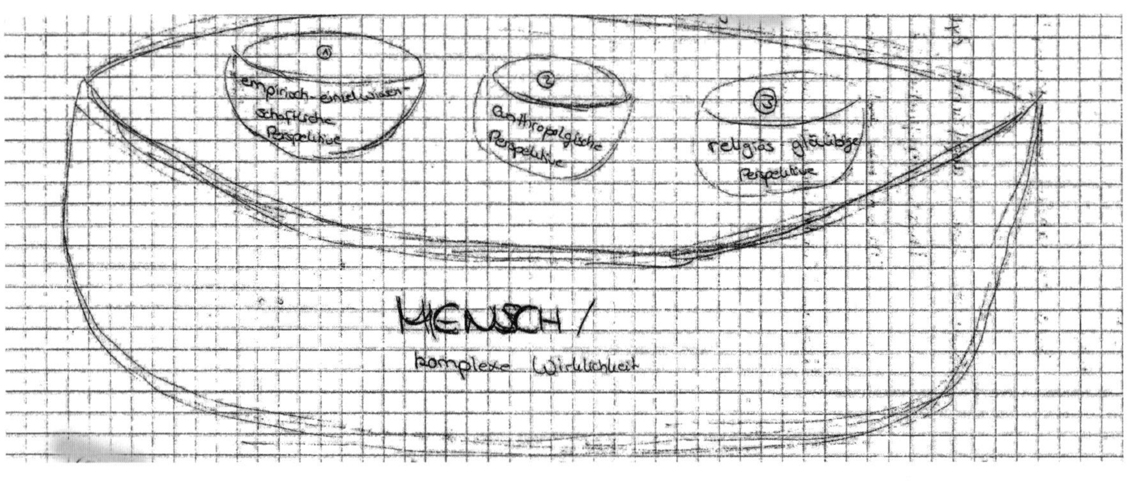

- Ergänzend kann L das Schalenmodell als Folie auflegen (**M 11.3.24, Lehrerkommentar S. 172**).
- Sch erarbeiten die komplementäre Sichtweise eines Phänomens der Wirklichkeit, z. B. Burger (**M 11.3.25, Lehrerkommentar S. 173**).
- L legt Folie auf und deckt mögliche Lösungen ab; Sch nennen Sichtweisen.

Lösung zu M 11.3.24:

Zur Deutung des Schalenmodells

1. Die Naturwissenschaft will klare und eindeutige Aussagen über die Wirklichkeit machen. Hypothesen, Theorien und Beweise sind ihre Vorgehensweisen.
2. Die Anthropologie (Wissenschaft vom Menschen, z. B. Medizin, Pädagogik, Psychologie) will das Verhalten der Menschen erklären. Dabei greift sie auf empirische Methoden zurück. Die Aussagen sind aufgrund verschiedener wissenschaftlicher Richtungen mehrdeutig.
3. Geisteswissenschaften (z. B. Theologie und Philosophie) wollen Wirklichkeit, Mensch und Welt deuten. Im Vordergrund stehen nicht »falsch – richtig«, sondern »sinnvoll – sinnlos«. Die Aussagen sind naturgemäß vieldeutig.

1. Hintergrund

Der Gottesglaube wurde nun kritisch hinterfragt, Gottesbilder durchleuchtet, der Glaube an sich infrage gestellt, die Problematik des Leids in Zusammenhang zu Gott gestellt.
Nachdem in *Perspektiven 1* (**86f.**) ein Miteinander der Wissenschaften möglich scheint und die Grenzen der Sprache aufleuchteten, stellen in *Perspektiven 2* zwei Theologen ihren Gottesglauben vor: Hans Küng und Karl Rahner. Die Frage steht ja immer noch im Zentrum des Interesses, ob es vernünftig sein kann, an Gott zu glauben. Küng und Rahner machen einen je eigenen Vorschlag.

Hans Küng (geb. 1928)
Hans Küng wurde 1928 in Sursee im Kanton Luzern/Schweiz geboren. Nach seinem Philosophie- und Theologiestudium wurde er zum Priester geweiht. Von Papst Johannes XXIII. zum offiziellen Berater ernannt, nahm Küng am Zweiten Vatikanischen Konzil teil. Immer wieder hinterfragt er in der Folgezeit die Lehrmeinungen der römisch-katholischen Kirche und steht ihnen kritisch gegenüber. Seine Thesen zu Unfehlbarkeit des Papstes, Kirche und Gott haben 1979 zum Entzug der kirchlichen Lehrerlaubnis durch die vatikanische Glaubenskongregation geführt. Bis zu seiner Emeritierung blieb Küng fakultätsunabhängiger Professor für ökumenische Theologie an der Universität Tübingen. Sein großes Anliegen war und ist das Weltethos, der Kernbereich der Religion, der sich in allen Religionen und Kulturen findet und so die grundlegende Gemeinsamkeit ist. Mit seiner Veröffentlichung »Projekt Weltethos« gab Küng den Anstoß zur »Erklärung des Weltethos« des Parlaments der Weltreligionen und auch zur Gründung der Stiftung Weltethos, dessen Präsident er ist.

Die Existenz Gottes als Hypothese (nach Hans Küng)

1. Die großen Lebensfragen der Menschen für die Gegenwart und für die Zukunft heißen nach Kant:
- Wer sind wir?
- Woher kommen wir?
- Wohin gehen wir?

2. Mit der Hypothese Gott lassen sich die gestellten Fragen leichter beantworten als ohne sie. Begründung:
- Wenn Gott existiert, dann wäre die Wirklichkeit nicht mehr unbegründet. Gott wäre der Ur-Grund der Wirklichkeit.
- Wenn Gott existiert, dann wäre die Wirklichkeit selbst nicht mehr haltlos. Gott wäre der Ur-Halt der Wirklichkeit.
- Wenn Gott existiert, dann wäre die Wirklichkeit selbst nicht mehr ziellos. Gott wäre das Ur-Ziel der Wirklichkeit.
- Wenn Gott existiert, dann wäre die Wirklichkeit nicht mehr der Nichtigkeit verdächtig. Gott wäre der letzte Sinn der Wirklichkeit.

3. Diese Hypothesen können auch auf das persönliche Leben übertragen werden:
- Wenn Gott existiert, dann könnte ich trotz aller Bedrohung durch Schicksal und Tod mit gutem Grund die Identität meines menschlichen Daseins vertrauensvoll bejahen. Denn Gott wäre der erste Ursprung des Lebens.
- Wenn Gott existiert, dann könnte ich trotz aller Bedrohung durch Leere und Sinnlosigkeit die Wahrheit und Sinnhaftigkeit meines Daseins vertrauensvoll bejahen. Denn Gott wäre der letzte Sinn meines Lebens.
- Wenn Gott existiert, dann könnte ich trotz aller Bedrohung von Schuld mit gutem Grund die Gutheit und Wahrhaftigkeit meines Daseins vertrauensvoll bejahen. Gott wäre die umfassende Hoffnung meines Lebens.

4. Zu Gott ist ein Ja oder ein Nein möglich:

Ein Nein zu Gott ist möglich:
- Der Atheismus lässt sich nicht rational eliminieren.
- Der Atheismus ist unwiderlegbar.
- Die Wirklichkeit hat nach ihm keinen Urgrund, keinen Urhalt, kein Urziel.
- Jede Rede vom Ursprung, Ursinn, Urwert ist demnach unsinnig.

Ein Ja zu Gott ist möglich:
- Der Atheismus ist unbeweisbar.
- Der Glaube an Gott gibt dem Leben größeren Halt. Die Bejahung Gottes beruht zutiefst auf einer Entscheidung, die wiederum mit der Grundentscheidung zur Wirklichkeit in Zusammenhang steht.

5. Gott ist eine Sache des Vertrauens:
Wenn Gott ist, dann ist er eine Antwort auf die radikale Fraglichkeit der Wirklichkeit. Dass Gott ist, kann angenommen werden,
- nicht stringent aufgrund eines Beweises oder Aufweises der reinen Vernunft;
- nicht unbedingt aufgrund eines moralischen Postulates der praktischen Vernunft;
- nicht ausschließlich aufgrund des biblischen Zeugnisses.

Dass Gott ist, kann nur in einem – in der Wirklichkeit selbst begründeten – Vertrauen angenommen werden.

Wer Gott verneint, weiß letztlich nicht, warum er der Wirklichkeit vertraut. Die letzten Fragen bleiben für ihn unbeantwortet. D. h., der Atheismus lebt, wenn schon nicht aus einem nihilistischen Grundmisstrauen, so jedenfalls aus einem letztlich unbegründeten Grundvertrauen.
Wer Gott bejaht, lebt aus einem Grundvertrauen zur Wirklichkeit (Urvertrauen). Auf dem Hintergrund einer positiven Lebens- und Wirklichkeitsdeutung kann er sich leichter auf sich, auf andere Menschen, auf die Welt und auf Gott einlassen.

Karl Rahner (1904-1984)
Karl Rahner wurde am 5. März 1904 als eines von sieben Kindern in Freiburg i.Br. geboren. 1922 trat er in den Jesuitenorden ein. Pater Karl Rahner SJ wurde nicht, wie vom Orden vorgesehen, Professor für Philosophiegeschichte, sondern promovierte 1936 zum Doktor der Theologie und wurde Professor für Dogmatik und Dogmengeschichte. Karl Rahner gilt als einer der bedeutendsten Theologen des 20. Jhs. und doch war er eher von zurückhaltender Natur, was seine Person betraf; er wollte lieber Pater als »Startheologe« sein. Seine Bibliografie umfasst über 4.000 Nummern, darunter auch die Neuausgabe des LThK.

Der Glaube an Gott als Hoffnung (nach Karl Rahner)
1. *Anfechtungen an den Glauben:* Im Leben gibt es Schwierigkeiten, die intellektueller Art sind. Aber diese Schwierigkeiten sind zu partikulär, als dass dadurch die Fragen nach dem Dasein entschieden werden könnten. Schwierigkeiten, die existenzieller Art sind, stellen den Menschen vor seine Fraglichkeit grundsätzlicher Art.
2. Eine solche *Erfahrung der Finsternis* gilt als Argument gegen das Christentum. Aber diese Erfahrung der Finsternis ist auch das Argument des Christentums: Gott bleibt zwar Geheimnis, teilt sich aber uns Menschen mit durch Gnade und in Jesus Christus.
3. *Gott als Halt im Abgrund der Leere:* Der Einzelne hat die Alternative, nicht an Gott zu glauben. Aber dann böten sich Leere und Absurdität. Gott als Halt im Abgrund absoluter Leere anzusehen, ist allemal mutiger und wahrer, als sich in die eigene Leere fallen zu lassen.

2. Einsatzmöglichkeiten im RU

Textarbeit
- Sch finden Zwischenüberschriften zu den einzelnen Abschnitten der Texte von Rahner und Küng.
- Sch exzerpieren die wesentlichen Aussagen der Texte (Lösungen auf **M 11.3.26/27, Lehrerkommentar S. 174-175** zu Küng sowie **M 11.3.28/29, Lehrerkommentar S. 176-177** zu Rahner).

Der dreieine Gott

Perspektiven 3 90 91

1. Hintergrund

Die Trinität ist ein Geheimnis des Glaubens. Aber die Sichtweise, dass Gott die Liebe ist und sich dem Menschen mitteilt, hilft uns, das Geheimnis ein wenig zu durchdringen. Schon das AT berichtet von Gott als einem, der sich dem Volk Israel mitteilt. JHWH ist ein Gott, der Leben will und Leben schenkt. Dieser Gott teilt sich dem Menschen mit, er offenbart sich. Endgültig wird diese Offenbarung in der Person des Jesus von Nazareth. Durch Jesu Leben und Wirken wird Gott endgültig geoffenbart. In Mt 28,19 scheint die trinitarische Taufformel auf.
Alle Evangelisten betonen, dass der irdische Jesus Geistträger war und als Auferstandener Geistmittler ist. Der Geist, den Gott sendet, besitzt schöpferische, reinigende und heiligende Macht, sodass die Menschen Gott erkennen können und das Reich Gottes auf Erden verwirklichen können. Paulus verwendet in 2 Kor 13,13 einen trinitarisch geprägten Gruß als Briefschluss.
In den ersten Jahrhunderten christlicher Zeitrechnung entwickelten sich auf dieser Grundlage verschiedene Sichtweisen, wie Gott, Jesus und der Geist zusammen zu sehen sein könnten. In den altchristlichen Glaubensbekenntnissen begegnet uns der Sohn, der eines Wesens mit dem Vater ist, der Geist, der mit dem Vater und dem Sohn angebetet wird. Der Terminus des einen Wesens in drei Personen begegnet erst in späteren Lehramtlichen Dokumenten.
Bleibt die trinitarische Sichtweise letztlich ein Geheimnis des Glaubens, so scheint die Selbstmitteilung Gottes aus Liebe, als einer sich hingebenden Liebe, aus heutiger Sicht und heutigem Denkhorizont als verständliche Ausformulierung der Liebe Gottes zu den Menschen.
Die DS fragt nun, wie es sich entwickelt hat, dass Gott als der dreieinige, dreifaltige, als ein einziger Gott in drei »Personen« gesehen wird. Ein Blick zurück in die Anfänge des Christentums und in den geschichtlichen Kontext ermöglichte es, die Trinität besser zu verstehen. Notwendig scheint dies, da christliche Glaubensaussagen, wie etwa auch die Lehre von der Dreifaltigkeit Gottes, vielen als »unlogisch« erscheint.

Vielleicht versperrt sie manchem sogar den Weg zu Glaube und Lebenssinn.
Gerade deshalb ist es notwendig, den Blick auf ein vermeintlich schwieriges Terrain des RU zu richten. Sch, die sich nun ausgiebig mit der Frage nach Gott beschäftigt haben, können nun dem Denkhorizont der trinitarischen Formulierung nachforschen und somit selbst theologisches Denken üben.
Dass die trinitarische Sichtweise Gottes spezifisch christlich ist und das Christentum sich damit zum Judentum abgrenzt, kann nicht verschwiegen werden. Doch auch ein Ansatz der Annäherung soll hier angesprochen werden.

2. Einsatzmöglichkeiten im RU

Textarbeit zur Trinität

- Sch lesen die Ausführungen zur Entwicklung des Trinitätsbegriffes und wiederholen in eigenen Worten die Basis der Trinitätslehre, den Denkhorizont der trinitarischen Formulierung und die Überwindung des griechischen Gottesbegriffes.

Bedeutung der Trinität

- Sch versuchen, den Text »Keine Verkürzung Gottes im Denken über Gott« grafisch umzusetzen.

Keine Verkürzung im Denken über Gott

Bibelarbeit zur Trinität

- Sch schlagen Apg 7,55f. nach und bringen die Darstellung in der Bibel mit den Erläuterungen zur trinitarischen Sichtweise Gottes in Verbindung.

Mögliche Lösung:
Am besten hält man sich hier ganz eng an das Neue Testament. Und im Neuen Testament gibt es wohl keine bessere Geschichte, uns das Verhältnis von Vater, Sohn und Geist zu vergegenwärtigen, als jene Verteidigungsrede des Märtyrers Stephanus, die uns Lukas in seiner Apostelgeschichte überliefert hat. Während dieser Rede hat Stephanus eine Vision (Apg 7,55f.). Hier ist die Rede von Gott, von Jesus, dem Menschensohn, und vom Heiligen Geist. Aber Stephanus sieht nicht – wie so oft in der christlichen Kunst dargestellt – ein Dreieck am Himmel oder eine dreigesichtige Gottheit oder drei gleichgestaltige Männer. Vielmehr:

- Gott selbst (griech. *ho theós* = »der« Gott schlechthin) bleibt verborgen, ist nicht menschenähnlich; nur seine »Herrlichkeit« (griech. *doxa*) ist sichtbar: Gottes Glanz und Macht, der Lichtglanz, der voll von ihm ausgeht.
- Der Heilige Geist ist auf Stephanus Seite, ist in ihm selbst. Der Geist, die von Gott ausgehende unsichtbare Kraft und Macht, erfüllt ihn ganz und öffnet ihm so die Augen: »Im Geist« zeigt sich ihm der Himmel.
- Jesus schließlich, sichtbar als der Menschensohn, steht »zur Rechten Gottes«: d. h. in Throngemeinschaft mit gleicher Macht und Herrlichkeit. Als Sohn Gottes erhöht und aufgenommen in Gottes ewiges Leben, ist er Gottes Stellvertreter für uns und zugleich als Mensch der Stellvertreter der Menschen vor Gott.

Man kann deshalb die Zuordnung von Vater, Sohn und Geist so umschreiben:

- Gott, der unsichtbare Vater über uns.
- Jesus, der Sohn des Menschen, mit Gott für uns.

– Der Heilige Geist, aus Gottes Kraft und Liebe in uns.
(nach Hans Küng, Existiert Gott, S. 764f.)

3. Weiterführende Anregung

Trinität und Judentum
Bei aller Unterschiedlichkeit von Christentum und Judentum in Bezug auf die Trinität, lohnt es sich doch, den Ansatz von Bernhard Nitsche in den Blick zu nehmen, den er in seiner Habilitationsschrift »Gott und Freiheit. Skizzen zur trinitarischen Gotteslehre« (Regensburg 2008) beschrieben hat.

- Sch lesen **M 11.3.30, Lehrerkommentar S. 178**, und vergleichen die trinitarische Sichtweise des Christentums mit den Ausführungen zur jüdischen Sichtweise und beschreiben die Konvergenzen.

Gott und die Vernunft – Weiter-Denken

Akzent 92

1. Hintergrund

Das Kapitel unterstützt Sch bei der Entwicklung eines reflektierten und selbst verantworteten Gottesglaubens. Sch haben sich gedanklich Gott angenähert, sie kennen philosophische Begründungen des Atheismus sowie die Anfrage an Gott durch die Theodizee-Frage. Und sie haben die Chancen wie auch die Ambivalenz einer von der Vernunft geleiteten Argumentation gesehen. So begreifen Sch nun, dass sich Glauben und Vernunft nicht widersprechen, und gleichzeitig sind sie sich der Grenzen menschlicher Gotteserkenntnis bewusst (vgl. LP).
Das **Gedicht** »Gott« von Eva Zeller auf **92** greift nun verschiedene Aspekte des Kapitels auf und bietet einen neuen Zugang zu den angesprochenen Themenkreisen. So kann das Gedicht als Anlass, einzelne Themen von 11.3 wiederholend zu vertiefen, gesehen werden.
Es ist aber auch durchaus als eigenständiges Medium zu verstehen: ein poetischer Zugang zum Glauben und zu Gott und somit eine Chance, sich der Thematik (nicht nur kognitiv) zu nähern. Festgelegt durch dogmatische Definitionen der Traditionsgeschichte hat sich im Christentum eher wenig »produktive Kreativität in der Annäherung an Gott entwickelt« (Georg Langenhorst, Gedichte zur Gottesfrage, München 2003, S. 197). So bietet das Gedicht von Eva Zeller »Sprachhilfen dafür an, wie man sich heute in neuer, unverbrauchter, produktiver und womöglich provokanter Rede Gott annähern kann« (ebd.).

Eva Zeller (geb. 1923)
Eva Zeller wurde 1923 in der Nähe von Berlin geboren. Sie studierte Germanistik und Philosophie in Greifswald, Marburg und Berlin. 1956 verließ sie die DDR und ging an der Seite ihres Mannes, eines evangelischen Pfarrers, einige Jahre ins heutige Namibia, bevor sie 1962 nach Westdeutschland zog, zunächst nach Düsseldorf, später lebte sie viele Jahre in Heidelberg. Seit 1998 wohnt sie in Berlin. Im Oktober 2007 wurde das Eva-Zeller-Museum in Görzke (nahe Berlin), dem Ort ihrer Kindheit, eröffnet. Sie gilt als Vertreterin einer ästhetisch überzeugenden christlichen Literatur.

Eva Zeller, Gott
Von Eva Zeller liegen zahlreiche Prosabände wie auch Gedichtbände vor. Das Gedicht »Gott« entstammt der Sammlung »Fliehkraft«, einem Lyrikband aus dem Jahr 1975. Dabei handelt es sich um ein dialogisches Gebet an Gott, der mehrfach mit »Du« angeredet und als »Gott« nicht nur im Titel, sondern auch im Gedichttext zweimal direkt benannt wird. In den drei freirhythmischen Versgruppen des Gedichts reflektiert die Gedichtsprecherin die Problematik, heute von Gott zu sprechen. Die erste Versgruppe – im unvermittelten Beginn wie ein zufälliger Ausschnitt aus einem längeren Gedankengang stilisiert – führt hinein in die Schwierigkeiten: Gottes Unsichtbarkeit ist Grund für das »Ereifern« der Menschen – um den Unfassbaren muss man geradezu streiten. Und sein Name wird zum Fluchwort. Das ist die eine Seite des Problems. Andererseits ist dieses in Großbuchstaben wiedergegebene Wort »Gott« die »exakte Verkalkung im Prüfstein Sprache«. Im Prüfstein der Sprache muss sich dieses Wort bewähren, an diesem Prüfstein muss sich aber auch alles andere, die Suche nach Wahrheit, bewähren. Die Rede von Gott muss sich an der Sprache bewähren, muss in Sprache glaubwürdig und überzeugungskräftig aussagbar sein. Aber auch alle Wirklichkeit muss sich an der Sprache messen lassen. Wie das zu verstehen ist, nehmen die beiden folgenden Versgruppen in den Blick. Die zweite Versgruppe konzentriert sich auf die Missbrauchsgeschichte des Gottesbegriffs. Gott wurde zum Götzen gegossen, verbraucht, immer wieder zerrieben zwischen »Verwirklichung« und »Verwirkung«. Gemessen am »exakten Prüfstein« wird diese Missbrauchsge-

schichte überdeutlich. Was tun? Zwei Möglichkeiten werden in der dritten Versgruppe genannt: Man kann das »Totgesagte gesundbeten«. Doch das ist nicht die Vision, der sich die Gedichtsprecherin anschließt. Sie fordert Gott selbst auf, »ins Fleisch« zurückzukehren, in einem »salto mortale«. Heißt das: Die Menschen haben den Namen Gottes so sehr missbraucht, dass sie selbst ihn nicht mehr »retten« können? Ausweg aus dem Streit um den »Unsichtbaren« ist allein dessen Sichtbarwerdung? Wird hier der biblische Gedanke der Parusie, der Wiederkunft Jesu Christi »im Fleische«, aufgegriffen? Oder setzt die Verfasserin mit diesem Schluss lediglich das Bild einer poetischen Vision, in der Name und Wirklichkeit Gottes gegen allen Missbrauch ihre eigene Würde und Lebendigkeit behalten? Deutlich wird in jedem Fall: Statt konkrete »Namen für den Namenlosen« selbst poetisch auszuformulieren, macht dieses Gedicht auf die Notwendigkeit einer solchen Suche aufmerksam. Gleichzeitig richtet es ein Warnschild für diese Suche auf: Ist nicht jede neue Annäherung an Gott – gemessen an der »exakten Verkalkung« im »Prüfstein Sprache« – immer dem Problem ausgesetzt, gleichzeitig zu »verwirklichen« und darin zu »verwirken«?
(vgl. Georg Langenhorst, 199f.)

2. Einsatzmöglichkeiten im RU

Textarbeit zum Gedicht

- Sch setzen sich mit dem Gedicht »Gott« auseinander und interpretieren es. L gibt notwendige Informationen (s. oben »Hintergrund«).
- Sch verfassen selbst ein (kurzes) Gedicht zum Thema »Gott«.

Literatur fragt und antwortet PINNWAND 69

»De profundis 6« ist ein vierstrophiges Klagegedicht (mit je vier Zeilen) im Kreuzreim, es folgt dem Aufbau der biblischen Klagepsalmen. Die dialogische Gebetsstruktur wendet sich an Gott als dem Herrn. Der Beter beklagt die fehlende Gottesnähe und blendet dabei die Außenwelt vollkommen aus, er konzentriert sich auf seine individuelle Gottesbeziehung. Die Schuld der Gottesferne sucht er bei sich. In Strophe eins wird die Situation beschrieben: Der Beter beklagt das fehlende Gegenüber (»du«). Dieser folgt in Strophe zwei die Frage nach dem Grund, warum die Beziehung zu Gott gestört ist. Die Nacht, die in Strophe drei angesprochen wird, ist der klassische Ort für die Klage in den Psalmen. Das Morgenlicht symbolisiert die Erlösung, die Erfüllung der Sehnsucht, der in der Klage vorgetragenen Bitte. In der abschließenden Strophe vier spricht der Beter seine Gewissheit aus, dass Gott sich ihm wieder zuwendet, die Versöhnung kann dabei aber nur von Gott ausgehen.

- Sch vergleichen die Gedichte »Gott« und »De profundis 6« (**69**) miteinander.

Arbeit zum Kapitel

- Sch suchen im Gedicht nach Bezugspunkten zum Schulbuchkapitel, mögliche Anknüpfungspunkte:
  - »Das macht Deine Unsichtbarkeit, dass wir uns so ereifern ...« – Religionskritik; Neuer Atheismus; Gottesbeweise; Naturwissenschaft und Glaube
  - »... und Dein Name, dass wir damit fluchen ...« – Theodizee-Frage
  - »... im Prüfstein Sprache ...« – Sprache und Wirklichkeit
  - »... zum Standbild gegossen ...« – Gottesbilder
  - »... Es ist Zeit für Deinen Auftritt, Deinen salto mortale ins Fleisch« – verantwortete Rede von Gott; Gott als Hoffnung und Hypothese.

Literatur

Hoff, Gregor Maria, Religionskritik heute, Regensburg 2004.
Klinger, Bernhard, Im und durch das Leiden lernen. Das Buch Ijob als Drama (Bonner Biblische Beiträge 155), Hamburg 2007.
Küng, Hans, Der Anfang aller Dinge. Naturwissenschaft und Religion, München [9]2005.
Küng, Hans, Existiert Gott. Antwort auf die Gottesfrage der Neuzeit, München [2]2001.
Langenhorst, Georg, Gedichte zur Gottesfrage, München 2003.
Müller, Klaus, Neuer Atheismus? Alte Klischees, aggressive Töne, heilsame Provokationen; in: Herder Korrespondenz 61 (11/2007), 553f.

»Der Durst«

In den Augen aller Menschen wohnt eine unstillbare Sehnsucht. In den Pupillen der Menschen aller Rassen, in den Blicken der Kinder und Greise, der Mütter und liebenden Frauen, in den Augen des Polizisten und des Angestellten, des Abenteurers und des Mörders, des Revolutionärs und des Diktators und in denen des Heiligen: In allen wohnt der gleiche Funke unstillbaren Verlangens, das gleiche heimliche Feuer, der gleiche tiefe Abgrund, der gleiche unendliche Durst nach Glück und Freude und Besitz ohne Ende. Dieser Durst, den alle Wesen spüren und von dem auch im Gleichnis von der Samariterin am Brunnen gesprochen wird, ist die Liebe zu Gott.

Um dieser Liebe willen werden alle Verbrechen begangen und alle Kriege gekämpft, ihretwegen lieben und hassen sich Menschen. Um dieser Liebe willen werden Berge bestiegen und die Tiefen der Meere erforscht, für sie wird geherrscht und intrigiert, gebaut und geschrieben, gesungen, geweint und geliebt. Alles menschliche Tun, sogar die Sünde, ist eine Suche nach Gott, nur sucht man Ihn meistens dort, wo er am wenigsten zu finden ist. Darum sagt der Kirchenvater Augustinus: »Suche, was du suchst, aber nicht dort, wo du es suchst.« Überall suchen wir Gott, auf Festen und Orgien und Reisen, in Kinos und Bars, und doch finden wir Ihn einzig und allein in uns selbst.

In jedem Innern leuchtet die gleiche Flamme, brennt der gleiche Durst. »Wie der Hirsch nach frischem Wasser, so schreit meine Seele nach Dir, o Herr«, sagt ein Psalm. Jedes Herz ist von diesem Pfeil durchdrungen.

Der unstillbare Hunger der Diktatoren nach Macht und Geld und Besitz ist in Wirklichkeit Liebe zu Gott. Der Liebende, der Forscher, der Geschäftsmann, der Agitator, der Künstler und der kontemplative Mönch, alle suchen sie dasselbe, nämlich Gott und nichts als Gott. Die Gesichter der ganz jungen Mädchen tragen einen Abglanz Gottes, darum sind sie so faszinierend für uns, weil wir geschaffen wurden für das ewige Leben.

Gott ist die Heimat aller Menschen. Er ist unsere einzige Sehnsucht. Gott ist im Innersten aller Kreatur verborgen und ruft uns. Das ist die geheimnisvolle Ausstrahlung, die von allen Wesen ausgeht. Wir hören seinen Ruf in der Tiefe unseres Wesens wie die Lerche, die in der Frühe von ihrer Gefährtin geweckt wird, oder wie Julia, die Romeo unter ihrem Balkon pfeifen hört.

Ernesto Cardenal

»Doping ist im Alltag angekommen«

Die Öffentlichkeit diskutiert über Doping im Leistungssport, nennt Athleten Betrüger und manchmal auch Opfer. Dabei hat das Phänomen Doping längst Einzug in den Alltag in einer von Ehrgeiz und Versagensangst getriebenen Gesellschaft gehalten. Ritalin ist nur eines aus einem ganzen Katalog von Medikamenten, die ursprünglich einmal Patienten helfen sollten, die z. B. unter Aufmerksamkeitsstörungen, Demenz oder Bluthochdruck litten. Heute schlucken sie auch Gesunde. Laut einer Studie von 2009 greifen in Deutschland zwei Millionen Menschen manchmal und etwa 800.000 regelmäßig zu Neuropharmaka. Dabei gibt es weder Langzeitstudien noch ist für die meisten der vorhandenen Medikamente erwiesen, dass sie wirklich die Leistung verbessern. Gleichwohl gehen Zukunftsforscher davon aus, dass auch die Getränkeindustrie auf den Hirn-Tuning-Zug aufspringen wird. So könnte es bald Getränke für Kreativität, Konzentration, Leistungssteigerung und Stimmungsaufhellung geben. Und auch die Kindernahrung dürfte künftig vielfältiger sein. Eltern wollen ihre Kinder so früh wie möglich fit machen für ein Dasein als Leistungsträger.

Ines Geipel, 49, Autorin und Professorin, die Leistungssportlerin und Nebenklägerin im Prozess gegen die Drahtzieher des DDR-Zwangsdopings war, in einem Interview:

Sie sagen, heutzutage sei das Phänomen Doping längst im Alltag angekommen – in Büros und Fitnessstudios, an Schulen und Hochschulen?

Geipel: Genau. Besonders die Pharmaindustrie treibt die verdopte Gesellschaft voran. Die Nahrungsmittelindustrie setzt dazu nun auf eine Art »Light-Doping«. Mit Joghurts, Wellness- oder Neuro-Getränken wird der scheineffiziente Körper forciert.

Schadet uns das, was uns eigentlich besser machen soll?

Geipel: Hinter diesem ganzen aufgeheizten Körpertheater steckt natürlich zuallererst die Ideologie des Marktes. Hollywood kreierte in den 70er-Jahren den steroiden Muskelkörper, ein Megageschäft. Heute lassen sich asiatische Frauen die Beine länger machen oder das Gesicht operieren, damit sie europäischer aussehen. Das Ideal ist der weiße, fitte, fettarme, muskulöse Körper, konform und kontrolliert. Die Vielfalt der Physiologien und Physiognomien wird nivelliert. Und vor allem darf ja auch nichts mehr echt und ursprünglich sein.

Nehmen Sie den Hang zur Manipulation auch bei Ihren Studenten wahr?

Geipel: Ja, ihre Leistungsmaxime lautet Produzieren und Geldverdienen. Ruhepausen gibt es nicht mehr. So entstehen irre Lebensmodelle – Telefonsex, um Kunst studieren zu können, Koks, um die Lernphasen durchzustehen, Ritalin vor der Prüfung. Diese jungen Leute sind gut ausgebildet, ehrgeizig und pragmatisch, dabei aber seltsam haltlos. Vielleicht der Preis der aufgezwungenen Dressur: Selbstverlust.

Befürworter des »neuro enhancement« argumentieren mit Gerechtigkeit. Wenn ein Mensch von Natur aus nicht so schlau ist wie ein anderer, sei es nur gerecht, wenn er sein Defizit mit Chemie ausgleiche.

Geipel: Das stellt die Verhältnisse völlig auf den Kopf. All die Chemie produziert vor allem einen abhängigen Körper. Aber geht es nicht darum, das Unvollkommene und auch unsere Grenzen anzuerkennen? Wir sind doch längst am Ende mit dem ganzen Effizienzwahn.

Was schlagen Sie vor?

Geipel: Wir brauchen eine politische Körperreform, vergleichbar mit dem Großprojekt Umweltschutz. Dabei geht es in meinen Augen um so etwas wie »Inweltschutz«, um eine Politik, die die Gesundheit und Unversehrtheit der Bevölkerung wirklich regelt und schützt. Ansonsten sind der globalen Körperindustrie keine Grenzen gesetzt.

Kati Thielitz

- *Beziehen Sie Stellung zu den Aussagen von Ines Geipel.*

Leiddeutung im Buch Ijob

Charakter Ijobs:
- untadelig
- rechtschaffen
- gottesfürchtig
- meidet das Böse
- Frömmigkeit wird betont (»über jeden Zweifel erhaben«)

Private Verhältnisse:
- vollkommenes Glück
- sieben Söhne, drei Töchter
- großer Besitz
- unermesslicher Reichtum

Sündenverständnis:
- Tun-Ergehen-Zusammenhang

Am Ende wird der ursprüngliche Status quo nicht nur wiederhergestellt, sein Besitz wird sogar verdoppelt. Ijob kehrt in die Gemeinschaft zurück.

Die Freunde Ijobs und ihre Antworten

Auf den Verlust der Gesundheit und der Klage Ijobs in 3,3 (»Ausgelöscht sei der Tag, an dem ich geboren bin, die Nacht, die sprach: Ein Mann ist empfangen«) kommen Freunde zu Besuch und versuchen, Ijob zu trösten und ihm das Leid zu erklären:

Elifas (4,7-11)

Deutung: Tun-Ergehen-Zusammenhang; sündhaftes Vergehen gegen Gottes Gebote zieht eine Bestrafung in Form leidvoller Erfahrung nach sich.
Begründung: Tun-Ergehen-Zusammenhang ist aus weisheitlicher Tradition bekannt (vgl. Sir 2); erfahrene Beobachtungen; persönliche Erfahrung/Traumvision (4,12-16): »Es gibt keinen Menschen, der vor Gott gerecht ist.« Sündiges Tun zieht die Strafe Gottes nach sich.
Rat: Sich an Gott wenden und das Leid als Zucht Gottes verstehen und annehmen.

Bildad (8,1-22)

Deutung: Motiv der Gerechtigkeit, Recht und Gerechtigkeit sind Sache Gottes; wegen der göttlichen Gerechtigkeit darf der Unschuldige mit Gottes Schutz rechnen, der Schuldige damit, dass Gott ihm die Hand entzieht; er ist bemüht, Ijob den Tun-Ergehen-Zusammenhang deutlich zu machen; Sünde ist der fehlende Glaube.
Begründung: Erfahrung aus der Geschichte; früheres Geschlecht
Rat: Lebe gerecht vor dem Herrn; Hinwendung zu Gott gefordert.

Zofar (11,1-20)

Deutung: Scharf weist er Ijobs Darstellung von der Ungerechtigkeit Gottes zurück; Gott allein hat Einsicht in das Tun des Menschen; Ijob kann nicht schuldlos sein; Aufforderung zum Bekenntnis der eigenen Schuld, damit sich das Leben wieder erhellt.
Begründung: menschliche Erfahrung lässt fragen: »Kommt ein Hohlkopf zur Besinnung?«
Rat: Eingeständnis der Sünden

Reaktion Ijobs

Ijob reagiert mit Unverständnis und fühlt sich von den Freunden bevormundet und herabgesetzt.

Elihu

- *Gott teilt sich im Traum (33,15-18) und in der Krankheit (33,19-22) mit. Träume und Krankheiten versteht Elihu als Warnzeichen Gottes, die den Menschen wieder auf den rechten Weg zurückbringen sollen. Der Mensch müsse die Zeichen sehen und deuten (33,29f.).*
- Das Leiden hat seinen Ursprung letztlich in der Schuld des Menschen (vgl. 33,27).
- Elihu hält an der Gerechtigkeit Gottes fest, der niemals Unrecht tut (vgl. 34,12), sondern jedem Menschen entsprechend dem Tun-Ergehen-Zusammenhang vergilt.
- Er betont die Souveränität Gottes (35,1-16); Gott ist transzendent und frei.
- Gott lässt aber das bittende Rufen des Menschen nicht unerhört (vgl. 35,9-14).
- Elihu betont die unbegreifliche Größe Gottes (vgl. 36,26).
- Der Mensch hat die Möglichkeit, im Leiden zu Gott zu finden (vgl. 36,10f.).
- *Die Natur lässt die unbegreifliche Größe Gottes erahnen (Schöpfungstheologie).*
- *Elihu fordert Ijob zum Hören auf (37,14): Ijob soll die von Gott geschaffenen Wunder staunend wahrnehmen.*
- *Ehrfurcht/Gottesfurcht ist nach Elihu die einzig angemessene Haltung, mit der der Mensch Gott begegnen könnte; das wäre Weisheit für den Menschen.*
- *Korrektiv für Ijob und Freunde: im Leid Gottes Gegenwart sehen.*

Neue Argumente sind *kursiv* gesetzt.

Formulierungen des Trostes

Alltagsvertröstungen

War doch alles nicht so schlimm! Es hätte ja alles noch viel schlimmer kommen können.
Rückblickende Sprüche; rückblickende Umwertung von Verlusten ins weniger Negative.

Vielleicht ist es ja besser so! Wer weiß, was ihr/ihm alles erspart geblieben ist.
Vorausblickende Umwertung von Verlusten.

Ich weiß, wie du dich fühlst.
Die Besonderheit der einmaligen Situation und die subjektive Erfahrung des Betroffenen werden nicht ernst genommen.

Du musst dich jetzt zusammenreißen. Du musst jetzt nach vorne schauen.
Allgemein gehaltene Appelle an die Selbstheilungskräfte.

Keine Angst, das kriegen wir schon wieder hin! Einfach Pech gehabt; beim nächsten Mal hast du mehr Glück!
Hoffnungsausblicke auf Negativerfahrungen, die eher nebensächlich angesehen werden; suggestive Umgestaltung von Realität im Blick auf eine neue Chance.

Das kann doch jedem mal passieren. Das haben wir doch alle schon erlebt.
Verflüchtigung ins Allgemeine; christlich gewendet: Jeder hat sein Kreuz zu tragen.

Was soll's, hilft ja doch nichts. Da kann man halt nichts machen.
Resignierende Verallgemeinerungen im Blick auf Grundgegebenheiten des Menschen.

Das Leben geht weiter. Du wirst schon sehen, die Zeit heilt alle Wunden.
Pauschale Zukunftsvertröstungen ohne konkreten Anhalt und spezifischen Grund.

Augen zu und durch. Am besten einfach nicht mehr daran denken.
Bewusste Verdrängungsempfehlung.

In kleinen Niederlagen, in weniger einschneidenden Alltagserlebnissen mögen die genannten Alltagsargumente durchaus hilfreiche Strategien sein. Aber für wirkliche, tiefe Leiderfahrungen, im Umgang mit schweren Krankheiten und Todeserfahrungen taugen sie nicht, schon deshalb nicht, weil sie das Leiden nicht wahrhaben wollen, den Schmerz bagatellisieren und nicht aushalten können.

Formen des guten Trostes

Trost kann nur über Beziehung gelingen. Das Herstellen einer vertrauensvollen Gesprächsbeziehung ist notwendig.
Das beinhaltet: da sein, Zeit haben, zuhören, Klagen zulassen, den Schmerz mittragen und, wenn nötig, schweigend aushalten.
Die Warum-Frage des Leidenden ernst nehmen und Erklärungsmodelle gemeinsam andenken. Erklärtes Leid ist noch nicht bewältigtes Leid, schafft aber Voraussetzungen für eine echte Bewältigung.

nach Georg Langenhorst

»So schön wie hier kanns im Himmel gar nicht sein«

Jedenfalls ist das Verhältnis zu Gott und zu Jesus zerrüttet. Ich dachte, dass ich im Kern beschützt sei. Von Gottes Gnaden behütet, belohnt mit Tausenden von Möglichkeiten, gesegnet mit einem langen Leben, mit vielen, vielen Dingen, Bildern, Fragen, Antworten, Fragen, die sich aus Antworten ergeben. Und in den letzten Tagen habe ich echt geglaubt, ich bekäme jetzt die große Chance zu beweisen, dass ich ein ernsthaftes Anliegen habe, dass ich in der Welt noch Wichtiges zu tun habe – und auch, dass ich die Möglichkeit bekäme, das Leben jetzt wirklich genießen zu lernen. Habe mir eingebildet, dass ich noch viele, viele tolle Momente erleben werde, mit Essen und Trinken, Natur und Musik, Liebe und Sex.

Und das, lieber Gott, ist die größte Enttäuschung. Dass du ein Glückskind einfach so zertrittst, du bist jedenfalls gerade dabei, das zu tun. Und all die anderen Leute, die an dich glauben, zertrittst du auch, zum Beispiel die, die nach Lourdes laufen und dennoch nicht geheilt werden.

Pure Ignoranz ist das. Gott sagt einfach, was du da machst, interessiert mich nicht, ist mir egal. Ich lege mich über dich, ich fresse mich in dich rein, ich missbrauche dich für meine Sachen, ich bringe dich einfach um die Ecke.

Ist ihm völlig egal, wer ich bin, was ich mache. Wenn diese Beliebigkeit der Weg zum Glück sein soll, dann ist der Weg zum Glück einfach eine Rechenformel von Scheiße mal Pi-Quadrat.

Ich bin zutiefst verletzt in meinem Gottvertrauen, in meiner Liebe zum Leben, zur Natur – ich will mich nur noch betrunken unter den Sternenhimmel von Afrika setzen und mich auflösen. (...)

Gott bewahre, dass ich dir eins in die Fresse schlage. Du glaubst wohl, dass du mir mit alldem einen Weg beschreibst. Du beschreibst mir einen Weg, das ist schon klar, aber der Weg hätte ruhig anders verlaufen können, etwas heiliger und berufener, so wie ich mir das in meiner Kitschnudelfabrik vorgestellt habe, weil ich die Kacke so gelernt habe. (...) Und manchmal war es ja auch toll, das ganze Brimborium. Da fühlte man sich berufen, da war man plötzlich eins mit allem. Zum Kotzen! (...)

Es ist schon ein unglaublicher Dreck, der jetzt aus meinen Poren, aus meinem Hirn, aus meiner Nase rauskommt. Aber er riecht gut und duftet sogar in gewisser Weise besser als all der Weihrauch und all der rote Tand. Ich predige jetzt einfach: Werft die Hostien auf den Müll, es lohnt sich nicht. Und warte auf den Tag, an dem ich dann daliege und flehe: Gott, verzeih mir, was habe ich getan. (...)

Gott ist für mich natürlich das Prinzip, das alles miteinander verbindet. Natürlich auch Christen, Buddhisten, Hinduisten und ich weiß nicht wen. Alle Kräfte gehören zusammen. Daher gibt's eigentlich auch keinen Anfang und kein Ende. (...)

Aber eins ist klar: Ich bin kein Atheist. Und ich kann jetzt auch nicht sagen, na gut, das Universum ist irgendwie so etwas Höheres. Nee, ich brauche das konkreter: Mit Maria, Jesus und Gott, mit diesen dreien möchte ich auf alle Fälle weiterleben. Das ist die Hauptsache. Die genaue Differenzierung der drei ist nicht so wichtig, da fängt man schnell an, sich zu widersprechen. Das Wichtige ist jetzt erst mal, dass ich mit ihnen meinen Frieden habe, dass ich wieder Kontakt habe und sie bitten kann, mich vor weiteren Schlägen dieser Art hier zu bewahren. Und dass ich geliebt werden will. Und dass ich mich selbst lieben will. Und dass ich mich nicht mehr bestraft fühlen möchte, weder von anderen noch von mir selbst. Das will ich einfach nicht. Dass ich jetzt Krebs habe, gut, das ist scheiße. Wer da was verbockt hat, weiß ich nicht, warum das so ist, weiß ich auch nicht. Aber es handelt sich nicht um eine Bestrafung, vor allen Dingen nicht um eine Selbstbestrafung. Wenn ich das begreife, kann ich mich auch in die Hände von Jesus, Maria und Gott begeben. Diesen Schritt muss ich für mich gehen. Ich bin nicht stark. Ich will mich lieber fallen lassen.

Christoph Schlingensief

■ *Beschreiben Sie den Umfang Schlingensiefs mit dem Thema Leid und seinen Auswirkungen.*

Wie kann Gott das zulassen?

Angenommen, wir sind bereit, überall dort unsere Verantwortung zu akzeptieren und die Ursache für Leid und Not nicht vorschnell auf Gott und Gottes »unerforschlichen Ratschluss« abzuschieben, wo unser menschliches Verhalten als letzte Ursache für ein bestimmtes Elend auszumachen ist. Angefangen bei den berüchtigten »Raucherlungen« über all die durch menschliches Versagen verursachten Unglücksfälle bis hin zu der möglicherweise bevorstehenden Klimakatastrophe. Auch dann gibt es ja noch immer jenes Leid, für das selbst bei gründlichster Untersuchung kein Mensch verantwortlich gemacht werden kann! Was dann? Nicht zufällig lautete nach der Jahrhundertkatastrophe am 26. Dezember 2004 rund um den Indischen Ozean die meist gestellte Frage: »Wie kann Gott das zulassen?« Als Strafe oder wenigstens, um uns Menschen unsere Grenzen bewusst zu machen? Stellt also die Flutkatastrophe nicht die Allmacht Gottes, sondern die Allmachtsvorstellungen des modernen Menschen infrage? Denn »uns Kinder der Moderne« erinnere das Beben daran, dass unsere Herrschaft über die Natur nicht unbeschränkt ist. Und so dränge das Erlebte zu einer Haltung der Demut!

Wenn wir eine Antwort suchen, die uns weiterbringen könnte, dann lohnt es sich aufs Neue, in die Bibel zu schauen. Sie zeigt uns nämlich bei genauerem Zusehen sehr deutlich: Die Rede vom allmächtigen Gott führt in die Irre! Gewiss, die meisten Christen meinen es ehrlich, wenn sie ihr Glaubensbekenntnis mit den Worten beginnen: »Ich glaube an Gott, den Vater, den Allmächtigen ...« Doch die wenigsten von uns wissen, dass das Alte und das Neue Testament den Ausdruck »der allmächtige Gott« nicht kennen. Die uns geläufige Wendung »deus omnipotens« lässt sich in die Sprache der Bibel nicht rückübersetzen. Gewiss, an Gottes Macht gab es für die Israeliten nicht den geringsten Zweifel. Doch je länger die Menschen in Israel über jene Erfahrungen nachdachten, die sie mit ihrem Gott, mit Jahwe, in Verbindung brachten, umso besser verstanden sie die Eigenart dieser göttlichen Macht. Sie war die Kraft, die sie bewahrte und trug. Wenn die Menschen der Bibel auf Gottes Macht zu sprechen kamen, dann gingen sie keineswegs davon aus, dass Gott alles machen oder alles verhindern könne. Wenn Israels Menschen von Gottes Macht sprachen, dann dachten sie daran, dass Gottes machtvolle Zuneigung und Gottes bewegende Freundschaft und Liebe durch keine andere, größere Macht besiegt und zerstört werden kann. Deshalb setzten sie auf diese Macht all ihre Hoffnung, nicht aber, weil sie meinten, Gott könne alles möglich machen, wenn er nur wolle! Und so kam niemand in Israel – selbst Jesus nicht – jemals auf die Idee, vom »allmächtigen Gott« zu reden.

Zugegeben, in unseren Bibelausgaben gibt es eine Reihe von Stellen, an denen Gott »der Allmächtige« genannt wird. Doch zu Unrecht! Denn wo immer sich unsere Übersetzungen auf den hebräischen Urtext beziehen, ersetzen sie mit dem Ausdruck »der Allmächtige« einen sehr alten, unverständlichen Eigennamen Gottes (El Schaddaj). Im griechischen Urtext ist aber jeweils vom »pantokrator« die Rede. Damit ist aber nie der »Allmächtige«, sondern stets der »Allerhalter«, d. h. der, der über alles und alle Macht hat, gemeint. Erst als die griechische Bibel und das griechische Glaubensbekenntnis ins Lateinische übersetzt wurden, wurde aus dem »pantokrator« der »omnipotens«, der »Allmächtige«.

Es gibt einige Stellen in unserer Bibel, an denen allem Anschein nach doch danach gefragt wird, ob für Gott denn nicht alles möglich sei: als der alt gewordenen Sara noch ein Sohn verheißen wurde (Gen 18,13f.) oder bei der Schwangerschaft der greisen Elisabet (Lk 1,36f.). In diesen Fällen ging es aber keineswegs darum, ob für Gott etwas x-Beliebiges zu schwierig sei. In allen Fällen war nicht eine abstrakte göttliche Allmacht das Thema, sondern allein die Leben und Zukunft schaffende Macht Gottes.

Meinrad Limbeck

- *Exzerpieren Sie den Text und formulieren Sie neue Erkenntnisse.*
- *Formulieren Sie eine fundierte Aussage/Antwort zur Theodizee-Frage.*

Der Religionskritiker Ludwig Feuerbach im Überblick

- Feuerbach ist einer der bedeutendsten Religionskritiker; alle anderen variieren seine Grundgedanken.
- Die Menschheit muss sich in ihrem Streben abwenden vom Thema Gott und über die Vernunft zum Thema Mensch kommen.
- Seine Grundthese lautet: Gott ist eine Projektion des Menschen; der Mensch schuf Gott nach seinem Bild und Gleichnis.
- Religion entzweit den Menschen von sich selbst und seinem Wesen. Das unendliche Wesen der Menschheit (Vernunft, Wille, Gefühl, Liebe) macht sich fälschlicherweise die Religion zu eigen und nennt es Gott.
- Die Religion schreibt alle positiven Eigenschaften, die dem Menschen, d. h. der Menschheit, zustehen, Gott zu. Aufgabe der Religionskritik ist es, dies zu entlarven.
- Religion muss, ebenso wie die Projektion Gott, abgeschafft werden, damit der Mensch (bzw. die Menschheit) zu seinem (ihrem) wahren Wesen findet. Die Entzweiung des Menschen durch die Religion muss beendet werden.

Einwände gegen die Religionskritik Feuerbachs aus christlicher Sicht

Sprachlicher Einwand:

- Feuerbach beweist im strengeren Sinn nicht, er stellt Behauptungen auf: »Die Religion ist ...«; »Gott ist also nichts anderes, als ...«

Philosophische Einwände:

- Wenn Glaube einem trostbedürftigen Menschen hilft, dann muss es nicht bedeuten, dass Gott automatisch ein Produkt des psychologischen Trostbedürfnisses ist (»Wenn Götter Wunschwesen sind, so folgt daraus für die Existenz oder Nichtexistenz von Göttern gar nichts«, Eduard von Hartmann).
- Der Mensch ist von einer Spannung bestimmt: In seinem Denken und Wollen will er unendlich sein, in seinem Sein dagegen ist er endlich und begrenzt (z. B. Tod). D. h., die Menschheit kann nicht unendlich sein, wenn der einzelne Mensch in jedem Fall endlich ist.

Theologische Einwände:

- Die Theologie kann die objektive Realität Gottes nicht beweisen. Für die Behauptung Feuerbachs, Gott sei eine Projektion, gibt es ebenso wenig einen Beweis. Es bleibt also auch eine Behauptung.
- In der Bibel gibt es viele Aussagen von Gott, die in keiner Weise Wunschvorstellungen von Menschen entsprechen, z. B. der zürnende und eifersüchtige Gott bzw. der Gott, der zur Verantwortung ruft. Daher das Bilderverbot: Man soll sich kein Bild von Gott machen, da es immer unzulänglich ist.
- Jesu Leiden, Kreuz und Sterben haben in keiner Weise etwas mit Wunschgedanken oder Projektion zu tun.

Der Religionskritiker Karl Marx im Überblick

- Die Religion ist der ideologische Überbau, sie ist der fantastische Ersatz für das unerfüllte gesellschaftliche Wesen.
- Religion wächst auf dem Boden von Elend, Ausbeutung und Kapitalismus und ist ein gesellschaftliches Produkt. Je größer das Leid, desto größer die Religiosität (Kompensation).
- Religion ist Ausdruck des wirklichen Elends der unterdrückten Klasse, Seufzer der bedrängten Kreatur; sie ist aber zugleich der Protest gegen das Elend.
- Religion ist das falsche Bewusstsein von der Wirklichkeit, d. h., sie vertuscht die gesellschaftlichen Missstände.
- »Religion ist das Opium des Volkes.« Sie macht abhängig, wirkt wie Opium und macht unfähig, die wirklichen Zustände zu sehen und sie zu verändern.
- Religion muss als illusorischer Glücksbringer entlarvt und abgeschafft werden, dann erst gibt es wirkliches Glück.

Der Kapitalismus und in seinem Gefolge die Religion entfremden den Menschen. Die ökonomische Entfremdung (in der Arbeit) bewirkt die politische (in der Macht und im Reichtum), diese wiederum die religiöse (in der Weltanschauung). Diese Ordnung muss, notfalls mit Gewalt, verändert werden.

Marx wirft dem Christentum und der Kirche vor:
- Duldung von antiker Sklaverei, von mittelalterlicher Leibeigenschaft und von kapitalistischer Ausbeutung;
- sie predigten die Notwendigkeit einer herrschenden und einer unterdrückten Klasse;
- sie rechtfertigten den ungerechten gesellschaftlichen Zustand mit der gerechten Strafe der Erbsünde oder der Strafe für andere persönliche Sünden;
- sie predigten Demut, Durchhalten, geduldiges Ertragen, »Gott wird es lohnen«, Duckmäusertum, statt Ungerechtigkeiten zu verändern.

Einwände gegen die Religionskritik Marx' aus christlicher Sicht

Sprachlicher Einwand:
- Religion als Produkt des Elends ist eine Behauptung; Religion dürfte demnach bei glücklichen und reichen Menschen nicht vorkommen und müsste überflüssig werden.

Philosophische Einwände:
- Dass der Mensch ausschließlich ein Produkt der Gesellschaft sei, ist eine Annahme; Erbanlage, Umwelt und freier Wille machen das Wesen des Menschen aus.
- In der Annahme, die Unterschiede in der Gesellschaft seien aufgehoben, die politischen und wirtschaftlichen Probleme seien gelöst, ist damit die Frage nach dem Sinn des Lebens nicht automatisch auch gelöst.
- Der Mensch ist immer Einzel- und Gesellschaftswesen; eine Verschiebung des Gleichgewichts hat Einseitigkeit zur Folge.

Theologische Einwände:
- Die Lehre Jesu wäre falsch verstanden, wenn sie *ver*tröstend verstanden würde; sie will trösten.
- Religion hat nicht nur gesellschaftliche Funktion; sie ist vielschichtiger.
- Eine gewaltsame Revolution ist als Methode der Veränderung abzulehnen.

Positive Aspekte:
- Die Kirche versagte damals und zum Teil auch heute in der Aufarbeitung von sozialen Problemen (Konflikt zwischen Arm und Reich).
- Es muss konkret etwas gegen die Ausbeutung unternommen werden.
- Die Kirche läuft Gefahr zu vertrösten.

Der Religionskritiker Friedrich Nietzsche im Überblick

- Eines der wichtigsten Objekte von Nietzsches Kritik ist die Moral überhaupt und die christliche Moral im Besonderen.
  Er wirft der bisherigen Philosophie und Wissenschaft vor, herrschende Moralvorstellungen unkritisch übernommen zu haben.
- Nietzsche lehnt das humanistische Ideal, das den Menschen über das Tierreich erheben soll, ab. An einen Fortschritt in der Geschichte der Menschheit glaubt er nicht. So ist das Ziel der Menschheit nicht an ihrem Ende zu finden, sondern in ihren immer wieder auftretenden höchsten Individuen, den »Übermenschen«. Die Gattung Mensch sieht er als einen Versuch; er fordert »Schaffende«, die hart und mitleidlos mit anderen und vor allem mit sich selbst sind, um aus der Menschheit und sich selbst noch ein wertvolles Kunstwerk zu schaffen. Er fordert die Überwindung alles Schwachen und Kranken. Der Übermensch (mit gottähnlichen Zügen) ist eine Fortschreibung des Menschen. Der Mensch muss Gott töten, um frei zu sein. Aber der Mensch protestiert aus Angst und Feigheit vor dem Zusammenbruch der Moral.
- Nicht die christlichen Werte wie Demut, Vergebung und Verzicht sind gefragt, sondern allein der Wille zur Macht, also das Starke, das siegt und sich durchsetzt; die Triebe und Leidenschaften des Menschen sollen entfaltet werden: Mitleid ist verderblich.
- Religion ist Lebensverneinung und muss deshalb abgeschafft werden. Nur eine konsequente Gottesvernichtung ist der Entwicklung des Übermenschen förderlich. Religion ist die institutionalisierte Selbstverschwendung des Menschen, verneint den Naturtrieb (Demut und Unterwerfung statt Macht) und ist das größte Hindernis zu menschlicher Größe.
- Nietzsches Postulat: »Gott ist tot.« Ihn interessieren weniger sachliche Argumente für oder gegen Gott. Ihm geht es allein um die eintretenden positiven Konsequenzen, die sich für ihn aus der Gottesleugnung zwangsläufig ergeben. Er sieht bei diesem Prozess ein großes Chaos voraus; das muss überwunden werden, dann wird die Menschheit lernen, aus dem Tod Gottes einen fortwährenden Sieg zu machen. Nach Nietzsche ist der christliche Gott unglaubwürdig geworden. Die Menschen würden bald einsehen müssen, dass niemand mehr da ist, zu dessen Werten man aufschauen könnte und müsste. Der Mensch ist für die Werte, die er vertritt, selbst verantwortlich.

Dies wird oft als Prophezeiung der Heraufkunft des Nihilismus gesehen: Durch die Kritik der bestehenden Moral, wie Nietzsche sie betreibt, wird die Moral als hohl und unglaubwürdig erwiesen und bricht schließlich zusammen.

Einwände gegen die Religionskritik Nietzsches aus christlicher Sicht

- Ist der Übermensch, ein Mensch mit gottähnlichen Zügen, als Ziel denkbar?
- Kann der Wille zur Macht die Menschheit »menschlicher« machen?
- Kann der Mensch mit einer destruktiven, aggressiven Lebens- und Welteinstellung zufrieden und sinnvoll leben? Bringt die Umwertung aller Werte den Menschen weiter?
- Die Religionskritik von Nietzsche ist Postulat: Gott darf es nicht geben; er könnte das Konstrukt Übermensch behindern.

Der Religionskritiker Sigmund Freud im Überblick

- Freud lehnt sich – wie auch Marx – an die Projektionstheorie Feuerbachs an. Er deutet sie psychoanalytisch.
- Alle Religion ist Zwangsneurose (psychisch bedingte Zwangshandlung): Als Arzt erlebt Freud häufig religiös bedingte Neurosen; Patienten verrichten von Kindheit an in zwanghafter Weise rituelle Übungen.
- Religion als infantile Form der Schuldbewältigung: Die erste menschliche Urhorde hatte einen allmächtigen Vater, der allein Recht auf Frauen und Mütter besaß. Die darüber erbosten Söhne töteten den Vater. Zurückgeblieben sind große Schuldgefühle. Gleichzeitig aber übernahmen sie seine Gebote und Vorschriften, weil sie ihn auch bewundert hatten. Die Verehrung eines Vater-Gottes, die die zur Kultur notwendigen Triebverzichte gebietet und den man deswegen hasst, aber gleichzeitig auch bewundert, ist aus der Religion erwachsen.
- Religion ist die Illusion von einem schützenden Über-Vater (Gott): Das hilflose Kind sucht immer wieder seinen Vater, der gefürchtet, aber auch verehrt wird. Übertragen auf das Verhältnis des religiösen Menschen zu Gott: In Not sucht der Mensch Hilfe und Schutz, der Erwachsene fällt zurück in kindliche Verhaltensweisen; Gottesglaube ist nichts anderes als das Schutzbedürfnis des Menschen (infantilistisches Verhalten), ist die Illusion eines schützenden Über-Vaters; Erkennungszeichen für dieses infantile Verhalten sind magisch-zwanghafte Handlungen (Riten, Gesten, Liturgie) und ein Anthropomorphismus Gottes.

Für Freud stammt Religion aus den Kindertagen der Menschheit und ist nichts anderes als Trost- und Schutzbedürfnis des Menschen. Sie ist wissenschaftsfeindlich und eine Illusion, d. h., sie ist zwar nicht unrealistisch, kann nicht als unwirklich widerlegt werden, ist aber eine Illusion.

Einwände gegen die Religionskritik Freuds aus christlicher Sicht

- Jede Religion ist zunächst Grundeinstellung und Lebensinterpretation. Jede Religion will sich in bestimmten Zeichen und Riten auch ausdrücken. So wie es falsch ist, von ähnlichen Krankheitssymptomen auf gleiche Ursachen zu schließen, so können auch ähnliche religiöse Verhaltensweisen nicht immer als Neurose bestimmt werden.
- Freud betrachtet Religion nur von einer Perspektive aus, nur aus der Sicht von Zeremonien und Riten. Religion aber ist mehr, primär eine geistige Grundeinstellung.
- Freud hat ein Zerrbild von Religion vor Augen. Seine Kritik ist insoweit heilsam, als das Zerrbild als solches entlarvt werden kann.
- C.G. Jung, ein Schüler Freuds, kommt bei gleichen psychologischen Methoden, bei gleichen Tatbeständen zu ganz anderen Ergebnissen: »Der Ausfall der religiösen Dimension kann Grund und Ursache für Neurose sein.« Religion ist demnach kein Weg der Entfremdung und Illusion, sondern ein Weg zum Ich, zur Individuation.
- Freud hat in der Archäologie keine Belege für Urhorden.
- Freud beschreibt Religion immer nur retrospektiv. Religion kann sich bei ihm kaum in Zeit und Geschichte verändern. Er kennt kein religiöses Wachstum. Damit verkürzt er den Religionsbegriff. Die Entwicklung von der Totemreligion über die Hochreligion bis hin zur Kulturreligion ist nicht zu übersehen.
- Freuds Darstellung von Religion als Primitivität und Infantilismus übersieht die Tatsache, dass es in allen Kulturen (auch heute) den Unterschied von Reif und Unreif gibt. Dabei kann mancher (auch im psychologischen Sinne) auf der infantilen Ebene stehen bleiben.

Der Religionskritiker Albert Camus im Überblick

- Alles ist absurd und sinnlos: Es gibt keinen Sinn in dieser Welt und ihrer Geschichte; das Leid ist zu groß; es ist unredlich, Geborgenheit in Religion oder Ideologie zu suchen; Anlehnung an den Sisyphos-Mythos.
- Es bleibt nur die Revolte, d. h. Aufbegehren und Widerstand gegen die Zustände dieser Welt: Das Leid und die Sinnlosigkeit müssen bekämpft werden, auch ohne Aussicht auf Erfolg; Selbstmord wäre keine Lösung des Problems; es muss alles unternommen werden, um das Leid dieser Welt zu verringern.
- Camus' Religionskritik richtet sich gegen die traditionelle, personalistisch-anthropomorphe Gottesvorstellung der Bibel, gegen den biblischen Gott als bösartiges, launenhaftes Wesen. Jesus, der die Distanz zwischen dem unversöhnlichen Gott und dem Elend des Menschen verringern wollte, habe das Böse auf sich genommen, um den Gott des Alten Testaments zu entlasten; aber mit dem Tod Jesu sei seine Sache gescheitert und vorbei. Die Kirche vertrete nicht mehr die Sache Jesu bzw. Gottes, sondern stehe auf der Seite der Mächtigen.
- Camus glaubt nicht an Gott, er versteht sich aber auch nicht als Atheist. Er hat Sinn für das Heilige, glaubt allerdings nicht an ein ewiges Leben.

Negierter Gottesglaube – Albert Camus' »Die Pest«

Ansichten des Arztes Rieux:
- Er glaubt nicht an Gott;
- er kämpft gegen den Tod an, der die Weltordnung bestimmt;
- Siege werden vorläufig bleiben; die Pest ist eine endlose Niederlage;
- er spürt Empörung, weil er manches Leid nicht versteht;
- er weigert sich, die Schöpfung, trotz aller Absurdität zu lieben, in Liebe anzunehmen;
- er arbeitet für das Heil der Menschen, besser gesagt: für ihre Gesundheit;
- er hasst den Tod und das Böse: Er erleidet und bekämpft es.

Absurdität des Lebens:
- Leid übersteigt die menschliche Vorstellung.
- Leid bestimmt die Weltordnung, konkret der Tod.
- Er weigert sich, das Leid als Teil der Schöpfung anzunehmen.

Bezug zu Feuerbach:
- Der Mensch ist von Gott verlassen und auf sich selbst zurückgeworfen.
- Glaube vertröstet; gefordert ist ein Glaube an das ewige Leben.
- Es ist unredlich, Geborgenheit in der Religion zu suchen.
- Gott hindert den Menschen am individuellen Glück.
- Der Glaube an Gott wird von Camus zurückgewiesen.

Feuerbach möchte die Projektion Gott zurückweisen und den Menschen auf sich selbst zurückweisen. Camus will das individuelle Glück des Menschen, wie auch Feuerbach. Um des Menschen willen, wird Gott zurückgewiesen.

Der fromme Atheist

Mit dem wachsenden Interesse an Religion und Spiritualität im 21. Jahrhundert kommt auch der Atheismus wieder auf die Tagesordnung. Was Atheismus in der Gegenwart auch bedeuten kann, beschreibt der Philosoph Herbert Schnädelbach.

Gibt es den frommen Atheist überhaupt? Wie soll das zusammenpassen: Frömmigkeit und Atheismus? Atheisten – das sind, wie das Wort besagt, die »ohne Gott«, die Gottlosen, und davon gibt es verschiedene Arten. Manchmal werden sie verwechselt mit den Gottesgegnern, den Anti-Theisten. Tatsächlich sind Atheisten nicht gegen Gott, sondern nur gegen den Gottesglauben; ihn bekämpften die Radikalen der Aufklärungsbewegung im Namen der Freiheit. Der fromme Atheist ist nicht kämpferisch; er will niemanden von irgendetwas überzeugen. Er sagt nur: »Ich glaube nicht, dass Gott existiert« und bekennt damit nur seinen Unglauben – nichts weiter. Die Frömmigkeit des frommen Atheisten besteht darin, dass er nicht anders kann, als das Verlorene religiös ernst zu nehmen, und darum stört es ihn, wo es in bloße Garnitur unseres profanen Alltags aufgelöst wird. Seine Gemütslage bezeugt somit einen Zwiespalt zwischen dem kindlichen Bedürfnis nach Geborgenheit im Glauben an einen »Vater im Himmel« und dem illusionslosen Erwachsensein-Müssen; das eine kann er nicht ganz zum Schweigen bringen und das andere vermag er nicht zu verleugnen. Wo das Christentum heute als weich gespülte Geborgenheitsreligion angeboten wird, vermutet er intellektuelle Regression. So ist der fromme Atheist nicht »gegen Gott«; er lehnt nichts ab, leugnet nichts und bekennt nichts Gegenteiliges, sondern er hat nicht, was der fromme Theist zu haben beansprucht – den Glauben an Gott. Der ist ihm abhandengekommen, und so weiß er, was er nicht hat. Das unterscheidet ihn vom gelebten Atheismus der meisten Zeitgenossen, in dem die Gottesfrage gar nicht mehr vorkommt. Vielleicht ist es irreführend, hier überhaupt noch von Atheismus zu sprechen, denn dies setzt doch voraus, dass man das Verlorene und Vergessene irgendwann einmal besaß. Das ist aber bei denen, die ohne religiöse Sozialisation groß wurden, schlicht nicht der Fall. So ist es auch nicht zu rechtfertigen, sich über diese neue Gottlosigkeit, die in Wahrheit Areligiosität oder religiöse Indifferenz bedeutet, abfällig zu äußern, es sei denn, man hätte gute Gründe, sie als einen anthropologischen oder gar kulturellen Defekt anzusehen. In Sachen des Glaubens ist es Sache des Subjekts, darüber zu befinden, ob die Gründe für das Fürwahrhalten subjektiv zureichend sind oder nicht. Dabei kennt der religiöse Glauben keine Grade, es gilt »ganz oder gar nicht«. Im Glauben wiederum muss man etwas für wahr halten können, um darauf vertrauen zu können. Glauben und Wissen verhalten sich wie Gewissheit und Gewusstes, also wie ein subjektiver Zustand und ein objektiver Besitz zueinander. Von unserem Wissen, von dem wir annehmen, dass es aus wahren und gerechtfertigten Überzeugungen besteht, können wir nur in seltenen Fällen erwarten, dass es gewiss ist; in der Regel müssen wir uns mit wahrscheinlichem und fehlbarem Wissen zufriedengeben. Der religiöse Glaube hingegen besteht aus Gewissheiten, die kein Wissen bereitzustellen vermag. Hilfreich ist die alte Unterscheidung zwischen dem Glauben, der geglaubt wird (*fides, quae creditur*), und dem Glauben, mit dem oder durch den geglaubt wird (*fides, qua creditur*). Damit war ein Zustand des Bewusstseins, der die ganze Person betrifft und bestimmt, und damit alles, was die Person zu wissen glaubt, gemeint. Diesen Glauben verstand das Christentum seit eh und je als Werk des Heiligen Geistes, also als göttliches Geschenk. Der fromme Atheist gibt zu, dass er ihn nicht hat. Er kann sich vorstellen, was Glauben wäre, aber er kann nicht glauben. Vielleicht würde er sich, wenn sich etwas ohne sein Zutun gut gefügt hat, gern bedanken, aber bei wem? Oder sich im anderen Fall beklagen, aber wo ist der Adressat? Und dann weiß er auch, dass das, was heute unter dem Titel »Religiosität« auf dem Markt ist und dessen »Wiederkehr« gefeiert wird, nicht das ist, was einmal mit der Religion im Ernst gemeint war.

nach Herbert Schnädelbach

- *Schreiben Sie wesentliche Aussagen stichpunktartig auf.*
- *Vergleichen Sie diese mit den Aussagen von Papst Benedikt XVI. im Text »Glaube, Vernunft und Universität«.*

Glaube, Vernunft und Universität. Erinnerungen und Reflexionen

Papst Benedikt XVI. äußerte sich am 12. September 2006 im Rahmen eines Deutschlandbesuchs bei der Begegnung mit Wissenschaftlern in der Aula der Universität Regensburg in einer Rede zum Thema Glaube und Vernunft.

Die moderne Auffassung der Vernunft beruht auf einer durch den technischen Erfolg bestätigten Synthese zwischen Platonismus (Cartesianismus) und Empirismus, um es verkürzt zu sagen. Auf der einen Seite wird die mathematische Struktur der Materie, sozusagen ihre innere Rationalität vorausgesetzt, die es möglich macht, sie in ihrer Wirkform zu verstehen und zu gebrauchen. Auf der anderen Seite geht es um die Funktionalisierbarkeit der Natur für unsere Zwecke, wobei die Möglichkeit der Verifizierung oder Falsifizierung im Experiment erst die entscheidende Gewissheit liefert. Dies bringt zwei für unsere Frage entscheidende Grundorientierungen mit sich. Nur die im Zusammenspiel von Mathematik und Empirie sich ergebende Form von Gewissheit gestattet es, von Wissenschaftlichkeit zu sprechen. Was Wissenschaft sein will, muss sich diesem Maßstab stellen. So versuchten dann auch die auf die menschlichen Dinge bezogenen Wissenschaften wie Geschichte, Psychologie, Soziologie, Philosophie sich diesem Kanon von Wissenschaftlichkeit anzunähern. Wichtig für unsere Überlegungen ist aber noch, dass die Methode als solche die Gottesfrage ausschließt und sie als unwissenschaftliche oder vorwissenschaftliche Frage erscheinen lässt. Damit aber stehen wir vor einer Verkürzung des Radius von Wissenschaft und Vernunft, die infrage gestellt werden muss ... Aber wir müssen mehr sagen: Wenn dies allein die ganze Wissenschaft ist, dann wird der Mensch selbst dabei verkürzt. Denn die eigentlich menschlichen Fragen, die nach unserem Woher und Wohin, die Fragen der Religion und des Ethos können dann nicht im Raum der gemeinsamen, von der so verstandenen »Wissenschaft« umschriebenen Vernunft Platz finden und müssen ins Subjektive verlegt werden. Das Subjekt entscheidet mit seinen Erfahrungen, was ihm religiös tragbar erscheint, und das subjektive »Gewissen« wird zur letztlich einzigen ethischen Instanz. So aber verlieren Ethos und Religion ihre gemeinschaftsbildende Kraft und verfallen der Beliebigkeit. Dieser Zustand ist für die Menschheit gefährlich: Wir sehen es an den uns bedrohenden Pathologien der Religion und der Vernunft, die notwendig ausbrechen müssen, wo die Vernunft so verengt wird, dass ihr die Fragen der Religion und des Ethos nicht mehr zugehören. Was an ethischen Versuchen von den Regeln der Evolution oder von Psychologie und Soziologie her bleibt, reicht einfach nicht aus ...

Die eben in ganz groben Zügen versuchte Selbstkritik der modernen Vernunft schließt ganz und gar nicht die Auffassung ein, man müsse nun wieder hinter die Aufklärung zurückgehen und die Einsichten der Moderne verabschieden. Das Große der modernen Geistesentwicklung wird ungeschmälert anerkannt: Wir alle sind dankbar für die großen Möglichkeiten, die sie dem Menschen erschlossen hat und für die Fortschritte an Menschlichkeit, die uns geschenkt wurden. Nicht Rücknahme, nicht negative Kritik ist gemeint, sondern um Ausweitung unseres Vernunftbegriffs und -gebrauchs geht es. Denn bei aller Freude über die neuen Möglichkeiten des Menschen sehen wir auch die Bedrohungen, die aus diesen Möglichkeiten aufsteigen, und müssen uns fragen, wie wir ihrer Herr werden können. Wir können es nur, wenn Vernunft und Glaube auf neue Weise zueinanderfinden; wenn wir die selbstverfügte Beschränkung der Vernunft auf das im Experiment Falsifizierbare überwinden und der Vernunft ihre ganze Weite wieder eröffnen.

nach Papst Benedikt XVI.

- *Schreiben Sie wesentliche Aussagen stichpunktartig auf.*
- *Vergleichen Sie diese mit den Aussagen von Herbert Schnädelbach im Text »Der fromme Atheist«.*

»Ich schau mich bloß um«

„Ich schau mich bloß um."

■ *Beschreiben Sie die Zeichnung vor dem Hintergrund der Postmoderne. Welche Konsequenzen ergeben sich aus einer wie in der Zeichnung dargestellten Haltung?*

Was ist der »neue Atheismus«?

Seit etwas 2005 führt eine Gruppe vorwiegend naturwissenschaftlich tätiger Intellektueller einen neuen Kampf gegen die Religion. Der Begriff »Neuer Atheismus« stammt von Gary Wolf, der in einem Artikel aus dem Jahre 2006 von »Battle of the New Atheism« gesprochen hat. Er umschreibt ihn wie folgt: »So lautet die Herausforderung der Neuen Atheisten: Wir sind dazu aufgerufen, wir lockeren Agnostiker, wir hingebungslosen Ungläubigen, wir unbestimmten Deisten, denen es peinlich wäre, antike Absurditäten wie die Jungfrauengeburt zu verteidigen oder die Behauptung, dass Maria in den Himmel aufgefahren sei, ohne vorher zu sterben, oder jeden anderen himmelschreienden Mythos; man fordert uns auf, uns Unentschlossene, diesen lähmenden Fluch zu exorzieren: den Fluch des Glaubens.« Richard Dawkins, englischer Evolutionsbiologe, hat den Vorwurf des »Gotteswahns« erhoben. Mit der Kennzeichnung religiösen Glaubens als »Wahn« ist eine Sprache in die Religionskritik gekommen, deren Ton für deutsche Verhältnisse neu ist. Christopher Hitchens wiederum spricht davon, dass Religion alles vergifte und in »Der Herr ist kein Hirte«, dass Glaube eine Dummheit sei und wer ihr folge, zu den Kleinkindern unserer Spezies gehöre.

nach www.hpd.de

Warum »neuer Atheismus«?
Der Atheismus ist so alt wie theologisches Nachdenken über eigene und fremde Religionen. Aber neu ist, dass philosophische Fragen gut vermengt sind mit sehr aktuellen Fragen der Genetik, der Evolutionstheorie und der Hirnforschung. Ebenfalls neu ist eine Polemik, die in die Argumentation einfließt. Das macht die Lektüre entsprechender Bücher spannend.

Was charakterisiert die »neuen Atheisten«?
Die »neuen Atheisten« sind einige amerikanische, britische und kanadische Intellektuelle, zu denen hauptsächlich Sam Harris, Richard Dawkins, Christopher Hitchens und Daniel Dennett zählen. Sie exponieren sich geradezu darin, Gottes Existenz pausenlos zu bestreiten, und agieren dabei sehr medien- und trendbewusst. Sie erscheinen als Gruppe, obwohl sie kein gemeinsames Konzept haben. Die »neuen Atheisten« sind also zuallererst die oben genannten Vertreter, die in ihren Interviews oder Vorträgen manchmal eine Bewegung daraus machen.
Ihre Veröffentlichungen sind »Manifeste von Atheismus-Evangelisten«, denen es nicht um eine Kritik am Theismus und am Gottesglauben geht. Sie formen aus dem Atheismus einen moralischen Imperativ, der mit allen Mitteln die Verbreitung falschen Glaubens zu verhindert gebietet, und sind in bester Fundamentalistenprediger-Manier frei von Selbstzweifeln einzig um den rechten Glauben (nämlich den ihren) besorgt.

Ist eine neue Aufklärung notwendig?
Die Veröffentlichungen der »neuen Atheisten« finden bei den Gebildeten unter den Verächtern der Religion sowie bei Unsicheren ihrer Befürworter große Zustimmung und erzielen eine enorme Resonanz. Notwendig scheint es dabei für die Theologie und Verkündigung heutiger Zeit zu sein, Rechenschaft darüber abzulegen, »wie im Zusammenspiel von Historie und Fiktionalität wahrheitsfähige Sprechakte entstehen«. Die Dimension des Glaubens der biblischen Generationen muss betont und die Hintergründe erleuchtet werden. Ebenfalls dürfen die kritischen Fragen an den klassischen Theismus nicht ignoriert werden. Bei aller Reflexion über die Gottesfrage muss immer wieder berücksichtigt werden – und darf auch betont werden –, dass aller Anspruch auf das Unbedingte immer nur als »Echo im Medium unserer endlichen Vernunft« vernommen werden kann. Auch die Gottesrede bedarf einer ständigen Bekehrung. Aber diese Einsicht ist nicht neu. Und deshalb braucht sich die Theologie von Dawkins, Hitchens & Co nicht beunruhigen lassen.

nach Klaus Müller

Möglichkeiten, theologisch von Gott zu reden

- **Performative Rede** von Gott (nicht informatives Sprechen von Gott):
  Man kann nicht »über« Gott im Sinne des (beziehungslosen) Informierens oder wie über eine Sache (dieser Welt) reden. Man kann von Gott nur aus der eigenen Betroffenheit, von einer inneren Beziehung her sprechen (= performatives Reden), d. h. z. B. in Form von Lob, Dank ...

- **Via negativa** (Weg der negativen Aussage):
  Eigenschaften, die nur geschaffenen Dingen dieser Welt zukommen, werden verneint, wenn sie auf Gott angewendet werden, z. B.: endlich – unendlich; sichtbar – unsichtbar ...

- **Via eminentiae** (Weg der Steigerung):
  Prädikate der menschlichen Aussage werden in der Anwendung auf Gott ins Unendliche gesteigert, weil sie nur Gott zukommen, z. B.: mächtig – allmächtig; wissend – allwissend ...

- **Analogie** (Aussagen der Ähnlichkeit):
  Dinge und Personen werden mit Gott in eine Beziehung gebracht. Analogie bedeutet, dass Ähnlichkeiten und Verschiedenheiten zum Ausdruck gebracht werden, z. B.: Leben der Pflanzen, der Tiere, des Menschen; Leben bei Gott = ewiges Leben; Vater, Macht, König ...

- **Positive Erfahrungen** übertragen: im menschlichen Leben benennen, um daran deutlich zu machen, so ist Gott, z. B.: Vergebung erfahren – Vergebung schenken, Nächstenliebe ohne Ansehen der Person ...

- In der **Verkündigung und im Tun Jesu** wird deutlich, wer und wie Gott ist, z. B.:

– *Gleichnisse*: Der barmherzige Vater (Lk 15,11-32);
– *Wunder*: Gott will das physische und psychische Heil der Menschen;
– *Mahlgemeinschaft*: alle, v. a. Menschen »am Rande«, sind eingeladen und werden gemeinschaftsfähig;
– *Seligpreisungen*: gerade den »Zu-kurz-Gekommenen« der Gesellschaft gilt die Frohbotschaft;
– *Sündenvergebung*: im Tun Jesu wird deutlich, dass Gott die Sünden längst vergeben hat;
– *Tod Jesu*: Gott kennt auch das tiefste Leid des Menschen; die Andersartigkeit des christlichen Gottesbildes; auch noch in der Torheit zeigt sich die Größe Gottes (1 Kor 1);
– *Auferweckung*: Gott ist treu, so wie er an Jesus gehandelt und ihn vom Tod erweckt hat, so handelt er an allen Menschen (1 Kor 15).

»Atheismus«

Das Hin und Her der Argumente

Kanitscheider (Philosoph)	Lüke (Theologe)
– Die Aussage »Gott existiert« ist wissenschaftlich nicht haltbar; Naturwissenschaftler sollten nicht von »Übernatur« reden. →	– Wir wissen aber auch nicht, was »Natur« letztlich ist; »Übernatur« scheint der Bereich zu sein, wo ungenau gearbeitet wird, wo man nichts genau sagen kann. ↙
– Es gibt keine unkörperlichen, spirituellen Wesen; die Welt ist alles, was es gibt. →	– Gott ist kein Objekt; Sprache scheitert, hat nur Hinweischarakter. ↙
– Gott wird behauptet, ohne ihn auch nur begrifflich zu kennen; er müsste bewiesen werden. →	– Aus der Erfahrung, dass alles endlich ist, wird auf die Unmöglichkeit der »Unendlichkeit« geschlossen – das ist ein Fehlschluss. ↙
– »Unendlichkeit« wird nicht ausgeschlossen; aber die Beweislast hat der, der es behauptet. →	– Transzendenzbewusstsein hat sich aufgrund der Wahrnehmung der Realität herausgebildet. ↙
– Solange keine positiven Aussagen für die Existenz sprechen, wird negativ entschieden. →	– Vergleich: Fische und Meer; Fischer fischt die Fische, nicht aber das Meer; trotzdem ist das Meer die Bedingung der Existenz. ↙
– Die Einbettung alles Erfahrbarem in etwas Transzendentem ist die offene Frage. Für eine solche Vermutung spricht nichts.	

Offenheit der Schlüsse:

- Auch der Naturalist Kanitscheider kann die Existenz Gottes nicht kategorisch ausschließen. In seinen Augen spricht nur nichts für dessen Existenz
- Der Theologe Lüke bemüht einen Vergleich; daran wird aber die Verschiedenheit der Ansätze deutlich. Wenn Fische gesucht werden, sucht der Fischer nicht das Meer – was die Frage wäre.

Das babylonische Schöpfungsepos Enuma elisch

Mesopotamische Schöpfungsvorstellungen schildern die Schöpfung sehr menschlich:
- als geschlechtliche Fortpflanzung; der männliche Himmel befruchtet die weibliche Erde;
- als Ergebnis der göttlichen Töpferkunst;
- als Ergebnis eines göttlichen Wortes;
- als Ergebnis eines Kampfes.

Schöpfung durch Kampf und Sieg

Tafel I, 1-10
Als droben die Himmel nicht genannt waren, als unten die Erde keinen Namen hatte, als selbst Apsu, der uranfänglich, der Erzeuger der Götter, Mummu Tiamat, die sie alle gebar, ihre Wasser in ein vermischten, als das abgestorbene Schilf sich noch nicht angehäuft hatte, Rohrdickicht nicht zu sehen war, als noch kein Gott erschienen, mit Namen nicht benannt, Geschick ihm nicht bestimmt war, da wurden die Götter aus dem Schoß von Apsu und Tiamat geboren. Lachmu, Lachamu traten ins Dasein, wurden mit Namen benannt.

Tafel I, 35-47
Apsu tat seinen Mund auf, mit lauter Stimme sprach er zu Tiamat: »Unerträglich ist mir ihr [= der jüngeren Götter] Verhalten. Tagsüber kann ich nicht ruhen, nachts kann ich nicht schlafen. Ich will sie vernichten, um ihrem Treiben ein Ende zu machen. Stille soll herrschen, damit wir [endlich] schlafen können!«
Als Tiamat diese Worte vernahm, begann sie, gegen den Gatten zu schmähen, einen Schmerzensschrei stieß sie aus, wütend in ihrem Alleinsein, ließ das Böse ein in ihr Herz: »Was? Vernichten sollten wir, was wir geschaffen haben? Gewiss, ihr [= der jüngeren Götter] Verhalten ist peinlich, doch wollen wir uns mit Sanftmut gedulden.«

Tafel IV, 93-141
Da traten zusammen Tiamat und Marduk, der weiseste der Götter, stürzten sich aufeinander und begegneten sich im Kampf. Aus dem getilgten Ungeheuer Tiamat wollte er Kunstvolles schaffen. Er schnitt es also entzwei wie einen getrockneten Fisch; der einen Hälfte bediente er sich, das Himmelsgewölbe zu machen, zog den Riegel, setzte Wächter ein, ihre Wasser nicht herauszulassen.

Tafel VI, 1-34
Als Marduk das Wort der Götter hörte, beschloss er, ein großes Werk zu schaffen. Er ergriff das Wort und sprach mit Ea, um seine Meinung zu erfahren über den Plan, den er ersonnen hatte: »Ein Gewölbe von Blut will ich machen, Gebein will ich bilden, um ein Wesen entstehen zu lassen: Mensch sei sein Name. Erschaffen will ich ein Wesen, den Menschen. Ihm auferlegt sei der Dienst der Götter zu ihrer Erleichterung.«

■ *Vergleichen Sie die biblischen Schöpfungserzählungen mit dem Enuma elisch Epos. Arbeiten Sie Gemeinsamkeiten und Unterschiede heraus.*

»Der Schöpfer ist ein Käfermacher«

Interview mit Biologieprofessor Ulrich Kutschera

Kreationisten sind nicht nur in den USA auf dem Vormarsch. Auch bei uns in Deutschland finden sie zunehmend Anhänger. Sie leugnen die biologische Evolution und verfechten ein wörtliches Verständnis der Bibel. Sie tun dies auch in wissenschaftlich aufgemachten Büchern.

stern: Angenommen, ein religiös geprägter Schüler bekommt dieses sich wissenschaftlich gebende Buch geschenkt und konfrontiert seinen Biologielehrer damit. Der müsste die Beweislage für die Evolution der Lebewesen doch bestens kennen und ihm problemlos Kontra geben können?

Kutschera: Das kann extrem unangenehm werden. Typische Angriffe auf die Wissenschaft sehen etwa so aus: »Also, Herr Müller, warum haben Sie denn keinen Doktortitel?« Dann sagt Herr Müller: »Gut, ich habe halt Lehrer studiert.« »Ja, aber da habe ich ein Buch, das haben Leute verfasst, die haben alle einen Doktortitel, das sind Fachleute, auch Professoren. In dem Buch steht schwarz auf weiß geschrieben, dass fast alles, was Sie uns erzählt haben, nicht stichhaltig ist.«

Wie erklärt der Nachwuchs-Kreationist seinem Lehrer, dass auch heute noch neue Arten entstehen und wir der Evolution quasi bei der Arbeit zusehen können?

Indem er sagt, der Gott der Bibel habe sogenannte Grundtypen erschaffen – Adam und Eva etwa repräsentieren den Grundtyp Mensch. Und genau wie sich aus Adam und Eva in sechs- bis zehntausend Jahren im Zuge einer rasanten »Mikroevolution im Eilschritt« alle 6,6 Milliarden Menschen entwickelt haben sollen, haben sich zum Beispiel die Hundeartigen, die Hühnervögel, die Weizenartigen, die Entenartigen entwickelt. Man akzeptiert, dass es rasche Artbildungs- oder Mikroevolutionsprozesse gibt, da hält man sich sogar krampfhaft an alle Fakten. Die Bibel sei damit kompatibel. Wenn das so ist, dann muss der Evolutionsforscher sagen: Der Schöpfer war ein Käfermacher! Warum sonst hätte er Hunderttausende verschiedene Käferspezies auf »Grundtypebene« erschaffen und nur etwa 4.600 Säugetierarten zustande gebracht? Der Kreationismus liefert dazu keine Antwort, die moderne Evolutionstheorie sehr wohl.

Aber das werden die Kreationisten nicht mit Humor aufnehmen, so ein Argument?

Nein, das wird als äußerst arrogant und polemisch angesehen. Wenn Sie als nüchterner Fachwissenschaftler die Thesen der Kreationisten ernst nehmen und dann mit sachlichen Argumenten entkräften, werden Sie als überheblicher Materialist, Darwinist, Dogmatiker, Terrorist und Schlimmeres bezeichnet.

Und all die Würmer, für die muss der Schöpfer ebenfalls ein Faible gehabt haben ... Sie haben selbst Würmer entdeckt, die Ihren Namen tragen, nicht wahr? ... Wie lange lebten diese Tiere unentdeckt im Park vor sich hin?

Der Evolutionsbiologe denkt in Jahrmillionen! Das ist eine Grundregel. Die schnellsten Artbildungsprozesse, die dokumentiert sind, liegen im Bereich von unter 100.000 Jahren.

Aber der Kreationist hat nur 10.000 Jahre zur Verfügung?

Deshalb klammern sich die Kreationisten unter anderem an die möglicherweise in 10.000 Jahren entstandene Buntbarsch-Spezies, die in Seen des ostafrikanischen Grabenbruchs gefunden worden sind.

Aha – schon wieder ein Anlass für ausgedehnte Streitereien.

Ich werde häufig gefragt: Warum schlägt sich da ein Evolutionsbiologe und Physiologe mit den Kreationisten herum? Harmlose Sonderlinge, eine kleine Gruppe, die haben begrenzten Einfluss! Ich meine aber, das ist problematisch. Die Schöpfungsgläubigen wollen die wissenschaftliche Denk- und Arbeitsweise neu definieren.

Die Möglichkeit einer Synthese im Weltbild von Teilhard de Chardin

Orthogenese = Geradlinige, notwendige Entwicklung

Ω	Anthropo-, Noosphäre	Vollendung der Schöpfung	Konsummation; Pleromisation
	Anthropo-, Noosphäre	Zukünftige Entwicklung der Schöpfung	Punkt Omega Ω = der universale Christus
	Anthropo-, Noosphäre	Gegenwärtiger Entwicklungstrend der Menschheit	
	Anthropo-, Noosphäre		Inkarnation = Menschwerdung des Gottessohnes
	Anthropo-, Noosphäre	Ende der Somatisation (griech. *sóma* = Körper) **Neue Entwicklungsstufe:** *Entstehung des Menschen* Hominisation = Anthropogenese und Noogenese (griech. *nous* = Verstand)	
	Biosphäre	Das Tier = Lebewesen mit sensitivem Bewusstsein **Neue Entwicklungsstufe:** *Entstehung der Tierwelt* (Kephalisation: Kopf- (und Gehirn-)bildung) (griech. *kephalé* = Kopf) 2. Stufe der Biogenese	
	Biosphäre	Die Pflanze = das vegetative Lebewesen **Neue Entwicklungsstufe:** *Entstehung der Pflanzenwelt* (Vitalisation = Biogenese; griech. *biós* = Leben) 1. Stufe der Biogenese	
	Kosmosphäre	**Neue Entwicklungsstufe:** *Entstehung der Moleküle* (Molekularisation als 2. Stufe der Kosmogenese)	
	Kosmosphäre	**Unterste Entwicklungsstufe:** *Entstehung der Atome* (Atomisation als Anfangsstufe der Kosmogenese)	
A		Gott als Punkt Alpha (A) = als Ausgangspunkt der Schöpfung	

Für Teilhard de Chardin ist Gott der Ausgangspunkt, der Urgrund der Schöpfung. Die Schöpfung entwickelt sich geradlinig zum Zielpunkt, zur Vollendung der Schöpfung. Gott ist dabei im Prozess der Schöpfung anwesend. Zugleich ist Gott Ursprung und Ziel der Schöpfung, er ist selbst in der Evolution, macht diese mit, von den Elementarteilchen, über die Biosphäre bis in die Noosphäre des menschlichen Geistes. Für ihn ist der Mensch noch nicht vollendet. Vollendet werde der Mensch in der Erfüllung der Individuen durch die Gemeinschaft. Im Gelingen oder Verfehlen dieser Aufgabe vollende oder vernichte der Mensch die Evolution. Der anzustrebende Zielpunkt der Entwicklung, die geistige Einheit der Vielen im ewig Einen, ist im Punkt Omega gegeben. In ihm wäre dann das Bewusstsein aller Ichs zu einem Über-Ich entwickelt. Diese im Über-Ich geeinte Menschheit verstand Teilhard de Chardin in christlichem Sinn als den mystischen Leib Christi. Die Vollendung der Evolution durch das geschichtliche Handeln des Menschen wird für ihn zum Hauptproblem der Schöpfungs- und Heilsgeschichte.

- *Beurteilen Sie die Leistung von Teilhard de Chardin.*
- *Formulieren Sie Fragen in Bezug zum christlichen Schöpfungsglauben und zur Evolution.*

Der Gottesbeweis des Aristoteles

Aristoteles (384-322/321 v. Chr.) hat für die Philosophie des Abendlandes eine große Bedeutung. Er war 20 Jahre lang Schüler Platons.

Möglichkeit und Wirklichkeit

Aristoteles beschäftigt sich mit der Frage nach der Einheit der Phänomene, mit dem Verhältnis vom Einen zum Vielen. Er geht dies an, indem er das Werden analysiert. Was passiert beim Prozess des Werdens? Werden heißt immer Bewegung, Bewegung heißt aber Übergang von einem Seinszustand in einen anderen. Damit verändert sich das Bewegende. Notwendige Voraussetzung dafür ist, dass das Bewegende Möglichkeit und Wirklichkeit in sich hält. Seiner Meinung nach haben die Dinge verschiedene Möglichkeiten in sich. Diese »Potenzen« müssen jeweils aktualisiert werden. Sie weisen zurück auf ein Wesen, das selbst alle Möglichkeiten in sich vereint hat. Dieser »reine Akt« (*actus purus*) ist Gott, der in sich selbst keine Möglichkeiten haben kann. Er enthält keine Möglichkeit, die von einem anderen und von außen verwirklicht werden kann. Sein Grundgedanke ist, dass in allen Dingen Potenzen ruhen, die nur durch eine Ursache aktualisiert werden müssen. Es gibt also die reine Möglichkeit, die noch gar kein Akt ist, und es gibt die reine Wirklichkeit, die gar keine Möglichkeit mehr enthält. Die reine Wirklichkeit ist das Ziel allen Werdens (*actus purus*).

Gott, der unbewegte Beweger

Damit hängt der zweite Gedanke der Teleologie zusammen. Am Ende des Werdens steht für Aristoteles Gott, der alles anzieht, auf den sich alles hinbewegt. Gott ist für ihn der erste unbewegte Beweger; damit ist Gott ewig, notwendig und reinste Aktualität. Denn wäre noch Potenzialität in ihm, wäre er zeitlich und kontingent und damit nicht notwendig.

Syllogismus

Aristoteles hat den ersten Gottesbeweis nach einem logischen Schlussverfahren angestellt (Syllogismus = dreiteiliges logisches Schlussverfahren).

Obersatz:	Alles, was sich bewegt, wird von einem anderen bewegt. Bewegung ist der Übergang von einer Potenz (Möglichkeit) zum Akt (Wirklichkeit).
Untersatz:	Die Reihe der Beweger kann nicht bis ins Unendliche fortgeführt werden.
Schlusssatz:	Es muss einen Beweger geben, der selbst unbewegt ist. Er steht außerhalb von Raum und Zeit.

Wesensbestimmung Gottes

Aristoteles gelangt zu einer Wesensbestimmung Gottes, die für die abendländische Theologie prägend geworden ist.

- Gott ist Sein; er hat nicht Sein, sondern Gott ist Sein, aus sich heraus.
- Gott ist Geist; weil er der Vollkommene ist, gibt es in ihm keine Veränderung, sonst wäre er noch Potenzialität; weil Veränderung und Werden nur in der Materie möglich ist, kann es in Gott keine Materie geben.
- Gott ist Transzendenz; Gott ist anders als alle anderen Dinge.
- Gott ist der Eine; Teile gibt es nur dort, wo Materie, also Potenz ist.

■ *Erklären Sie »Möglichkeit und Wirklichkeit« mit einem Beispiel (z. B. anhand der Möglichkeit der Entwicklung einer Blume).*

Die »Quinque viae ad Deum« des Thomas von Aquin

Thomas von Aquin (1225-1274) gilt als der größte Theologe des Mittelalters. Er stellte keinen neuen Gottesbeweis auf, sondern fasste die »Wege« (viae), auf denen frühere Denker zur Erkenntnis der Existenz Gottes gelangten, in seinen berühmten »quinque viae ad Deum« zusammen.

Grundlagen und Voraussetzungen

aus der Metaphysik:	*analogia entis* (zwischem dem Absoluten und dem Kontingenten gibt es eine Entsprechung, d. h., zwischen der Welt und Gott gibt es eine Beziehung: Schöpfer – Geschaffenes)
aus der Logik:	Syllogismus als Beweisverfahren (aus drei aufeinander bezogenen Sätzen aufgebaut)
Obersatz:	1. Prämisse = empirisch nachprüfbare Tatsache
Untersatz:	2. Prämisse = axiomatischer Satz (logisch, letztlich nicht beweisbar, aber auch nicht unsinnig; Wahrheitsgrund ist die Evidenz)
Schlusssatz:	conclusio = Zusammenfassung, das gezogene Fazit; Nachweis der Existenz Gottes (für Thomas stringent)
Beispiel:	Obersatz: In der Welt ist überall Bewegung. Untersatz: Alles Bewegte wird von einem anderen bewegt; ein *regressus in infinitum* (Rückgriff auf das Unendliche) ist unmöglich.
Conclusio:	Es muss am Anfang ein *primum movens immotum* (ein erstes alles Bewegendes, das selbst aber unbewegt ist) geben. Dieses Erste nennt Thomas Gott.

Die Fünf Wege

In seinen *Quinque viae* hat Thomas (STh I 2,3) Gedanken der Tradition aufgreifend auf fünf Wegen gezeigt, dass Gott existiert. Die fünf »Wege« des Thomas folgen alle einem strengen Syllogismus:

Via I: »ex parte motus« (von der Bewegung her) = Bewegungs- oder kinesiologischer Beweis (griech. *kìnesis* = Bewegung)

OS:	In der Welt ist überall Bewegung.
US:	Alles Bewegte wird von einem anderen bewegt, d. h., nichts kann sich selbst die erste Bewegung geben.
SCHL:	Die bewegte Welt setzt einen von ihr verschiedenen Beweger voraus. Woher aber hat dieser seine Bewegung? Hat er sie wieder von einem anderen Beweger? Muss man eine infinite (unendliche) Reihe von Bewegern annehmen? Eine unendliche Reihe von Bewegern, die ihre Bewegung jeweils von außen haben, erklärt nicht, woher die Bewegung erstmals ihren Ausgang nahm. Ferner wäre diese Erklärung unlogisch: Wenn eine endliche Reihe von Bewegtem sich die Bewegung nicht selbst geben kann, dann kann es auch eine unendliche Reihe nicht. Deshalb lehnt Thomas in seinen »Fünf Wegen« den »Rückgriff auf das Unendliche« (*regressus in infinitum*) grundsätzlich ab. Thomas sagt stattdessen: Es ist notwendig, anzunehmen, dass es eine erste Bewegungskraft (*primum movens*) gibt, die selbst von niemand anderem die Bewegung erhalten hat und insofern als »unbewegt« (*immotum* = »von niemandem in Bewegung gesetzt«) bezeichnet werden kann. Das *primum movens immotum* nennen wir Gott.

Via II: »a causa efficiente« (von der hinreichenden Ursache her) = Kausalitätsbeweis

OS: In der Welt gibt es überall Ursachen und Wirkungen, die miteinander in Verbindung stehen (Kausalzusammenhang).

US: Jede Wirkung setzt eine hinreichende Ursache voraus.

SCHL: Wegen der Unmöglichkeit des *regressus in infinitum* bleibt nur der Schluss, dass die Welt eine *prima causa efficiens* (eine zeitlich erste Wirkursache) hat, welche selbst *incausata* (unverursacht) ist.
Diese erste, unverursachte Wirkursache (*prima causa incausata*) nennen wir Gott.
Gott ist sich selbst die Ursache seines Seins; er ist das Sein selbst in seiner ganzen Fülle.

Via III: »e possibili et necessario« = »a contingente ad necessarium« = Kontingenzbeweis

OS: Die Welt ist kontingent (= nicht notwendig existierend: alles Empirische entsteht und vergeht wieder, ist also entbehrlich).

US: Da das Kontingente sich nicht selbst das Sein geben kann und da der *regressus in infinitum* ausgeschlossen ist, setzt das Vorhandensein eines kontingenten Kosmos die Existenz eines absoluten Wesens (*ens necessarium*) voraus: Von diesem notwendig existierenden Wesen empfängt jedes kontingente Wesen das Sein.

SCHL: Also setzt die kontingente Welt zur Erklärung ihrer Entstehung die Existenz eines notwendig existierenden Wesens voraus; dieses wird Gott genannt.

Via IV: »e gradibus rerum« (von den Stufen der Dinge) = Stufenbeweis

OS: In der Welt gibt es mehr oder weniger gute, wahre und schöne Dinge, d. h., die Werte sind abgestuft.

US: Da ein *regressus in infinitum* nicht infrage kommt, muss es ein Wesen geben, welches die höchste Wahrheit, Güte und Schönheit ist und somit den absoluten Endpunkt in der Abstufung der Werte darstellt.

SCHL: Es muss also ein Optimum, Verissimum, Nobilissimum geben, das für alles innerweltliche Sein die Ursache seines Gut-, Wahr- und Edelseins ist. Dieses höchste Gute, Wahre und Edle nennen wir Gott.

Via V: »e gubernatione rerum« (von der zweckmäßigen Ordnung her) = Finalitätsbeweis (lat. *finis* – Zweck, Ziel) oder teleologischer Beweis (griech. *tèlos* – Ziel)

OS: In der Welt gibt es Ordnung und Zweckmäßigkeit (vgl. die physikalischen, chemischen und biologischen Naturgesetze).

US: Ordnung, Zielstrebigkeit und Sinnhaftigkeit setzen einen denkenden Geist als Ordner voraus (*aliquid intellegens*), andernfalls müsste man wieder einen *regressus in infinitum* vollziehen.

SCHL: Also braucht die Welt zur Erklärung ihrer Ordnung einen ordnenden Geist, und den nennen wir Gott.

Schalenmodell

GEISTESWISSENSCHAFTEN
Philosophie –Theologie

HUMANWISSENSCHAFTEN
Medizin – Psychologie – Pädagogik

NATURWISSENSCHAFTEN
Biologie – Chemie – Physik

religiös sensitiv

DER EINZELNE

existenziell MENSCH pragmatisch

IN GEMEINSCHAFT

intuitiv kognitiv

eindeutige Aussagen
über **Sachverhalte** und
die messbare Natur

unterschiedliche Aussagen
über **Mensch – Gesellschaft**

viele **mehrdeutige** Aussagen
über die **Welt, das Leben,**
den Sinn, die Menschheit

Komplementäre Sichtweise eines Phänomens der Wirklichkeit

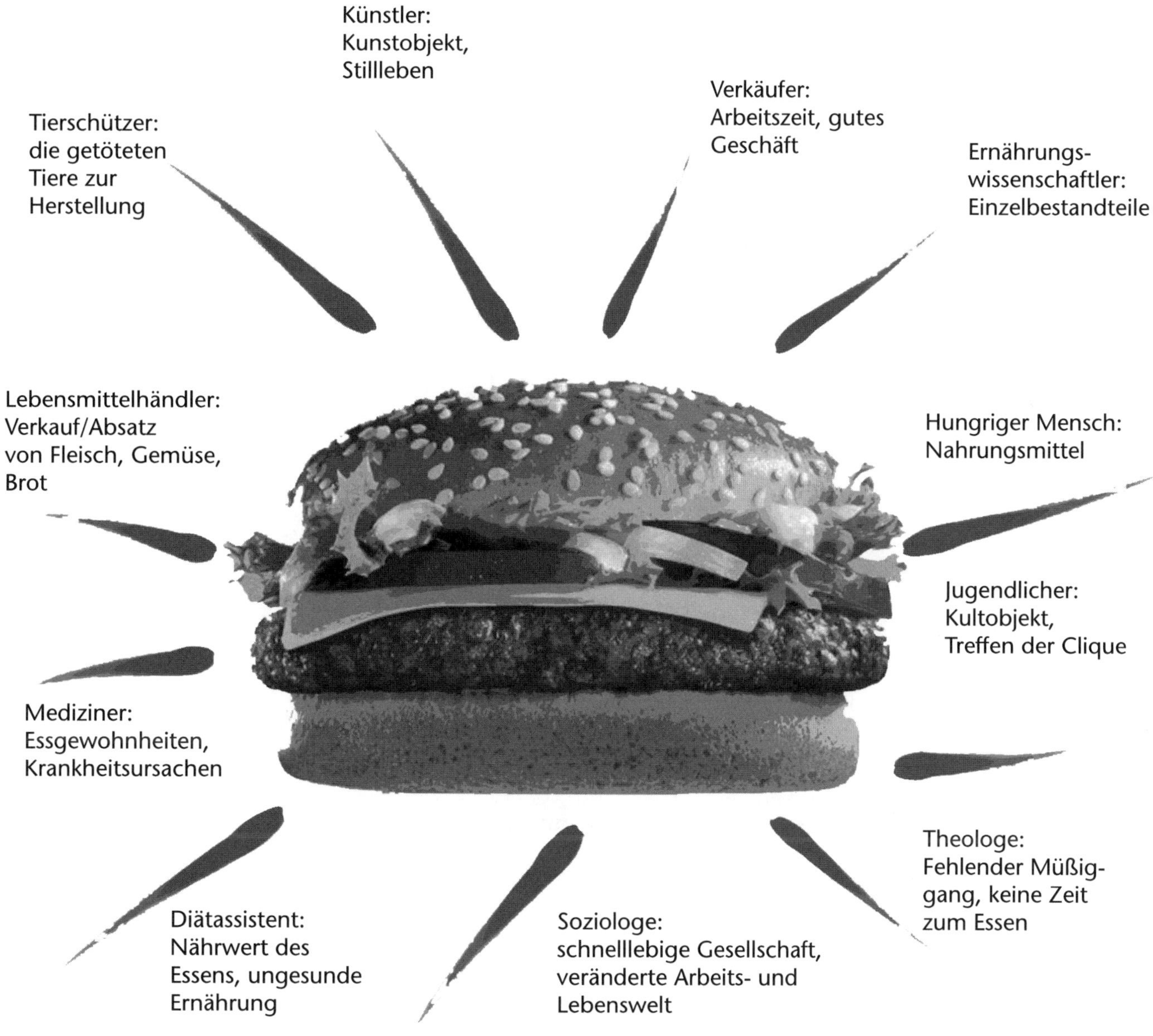

- *Verschiedene Personen betrachten einen Gegenstand, in unserem Falle einen »Burger«.*
- *Überlegen Sie, welche Personen/Personengruppen einen »Burger« aus welchen unterschiedlichen Perspektiven und Motiven heraus sehen können.*
- *Versuchen Sie, diese jeweils mit einem knappen Satz zu beschreiben.*

Der Glaube an Gott als Hypothese

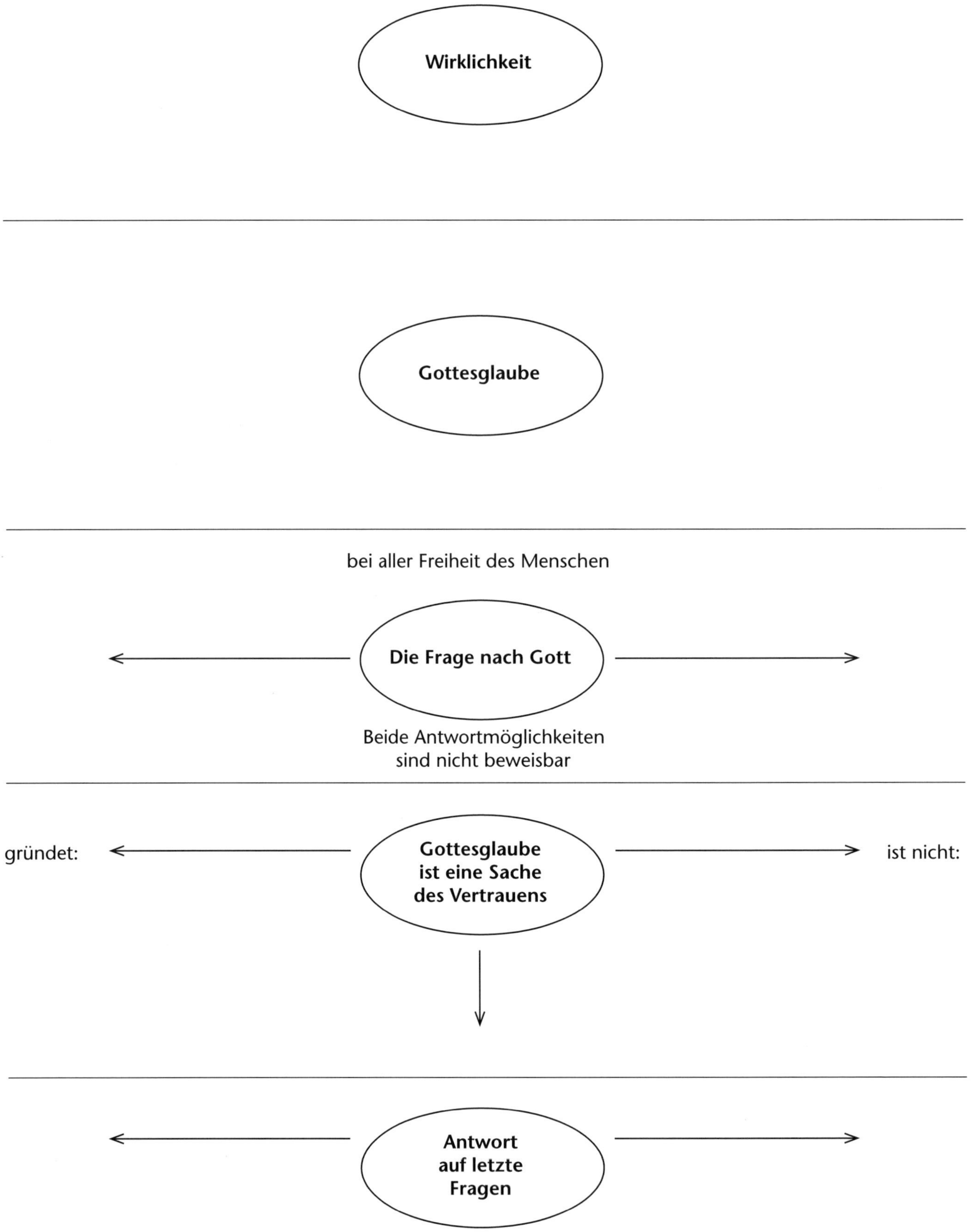

Der Glaube an Gott als Hypothese (Lösung)

1. Woher? *Grund*
Woher kommt die Wirklichkeit

2. Wieso? *Halt*
Was kann ich wissen ...?:

Wirklichkeit

3. Warum? *Sinn*
Was soll ich tun ...?

4. Wohin? *Ziel*
Was darf ich hoffen ...?

Bejahung menschlichen Lebens
bei aller Absurdität

Halt
bei allem Schicksal,
bei allem Tod

Gottesglaube

Sinn
bei aller Sinnlosigkeit und Leere

Hoffnung und Ziel
bei allem Versagen und aller Schuld

---

bei aller Freiheit des Menschen

Ja ← **Die Frage nach Gott** → Nein

beides ist nicht beweisbar

---

gründet: ← **Gottesglaube ist eine Sache des Vertrauens** → ist nicht:

Urvertrauen zu sich
zur Welt
zu den Mitmenschen
zu Gott

logisch zwingend
irrational

↓

Weg zu einer sinnvollen positiven Lebensgestaltung ← **Antwort auf letzte Fragen** → unbeantwortet im Nihilismus

Der Glaube an Gott als Hoffnung

Schwierigkeiten im Leben

---

bei aller Freiheit des Menschen:

Ja ← → Nein

Gottesglaube | **Gottlosigkeit**

↓ ↓

Warum soll ich den Abgrund der Leere und Verzweiflung für wahrer halten
als den Abgrund des Geheimnisses Gottes?

Der Glaube an Gott als Hoffnung (Lösung)

intellektueller Art, z. B. aus der Geschichte des Christentums

Schwierigkeiten im Leben

existenzieller Art, z. B. Fragen nach dem Sinn und Ziel menschlichen Lebens

---

bei aller Freiheit des Menschen:

Ja ← → Nein

Gottesglaube

Das Geheimnis, Gott, teilt sich dem Menschen mit

Der Mensch weiß sich gegründet im Geheimnis Gottes

↓

sich fallen lassen in das Geheimnis Gottes

Gottlosigkeit

Existenz in der Leere und Absurdität menschlichen Daseins (eigene Leere)

↓

sich fallen lassen in die eigene Leere

Warum soll ich den Abgrund der Leere und Verzweiflung für wahrer halten als den Abgrund des Geheimnisses Gottes?

Kontinuität zum jüdischen Gott-Denken?

Wenn die christliche Trinitätslehre als konkreter Monotheismus verstanden werden will, darf sie die Konfrontation mit dem jüdischen Monotheismus nicht meiden, vielmehr müssen Konvergenzen zwischen dem jüdischen und christlichen Gottdenken auszumachen sein.
So ist ein Rückbezug zum jüdischen Denken unabdingbar. Zur bleibenden Souveränität Jahwes gehört es, dass ER da sein wird und will, als der ER da sein wird (vgl. Ex 3,14). Wenn in Dtn 6,4 die Einzigartigkeit betont wird (»Höre, Israel! Jahwe, unser Gott, ist einzig«), so ist damit das Selbstsein Gottes gekennzeichnet und bedeutet Nähe und Gegenwart Jahwes. Entscheidend für den jüdischen Monotheismus ist nicht die numerische Singularität, sondern der Gedanke der Einzigkeit Jahwes in seiner Macht. Gott als Schöpfer der Welt, hat sich dem Menschen offenbart und wird in Ex 34,6 als »barmherziger, gnädiger Gott, langmütig, reich an Huld und Treue« beschrieben. Er ist damit nicht nur der transzendente, sondern auch der immanente Gott, der zu seinem Volk Israel kommt. Gott ist also nicht nur der in sich ruhende, sondern auch einer, der sich mitteilt. Damit ist die dritte Seinsweise Gottes angesprochen, die als Dynamik, als Geist bezeichnet werden kann. Diese Dynamik treibt sowohl den Menschen an, das Reich Gottes auf Erden Wirklichkeit werden zu lassen, wie sie auch die innere Dynamik Gottes kennzeichnet.
Dabei hat die Kabbala, die jüdische Mystik, ein System der Weltdeutung entwickelt, in dem auch der monotheistische Glaube reflektiert wird. Speziell die Lehre von den zehn Sefirot in der kabbalistischen Tradition gehört zu den reflektiertesten innerjüdischen Versuchen, die Vielzahl von Namen und Eigenschaften für Gottes eigene innere Lebensdynamik durchzubuchstabieren.
Von den zehn *Sefirot* (hebr. = Abstufungen) werden die drei oberen den innergöttlichen Namen I. Krone, II. Weisheit, III. Einsicht zugeordnet. Die Krone stellt die eminente Fülle der Gottheit dar und ist Ursprung schlechthin. Das Wesen Gottes ist in dieser ersten Bedeutung unerkennbar, uneinholbar und wird als »das Nichtvorhandensein eines Endes« gekennzeichnet.
Die Weisheit steht in besonderer Weise für den Aspekt der Selbstoffenbarung der obersten Krone. Sie steht für die Vergegenwärtigungsweise der Gottheit in ihrer Barmherzigkeit ›nach unten‹ als auch für die Erkenntnis der absoluten Barmherzigkeit ›von unten nach oben‹. Die innergöttliche Dialektik der dynamischen Selbstentfaltung als Selbstvermittlung oder Selbstoffenbarung wird in Gen 28,12 beschrieben: »Da träumte er [Jakob] und siehe, da war eine Leiter aufgestellt auf der Erde und bis zum Himmel reichend ... und siehe: Gott stand über ihr. Und Jakob erwachte aus dem Schlaf und sprach: Wahrlich, Vorhandensein von JHWH ist an diesem Ort.« Diese zweite Instanz wird auch als Instanz der Aktivität des Göttlichen bestimmt. Die Weisheit ist die nach außen gewendete und im Äußeren erfahrbare Entschlusskraft Gottes.
Die Einsicht schließlich wird als dritte Sefira auch mit dem Pneuma identifiziert. Innergöttlich steht die Einsicht für den Handlungsaspekt des Verbindens und der Beziehung. Die Einsicht bewirkt ebenso menschliche Reue und Umkehr zum Leben mit Gott. Als Mittlerfunktion zwischen Gott und dem Menschen bewirkt sie Gerechtigkeit und Gottesfurcht. Bei aller Unterschiedenheit bleibt Jahwe allerdings das eine Subjekt des Handelns, was allerdings auch hier im Judentum hypostastisch differenziert gedacht wird.
Der entscheidende Dissenspunkt zwischen der christlichen und der jüdischen Tradition ist daher weniger in der Trinitätslehre zu sehen, als vielmehr in der Christologie.

nach Bernhard Nitsche

- *Vergleichen Sie die trinitarische Sichtweise des Christentums mit den Ausführungen zur jüdischen Sichtweise. Beschreiben Sie Konvergenzen.*

4 Was ist der Mensch?

Das Thema im Schulbuch

Das christliche Menschenbild fragt danach, wie der Mensch zu verstehen ist, und zwar im Horizont des Gottesglaubens. Die Frage nach dem Menschen ist daher eng verbunden mit der Frage nach Gott, der in den vorangegangenen Kapiteln nachgegangen wurde, ausgehend von den religiösen Phänomenen in der Gesellschaft und den religiösen Kompetenzen junger Menschen, die im Übergang zum Erwachsenenalter stehen.
Fordern naturwissenschaftliche Erkenntnisse und philosophische Ansätze den Glauben heraus? Kann das wachsende Wissen über die Biologie des Bewusstseins uns womöglich den Glauben abspenstig machen? Ganz sicher wird z. B. die Hirnforschung die Religion nicht ersetzen. Um keine Zweifel aufkommen zu lassen: Naturwissenschaftliche Ansätze sind sehr erfolgreich und wichtig. Nur durch sie kann eine Reihe von drängenden Problemen angegangen und gelöst werden. So wird unsere Gesellschaft durch die dramatisch steigende Zahl Demenzkranker ökonomisch wie sozial gefährdet. Auch sind wichtige technische Innovationen auf neue Erkenntnisse aus den Neurowissenschaften angewiesen. Die einzelnen wissenschaftlichen Disziplinen sollten allerdings nicht überschätzt werden. Sie bieten nur einen Erkenntnisansatz unter vielen – wie die Philosophie, die Theologie oder die praktische Alltagserfahrung des Einzelnen. Neurowissenschaftler werden die Religion nicht ersetzen. Die einzelnen Themen des Kapitels zeigen Erkenntnisse unter einem speziellen Blickwinkel und erschließen die Grundzüge und bleibende Aktualität des biblisch-christlichen Menschenbildes.
Das letzte Kapitel der 11. Jahrgangsstufe leitet unmittelbar zur 12. Jahrgangsstufe über. Sch sollen auf der Basis des christlichen Menschenbildes einen tragfähigen Konsens kennenlernen, wie der Mensch sein soll, sodass der Zusammenhalt der Gesellschaft und der soziale Friede nach der »naturalistischen Wende« erhalten bleiben.

Kompetenzen

Nach der Bearbeitung des Kapitels können Sch

- Grundaspekte des Menschseins beschreiben und diese aus der Sicht der Moderne, einer nicht-christlichen Religion und des christlichen Glaubens erklären und erläutern (Komp 1 – Wahrnehmungskompetenz, Komp 2 – Begriffskompetenz);
- in einer vergleichenden Auseinandersetzung mit dem biblisch-christlichen Menschenbild Sinnentwürfe und Menschenbilder in der Biologie, Psychologie, Philosophie und Mythologie analysieren und bewerten (Komp 2 – Begriffskompetenz, Komp 3 – Deutungskompetenz);
- die Aktualität des christlich-biblischen Verständnisses der Menschen verstehen, beurteilen und ihr Leben danach ausrichten (Komp 2 – Begriffskompetenz, Komp 3 – Deutungskompetenz, Komp 5 – Ausdruckskompetenz);
- christliche Sinndimensionen als biografische Aufgabe erkennen und in verschiedenen gesellschaftlichen Bereichen begründen und erörtern (Komp 2 – Begriffskompetenz, Komp 4 – Dialogkompetenz, Komp 5 – Ausdruckskompetenz);
- Grundaspekte des Menschseins und Sinnoptionen im Buddhismus bewerten und im interreligiösen Dialog diskutieren (Komp 4 – Dialogkompetenz);
- Weichenstellungen religiös motivierter Lebensgestaltungen bewerten und daran (nicht) teilnehmen (Komp 6 – Partizipialkompetenz).

Aufbau

Das *Titelbild* (**93**) führt zum zentralen Kern der Deutung des Menschseins. Bereits vor der antiken Zivilisation vermutete man einen Zusammenhang zwischen Gehirn und Personalität, Individualität und Identität des Menschen. Aber eine Seele konnte weder durch die älteste Form der Neurochirurgie (die Trepanation – Schädelbohrung) noch mit den Mitteln der modernen Neurowissenschaften lokalisiert oder ausfindig gemacht werden (Komp 1,2).

Kontext (**94f.**) zeigt Lebensstile, Sinnoptionen und Werte Jugendlicher und junger Erwachsener. Im Mittelpunkt steht die Freiheit, ein zentraler Begriff zur Beschreibung des Selbstverständnisses des modernen Menschen. Die Argumente »Pro und Kontra Willensfreiheit« des Menschen resultieren hauptsächlich aus geistes- und naturwissenschaftlichen Menschenbildern, die auf den Orientierungsseiten behandelt werden (Komp 1, 2).

Die Aufgaben der *Pinnwand* (**96f.**) beziehen sich auf

die einzelnen Themenbereiche und tragen zur jeweiligen Themaerschließung und Vertiefung wichtiger Inhalte bei. Die produktiven, gestalterischen und kreativen Arbeitsaufträge regen zu unterrichtsbegleitenden Projekten an, in denen Sch zu den philosophischen und wissenschaftlichen Positionen eigene Perspektiven und Konsequenzen für das christliche Menschenbild entwickeln können.

Orientierung 1 (**98f.**) enthält die ersten zwei der dargestellten deterministischen Modelle des Menschseins. Seit Charles Darwin ist der freie Wille umstrittener denn je. Mit der schrittweisen Entzauberung der Natur und dem Verständnis der Naturgesetze erscheint die Welt festgelegt.
Wie in der Genetik der Evolutionstheorie von Charles Darwin die Verdopplung der Erbsubstanz erfolgt, so replizieren sich die sogenannten Meme – Informationseinheiten der Kultur – im Gehirn, allerdings durch Spiegelung oder Kopieren. Aus der allgemeinen Erklärung von Hirnprozessen will man das Bewusstsein ableiten (Komp 2, 3).

Orientierung 2 (**100f.**) zeigt an konkreten Beispielen die Determination des Menschen aus der Sicht der Psychoanalyse von Sigmund Freud und der Hirnforschung. Nach beiden Sichtweisen ist – vereinfacht gesagt – der Mensch sein Gehirn. Die etwas verkürzt aufgeführten Versuche geben Einblick in die Sisyphusarbeit, die das verschlungene Phänomen des Bewusstseins menschlichen Gehirnen abverlangt (Komp 2, 3).

Orientierung 3 (**102f.**) leitet zu den Menschenbildern über, die nicht naturwissenschaftlich reduktionistisch den freien Willen als Illusion ansehen. Sind die Neurowissenschaften auf den Wegen zu einer neuen Physik und Biologie des Bewusstseins naturalistisch orientiert, so bleiben bei den Philosophen die Vertreter des freien Willens in Führung. Als Beispiel lernen Sch auf der Doppelseite einen Originaltext von J. P. Sartre kennen, der die existenzialistische Grundposition darlegt (Komp 2, 3).

Orientierung 4 (**104f.**) spannt im Prometheusmythos den Bogen von den modernen Menschenbildern zum Menschenbild der Antike. Für den Griechen besteht zwischen dem Weltlichen und dem Göttlichen nicht jene rationale Trennung, die für heutige Menschen die natürliche Ordnung vom Übernatürlichen scheidet. Die Freiheit des Menschen ist begrenzt, sie besteht nur in Bezug auf die menschliche Sphäre (Komp 2, 3).

Das christliche Verständnis vom Menschen als Person steht in *Orientierung 5* (**106f.**) im Mittelpunkt. Eine vergleichende Auseinandersetzung mit den vorangegangenen Menschenbildern ist nun möglich. Sch erfassen den Menschen im Horizont des biblischen Gottesglaubens als Geschöpf und Abbild Gottes mit unverlierbarer Würde, der für die Transzendenz ein freies, offenes Wesen ist und in Gemeinschaftsbezogenheit in Freiheit verantwortlich die Welt mitgestaltet (Komp 2, 3, 5).

Die Anthropologie des Paulus (*Orientierung 6*, **108f.**) führt den roten Faden des Kapitels – die Willensfreiheit des Menschen – weiter. In der Freiheit des Menschen liegt die Möglichkeit der Übertretung des Gesetzes, das der Schöpfergott der Bibel dem Menschen gibt und das seinem Wesen entspricht. Der durch Jesus Christus von der Macht der Sünde befreite Mensch ist immer durch seine Begierden von der Unfreiheit bedroht (Komp 2, 3, 5).

In der vergleichenden Auseinandersetzung mit von der Gesellschaft propagierten Menschenbildern erfassen Sch auf *Perspektiven 1* (**110f.**) die Aktualität und das kritische Potenzial des biblisch-christlichen Menschenbildes (Komp 2, 4, 5).

Im Buddhismus (*Perspektiven 2*, **112f.**) erfährt der Mensch sein wahres Wesen in der Loslösung von allen materiellen Gütern (Komp 4).

Perspektiven 3 (**114f.**) führt schließlich von der Darstellung und Deutung des Menschseins zur persönlichen Lebensdeutung und gibt Hintergrundinformationen und Antworten zur eigenen Sinnfindung (Komp 6).

Der Text »Das psychische und das geistige Ich« auf *Akzent* (**116**) fasst die wesentlichen Positionen und Aussagen des Kapitels zusammen: Das biblische Menschenbild ist ganzheitlich, der Mensch ist nicht nur aus zwei Komponenten zusammengesetzt, sondern er hat ein und dieselbe geistig – seelische – körperliche Wirklichkeit mit der Freiheit des Willens. Die Aufgaben zum Text sind zum Abschluss des Kapitels propaedeutisch zur Abituraufgabenstellung entwickelt (Komp 2, 3).

Vernetzung mit anderen Themen im Schulbuch

Kapitel 1 Religion:
Die Themen »Religion – Religionen« (**8f.**), »Computernutzung als religiöser Akt« (**16f.**) und »Religion sucht Antworten auf Existenzfragen« (**26**) können vernetzt werden mit den Themenseiten »Sinnoptionen Jugendlicher« (**94**) und »Dimensionen des Menschseins« (**95**), »Grundzüge des christlichen Menschen-

bildes« (**106f.**), »Menschen sind mehr als Winner und Loser« (**110f.**). Das Thema Grenzen der Erkenntnis bietet Anknüpfungspunkte zur naturwissenschaftlichen Erkenntniswelt in Psychologie und Hirnforschung.

Kapitel 2 Gott erfahren:
Ps 139 (**35**), die Gotteserfahrung der Maria Magdalena (**52f.**) und die Jesusbegegnungen (**54f.**) weisen wesentliche Aspekte des atl. und ntl. Menschenbildes auf.

Kapitel 3 Gott und die Vernunft:
Die Neurotheologie kann mit den neurowissenschaftlichen Erkenntnissen der Psychologie und Hirnforschung in Beziehung gesetzt werden (**85**).

Vernetzung mit den unteren Jahrgangsstufen

6.1 Alltag bewältigen – Orientierung finden:
»Sich engagieren« (*Orientierung 6*, **24f.**);
»Feste und Partys« (*Perspektiven 1*, **26f.**).

6.2 »Kinder in der Einen Welt«

7.1 GesICHt zeigen!?

8.1 Gottes Schöpfung – Gabe und Aufgabe für den Menschen

9.5 Türen öffnen:
»Wollen: Engagement – Berufung« (*Orientierung 2*, **110f.**).

10.1 Entschieden handeln – für das Leben:
»Richtschnur und Maßstab für Entscheidungen ... unser Gewissen« (*Orientierung 2*, **16f.**).

10.2 Sterben, Tod – und dann?
»Ein Leben nach dem Leben«? (*Orientierung 1*, **38f.**).

10.3 Jesus Christus:
»Da gingen ihnen die Augen auf« – Die »Osterbrille« (*Orientierung 1*, **62f.**);
»Jesus fordert heraus: die Bergpredigt« (*Orientierung 3*, **66f.**);
»Ihr aber, für wen haltet ihr mich?« (*Orientierung 5*, **70f.**);
»Annäherungen an Jesus Christus« (*Perspektiven 3*, **76f.**).

10.4 Aus der Stille kommt die Kraft:
»Auf der Suche ... nach Sinn?« (*Kontext 2*, **82f.**);
»Meditation – Von der Oberfläche in die Tiefe« (*Orientierung 1*, **86f.**);
»Gott suchen in allen Dingen« (*Orientierung 4*, **92f.**);
»Ejercicios espirituales – Gott finden in allen Dingen« (*Orientierung 5*, **94f.**);
»Meditation – Suche die Mitte« (*Perspektive 1*, **100f.**).

10.5 Im Dialog mit Hinduismus und Buddhismus:
»Spuren und Attraktivität fernöstlichen Lebens« (*Kontext*, **106f.**);
»Buddhismus – Achtsamkeit als Lebenseinstellung« (*Orientierung 4*, **116f.**);
»Den Buddhismus gibt es nicht« (*Orientierung 5*, **118f.**);
»Buddhistische Spiritualität im Alltag« (*Orientierung 6*, **120f.**);
»Das Ferne ist so nah! – Impulse und Anfragen« (*Perspektiven 1*, **122f.**);
»Christlich-buddhistischer Dialog« (*Perspektiven 2*, **124f.**).

Vernetzung mit anderen Fächern

Fachübergreifend: Deutung des Menschseins in der Moderne/Titelbild/Lebensstile, Sinnoptionen/Persönliche Sinnfindung und Identität
Biologie: 11.2 Genetik und Gentechnik; 11.3 Neuronale Informationsverarbeitung; 12.1 Evolution; 12.3 Verhaltensbiologie
Deutsch: 11.2 Erörtern in vorgegebenen oder freien Formen: Fragestellungen von aktueller und grundsätzlicher Bedeutung; 11.4 Sich mit Literatur und Sachtexten auseinandersetzen. Literarische Strömungen des 19. Jhs.: Begreifen des Einflusses philosophischer, geistes- und naturwissenschaftlicher Strömungen auf die Literatur und ihre Konzeption: Empirie, Positivismus, Darwinismus, Vererbungslehre, Religionskritik, Sozialismus
Ethik: 11.2 Freiheit und Determination (11.2.1, 11.2.2, 11.2.3); 12.2 Sinnorientierung und Lebensgestaltung (12.2.1, 12.2.2)
Evangelische Religionslehre: 11.2 Wer bin ich? – Das christliche Verständnis vom Menschen; 12.1 Ich konnte nicht anders ...? Die Frage nach dem Gewissen
Physik: 10.2 Auseinandersetzung mit dem geo- und heliozentrischen Weltbild vor dem geistesgeschichtlichen Hintergrund
Sozialkunde: 11.2 Menschenbild in politischen Systemen der Gegenwart

1. Hintergrund

Mit dem provokanten Titelbild soll das Interesse der Sch für die Thematik »Was ist der Mensch« gesteigert werden. Das Bild verknüpft die Kapitelfrage mit dem Gehirn. Für Sch ist es einleuchtend, dass das Wesen des Menschen in Geist und Gehirn zu suchen ist.
Bereits in der antiken Zivilisation wurde die Trepanation angewendet, weil man einen Zusammenhang zwischen Verhalten und Gehirn vermutete. Man bohrte aber auch ein Loch in den Schädel, um bei psychischen Störungen, z. B. bei Epilepsie oder bei einem Wasserkopf, einem bösen Dämon eine Ausfahrt zu ermöglichen, aus medizinischen Gründen zur Behandlung von Schädelfrakturen und Überdruck oder weiteren Verletzungen und Prellungen des Kopfes.
Exponate zeigen rituelle Hintergründe bei den Inkas, Aborigines und Azteken. Die Verfahren – meistens bei Bewusstsein des »Patienten« durchgeführt – unterscheiden sich im Laufe der Zeit von Kultur zu Kultur. Man benutzte Sägen, chirurgische Messer, Schrauben; in Antwerpen wurde 1575 ein mechanisches Zahnrad hergestellt, das mit einem zweiten Rad, einer Säge und einer zentral platzierten Schraube einer modernen Handbohrmaschine gleicht. Das Titelbild zeigt ein solches Instrument, welches der im 17. Jh. bekannteste Chirurg Johannes Scultetus in seinem Buch »Armamentarium Chirurgicum« (1632) illustrierte und beschrieb. Laufende Debatten über die Beziehung zwischen Gehirn, Größe, Rasse und Intelligenz förderten im 18. und 19. Jh. in Europa, Australien und Südamerika bei Anthropologen und Chirurgen das Interesse an der Trepanation. Ein führender Anthropologe dieser Zeit, Paul Broca (1824-1880), gründete 1859 die Société d'Anthropologie de Paris. So erzielte man Fortschritte in der chirurgischen Kunst, in der medizinischen Diagnostik und in der Verfeinerung der Technik der Geräte. So konnte man eine Trepanation bei einem Kind bis zu einem Alter von zwei Jahren in vier Minuten vornehmen. Das gleiche Verfahren dauerte bei einem Erwachsenen 50 Minuten, da die Verkalkung des Schädels bei Kindern noch nicht abgeschlossen ist.
Was eine verlässliche Voraussage menschlichen Verhaltens angeht, sind Wissenschaftler in den letzten 200 Jahren vor allem durch Krankheiten und Unfälle weitergekommen. Dem jungen Iren Phineas Cage, der am 13. September 1848 für den Bau einer Eisenbahntrasse in Vermont Sprenglöcher vorbereitete, schoss bei einer Dynamitexplosion eine Eisenstange durch den Kopf. Wie durch ein Wunder überlebte er. Allerdings war aus dem netten Kollegen ein unausstehlicher Querulant geworden. Im Nachhinein weiß man, dass ihm der vordere zentrale Teil des Stirnhirns aus dem Kopf gerissen wurde – eine für moralische Entscheidungen zuständige Gehirnpartie. Bei Eingriffen zur Heilung epileptischer Anfälle stellte man fest, dass der Hippokampus zur Abspeicherung für Erlebnisse im Langzeitgedächtnis zuständig ist. Aus solchen Hinweisen und Versuchen kann man Rückschlüsse auf die Arbeitsweise des Gehirns ziehen.
Entwicklungsgeschichtlich am ältesten ist das Stammhirn. Es sitzt ganz tief im Schädel, das Rückenmark läuft dort hinein. Sehen und Riechen werden hier verarbeitet und Herzschlag und Atmung gesteuert. Das Kleinhirn liegt hinter dem Hirnstamm und kümmert sich um die motorische Feinabstimmung. Zudem soll es auch beim Lernen einer Sprache beteiligt sein. Darüber sitzt das limbische System mit dem Balken, der die beiden Hirnhälften verbindet. Es ist die Schaltzentrale für Triebe und die Kontrolle aller Abläufe im Gehirn. Auch der Thalamus ist hier zu finden. In den nächsten Schichten zeigen sich die wahren Stärken des menschlichen Denkapparats. Die Hirnforscher sprechen von »Lappen«, wenn sie die Zonen im Großhirn beschreiben. Der Hinterhautlappen liegt im hinteren Gehirn. Dort laufen unter anderem die Informationen des Auges zusammen. Im Scheitellappen direkt darüber sitzt unser Orientierungssinn. In den Schläfenlappen werden akustische Reize verarbeitet. Im Frontal- oder Stirnlappen schließlich sitzen Denken, Fühlen und das Gedächtnis.
Heute verwenden Ärzte die Trepanation noch zur Behandlung von traumatischen Hirnverletzungen. Pseudowissenschaftliche Verfechter der Trepanation machen geltend, dass dieses Verfahren für einen höheren Zustand des Bewusstseins verwendet werden kann.
Heutzutage können mit der funktionalen Magnetresonanztomografie (fMRT) die unterschiedlichen Hirnpartien abgebildet werden. Dieses Verfahren wird durch die verschiedenen magnetischen Eigenschaften von sauerstoffreichem und sauerstoffarmem Blut möglich. In der fMRT leuchtet die Region mit sauerstoffreichem Blut einer aktiven Hirnpartie, weil hier mehr fließt als im Verhältnis zum Ruhezustand. So entsteht eine »Landkarte« des Gehirns. Einen empirischen Beweis für die Existenz oder Nichtexistenz eines freien Willens können Neurowissenschaftler jedoch nicht erbringen. Durch die Komplexität des Gehirns – 100 Milliarden Nervenzellen arbeiten zusammen, jede Zelle ist mit bis zu 10.000 weiteren verbunden, so gibt es 100 bis 1.000 Billionen Verschaltungen oder mehr – ist aber die »Landkarte« unvollständig und voller Fehler.
Die Titelseite verweist darauf, dass der Mensch seit jeher vermutete, im Gehirn sei das Wesen des Menschen auszumachen und somit die Antwort auf die

ewig aktuelle philosophische, religiöse und naturwissenschaftliche Frage zu finden: »Was ist der Mensch?«

2. Einsatzmöglichkeiten im RU

Das Titelbild betrachten und deuten

Sch werden durch das Bild angeregt, sich für die Thematik »Was ist der Mensch« zu interessieren.

- Zuerst formulieren Sch, was sie erkennen:
- – Mechanisches Zahnrad mit einer zentral platzierten Schraube als Bohrgerät im Schädel;
- – Loch im Schädel;
- – schmerzverzerrter Gesichtsausdruck;
- – weitere Details können beschrieben werden.
- Anschließend spekulieren Sch darüber, warum diese Instrumente verwendet wurden und welche Bedeutung solche »chirurgische Verfahren« hatten.
- L erklärt den Begriff Trepanation und gibt Informationen dazu.
- Sch stellen den Zusammenhang zwischen der Illustration und dem Thema »Was ist der Mensch?« her.

Geschichte und Bedeutung der Trepanation PINNWAND 96

- Sch berichten über ihre Recherchen zur Trepanation; sie erkennen:
- – diese wurde von antiken griechischen Ärzten und in vielen Kulturen aus medizinischen Gründen durchgeführt, aber auch um die Intelligenz zu messen;
- – man sah einen Zusammenhang zwischen Größe des Gehirns, der Rasse und der Intelligenz;
- – die Trepanation wurde auch bei Ritualen verwendet;
- – an den Folgen der Trepanation starben sehr viele Menschen;
- – Funde bestätigen die Trepanation seit prähistorischen Zeiten.
- Sch und L zeigen Illustrationen oder Bilder von Innovationen in der operativen Medizintechnik.

Verständnis vom Menschen PINNWAND 96

- Sch erkennen die enge Beziehung des Bewusstseins mit der Hirntätigkeit und Gehirnprozessen.
- Sie verstehen die Frage: »Ist der Mensch sein Gehirn?«
- Anschließend nennen L und Sch deterministische und nichtdeterministische Menschenbilder und diskutieren über die Willensfreiheit.
- Verknüpfungen zu einzelnen Themen des Kapitels werden gesucht.

Wissensstand moderner Hirnforschung

- Sch lesen zur Thematik, was Hirnforscher heute wissen und wissen können, den Text über Forschungsthemen und -methoden (**M 11.4.(1), Lehrerkommentar S. 214**).
- Sch erarbeiten in PA das dazugehörende **M 11.4.(2), Lehrerkommentar S. 215**.

3. Weiterführende Anregung

- Folgende Referatthemen können vergeben werden:
- – Johannes Scultetus und sein Buch »Armamentarium Chirurgicum« (1632)
- – Der Aufbau des Gehirns

Sinnoptionen Jugendlicher und Dimensionen des Menschseins Kontext 94 95

1. Hintergrund

Die Elemente der DS ermöglichen den Sch einen Einstieg und lebensnahen Zugang zu dem auch in dieser Altersstufe anspruchsvollen und schwierigen Thema. Bereits die Überschrift der Kontextseite verweist auf den Zusammenhang weltanschaulicher Orientierungen mit anthropologischen Grundgegebenheiten des Menschen. Die auf jeder Kapitelseite auftauchende Frage nach der Natur und dem Wesen des Menschen wird mit dem Hinweis auf die »Dimensionen des Menschseins« (**95**) gleich in Anknüpfung an das Titelbild programmatisch angeschnitten. Ausgehend von den Originaltönen (**94**) aus einem Interview können Sch über eigene Handlungs- und Orientierungsmuster nachdenken. Bei dem Befragten handelt es sich um einen 13-jährigen Schüler aus einem kleinstädtisch geprägten Raum ohne katholische Konfessionsdominanz. In der kirchlichen Jugendarbeit hat man trotz aller individuellen Einzigartigkeit jedes Einzelnen methodologisch wegen pastoraler Zielsetzungen eine Typenbildung vorgenommen. Zur Konstruktion der jeweiligen Perspektivenlogik hat sich dabei folgende Idealtypisierung herauskristallisiert: Die »Spirits«, die »Funs« und die »Humans«. Das Zitat **94** ist einem »Spirit« zuzuordnen. Wenn es dem »Spirit« schlecht geht, versucht er, eine Klärung mit sich selbst und/oder mit Gott herbeizuführen, indem er sich zum Beispiel – wie in der Antwort hier auch deutlich wird – zurückzieht. »Eine Alternative ist es für

sie [Spirits], mit den Mitgliedern der Jugendgruppe bestehende Probleme zu klären und im Gebet Hilfe zu suchen. Individuelle Probleme können/sollen somit im Rahmen der kirchlichen Jugendarbeit in der Gemeinschaft ausgetragen und bearbeitet werden. Die Probleme werden gelöst, indem die ›Spirits‹ darüber reden und füreinander beten, was sie als sehr hilfreich und als Erleichterung empfinden: ›Man erzählt sich so, wie es einem geht. Wenn's mal einem schlecht geht, dann betet man füreinander. Das ist dann auch immer recht schön, wenn sozusagen die anderen sich um einen kümmern‹« (DEM 2/3, 147ff.).
Der »Humans« ist dadurch gekennzeichnet, sich für andere zu engagieren. In den Interviews beschreiben sie die kirchliche Jugendarbeit als eine tätige Gemeinschaft, wodurch ein Gefühl der Verbundenheit entsteht. Die »Funs« wollen in ihrer Freizeit Spaß haben und grenzen Schule und Arbeit von der Freizeitbeschäftigung ab, wozu für sie auch die kirchliche Jugendarbeit zählt.
Die Tabelle aus der Shell-Jugendstudie »Eine pragmatische Generation unter Druck« (2006) stellt nun Sinnoptionen in der Gesellschaft dar, woraus man eine Wertehierarchie von Grundaspekten des Menschseins erkennen kann. Ausgehend von großem Rückhalt in der Familie versuchen Jugendliche, ihren Platz im Leben vor allem über die Suche nach einem guten Arbeitsplatz zu finden. Dabei ist ein guter Schulabschluss der Schlüssel zum Erfolg. Junge Frauen haben auf diesem Feld längst ihre männlichen Kollegen überholt und streben höhere Schulabschlüsse an, obwohl Jungen sich konkurrenzorientierter geben.
Was die eigene Familienplanung anbelangt, zeigt sich ein uneinheitliches Bild: Immer mehr junge Erwachsene wollen zunächst auf eigene Familie mit Kindern verzichten. Zwar lehnen junge Frauen eigene Kinder nicht grundsätzlich ab, aber in der »Rushhour« ihres Lebens sehen sie andere Lebensaufgaben als vorrangiger an: Ausbildung, berufliche Integration und Aufbau einer Partnerschaft.
Mädchen und junge Frauen zeigen sich insgesamt als das wertebewusstere Geschlecht: Sie legen mehr Wert auf Beziehungen, auf das Achten eigener Gefühle sowie auf Sekundärtugenden wie Ordnung und Sicherheit. Als »Idealisten« setzen sie sich eher für höhere Werte ein als die eher unter männlichen Jugendlichen verbreiteten »Materialisten«. Diese empfinden übergreifende Wertaspekte häufig als hinderlich für das eigene Vorankommen, das für sie im Vordergrund steht.
Die beiden Hip-Hop-Mode-Collagen in der Mitte der DS sollen als Bindeglied aller Elemente von *Kontext 1* zu einem Vergleich der heutigen Jugendkulturen anregen und Sch zur Patchworkidentität als Selbstverwirklichungsmodell Stellung nehmen lassen. Die Auseinandersetzung mit der eigenen Identitätssuche und -findung macht Sch offen für Menschenbilder und Sinnentwürfe der Gesellschaft und auch dem Geist des Christentums. Mit den Pro- und Kontra-Argumenten (**95**) zur Willensfreiheit werden Positionen der Infragestellung und Verfechtung des freien Willens gegenübergestellt. Somit können Deutungen des Menschseins aus Philosophie, Naturwissenschaft, Psychologie und Religion eingeleitet werden, was zu einer tieferen Analyse der entsprechenden Darstellungen der jeweiligen DS führt. Demnach vertieft die Kapiteleingangsseite die durch die Titelseite begonnene Themenerschließung. Vorausblickend auf eine jahrgangsübergreifende Einordnung des Themas eignet sich hier, wie auch bei einzelnen Themaschwerpunktungen, die Anregung einer Diskussion, welche Folgen es für den Einzelnen und die Gesellschaft nach sich ziehen würde, wenn die Nichtexistenz des freien Willens empirisch nachgewiesen werden sollte.

2. Einsatzmöglichkeiten im RU

Grundbedürfnisse und Werte von Jugendlichen in unserer Gesellschaft kennenlernen und beurteilen

- Ein Sch liest den Auszug aus einem Interview (**94**) laut vor. L regt mit der Frage, für wen in der Klasse diese Art der Problemlösung zutreffe, eine Diskussion an, in der Werte wie Glaube, Freundschaft, Eigenverantwortung als Lösungsvorschläge genannt werden können.
- L gibt bekannt, dass dieses Interview im Rahmen einer Untersuchung zur kirchlichen Jugendarbeit durchgeführt wurde und es sich bei diesem Jugendlichen um einen sogenannten »Spirit« handelt, die ihre Probleme lösen, indem sie sich zurückziehen und meist auch beten oder mit anderen Jugendlichen darüber sprechen (s. Hintergrund oben).
- Nun folgt, wieder im UG, die Deutung der Shell-Jugendstudie, wobei L die Fragestellungen von AA 2 (**94**) mit einbezieht. Sch vergleichen die Ergebnisse der Shell-Jugendstudie mit den Werten des »Spirits«.
- In PA bearbeiten Sch AA 3 (**94**). Bei der Besprechung der subjektiven Checklisten werden im UG allgemeine Verbindlichkeiten festgestellt. Begleitend wird vom L ein TA mit einer Ordnung der Werte in übergeordnete Bedürfnisse erstellt.

Lösungsvorschlag:

Ich-Bedürfnisse:	Soziale Bedürfnisse:
Selbstverwirklichung Anerkennung Freiheit	Kontakte Freundschaft Partnerschaft
Religiöse Bedürfnisse:	Physiologische Bedürfnisse:
Gott Gebet Meditation	Nahrung Wohnung Unterhalt Sicherheit

Lebensstile Jugendlicher untersuchen und hinsichtlich der Lebensqualität prüfen

- Sch nehmen Stellung zu den Hip-Hop-Mode-Collagen auf **94f**. Eine Distanzierung der Sch von einer derartigen Mode-Kultur ist zu erwarten. Eine Diskussion im Klassenverband über Selbstverwirklichung durch Patchworkidentität, z. B. Patchworkfamilie, bietet sich an.
- Sch vergleichen in KG Jugendkulturen der Gegenwart mit vergangenen unter dem Aspekt der Medienbeeinflussung und Fremdbestimmung (AA 1, **95**) und präsentieren diese in einem Standbild, einem gemalten Bild oder in einem kurzen szenischen Spiel. Beim Gespräch über die Darbietung sollen negative Beeinträchtigungen möglichst vermieden werden.
- Sch setzen sich durch kreatives Schreiben mit Lebensstilen auseinander und überprüfen die Lebensqualität. Dazu bearbeiten sie den Schreibauftrag auf **M 11.4.2, Lehrerkommentar S. 216**.

Freiheit und Determination als wesentliche Dimensionen des Menschseins erkennen

- In den vorausgegangenen Unterrichtseinheiten haben Sch erfahren, dass Werte und Lebensstile freiwillig übernommen werden oder aus Zwang und Anpassung. Deshalb können sie leicht die Willensfreiheit als Voraussetzung für Selbstbestimmung als hohen Wert einschätzen. Sie nennen im UG weitere Bereiche, in denen sie die Willensfreiheit erlebt haben und suchen noch andere Pro-Argumente (AA 2, **95**).
- In arbeitsteiliger GA bearbeiten Sch AA 3, **95**, anstelle des Schreibgesprächs können Sch auch Dialoge führen. Jede KG stellt der Klasse die wichtigsten Argumente vor.
- Als Ergebnissicherung erstellt L begleitend einen Überblick zu den Positionen an der Tafel (Bsp. s. u.).
- Sch vergleichen nun, wieder in den alten Gruppen, die Positionen mit den Richtungen/Wissenschaften und den DS des Kapitels und überlegen sich Konsequenzen im Hinblick auf das Leben und Verhalten des Menschen (AA 4, **95**).

Möglicher TA:

Positionen und Sichtweisen aus

Naturwissenschaft	Geisteswissenschaft	Gesellschaft und Kultur	Religion
Erbanlagen ...	Geist mehr als mechanistisch ...	Erziehung ...	Gottesbild, das Freiheit ermöglicht ...

3. Weiterführende Anregungen

Ausstellung in Bild und Wort PINNWAND 96

- Sch sammeln Texte, Bilder und Songs aus Zeitschriften und Illustrierten usw., in denen interessante Sichtweisen des Menschen deutlich werden, und gestalten im Klassenzimmer oder an einem geeigneten Platz in der Schule eine Ausstellung. Auch Collagen können angefertigt und ausgestellt werden.
- Eine Lesung oder ein Liedvortrag wären auch möglich.

Folgende Arbeitsimpulse der *Pinnwand* (**96f.**) werden im Lehrerkommentar aufgegriffen:

Vernetzen Sie Ihr Wissen aus den vorangegangenen Jahren	S. 181
Ausstellung in Bild und Wort	S. 185
Das Titelbild	S. 183
Frau – Mensch – Mann	S. 197
Neomythen in Kino und Literatur	S. 197
Film ab ... für die Champions	S. 189
»In Szene setzen« – Philosophenrunde	S. 194
Diskussion mit Experten	S. 189
Vernetzungen im Schulbuch	S. 180

Determination durch Gene und Meme?

Orientierung 1 98 99

1. Hintergrund

»Der Mensch ist das Produkt der Evolution« (**98**), so kann man das naturwissenschaftliche darwinistische Erklärungsmodell über den Menschen radikal auf den Punkt bringen. Jeder Mensch zeigt grundlegende Merkmale des einen oder anderen Geschlechts oder einer bestimmten Bevölkerung und er trägt die einmalige Kombination von spezifischen Merkmalen seiner Eltern und Vorfahren. Die grundlegenden Erbmerkmale werden von der Erbinformation gesteuert, die bei der Befruchtung aus Keimzellen der Eltern jeweils neu kombiniert zusammentritt (Schema **98**).
Durch Gen-Replikation – Kopie der Geninformation – vor der ersten Teilung der befruchteten Eizelle und vor jeder weiteren Zellteilung wird die Erbinformation identisch verdoppelt und genauso auf die Tochterzellen verteilt, sodass jede der Billionen Körperzellen die vollständige ursprüngliche Erbinformation erhält. Der stoffliche Träger der Erbinformation ist die DNS (Desoxyribonukleinsäure), die Chromosomen transportieren die DNS-Moleküle für die Zellteilung.
Ein DNS-Einzelstrang dient als Matrize für die Bildung des komplementären Stranges.
Das Grundprinzip der Replikation ist also denkbar einfach. Die beiden komplementären Stränge der DNS trennen sich voneinander. Dieser Vorgang wird gerne mit dem Öffnen eines Reißverschlusses verglichen. Auf diese Weise besteht jeder Doppelstrang aus einem alten Einzelstrang und einem vollkommen neuen Einzelstrang.
Anfang des 20. Jhs. wuchs im Zusammenhang mit neuen Bestrebungen nach Chancengleichheit und wirtschaftlichen Reformen das Interesse an »soziobiologischen Erkenntnissen« (**98**). War es etwa bis in die 70er-Jahre ausschließliche Aufgabe von Psychologie und Soziologie, das individuelle und gesellschaftliche Verhalten des Menschen zu erfassen, so kam aufgrund des Studiums sozialer Verhaltensweisen von Naturvölkern durch Ethnologen und Kulturanthropologen die Biologie hinzu. Denn menschliches Verhalten wurde zum Teil als ein Ergebnis stammesgeschichtlicher Entwicklungsvorgänge gesehen (Skizze, **98**). Die Soziobiologie untersucht biologische Grundlagen des Sozialverhaltens mit dem Ziel, allgemeingültige Prinzipien der Evolution und Biologie dieser Verhaltensweisen aufzufinden. So erhielt man neue Ansatzpunkte für eine biologische Analyse der komplexen menschlichen Gesellschaftsstrukturen. Kritiker der modernen Humanethologie sehen den Menschen zu sehr als Kulturwesen, dass man von einer Natur des Menschen nicht reden kann, da diese sich unter verschiedenen gesellschaftlichen Bedingungen ändert. Auch sind Vertreter oben genannter Forschungszweige der Ansicht, dass Unterschiede zwischen Frauen und Männern – psychisch und physiologisch – gesellschaftlich bedingt sind. Später zu beobachtende Unterschiede sind Folgen verschiedener Erziehung und der gesellschaftlichen Umgebung. Demnach wären soziale Probleme und Missstände unserer Zeit umweltbedingt und durch Änderung der Umweltbedingungen zu lösen. Demgegenüber betonen verschiedene Zweige heutiger naturwissenschaftlicher Anthropologie, darunter die Neurowissenschaften, dass die Verschiedenheit des Menschen auch durch unterschiedliches Erbgut bestimmt wird. Das gilt genetisch und memetisch (**99**): Genetisch für die frühen Mutter-Kind-Beziehungen, für die Geschlechterrollen-Differenzierung, die Prägungsdisposition, das Leben in der Familie und in Gruppierungen, ebenso für die Partnerfindung, das soziale Hilfsverhalten, Aggressivität, Macht und Neigungen zu Gehorsam und Autoritäten. Im Lichte der Evolutionstheorie ergibt sich, dass unser Verhaltensinventar das Ergebnis einer stammesgeschichtlichen und einer individuellen Anpassung an die Umwelt ist.

So besteht weitgehend Übereinkunft, dass die Persönlichkeit eines Menschen vor allem aus zwei Hauptkomponenten, Temperament und Charakter, besteht, wobei Temperament sich auf emotionale Reaktionen bezieht und zum größten Teil angeboren ist und relativ stabil bleibt, der Charakter sich allerdings im Laufe des Lebens aus kulturellen Einflüssen und persönlichen Erfahrungen entwickelt.

Was die Gene für den Körper sind, verursachen die Meme für den Geist (**99**).
Radikaldarwinisten sind der umstrittenen Meinung, dass der Mechanismus von Mutation und Selektion auch bei gesellschaftlichen und kulturellen Prozessen gilt, wie bei der aktuellen Mode (Baseballkappen werden z. B. verkehrt herum getragen). Im Zentrum der Memetik stehen die Replikatoren, das sind die Informationseinheiten für Geist und Kultur, z. B. Moden, Melodien, Witze, Slogans, Gerüche etc. Diese werden analog zu den Genen des Körpers (**98**) durch Imitation kopiert und weitergegeben, verändert und verschwinden wieder, wenn sie nicht mehr »in« sind. So ereignet sich analog zur biologischen Evolution die Replikation.
Die Gene des Geistes, die Meme, verbreiten sich, indem sie von Gehirn zu Gehirn überspringen und dieses als ein Vehikel zur Vermehrung nutzen (auf dem Bild **99** wird der Vorgang dargestellt).

Das Mem nimmt zunächst die Form des Phänotyps – Werte, Musik, Bilder, Gesten – an, wird dann vom Empfänger wieder in ein Mem übersetzt und im Gehirn gespeichert. So ereignet sich in Parallele zur biologischen Evolution die Replikation. Bei der Vermehrung von Replikatoren kann es in Analogie zur Genetik zu Variation und Selektion kommen. In der kulturellen Evolution bedeuten Variationen Änderungen bestehender Meme oder Entstehung neuer Meme, sodass bei der Weitergabe einer Idee der Inhalt versehentlich oder absichtlich geändert wird. So kann z. B. das Glaubensbekenntnis verändert werden oder neuen Bedingungen angepasst werden, was der Selektion entspricht. Angepasste Meme verdrängen langfristig weniger angepasste, und folglich haben diese Meme einen höheren Überlebenswert.

Der Zoologe und Begründer der Memetik, Richard Dawkins (geb. 1941 in Nairobi), vertritt die evolutionsbiologische These, dass Gene wie Meme im Evolutionsprozess die Körper von Lebewesen lediglich als eine Art Vehikel benutzen, um sich zu vermehren. Deshalb spricht er vom »egoistischen Gen« und »egoistischen Mem«. Ziel der Memetik ist es, die Prinzipien von Variation und Selektion nicht nur auf die Biologie, sondern allgemein auf die kulturelle Evolution anzuwenden.

Meme, die sich unter einem Thema zusammenfinden, bezeichnet man als Memenkomplex, z. B. im Rechtswesen das Gewohnheitsrecht oder in der Religion die Gebete oder Gebote. In diesen Memenkomplex werden bereits kopierte Meme immer wieder aufgefrischt. Durch günstige Rahmenbedingungen, wie sie die Propaganda, Werbung oder Mode benutzen, kann die Fruchtbarkeit der Meme erhöht werden.
Das Spiegelneuronensystem, wie der Begriff »Spiegelneuronen« auf dem Titelbild des Magazins P.M. (**99**) nahezulegen scheint, ist allerdings nicht mit dem System der Meme gleichzusetzen. Spiegelneuronen sind als Neuronen Nervenzellen, die sich im Broca-Areal des menschlichen Gehirns befinden, sogenannte Echoneuronen. Diese Nervenzellen gehören zu den Spiegelneuronen, Nervenzellen, die automatisch auf bestimmte Signale von anderen Wesen reagieren und die zur Nachahmung anregen. Die Nachahmung spielt eine wichtige Rolle bei der Aneignung von Sprachfähigkeiten, und es ist kein Zufall, dass Babys und Kinder beim Hinhören auf den Mund der sprechenden Person schauen. Die Region im Affengehirn, die die Produktion von Lauten steuert, enthält zwar ebenfalls Spiegelneuronen, doch werden diese nur beim Nachahmen von Bewegungen aktiviert und nicht bei der Imitation von Lauten. Die Sprache ermöglicht eine Kultur, in der Werte und Informationen mündlich oder schriftlich an künftige Generationen weitergegeben werden. Parallel zur Dichtkunst entwickeln sich Kunstformen wie Musik, Malerei und Tanz. Mittels Philosophie, Naturwissenschaft und Religion setzen sich Menschen mit ihrer Umwelt auseinander.

2. Einsatzmöglichkeiten im RU

Evolutionsmechanismus nachvollziehen und biologischen Standard des Menschen bestimmen

- Sch erklären ausgehend vom Schema der Gen-Replikation (**98**) die stammesgeschichtliche Entwicklung des Menschen und legen mit eigenen Worten Erkenntnisse und Kernsätze der Evolutionstheorie dar.
- L gibt ggf. vertiefende und ergänzende Informationen zu Sachverhalten der Evolution und stellt als HA, Grundlagen der Vererbung, Fortpflanzung und Entwicklung des Menschen zu wiederholen (AA 1, **98**).
- L informiert Sch, dass der Lehrer John Scopes aus Dayton/Tennessee 1925 vor Gericht gestellt und verurteilt wurde, als er seinen Schülern die Abstammungslehre und die Herkunft des Menschen aus tierischen Vorfahren nahebringen wollte (»Scopes-Prozess«). Sch diskutieren die Thematik des Gerichtsverfahrens.

- In arbeitsteiliger GA oder im Klassenverband sammeln Sch Gründe für die Ablehnung der Evolutionstheorie damals und heute, z. B. von Kreationisten oder Intelligent Design (Kapitel 3, *Orientierung 7*, **82f.**, Lehrerkommentar S. 134f.).

Mögliche Antworten:

- »Kränkung des Menschen«
- Komplexität des Lebens
- keine Erklärbarkeit durch zufällige Evolution
- Lücken in der Evolutionstheorie
- Widerspruch zu den Schöpfungserzähungen der Bibel

- L liest in humorvoller Weise (evtl. auch ein geeigneter Sch) das Gedicht von Erich Kästner »Die Evolution des Menschen« (**M 11.4.3**) vor.
- Nach Erkennen der Ernsthaftigkeit und Ironie teilt L **M 11.4.3, Lehrerkommentar S. 217**, mit dem Gedicht und den AA dazu aus.

Antworten und Lösungen zu den Fragen:
1. a) Aussagen zur Evolution des Menschen: Zeilen 1, 2, 3, 6, 10, 26, 27
b) Unterschiede zwischen Mensch und Affen: 11-15, 16-20, 21-25
c) Weitere biologische Aspekte: 13, 18, 21, 23, 30
2. Vermehrung der Erbsubstanz
Nein, nur Replikation, Mutation und Selektion
3. Der Mensch ist in der Lage, die Energie physiologischer Grundlagen angeborenen Erbguts in den Dienst der Höherentwicklung zu stellen. Genetische Vorprogrammierung ist offen für Lernvorgänge und Überlegungen: keine völlige Determinierung.

Menschliches Verhalten als Ergebnis stammesgeschichtlicher Entwicklungsvorgänge erkennen und verstehen, dass nicht alle Probleme durch Änderung der Umweltbedingungen zu lösen sind

- Sch wiederholen allgemeingültige Prinzipien der Evolution/HA (vgl. AA 1, **98**), danach lesen sie den Text »Soziobiologische Erkenntnisse« (**98**). Im UG wird die Soziobiologie von den anderen Wissenschaften abgegrenzt und diskutiert, ob die Bewältigung von sozialen Problemen und Missständen ausschließlich Aufgabe der Analyse von Psychologie und Soziologie ist.
- Sch betrachten Bilder mit Ausdrucksbewegungen von Menschen und Affen (**M 11.4.4, Lehrerkommentar S. 218**) und stellen Homologien (ethologische Ähnlichkeiten) fest. Sie erschließen weitere Grundzüge von Ausdrucksbewegungen, die in ihren Grundzügen gleich sind: Lächeln, Weinen, Erbleichen, Zittern vor Furcht, Wutmimik, Anheben der Augenbrauen als Augengruß (vgl. AA 2, **98**). L leitet anhand des Textes »Individuum und Gruppe« (**M 11.4.4, Lehrerkommentar S. 218**) zum Aufgabenfeld der Ethologie über. L und Sch besprechen Möglichkeiten zur Veränderung von Verhaltensprogrammen als Lösung von Missständen und sozialen Problemen (vgl. AA 3, **98**).

Möglicher TA:

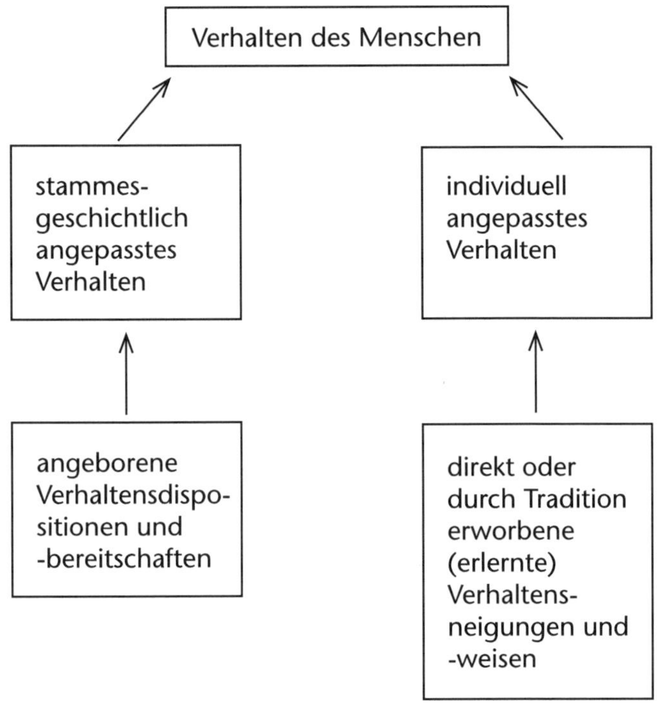

Memetik als Erklärungsmodell für Veränderungen in Kultur und Gesellschaft kennenlernen und diskutieren

- Sch erarbeiten anhand der Texte »Analogie von Genen und Memen«, »Phänotyp und Informationseinheit« (**99**) ein Strukturschema.
- L differenziert zwischen Spiegelneuronen und Memen (Lehrerkommentar, S. 187) als neuronale Informationseinheiten und leitet zum Text »Sind Meme wichtiger als Gene« (**99**) über. Nach der Textbesprechung kann darüber diskutiert werden, welche Rolle der Mensch in der Memetik spielt, ob er durch das »egoistische Mem« total determiniert ist. Als Ergebnis sollte festgehalten werden: Wir können selbst bestimmen, welche Meme wir in die Welt setzen, welche Gedanken wir verändern oder weiterentwickeln, z. B.: Moden werden verändert und verschwinden, wenn sie nicht mehr »in« sind.
- Aus der arbeitsteiligen GA zu AA 1/2, **99**, bringen Sch Vorschläge zu Problemlösungen. Grundvoraussetzung dabei ist die Erkenntnis, dass niemand nach der Melodie der Meme zu tanzen gezwungen ist; zeigen und verbreiten wir vorbildliches Verhalten, könnten unsere Meme »andere Gehirne bewohnen«.

Möglicher TA:

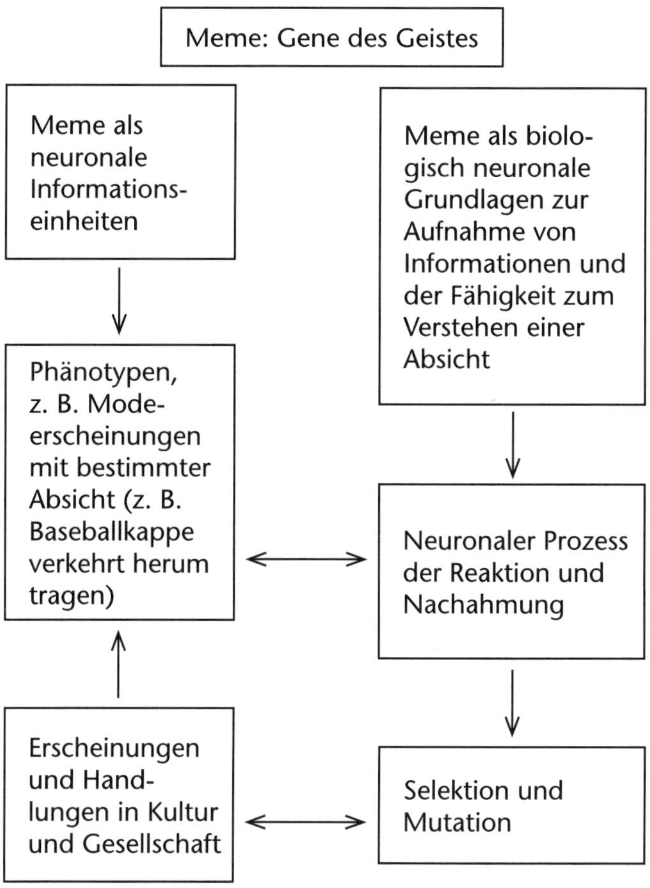

Entsprechung: Gen-Replikation
Beispiele für Problemlösungen:

- Vermeidung von Anpassungstendenzen;
- Prüfen aller Modeerscheinungen: eventuelle Ablehnung oder Weiterentwicklung;
- mitmenschliches Verhalten praktizieren;
- für die Weitergabe sozialer und sinnorientierter Werte sorgen.

3. Weiterführende Anregungen

Film ab ... für die Champions PINNWAND 97

- Den »Affenprozess« inszenieren oder verfilmen, z. B. eine Gerichtsszene nachstellen.
- Sch recherchieren die verschiedenen Verfilmungen des Sopes-Prozesses und schauen sich, wenn möglich, einen ausgewählten Film an.
  Dem Film schließt sich eine Diskussion über die Umsetzung der Thematik an.

Diskussion mit Experten PINNWAND 97

- Sch suchen nach geeigneten Diskussionspartnern, innerhalb oder außerhalb der Schule, und gestalten eine Diskussionsrunde.

Freier Wille – eine Fiktion?

Orientierung 2 100 101

1. Hintergrund

Wohl kaum etwas hat den Blick auf das menschliche Dasein so stark verändert wie Freuds Lehre vom psychischen Apparat und der Bedeutung des Unbewussten. Neue Untersuchungen der Hirnforscher scheinen seine umstrittenen Theorien über Verdrängung, Träume oder das Unbewusste zu bestätigen und das deterministisch geprägte Menschenbild von Psychoanalyse und Neurowissenschaften nachzuweisen. *Orientierung 2* (**100f.**) zeigt im Dilemma des Versprechers (**100**) und im Versuch mit der Reizung eines Armes durch eine Elektrode (**101**) konkrete Beispiele aus Freuds psychoanalytischer Lehre und der modernen Hirnforschung, die den freien Willen des Menschen als eine Illusion erscheinen lassen. In seinen Vorlesungen über die menschlichen Fehlleistungen erläutert Sigmund Freud (1856-1939), dass Versprechen, Verlesen oder Vergessen aufgrund von Verdrängungen und Verletzungen des Selbstwertes resultieren und das »Es« im psychischen Apparat im Verborgenen das Verhalten des Menschen steuert. Die Wahrheit hinter dem Versprecher wäre im Falle des Professors, dass er in seiner Antrittsrede seinen Vorgänger nicht würdigen will. Im Nachhinein kann man psychoanalytisch feststellen, warum sich jemand so und nicht anders verhalten hat. Mit farbigen Aufnahmen von den Gehirnen von Patienten sieht man im Computertomograf in der Neuro-Psychoanalyse Erklärungen für Phänomene, die sich mit psychoanalytischen Konzepten wie »Abwehr« oder »Verdrängung« bezeichnen lassen. Freud wagte die Frage, ob und wie körperliche Symptome auf geistig-seelischen Ursachen beruhen könnten. Seine Ideen von den elektrischen und biochemischen Korrelaten der Seele sind der beschränkten Technik seiner Zeit voraus. Erst ab den 1950er-Jahren gelang es der biologischen Psychiatrie und der Neurologie, durch das Elektroenzephalogramm (EEG) und den Computertomograf das Gehirn als Organ der Psyche zu erfassen. Gedanken und Gefühle entstehen im neuronalen Netzwerk des Gehirns, wobei die Stoffwechselprozesse (Botenstoffe, Hormone) erfasst werden können. Die Führungsrolle des Unbewussten und die damit verbundene Determinati-

on menschlicher Handlungen wollen Hirnforscher durch Versuche wie der Armreizung durch eine Elektrode (**101**) nachweisen.
Das bekannteste Experiment dazu ist jenes von Benjamin Libet, 1983: Der Neurophysiologe bat Versuchspersonen, den Finger zu beugen, sobald sie das wollten, sie sollten sich genau merken, wann sie den Befehl »Finger krümmen« gegeben hatten. Gleichzeitig wurden die Gehirnströme gemessen. Das irritierende Ergebnis: Im EEG zeigte sich schon eine halbe Sekunde, bevor sie den Entschluss fassten, den Finger zu krümmen, ein sogenanntes Bereitschaftssignal im Gehirn. Die Schlussfolgerung war, dass die Handlung nicht durch den bewussten Willensakt ausgelöst worden war, sondern durch Gehirnaktivität. Diese Beobachtung wurde als Beweis verallgemeinert, dass es keinen freien Willen gebe und das Gehirn all unsere Handlungen diktiere: Wir tun also nicht, was wir wollen, sondern wir wollen, was wir tun. Die Forscher erklärten allerdings, dass die Einleitung einer freien Handlung unbewusst ist, die Entscheidung dazu tritt vor dem Bereitschaftspotenzial auf.
Das Erschließen des Unterbewusstseins war Programm und Idee des Surrealismus. War es der Verdienst Sigmund Freuds, das Unterbewusstsein als Realität zu definieren, die unser Handeln und Denken beherrscht, so setzten die surrealistischen Künstler diese Einsicht in eine künstlerische Methode um. Auch zum Gemälde »Das Rätsel der Begierde« von Salvador Dalí findet man Zugang über die neurologischen Sichtweisen.

Salvador Dalí (1904-1989)
Begabt mit einer überschäumenden Fantasie und einem außergewöhnlichen Einfühlungsvermögen, unternahm Dalí die Erforschung des Unbewussten. Bei seiner Ergründung des Absurden, der Anomalien und verborgener Bewusstseinsschichten stützte er sich auf die Kenntnis der Psychologie Sigmund Freuds, den er 1938 in London persönlich kennenlernte. Dalí betrieb seine Untersuchungen stets auf provokante Weise. Er reproduzierte die symbolischen Assoziationen, die sich nach Sigmund Freud mit bestimmten mineralischen, tierischen und pflanzlichen Formen verbanden, simultan. Er malte bis zu seinem Tod etwa 300 Bilder, hatte weltweite Anerkennung und verkaufte seine Bilder für fünfstellige Beträge. Dalí starb am 23. Januar 1989 in Figueras an Herzversagen, er wurde auf seinen Wunsch in der Krypta seines Theatermuseums in Figueras beigesetzt und vermachte sein gesamtes Vermögen und sein Werk dem spanischen Staat.

Salvador Dalí: »Das Rätsel der Begierde – Meine Mutter, meine Mutter, meine Mutter«, 1929
Ein unbekanntes Gebilde im Vordergrund nimmt fast die ganze Bildfläche ein. Es ist zusammengesetzt aus anorganischen und organischen Formen, die uns in dieser Kombination unbekannt sind. Sie erscheinen deformiert, verwackelt und miteinander vermengt. Sie lösen verschiedenste Assoziationen aus.
Der extrem tiefe Bildraum ist konsequent durchgeführt, die Raumstruktur erscheint homogen. Dalí gestaltet das Bild mit einer gleichsam eiskalt beobachtenden, fotografisch genauen Technik. Er stellt so Inhalte aus dem Unbewussten veristisch dar. Das eigentliche Gebilde erinnert an einen noch entwicklungsfähigen, embryonalen Zustand, weckt aber auch Assoziationen an starre psychologische Strukturen. Die Figur, die mit geschlossenen Augen am Boden liegt, ist vermutlich der Maler selbst. Er ist Gefangener dieses Körpers, der von ovalen Vertiefungen überzogen ist. In den Öffnungen stehen immer wieder dieselben Worte: »ma mére (meine Mutter)«. »Sie sind der Schlüssel zur Bildbedeutung und werden ergänzt durch ein weiteres grundlegendes Element, den kleinen, zur Grimasse verzerrten Löwenkopf [oben rechts, d. Autor]. Er ist Hinweis auf den Vater, der wie triumphierend an der höchsten Stelle des Körperberges steht und das Antlitz des Sohnes zu Boden zu drücken scheint« (Cathrin Klingsöhr-Leroy, Surrealismus, Köln [4]2008, S. 36).
Der tiefere Sinn der Darstellung scheint immer wieder zu der leidenden Figur, die wie gelähmt am Boden liegt, zurückzuführen. Lässt sich diese Hauptfigur erlösen? Sollte es dem geknechteten, am Boden Liegenden gelingen, sich aus den Ängsten, den Fesseln und Obsessionen zu befreien?

2. Einsatzmöglichkeiten im RU

Der psychische Apparat

- L führt als Begrüßung zu Beginn der Stunde einen Versprecher vor, z. B.: »Meine Damen und Herren, ich konstatiere die vollständige Anwesenheit aller Schülerinnen und Schüler der Klasse und erkläre die Stunde für beendet.«
- Alternativ oder im Anschluss können zwei Sch eine Situation mit Versprechern spielen. Die Spielszene muss vorher eingeübt sein.
- Es findet ein UG über die Ursachen von Versprechern statt. Daraufhin lesen Sch den Text »Die Wahrheit hinter dem Versprecher« (**100**) und beantworten AA 1.

Der Text »Der psychische Apparat« (**100**) wird von einem Sch laut vorgelesen, dazu AA 1, in einem UG erstellt L folgenden TA:

Das Persönlichkeitsmodell nach Freud

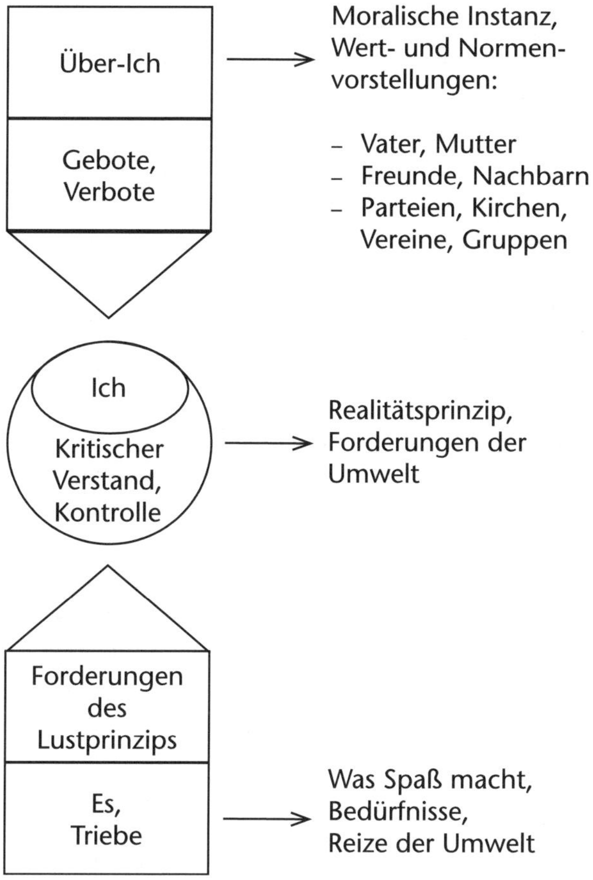

Freud als Hirnforscher und Methoden und Möglichkeiten der Neurowissenschaften heute kennenlernen

- L stellt das Libet-Expermient vor (Lehrerkommentar S. 190). Nach dem Lesen der Texte auf **101** bearbeiten Sch in PA oder GA AA 1 und AA 3.

Das Bild von Salvador Dalí deuten und auf die eigene Situation übertragen

- Sch betrachten das Bild »Das Rätsel der Begierde – Meine Mutter, meine Mutter, meine Mutter« von Salvador Dalí (**101**) und folgen den Anweisungen der ersten Teilaufgabe von AA 2 zur Bildanalyse.
- Sch schreiben einen inneren Monolog der Person, die unter dem riesigen Gebilde am Boden liegt.
- Sch entwickeln in PA analog zum Gemälde von Dalí ein Standbild.
- Der zweite Teil von AA 2 kann als Anregung für die Gestaltung einer Collage (Plakat) zum Abschluss der DS verwendet werden, evtl. auch als HA.

3. Weiterführende Anregungen

- Sch halten Referate zu den Themen Psychoanalyse und Hirnforschung.
- Sch führen ein Schreibgespräch zu der Frage: Was wissen und können Hirnforscher heute?

Zur Freiheit verurteilt

Orientierung 3 102 103

1. Hintergrund

Der atheistische Existenzialismus, den Jean-Paul Sartre vertritt, versteht sich zutiefst als ein Humanismus, in dessen Menschenbild Freiheit und Verantwortung die zentrale Rolle spielen. Sartre unterscheidet den atheistischen Existenzialismus vom christlichen Existenzialismus, bei dem ebenfalls das Individuum im Blickpunkt steht, sein Wesen aber wegen eines Schöpfergottes, den man mit seinem »Handwerker« (**102**) vergleichen kann, der Existenz vorausgeht und somit determiniert ist. Wenn Gott jedoch nicht existiert, dann gibt es trotzdem ein Wesen, bei dem die Existenz der Essenz vorausgeht: der Mensch. Dieser definiert sich nach der Geburt immer mehr selbst und wird das, wozu er sich macht. Er ist dadurch zur Freiheit »verdammt«, weil ihm keine andere Wahl bleibt. In seinen freien Entfaltungsmöglichkeiten und der damit verbundenen Verantwortung wird ihm die unvergleichbare menschliche Würde zugeschrieben. Diese Erkenntnis führt zur Angst, bei einer Vielzahl von Handlungsmöglichkeiten das Falsche zu wählen und unverantwortlich zu handeln. Diese Angst hat auch oft Tatenlosigkeit und Selbsttäuschungen, also Lügen, zur Folge. Denn ein schlechtes Gewissen und Schuld zermürben den Menschen, sodass er sein Dasein absurd empfinden kann.
Der Mensch, wie ihn der Existenzialist versteht, ist nicht definierbar, weil er zunächst nichts ist. Er wird erst mit der Zeit, und er wird so sein, wie er sich geschaffen haben wird. Folglich gibt es keine menschliche Natur, da es keinen Gott gibt, der sie ersinnen könnte. Der Mensch, er ist lediglich, allerdings nicht lediglich wie er sich auffasst, sondern wie er sich will, und wie er sich nach der Existenz auffasst. Das ist das erste Prinzip des Existenzialismus. Das ist es auch, was man Subjektivität nennt, er hat eine größere Würde als der Stein oder der Tisch. Der Mensch ist zunächst ein sich subjektiv erlebender Entwurf; nichts existiert vor diesem Entwurf; nichts ist am intelligiblen Himmel und der Mensch wird zuerst das sein, was er zu sein entworfen haben wird (**102**).
Sartre unterscheidet noch nicht mit allen Konsequenzen für das Menschenbild zwischen Willens- und

Handlungsfreiheit wie viele Neurowissenschaftler. Nach ihnen ist der Mensch im Planen und in den Überlegungen frei, im Handeln jedoch nicht.
Um von einem freien Willen sprechen zu können, müssen bestimmte Bedingungen erfüllt sein:
1. Ich kann zwischen mehreren Möglichkeiten des Handelns entscheiden.
2. Die Handlung erfolgt aus verständlichen Gründen.
3. Ich selbst bin der Veranstalter meiner Handlung.
Die Umwelt schränkt die Entscheidungen zwar ein, so oder so handeln zu wollen, aber die Überlegungen und Planungen sind relativ frei. Die Handlungen selbst wären nach neurowissenschaftlichen Rückschlüssen jedoch determiniert (vgl. *Orientierung 2*).
Dagegen spielt sich nach Sartre die Wirklichkeit im Handeln ab, wie er in dem **Drama** »Die Fliegen« (**102**) in den Vorgehensweisen seiner Protagonisten, Orest und Elektra, zeigen will. Sch müssen das Stück von Sartre nicht kennen, eine kurze Inhaltsangabe durch L oder ein Kurzreferat könnten hier jedoch eingebaut werden. Die Überzeugung Sartres, dass die Existenz durch das freie Handeln manifestiert und verinnerlicht wird, ruft im 3. Akt des Schauspiels »Die Fliegen« Orest eindrucksvoll aus, indem er sich zugleich von jeglicher Determination durch Götter oder Menschen lossagt: »Ich bin weder Herr noch Sklave, Jupiter. Ich bin meine Freiheit! Kaum dass du mich geschaffen hast, habe ich dir schon nicht mehr gehört ... Denn ich bin ein Mensch, Jupiter. Und jeder Mensch muss einen Weg erfinden.«
Orest lädt die Schuld durch sein aktives Handeln, das auf seine Entscheidungsfreiheit zurückzuführen ist, auf sich. Das Volk hingegen lädt eine Schuld auf sich, die auf seiner Passivität gründet. Diese Passivität wird hauptsächlich durch die Angst vor dem schlechten Gewissen hervorgerufen, welches durch die Fliegen verkörpert wird.

Das **Gemälde** »Artistin (Marcella)« (**103**) von Ernst Ludwig Kirchner vereinigt expressionistische Ausdruckskunst mit dem existenzialistischen Lebensgefühl in der Spannung von Freiheit, Angst und Gelassenheit.

Ernst Ludwig Kirchner: »Artistin (Marcella)«, 1920
Das Bild von Ernst Ludwig Kirchner (100 x 76 cm, Öl auf Leinwand, *Brücke-Museum Berlin*) stellt im Porträt die wahrscheinlich 15-jährige Marcella dar, eine von zwei Töchtern der Artistenwitwe, die in Kirchners Nachbarschaft intensiv am Leben der »Brücke« teilnahm. Unbekümmert posiert das Mädchen in Kirchners Atelier. Ungezwungen hat die Jugendliche ein Bein angewinkelt und den Kopf in die rechte Hand gestützt. Die Situation wirkt entspannt, die »Artistin« in sich gekehrt, dazu passend die schlafende Katze in der unteren linken Bildecke, von der diagonal nach rechts oben die Motive eine gestaffelte Komposition erhalten. Dabei geht der Blickwinkel Kirchners von schräg oben rechts aus und der Betrachter sieht das Mädchen in Nahsicht, das jedoch seinen Körper abwendet und sich visuell und existenziell entzieht. Von den gleichmäßig deckenden Farbflächen dominiert das Grün, die Konturen erscheinen rhythmisierend und klar in der Flächendisposition, sodass von der Gesamtkomposition des Gemäldes eine ruhige, aber aufgrund der diagonalen Ausrichtung der Motive und des Ausdrucks von Körperhaltung, Gestik und Mimik auch spannungsreiche Wirkung ausgeht.

Ernst Ludwig Kirchner (1880-1938)
Ernst Ludwig Kirchner studierte in Dresden und München Architektur. Fasziniert vom Neoimpressionismus wechselte der Diplomingenieur ganz zur Malerei und gründete am 7. Juni 1905 zusammen mit Heckel und weiteren Weggefährten in Dresden »Die Brücke«. Kirchner bestaunte die ausdrucksstarke Bildsprache und flächige Farbmalerei van Goghs und anderer europäischer Künstler, die im Berlin der 1920er-Jahre Aufsehen erregten. Die Intensität des Ausdrucks hinterließ bei ihm und seinen Weggefährten der Künstlergemeinschaft »Die Brücke« tiefe Spuren. Kirchner adaptierte in der künstlerischen Auseinandersetzung seiner Zeit besonders die ästhetisch-dekorativen Komponenten von Henri Matisse und entwickelte sich zu einem der spannungsreichsten europäischen Künstler des 20. Jhs. Kirchner machte vor allem die Expressivität des Ausdrucks und die rationale und ruhige Stilisierung der Flächenordnung zu seinem Anliegen, wie auch das Porträt »Artistin« (Marcella) dokumentiert.

2. Einsatzmöglichkeiten im RU

Den Zusammenhang von Angst und Verantwortung bei Sartre erkennen

- Sch äußern sich zum Kupferstich von Martin Schongauer »Die Versuchung des Hl. Antonius« (Kopiervorlage **M 11.4.5, Lehrerkommentar S. 219**).
- Als Ergebnis eines L-Sch-Gesprächs wird Angst als Grundbefindlichkeit des Menschen festgestellt. L und Sch diskutieren über Ursachen und Sinn der Angst. Dabei kann L von folgenden Fragen ausgehen: Woher kommt bei Ihnen die Angst? Wie wirkt sie sich in Ihnen aus?
- Sch lesen den Text »Die Angst« (**M 11.4.6(1),**

Lehrerkommentar S. 220) und bearbeiten zur Bestimmung der Faktoren der Angst bei Sartre die Leitfragen zum Text (**M 11.4.6(2), Lehrerkommentar S. 221**).

Mögliche Lösung M 11.4.6(2):

Abschnitt 1: Die Faktoren der Angst sind in der Person selbst angesiedelt und wirken nicht von außen auf sie.
Abschnitt 2: Abraham könnte davor Angst haben, etwas falsch zu machen. Er überlegt hin und her, was er tun soll. Eine Möglichkeit, diese Angst abzulegen, besteht darin, Gottes Befehl für gut zu befinden und ihm deshalb zu folgen – oder ihm nicht zu folgen.
Abschnitt 3: Abraham folgt dem Prinzip des Gehorsams. Nach Sartres Ansicht aber muss der Mensch so handeln, dass seine Entscheidung exemplarisch gut ist. Erklärung: Abraham hätte nur dann richtig (= gut) gehandelt, wenn er bereit gewesen wäre, seinen Sohn zu töten, weil er selbst es für gut befindet, nicht weil eine übergeordnete Instanz es ihm anbefiehlt.
Abschnitt 4: Das Prinzip Verantwortung: Man muss immer bedenken, »was geschähe, wenn alle so handelten«.
Abschnitt 5: Er muss bedenken, dass er stellvertretend für die gesamte Menschheit handelt.
Abschnitt 6: Angst ist das Bewusstsein, dass ich eine Vielzahl an Handlungsalternativen vor mir habe und daraus dann die richtige wählen muss.
Abschnitt 7: Ein Lügner handelt deshalb unverantwortlich, weil er sich für die Lüge entschieden hat und die Lüge damit zu einem gesellschaftlich akzeptablen Wert machen würde.

- Zur Ergebnissicherung lesen Sch den Text »Angst und Verantwortung« (**102**), anschließend kreuzen sie die richtigen Aussagen auf dem 2. Teil des AB an (**M 11.4.6(2), Lehrerkommentar S. 221**).

Lösung:
x »Angst« ist eine logische Konsequenz aus dem Verantwortungsgefühl.
O »Angst« führt zu Tatenlosigkeit.
x Wer lügt, täuscht sich selbst.
O »Angst« verhindert eine wohlüberlegte Entscheidung.
O Sartre meint mit »Angst« eigentlich das Gleiche, was alle Menschen darunter verstehen.

Die Ablehnung jeglicher Determiniertheit im existenzialistischen Menschenbild Sartres (Existenz und Essenz, 102)

- Sch lesen den Text von Existenz und Essenz und übertragen das Beispiel vom Handwerker und dem Brieföffner auf die Erschaffung des Menschen durch Gott und erklären die Bedeutung von Existenz und Essenz.
- In einem UG werden die Positionen eines Gläubigen und eines Existenzialisten gegenübergestellt. Begleitend zum UG entsteht unten stehender TA.
- Sch bearbeiten in PA AA 3 (**102**). Nach der Analyse der Ergebnisse werden die spezifischen Kennzeichen des existenzialistischen Menschenbildes festgehalten:
  - Gewinn an Freiheit,
  - Eigenverantwortung,
  - freie Lebensgestaltung.
- Damit leitet L zum nächsten Unterrichtsschritt, zu den Fragen an Jean-Paul (**103**), über.

Das existenzialistische Lebensgefühl nachvollziehen können und gestalten

- Sch betrachten und beschreiben das Bild von Ernst Ludwig Kirchner (**103**).
- Anschließend deuten sie das Bild und nennen mögliche Ursachen für das Lebensgefühl des Mädchens.

Möglicher TA als Zusammenfassung:

Verantwortung

für das eigene Wesen — für die gesamte Menschheit

⇩ — ⇩

Wahl des subjektiv Guten = — Wahl des Guten für die Gemeinschaft

Erkenntnis der Verantwortung führt zu Angst

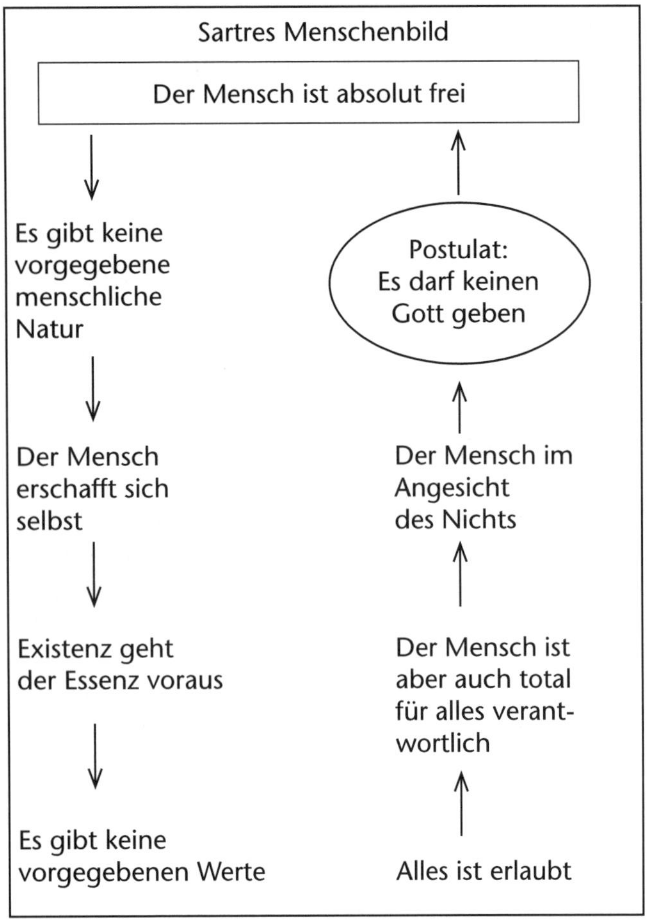

- Sch erkennen in der Konzeption des Für-Sich-Seins des Mädchens und in der Atmosphäre des Gemäldes die existenzialistische Lebenssituation.
- Sch lesen die Leserbriefe auf **103** und schreiben selbst Antworten aus Sartres Sicht (AA 2, **103**). Die Antwortschreiben können auch arbeitsteilig in PA erstellt werden.
- L und Sch diskutieren über die verfassten »Antworten Sartres« und vergleichen diese mit dem existenzialistischen Menschenbild.
- Abschließend kann »Bau dir einen Existenzialisten« **(M 11.4.7, Lehrerkommentar S. 222)** als HA gestellt werden.

3. Weiterführende Anregung

»In Szene setzen« PINNWAND 97

Philosophenrunde

Nachdem Sch mit den wichtigsten Positionen und Argumentationen des existenzialistischen Menschenbildes Sartres vertraut sind, bieten sich Rollenspiele mit Vertretern kontroverser Meinungen zur Freiheit und Determination des Menschen an. Dabei kann eine größere »Philosophenrunde« organisiert und geplant werden. Dankbar sind auch Debatten zwischen mehreren Sch. Je nach schauspielerischen und argumentativen Fähigkeiten der Sch wären Aufführungen über den Klassenverband hinaus möglich, z. B. am Tag der offenen Tür oder bei einem Schulfest. Eine fachübergreifende Zusammenarbeit mit Deutsch, Philosophie oder Biologie bietet sich an. Ausgangspunkt der dramatischen Umsetzung können philosophische Kernsätze sein, wie etwa »Der Mensch ist zur Freiheit verdammt« oder »Die Existenz geht der Essenz voraus«.

Freiheit ohne Grenzen? Der Mythos von Prometheus lebt weiter Orientierung 4 104 105

1. Hintergrund

Mit dem »Mythos« wird der Sch in einen Problemkreis eingeführt, in dem in scheinbar kindlicher Betrachtungsweise der Mensch als ganzheitliches Wesen erfasst wird. Mythen greifen in narrativer Grundstruktur zutiefst Menschliches auf und halten auf Fragen und die Rätselhaftigkeit menschlichen Lebens, z. B. hinsichtlich Freiheit und Determination, Schuld, Sühne und Leid des Menschen, erzählerisch Antworten bereit, so wie im Prometheus-Mythos (**104**). Zwei anthropologische Grundbestimmtheiten bilden den Ausgangspunkt des Mythos, seiner Weltanschauung und des darin deutlich werdenden Menschenbildes: die Erfahrung menschlicher Endlichkeit (Kontingenzbewusstsein) und die Geneigtheit, nicht endlich sein zu wollen (Religiosität).

Terminologisch ist Religiosität aus anderer weltanschaulicher Sicht auch formulierbar als Hoffnung (Ernst Bloch), als Leidenschaft für das Absurde (Sartre) oder als Lebensdurst (*dukha*, Buddhismus).

Im Zusammenhang mit dem Mythischen unterscheidet man zwischen Mythemen, Mythen und Neomythen.

Mytheme oder Mythologeme sind Erkenntnisgegenstände und Elemente von Mythen bzw. entfalten sich zu Mythen, die nachträglich zu Mythologien zusammengeschlossen und ausgearbeitet werden, z. B. der Sagenkreis von der Entstehung der Welt, zu dessen kleineren Sagen auch der »Prometheus-Mythos« (**104**) gehört. Für Sch bekannte Mythologien sind z. B. »Der Trojanische Krieg« und »Die Irrfahrten des Odysseus«. Der Leser kann in den meisten der in diesen Zyklen vorkommenden Sagen leicht nachvollziehen, wie der Mythos aus dem Gefühl der Angst Furcht macht; Prometheus wäre demnach der Furchtlose! Auf dem **Vasenbild** (**104**), das in den Vatikanischen Museen aufbewahrt wird, kann man das Brüderpaar Atlas und Prometheus sehen; Letzterer wagte es wegen seiner Menschenfreundlichkeit, sich gegen die Götter aufzulehnen, und wurde zur Strafe an einen Felsen im Kaukasus gekettet, wo täglich ein Adler von seiner Leber fraß.

»Die Verdammung« von Sarah Kirsch (**104**) spielt auf den Prometheusmythos an. Bei Kirsch bleibt der Mensch jedoch innerlich »am furchtbaren Ort« angekettet und hält zeitlebens Ausschau nach seinem »Beschatter«. Sarah Kirsch sensibilisiert für das Leiden der Unterdrückten, die keine Hoffnung auf Rettung mehr haben können, von Gott und der Welt verlassen sind und paradoxerweise, ja schon masochistisch, von ihren Folterern eine Linderung der Leiden und Härten erwarten und erhalten. Der »folternde Adler« symbolisiert die Macht unmenschlicher Systeme, die Leidensfähigkeit des Menschen grenzt an Absurdität. Im Ausharren scheint der Mensch jedoch Orientierung zu gewinnen, sodass man nicht von einem nihilistischen Menschenbild sprechen kann.

Sarah Kirsch (geb. 1935)
Sarah Kirsch wurde 1935 im Harz geboren, begann ein Studium der Biologie, wechselte dann zum Institut für Literatur in Leipzig; sie lebte ab 1968 in Ost-Berlin. Im August 1977 stellte sie einen Ausreiseantrag, ihre Begründung: Nach ihrer Unterzeichnung des Protests gegen die Ausbürgerung des Ostberliner Liedermachers Biermann 1976 sah sie sich »unerträglichem Druck« ausgesetzt. Ihrem Antrag wurde stattgegeben und ab Herbst 1977 lebte sie in West-Berlin.
1965 gab Sarah Kirsch gemeinsam mit ihrem damaligen Mann, dem Schriftsteller Rainer Kirsch, den Lyrikband »Gespräche mit dem Saurier« heraus. Sie veröffentlichte drei weitere Gedichtsammlungen, ferner die Prosasammlung »Die Pantherfrau«, in der fünf Frauen über ihr Leben in der DDR berichten, und die Erzählung »Die ungeheuren berghohen Wellen auf See« (beide 1973). Es folgten Kinderbücher und zahlreiche Prosa- und Lyrikbände, zuletzt »Sommerhütchen« (2008). Seit 1983 lebt Sarah Kirsch in Tielenhemme.

Motive des Prometheus-Mythos wurden auf verschiedenen Ebenen genutzt, entstofflicht und variiert. Die philosophische Anthropologie betrachtet die Prometheusgestalt als Prototyp des *homo faber* (lat. = der schaffende Mensch oder der menschliche Handwerker), der als moderner Mensch seine Umwelt aktiv verändert, im Gegensatz zu den Menschen früherer Menschheitsepochen. Der Begriff *homo faber* findet 1928 bei Max Scheler in der Schrift »Die Stellung des Menschen im Kosmos« Verwendung. Damit möchte er an die evolutionistische Anthropologie von Charles Darwin anknüpfen. Demnach unterscheidet sich der *homo faber* nicht wesentlich vom Tier, sondern nur durch eine ausgeprägtere praktischere Intelligenz, welche ein höheres handwerkliches Geschick ermöglicht. Bei der Philosophin Hannah Arendt reduziert sich das Dasein lediglich auf die Existenzsicherung, sie stellt dem *homo faber*-Begriff die Bezeichnung *animal laborans* (lat. = das arbeitende Tier) gegenüber. In der Entwicklungsstufe des *animal laborans* wird das schöne Leben als das höchste Gut gewertet und die vom Menschen hergestellten Produkte haben nur praktische Bedeutung. Die menschlichen Werke des *homo faber* dagegen gelten als für sich wertvoll. Bei dem Rechtsphilosophen Ronald Dworkin (geb. 1931, Massachusetts/USA) fällt der kulturelle Bezug des Prometheus-Mythos nicht mehr ins Auge. In der Wochenzeitschrift DIE ZEIT (**105**) verwendet er das Motiv der Furchtlosigkeit und des Risikos zur Nutzung der Gentechnik. In Paul Howard Manships bekanntester **Skulptur** »Prometheus« (1934), die vor dem Rockefeller Center in New York City steht (**105**), soll die emphatische Muskulatur der Prometheusgestalt durch polierte Konturen besonders zur Geltung kommen.

Das Interesse für das Mythische beschränkt sich aber nicht auf die Lektüre von einigen bekannten Göttersagen und die Rezeption in der Kunst-, Literatur- und Philosophiegeschichte, sondern wird längst von den Medien genutzt. Filme und TV-Serien aus dem Fantasy- und Science-Fiction-Bereich (z. B. HE-Man, Conan, Bravestarr, Galaxy Ranger, Enterprise, Star Treck etc.) leben von mythischen Versatzstücken. Dabei werden Stoffe und Motive genutzt, die man beispielsweise auch schon in Homers Ilias finden kann: Da wie dort werden Geschichten von Helden, schönen Frauen, Göttern oder gottähnlichen Menschen, Verbrechen, Kriegen, Intrigen, tragischen Schicksalen etc. erzählt. Es scheint, dass auch die Muster zu allen Zeiten die gleichen sind, was natürlich nicht die künstlerische Unterscheidbarkeit der (trivial-)literarischen Bearbeitungen leugnen soll. Dieses Genre bezeichnet man als Neomythen. Neomythen sind eine Reaktion auf die metaphysischen Orientierungsaufgaben der Moderne, die zu einer kollektiven Überraschung geführt haben und die die letzten 200 Jahre zu einer kulturellen Inkubationszeit von Neomythen unter den Bedingungen der epochal neuen wissenschaftsfundierten Technik werden lassen, wie Frank J. Tiplers Theorie vom Ende des Universums (ders., »Die Physik der Unsterblichkeit«, München [5]1995).

Neomythen symbolisieren die menschliche Endlichkeit. Im **»Terminator«** (**105**) ist die Erde im Jahr 2029 verwüstet, der Großteil der Menschen ausgelöscht. Die Überlebenden haben zwei Alternativen: Sofern sie nicht von technisch weit überlegenen Maschinen getötet werden, dienen sie selbigen als Arbeitssklaven. Neomythen zeigen das Handeln von Menschen, die wie Prometheus die Rebellion gegen Fremdbestimmung und Abhängigkeit innerhalb innerkosmischer Vollzüge – hochentwickelte Maschinen, Computersysteme, Terminator-Modelle – üben ohne Akzeptanz der Radikalität menschlicher Endlichkeit. Die Menschen wirken in Fiktionen der Science als Götter der Erde. Die Wissenschaft des 21. Jhs. erscheint in narrativen Grundmustern zwischen Neomythen und Fachrationalität.

Zum Kino der Attraktionen gehört ebenfalls Alex Proyas Verfilmung des Science-Fiction Kultromans »I, Robot« (**105**). Ein ganzes Heer dienstbarer Roboter hat im Jahre 2035 die Menschheit von allen komplizierten und gefährlichen Arbeiten erlöst. Ein Detektiv vom Chicago Police Department untersucht den Mord an einem Ingenieur der größten Robotermanufaktur der USA. Dieser wurde offenbar von einem Roboter getötet, obwohl die Roboter auf so etwas nicht programmiert sind. Es stellt sich deshalb die Frage, ob die Maschinen so etwas wie einen freien Willen entdeckt haben. Welche Gefahr kann damit der abhängigen Menschheit drohen?

2. Einsatzmöglichkeiten im RU

Antike Mythen als religiös bedeutsame Dichtungen verstehen, die zutiefst Menschliches erzählen

- Sch können vielfach für Mythologie motiviert werden, da antike Sagen, Mythen und Mythenkreise, z. B. »Der Trojanische Krieg«, aus privater Lektüre auch aus den Fächern D, G oder Latein bekannt sind.
- Sch diskutieren über die Mythenbildung und L erklärt die Begriffe Mytheme, Mythen und Mythologie (siehe Hintergrund). Dadurch kann L zum Menschenbild der Antike hinführen.
- Sch erhalten **M 11.4.8, Lehrerkommentar S. 223**, und bearbeiten in EA die Fragen.
- Besprechung der Ergebnisse der EA im Klassenverband und Zusammenfassung an der Tafel (s. o.).

Grundaspekte des Menschseins im Prometheus-Mythos und im Gedicht von Sarah Kirsch »Die Verdammung« aufzeigen

- Der Einstieg zum Prometheus-Mythos erfolgt über das antike Vasenbild (**104**). L erklärt gegebenenfalls die Figuren und das Motiv (Lehrerkommentar, S. 195).

Möglicher TA:

Mensch als vergängliches und schwaches Wesen ⟷ Götter als unsterbliche mächtige Wesen

↓ Krankheit, Alter, Leid, Tod → Kluft, **aber** keine klare Trennung ← Kraft, Jugend, Glanz, Ehre, Ruhm, Unsterblichkeit ↓

↘ Willkür der Götter ↙
Mensch als determiniertes Wesen

- Sch lesen die Zusammenfassung des Prometheus-Mythos (**104**) und ordnen diesen in das antike Welt- und Menschenbild ein.
- L stellt die Frage, was viele Dichterinnen und Dichter an der Figur des Prometheus fasziniert haben könnte, dass sie ihn zum »Helden« ihrer Dichtung machten, z. B. Goethe (**105**). Mögliche Schüleräußerungen: Menschenfreundlichkeit, Furchtlosigkeit, Unabhängigkeit.
- In PA bearbeiten Sch AA 1 und AA 2 auf **104**.
- Zur Besprechung der PA kann folgender TA erstellt werden:

Grundaspekte des Menschseins

Freiheit	**Leiden**
↓	↓
Schuld	Ausharren
↓	↓
Bestrafung	Orientierung
↓	↓
Determination	Determination
↓	↓
Prometheus-Mythos ⟷	»Die Verdammung« (Sarah Kirsch)

In der kulturgeschichtlichen Rezeption des Prometheus-Mythos den Zeitgeist mit dem jeweiligen Menschenbild erkennen

- Sch erkennen in den Abbildungen aus der Antike (**104**) und Moderne (**105**) verschiedene Aspekte des Prometheus-Mythos und erklären die Darstellung aus epochentypischer Sichtweise des Welt- und Menschenverständnisses und der Stimmungen der Zeit, z. B. Integrales Weltbild der Antike:

Abhängigkeit des Menschen von den Göttern und Bestrafung (Vasenbild 550 v. Chr.), Wertschätzung von Körperkult, Jugend, Kraft, Schönheit, Anmut, Tapferkeit, Ruhm, Glanz in der Moderne (Manship, 1934).
- Als Beispiel einer sehr bekannten und bedeutenden Rezeption wird für Sch das Gedicht »Prometheus« (1774) von Johann Wolfgang von Goethe gewählt (**M 11.4.9, Lehrerkommentar S. 224**). L kann auch eine andere Rezeption von den auf **105** genannten Beispiele behandeln (vgl. AA 1, **105**).
- Sch stellen Vermutungen an, was den jungen Goethe in seiner Sturm-und-Drang-Phase (Lehrplanbezug D, 10. Jahrgangsstufe) an der Figur des Prometheus faszinieren könnte; mögliche Antworten: Auflehnung gegen die Götter, Erschaffung des Menschen.
- In arbeitsteiliger GA erarbeiten Sch anhand des Gedichts das Menschenbild, das Goethe darin entwirft.

3. Weiterführende Anregungen

- Denkbar sind Kurzreferate über die Rezeption des Prometheus-Mythos im 20. Jh. (AA 1, **105**).

Frau – Mensch – Mann PINNWAND 96
- Sch erstellen eine Collage zum Androzentrismus (AA 3, **104**).

Neomythen in Kino und Literatur PINNWAND 97
- Sch recherchieren weitere Filme, die Neomythen aufgreifen und präsentieren ihre Ergebnisse. (Hier ist nicht gemeint, den jeweiligen Film im RU ganz anzuschauen!)

Besprechung der GA und möglicher TA:

Goethes Prometheus-Figur

Machtlosigkeit der Götter → Schwäche, Ehrlos → **Abhängig von Opfern**

Unabhängigkeit und Kreativität des Menschen → Selbstverwirklichung, Ruhm Ehre → **Schöpfertätigkeit**

→ Umdeutung des Mythos
Genie-Kult der Sturm-und-Drang-Epoche

Grundzüge des christlichen Menschenbildes

Orientierung 5 106 107

1. Hintergrund

Die Vorstellung des Zentralbegriffs Mythos auf der vorangegangenen DS erleichtert das Verständnis für die mythischen Hintergründe in den atl. Schöpfungserzählungen. Natürlich kann auch die Beeinflussung von Sprache und Form bearbeitet werden, aber interessanter für Sch dürfte sicherlich sein, wie die »Arbeit am Mythos« auf stofflichen Ebenen stattgefunden hat, indem z. B. nur noch bestimmte Motive eines Menschenbildes genutzt werden.

»Das Weltbild des alten Orients ist mehr oder minder deutlich geprägt von einem mythischen Kreislaufdenken, also von einem Denkschema, das gerade das sakrale Geschehen vom Rhythmus naturhafter Ordnungen her begriff. Diese umfassende Vorstellungswelt entstammte dem Anschauer der Gestirnwelt und der davon abhängigen naturhaften Rhythmik der Erde. Im Mythos verarbeitete der Mensch der Frühe urtümliche Machterlebnisse, die ihn in seinem Lebensraum beschäftigten –, und auch Ordnungen sind Machterlebnisse! Es ist der Grund der Welt und das sie tragende rhythmische Geschehen, das er in ihnen wahrnimmt und das er gottheitlich anschaut. In den theogonischen Mythen ist es immer diese im Grunde zyklische Naturordnung, der die altorientalischen Völker göttliche Dignität zuerkannt haben und die sie ganz unmittelbar als ein gottheitliches Geschehen wahrnahmen. Dieses sakrale Weltverständnis ist wesentlich geschichtslos; jedenfalls hat in ihm gerade das, was Israel als für seinen Glauben konstituierend ansah, nämlich die Einmaligkeit innergeschichtlicher göttlicher Heilstaten, schlechterdings keinen Raum« (Gerhard von Rad).

Den Ausgangspunkt der biblischen Schöpfungsmythen bildet die Grundfeststellung: Die gesamte Welt und insbesondere die Menschen kommen von einem göttlichen Urgrund her und bleiben davon abhängig. Die Mythen spiegeln die Urantwort der Religionen auf die Frage nach dem letzten Woher von Welt und Mensch. Eine göttliche Macht oder personale Gottheit bringt einzelne Wirklichkeiten oder die gesamte Wirklichkeit der Welt hervor. Für den Monotheismus der Bibel heißt Schöpfung: Der personale, einzige Gott ist Urheber aller Wirklichkeit. In biblischer Auffassung ist somit die Schöpfung ein wohlgeordnetes Ganzes, eine wunderbare Ordnung – ein Kosmos! Innerhalb des Kosmos hat nach biblischer Sicht der Mensch eine außerordentliche Stellung. Insofern sich die Schöpfungsebene mit dem Menschen (griech. *ánthropos*) befasst, ist sie Anthropologie, Lehre vom Menschen. So stellen die biblischen Schöpfungserzählungen in narrativer Grundstruktur eine Schöpfungslehre um Welt und Mensch dar.

Der Mensch ist ein Teil der Welt und hat zugleich eine Sonderstellung. Menschsein heißt grundlegend »In-der-Welt-sein«. Der Mensch ist damit anhängig von den übrigen Wirklichkeiten in der Welt. Menschsein ist demnach Vernetztsein mit der Welt und Angewiesensein auf die Welt, in seiner mitweltlichen Wirklichkeit hat der Mensch laut Schöpfungsauftrag die entsprechende Verantwortung. Weil der Mensch die einzigartige Auszeichnung besitzt, mit Geist begabt zu sein, nimmt er eine außerordentliche Stellung in der Welt ein: Er ist Ebenbild Gottes, steht über den anderen Wirklichkeiten, indem er sie mit dem Verstand erkennt und mit dem Willen steuert; mithilfe seiner geistigen Kräfte bringt der Mensch schöpferisch die vielfältigen Wirklichkeiten der Kultur und Technik hervor.

Das biblische Schöpfungsverständnis begründet eine innere Einheit und Ganzheit der Welt, da Gott als der einzige Ursprung der gesamten Welt alles im Innersten zusammenhält. So bilden Körper und Geist, Mann und Frau, Natur und Mensch komplementäre Größen in der einen Gesamtwirklichkeit.

Marc Chagall (1887-1985)

Poet, Träumer, Exot, Einzelgänger des Surrealismus – Zeit seines Lebens war Marc Chagall die Rolle des Außenseiters und künstlerischen Eigenbrötlers auf den Leib geschrieben. Als das älteste von neun Kindern einer jüdischen Familie wird er am 7. Juli 1887 im Getto des großpolnischen Dorfes Witebsk im zaristischen Russland geboren. 1907 geht er für zwei Jahre an die Akademie in Petersburg und wird 1910 von einem Petersburger Mäzen nach Paris geschickt; dort fasziniert ihn die intensive Farbigkeit van Goghs und der Fauves. Chagall ist eine Art Wanderer zwischen den Welten: Als Jude missachtete er das alte Bildverbot, als Russe überwand er die vertraute Selbstgenügsamkeit, als Sohn einer armen kinderreichen Familie etablierte er sich in der mondänen Eleganz der Kunstsalons. 1946 Gesamtausstellung im Museum of Modern Art in New York und im Art Institut in Chicago. 1948 erhält Marc Chagall den Internationalen Preis für Grafik auf der 24. Biennale in Venedig. 1949 zieht er nach Saint-Jean-Cap-Ferrat an der Côte d'Azur und entwirft Wandmalereien für das Watergate Theatre in London, 1950 lässt er sich endgültig in Vence nieder, es entstehen erste Keramiken und Skulpturen. Sein Verleger Teriade erteilt ihm Aufträge für Lithografien zu »Daphnis und Chloe« und La Fontaines »Fabeln«. 1955 vollendet Chagall die Radierungen der »Bibel-Illustrationen«, 1957 wird in Haifa das »Chagall-Haus« eröffnet. »Die Bibel« erscheint bei Teriade.

Chagall, der »Unangepasste«, an dem sich die Integrationskraft westlicher Kultur ebenso messen ließ wie ihre Liberalität, war tief religiös und heimatverbunden, sein Werk ist ein eindringlicher Appell an Toleranz und Respekt vor dem Andersartigen. Auch nach seiner Rückkehr 1969 nach Frankfurt bleibt das Werk Chagalls Metapher seiner bewegten Biografie zwischen Traum und Wirklichkeit, ein Abenteuer der Fantasie, die das Unsichtbare sichtbar und real macht. Dennoch scheint sich sein Spätwerk von den Ausgangspolen der jüdisch-orthodoxen Tradition und der russischen Folklore zu entfernen. Motive aus der griechischen Mythologie, dem christlichen Glauben und den Wahrnehmungen des täglichen Lebens ersetzen die Bildthemen des kulturellen Wissens aus dem kleinen russischen Dorf. Die immer wieder verwendeten Symbole über die Zeit wie in der »Hommage für Apollinaire«, 1911/1912 (**107**), haben sich abgeschliffen, der Anschluss an die Avantgardekunst mit den neuesten formalen Tendenzen in der Kunstszene tritt in den Hintergrund. Chagall zieht sich mit seiner zweiten Frau Vava ins Privatleben in Sain-Jean-Cap-Ferrat in Vence zurück.

Im Spätwerk löst sich Chagall zusehends von der Bildfunktion abstrakter Formen und setzt dafür die Autonomie der Farbe für ein besseres Bildverständnis in den Vordergrund. In vielen Werken der letzten Jahre tritt das surrealistische Motiv zugunsten der visionären Kraft in den Hintergrund. Chagall verstand es wie kein anderer Künstler des 20. Jhs., vermeintlich Unvereinbares in Einklang zu bringen. Er überbrückte die Differenzen in den Religionsgemeinschaften, Synagogen wie Kathedralen werden gleichermaßen mit seinen Kunstwerken ausgestattet. Seine Integrationskraft erfüllte die Sehnsucht der Menschen nach der Welt einer harmonischen Familie. Marc Chagall stirbt am 28. März 1985 in Saint-Paul-de-Vence.

Marc Chagall: Hommage für Apollinaire, 1911/1912

Demgemäß spiegelt Marc Chagall in seiner Bildwelt den Mythos des Androgynen. Im Mittelpunkt der »Hommage für Apollinaire« sind auf einem in Kreisform angedeuteten Zifferblatt Adam und Eva, den Apfel zwischen sich zu einer Figur verwachsen. Surnaturel (Übernatürlich) bezeichnet Guillaume Apollinaire, Schriftsteller, Freund und Mentor Chagalls, die Bildwelt des jüdischen Künstlers. Damit ist ein Begriff geboren, der als Surrealismus eine Epoche bezeichnen wird. Guillaume Apollinaire war der Urheber der Bezeichnung, er versuchte, für Chagall ein Ausstellungsforum zu organisieren, und setzte schon 1914 im »Sturm« zu Berlin eine Kollektivausstellung von Chagall durch.
Mit seiner »Hommage für Apollinaire« bedankte sich Chagall. So gesellen sich zum Mythos des Androgynen links unten Namen von Dichtern, darunter Apollinaire, die um das naive Signet des vom Pfeil durchbohrten Herzens herumgeschrieben sind. Die große Bildtafel ist das esoterischste Bildsymbol Chagalls und stellt das Thema des ersten Menschenpaares Adam und Eva nicht »naturalistisch« im Garten Eden mit Schlange und Apfel dar, sondern fasst es in einem in einen Kreis einmündenden großen Zusammenhang auf. Wie der Zeiger einer Uhr zeigt sich das in der Zone des Geschlechts teilende Menschenpaar. Von der paradiesischen Szenerie ist allein das Symbol des Sündenfalls, der Apfel, übrig geblieben. Die der Gesamtkonstruktion zugrunde liegenden Diagonalen kreuzen sich dort, wo sich die Geschlechter auseinanderlegen, dort beginnt auch die sich nach außen öffnende Spirale, die in Kreisen sich schließlich im Kreis vollendet. Dieser Kreis erscheint dem Betrachter wie ein Zifferblatt, das den Menschen in den Rhythmus der Zeit einfügt. Mit dem Sündenfall begann die Schicksalsuhr, die Zeit, zu ticken, der Mensch ist aus der Zeitlosigkeit des Ewigen herausgetreten. Mit der Geschlechtertrennung begann die Generationsfolge mit Geburt und Tod. Auf dem Bild im Buch nicht zu sehen, stehen links im großen Bogen des nach oben ziehenden Rot die Stundenziffern Neun, Zehn, Elf, wo die Zwölf stehen sollte setzt Chagall seinen Namen ohne Vokale, daneben seinen Vornamen in lateinischen und hebräischen Buchstaben. Damit erscheint das Ich als Rätsel, diese Metapher ist die Fortsetzung der schon rätselhaften Stundenfolge, denn bei der Zehn lässt er die Eins weg und bei der Elf verschleiert er die erste Eins zu einem beiläufigen Strich. In der Dynamik der Spirale und des segmentierten Kreises erscheint der Farbsatz im Uhrzeigersinn in einer Drehung und symbolisiert zusätzlich neben den Formen die Zeitenuhr. Die Vorstellung von den Bewegungsmöglichkeiten der Farbe entsprach dem »universellen Dynamismus« der Futuristen, die im Umkreis von Chagall, z. B. Delaunay, über den Drehsinn der Farbe nachdachten.

Da die Liebe Gottes das Grundmotiv der Entstehung und Lenkung der Welt ist, zielt die gesamte Geschichte auf das Heil der Geschöpfe ab. Mit der Bezeichnung »Abbild Gottes« hat die Verherrlichung der menschlichen Würde nur innerhalb einer theozentrischen Sicht des Menschen ihren Platz.
Der Schöpfungsglaube durchzieht als Grundthema die ganze Bibel und bestimmt in ausdrücklichen Reflexionen das Menschenbild. Das NT übernimmt die atl. anthropologischen Vorstellungen als selbstverständliche Voraussetzung und erweitert sie christozentrisch, indem Jesus als Modell des Menschseins die einzigartige Auszeichnung der Verbundenheit von Mensch und Welt erhält. Die Liebe zu Gott, zum Nächsten und die Wertschätzung der eigenen Person werden als gleichwertig gesehen. Um sich als menschliche Person in der Gemeinschaft verwirklichen zu können, müssen diese drei Weisungen in einem ausgewogenen Verhältnis zueinander stehen. Im Gegensatz zu anderen jüdischen Gruppen ist für Jesus das Hauptgebot das Gebot der Liebe in dreifacher Hinsicht: Gottes-, Nächsten- und Selbstliebe. Wichtig ist die Ausgewogenheit der drei Ebenen. Jesus wendet sich in seiner Predigt besonders an die Rechtlosen, Armen, Verachteten und Zu-kurz-Gekommenen und verheißt ihnen das Heil (vgl. Seligpreisungen). Keiner ist von seiner Liebe ausgeschlossen.

2. Einsatzmöglichkeiten im RU

Die fundamentale Auslegungsregel »Der Sinn steht über dem Wortlaut« vertreten und anwenden und Wesensaussagen über den Menschen in den Schöpfungserzählungen und Urgeschichten erarbeiten

- Aus dem Einleitungstext zur DS (**106**) und in Rückbezug auf Kapitel 2 und 3 (AA 1, **107**) leitet L mit den Sch grundlegende Auslegungsorientierungen für biblische Texte ab: zwischen Verbal- und Realinspiration unterscheiden, die Zeitgebundenheit biblischer Texte berücksichtigen und die Denk-, Sprach- und Erzählformen beachten. Bei der Wiederholung dieser bekannten Sachverhalte erkennen Sch die Wichtigkeit der fundierten Auslegung für die Denkwelt heutiger Menschen.

- Sch gestalten in KG einzelne Aspekte von Gen 1,26-31a (**106**; vgl. AA 2, **107**). Unter Begleitung und Hilfestellungen von L können mehrere Möglichkeiten realisiert werden, z. B. verschiedene Standbilder, kurzes szenisches Spiel, Schilderung oder Kommentierung mit Perspektivenwechsel (Sichtweise eines Tieres), Anfertigung einer Skizze, Malen eines Bildes. Auf weitere kreative Vorschläge der Sch geht L ein.
- Nach Besprechung der Vorführungen und Sichtung anderer Arbeiten fassen Sch in neuen KG wesentliche Inhalte vom Verständnis des Menschen nach Gen 1,26-3a zusammen. Dabei wird auch der Text »Der Mensch als Geschöpf Gottes« (**106**) mit einbezogen.
- Zur Ergebnissicherung kann in einem begleitenden UG folgender TA entstehen:

Der Mensch als Abbild Gottes (Gen 1,26-31a)

Geschöpf und transzendentale Verwiesenheit
(Abbild vom Urbild)
Partner und Mitarbeiter Gottes

Transzendenz

Gottesliebe

Mensch-Sein
Personalität

↙	↘
Nächstenliebe	Selbstliebe
Gemeinschaftsbezug	**Identität**
↓	↓
Als Mann und Frau Verantwortung für andere	Geistbegabung und Vernunft, Unverfügbarer Wert und Würde
Entfaltung in der Gemeinschaft	Freiheit

In der kreativen Auseinandersetzung mit Ps 8 wichtige Aussagen über den Menschen im Lobpreis Gottes verstehen

- Um den Sch den Zugang zu Ps 8 zu erleichtern, sollen Sch sich dem Psalm mit ihrer Stimme nähern. Dazu werden von L die einzelnen Verse an Sch verteilt (**M 11.4.10, Lehrerkommentar S. 225**, als Kopiervorlage nutzen und zerschneiden), die nacheinander die Verse vorlesen.
- Alle Sch der Klasse erhalten nun den vollständigen Psalm (**M 11.4.10, Lehrerkommentar S. 225**), Schüler/Lehrer, Jungen/Mädchen, rechte/linke Seite lesen nun die Verse abwechselnd.
- Als zusätzliche Variationen wären laut/leise lesen oder ein Vortrag mit besonderen Betonungen oder aus verschiedenen Positionen im Klassenzimmer möglich.
- Sch erschließen in EA den Inhalt des Psalms und fassen diesen schriftlich mit eigenen Worten zusammen.
- In arbeitsteiliger GA erarbeiten Sch wesentliche Aussagen über den Menschen und vergleichen diese mit dem Menschenbild der Schöpfungserzählungen (AA 3, **107**).
- Begleitend zur Besprechung der GA wird im A die Ergebnissicherung festgehalten.

Lösungsvorschlag zu AA 4 auf M 11.4.10:

Würde des Menschen in den Augen Gottes
Ps 8 feiert als Hymnus das Verhältnis Gott-Kreatur in der spezifischen Weise, dass die Würde des Menschen auf Gottes Herrlichkeit bezogen wird. Vers 6a rückt den Menschen in eine unerhörte Nähe zu Gott, was der Ebenbildlichkeit des Menschen in Gen 1,26-31a entspricht.

Den Unterschied des Menschen zu Gott und die menschliche Begrenzung als weitere Wesensmerkmale im christlichen Menschenbild wahrnehmen und deuten

- Sch interpretieren mit zusätzlichen Erklärungen und Hilfestellungen von L (Biografie von Chagall und Bildbeschreibung) das Bild von Marc Chagall auf **107** (AA 4, **107**).
- Zusammenhänge mit den Schöpfungserzählungen werden festgestellt, z. B. das Einmünden des ersten Menschenpaares in die Spirale und den Kreis der Ewigkeit als Symbol für die transzendentale Verwiesenheit, die Ebenbürtigkeit von Mann und Frau – auf die stark betonte Darstellung der Zusammengehörigkeit wird man besonders eingehen, L kann noch einmal die Erklärungen auf **107** heranziehen –, die symbolische Zeitenuhr, welche die begrenzte Lebensdauer des Menschen

andeutet, und der Apfel als Symbol des Sündenfalls.

- Mit dem Apfel als Symbol des Sündenfalls kann L zu den Urgeschichten Gen 3, Gen 4,1-16 und Gen 6–9 überleiten, in denen die Grenzen des Menschen in narrativer Form und Symbolsprache dargestellt und begründet werden (1. Abschnitt des Textes »Zwischen Verderben und Vollendung«, **107**).
- Je nach Zeit können die Urgeschichten im RU genauer behandelt werden, auf jeden Fall sollte L das Lesen der Texte mit Leitfragen als HA stellen. Die Leitfragen sollen sich auf die symbolische Darstellungsweise, die Ätiologie über den Umgang des Bösen und die existenziellen Auswirkungen beziehen.
- Bei der Besprechung der HA oder GA kann folgender TA erstellt werden:

Grenzen des Menschen

Unterschiede zu Gott Keine Gleichheit mit Gott	Geschöpfliche Begrenztheit Macht und Lebensdauer

Missbrauch der Freiheit durch Hybris
Sünde: Abkehr von Gott
Zerstörung der unbehelligten Gottesbeziehung
Selbstzerstörung
Störung zur Beziehung der Natur

Der Vorstellung vom Menschen als *imago dei* (Urbild des Menschen) im AT die Christusabbildlichkeit des Menschen im NT gegenüberstellen

- Sch lesen den zweiten Abschnitt des Textes »Zwischen Verderben und Vollendung« auf **107** und entwerfen in PA eine zum TA »Der Mensch als Abbild Gottes« (Lehrerkommentar S. 200) eine analoge Skizze mit dem Kreuz und dem Wort LIEBE auf der Kreuzung vom Längs- und Querbalken (Folienvorlage siehe **M 11.4.11, Lehrerkommentar S. 226**).
- L präsentiert die OHF »Jesus als Modell des Menschseins« (**M 11.4.11**) oder verteilt Kopien. Die Skizzen der Sch werden besprochen und in der Vorlage erkennen sie das christliche Hauptgebot (Mk 12,28ff.); dabei soll die Ausgewogenheit der drei Ebenen Gottes-, Nächsten- und Selbstliebe erschlossen werden.
- Sch sammeln in EA/PA Beispiele, die Jesu Handeln in diesen Bereichen der Liebe zeigen; in einem UG wird erarbeitet, dass im Glauben an Christus und in seiner Nachfolge die Verheißungen von 1 Kor 15,49 (**M 11.4.11 unten, Lehrerkommentar S. 226**) für jeden aufgrund seiner Würde als Person zutrifft.

3. Weiterführende Anregungen

- Unter Verwendung von Ps 8, Texten und Bildern aus Zeitschriften und Zeitungen sowie eigenen Gedanken und Bildern eine Collage gestalten.
- Eine Bildmeditation oder eine Tanzmeditation mit Choreografie zum Psalm entwerfen.
- Analog zur »Bayerischen Schöpfungsgeschichte« oder »Lustigen Schöpfungsgeschichte« eine eigene Schöpfungserzählung schreiben.
- Erzählungen in den Urgeschichten dialogisieren oder inszenieren.

Zur Freiheit berufen

Orientierung 6 108 109

1. Hintergrund

Der Apostel Paulus ist zwar nicht der »zweite Stifter des Christentums«, aber gewiss sein bedeutendster Geist der Anfangszeit. Das Spektrum der Anknüpfungsmöglichkeiten an sein theologisches Denken ist groß, es entwickelt sich intuitiv und dialogisch in der Auseinandersetzung mit Repräsentanten der jüdischen Religion und in der Pastoral der neu gegründeten Gemeinden. Er stellt sich selbst als nachahmenswertes Vorbild dar und verteidigt sein Apostolat (vgl. 1 Kor 15,1-11; Gal 1,13-2,21; Phil 1,12-26; 3,2-21). Schließlich war Schaul (**108**) ein leidenschaftlicher Pharisäer, der maßlos im Eifer für das Gesetz die Christen bis zu seiner Wende beim schicksalhaften Damaskusereignis verfolgte. Der Künstler Thomas Zacharias macht in seiner Radierung (**109**) die Innenseite der Bekehrung mit Begegnung als Christus deutlich.

Thomas Zacharias, »Die Berufung des Paulus«, 1989
Das dynamische in Schwarz-Weiß dargestellte Bildgeschehen zeigt von links oben nach schräg unten eine niederstürzende Figur. Das Niederstürzen steht im Mittelpunkt des Damaskus-Ereignisses. Mit dem rechten

Thomas Zacharias (geb. 1930)
Thomas Zacharias war ab 1966 Professor für Kunsterziehung und Leiter einer Klasse an der Akademie der Bildenden Künste in München. Zu seinen bekanntesten Werken gehören die »Farbholzschnitte zur Bibel« (1966) und die »121 Radierungen zur Bibel« (1992). Zacharias weist keinen erzählenden Kunststil auf, seinen Bildern fehlen historisierende wie illustrierende Elemente. Er verzichtet vollständig auf das Repertoire der traditionellen, christlichen Ikonografie und verwendet nicht die dem Betrachter geläufige Formsprache oder deren Symbole. Das befremdet zunächst. Seine »verdeutlichte Undeutlichkeit« gibt der Fantasie Raum, seine Darstellung ist stark abstrahierend und oftmals ist es auch dem geübten Betrachter nicht ohne Weiteres möglich, schnelle Rückschlüsse auf die dargestellte Perikope zu gewinnen. Das macht seine Bilder so motivierend und wertvoll, weil der Betrachter zuerst einmal zum Fragen und nicht gleich zu vorgefertigten Aussagen angeregt wird.

Arm schützt der Gestürzte seinen Kopf, der linke Arm ist nach vorne gestreckt zum linken unteren Bildrand hin. Im rechten unteren Bildabschnitt sind zwei Profilköpfe, der eine ist in groben Strichen gezeichnet, mit weißer Augenöffnung. Von den schwarzen Haaren, welche vom schwarzen Gesicht kaum zu unterscheiden sind, gehen vom Hinterkopf schwarze Striche aus, die wie Wellen über den niedergestreckten Körper des Gestürzten Dynamik erzeugen. Als Kontrast zum schwarzen Gesicht mit der weißen Augenöffnung wirkt das weiche, zarte Gesicht des zweiten Profilkopfes, der unmittelbar aus dem anderen hervorzugehen scheint. Sein Blick ist aus dem Bild gerichtet und sieht in die Zukunft, als wäre die Vergangenheit endgültig abgelegt. Der Prozess der Wende und Veränderung wird durch die kontrastiven Elemente und die Dramatik der Darstellung der Figuren sichtbar. Saulus ist »vom hohen Ross« gestürzt. Der Lichtglanz Gottes hat ihn geblendet. Paulus, dem auf dem Weg nach Damaskus Christus begegnet ist, braucht noch Zeit, um seine Vergangenheit abzulegen, er muss den, welchen er verfolgte, neu kennenlernen und sehen. Am Hinterkopf des weißen Gesichts weisen die dunklen Striche auf die dunklen Erinnerungen so, wie das Weiße der Augenöffnung im schwarzen Profilkopf bereits das Neue andeutet, aber der bisherige Lebenswandel ist noch voll gegenwärtig.

Der Sturz vor Damaskus hat Paulus Klarheit gewinnen lassen, im Gekreuzigten erkennt er die Liebe und Gnade Gottes, wodurch sein bisheriges Leben schlagartig verändert wird.

Religionspädagogisch wird an der historischen Figur des Paulus hauptsächlich die Ausbreitung des Christentums aufgezeigt und in Abgrenzung zum Jüdischen das spezifisch christliche Profil herausgearbeitet. Konstitutiv für das christliche Menschenbild ist seine Rechtfertigungslehre, wobei man seiner Gestalt niemals gerecht wird, wenn man ihn ausschließlich als Missionar und Theologen der Rechtfertigungslehre behandelt. In knappen Worten bringt er, der Apostel, das Evangelium von Jesus Christus, dem gekreuzigten und auferstandenen Herrn, auf den Punkt: Er verkündet das gnadenhafte Geschenk der Erlösung und er weiß, dass auch er nur aufgrund dieses gnadenhaften Geschenks vor Gott bestehen kann.
Wir sind unbedingt angewiesen auf die göttliche Gnade, und das heißt auf die Liebe Gottes, die er, wie Jesus lehrt, Sündern wie Gerechten, Bösen wie Guten schenkend darbietet. Gott verdanken wir so nicht nur, dass wir sind, sondern auch, dass wir ihn lieben. Mit der schenkenden Liebe Gottes werden wir »frei für Christus«. Die Anthropologie des Paulus bricht mit der Vorstellung, die großen Wert auf die Autonomie des Menschen legt. »Freiheit vom Gesetz« bedeutet, dass der Mensch nicht aus eigener Kraft die Erlösung erreicht. In der menschlichen Gesellschaft meint der Begriff »Gesetz« eine Vorschrift für das Verhalten, die mit Sanktionen belegt ist. In vielen Religionen wird Gott als Gesetzgeber gesehen. Das Religionsgesetz enthält die Verpflichtung zu einer gottgemäßen Lebensführung. Analog zu gesellschaftlichen Regelungsinstanzen wird auch Gott als Richter gesehen, der belohnt und bestraft. Paulus lehnt damit den Gesetzeslegalismus und die Möglichkeit des Erreichens der Glückseligkeit allein durch Werke der Frömmigkeit ab. Paulus war nicht gequält von der Frage nach einem gnädigen Gott. Von Beginn des Römerbriefes an (1,16f.) bis zu seinem Ende (9-11) geht es um die Frage des Einbezugs der Nichtjuden/der Heiden in das Heil. Heil bzw. Unheil hat bei Paulus von Grund auf mit der Glaubensgemeinschaft, mit der Kirche zu tun. Dabei sind die Aussagen des Paulus über Glauben und Tun gegen eine leistungsbetonte Frömmigkeit gerichtet und gegen die Anhäufung von Verdiensten durch eigene Kraft. Nach der Rechtfertigungslehre des Paulus wird Heil nicht durch Verdienst der guten Werke erworben ohne oder nur mit geringerem Raum für die Vergebung und Gnade Gottes. Paulus unterscheidet zwischen dem Gesetz religiöser Vorschriften und festgelegter Rituale und dem Gesetz, das der Schöpfergott der Bibel dem Menschen gibt, und insofern einem Naturgesetz zu vergleichen ist, als es das Verhalten der Menschen beschreibt, das seiner Herkunft als Geschöpf und seiner Bestimmung als Partner Gottes entspricht.
»Paulus erkennt im Menschen eine Spaltung«: Durch seine Freiheit kann der Mensch seinem Wesensgesetz

als Geschöpf Gottes und seiner Bestimmung als Partner Gottes zuwider handeln. Das Handeln gegen das Gesetz entfernt den Menschen nach atl. Verständnis von seinem Ursprung und seiner Bestimmung und zwingt ihn dazu, sein eigener Gesetzgeber und damit sein eigener Gott zu sein: Der Mensch in der Sünde muss selbst seine Welt deuten, »erkennen, was gut und böse ist«, und ihr einen Sinn abgewinnen. Aus biblischer Sicht ist das eine hoffnungslose Überforderung; der Mensch verliert die orientierende Mitte und damit den Maßstab des Handelns gegenüber sich selbst, gegenüber anderen Menschen und gegenüber der Natur. Durch den Glauben und die Taufe (Indikativ des Heils) erfährt der Mensch von Jesus das Geschenk der Neuschöpfung, welches ihn von Sünde und Tod befreit, wenn er sich in der neuen Wirklichkeit des christlichen Lebensstils in einem lebenslangen Prozess bewährt (Imperativ des Heils).

2. Einsatzmöglichkeiten im RU

Die Bedeutung der Bekehrung des Paulus und seiner Missionsreisen

- Sch fassen aus den Angaben von »Der Apostel Paulus« (**108**) wichtige lebensgeschichtliche Daten des Apostels Paulus zusammen. L gibt zusätzlich Informationen zu den Missionsreisen des Apostels (s. Hintergrund).
- Sch deuten das Bild von Thomas Zacharias (**109**) und diskutieren über die Redeweise »Vom hohen Ross« stürzen.

Der Unterschied zwischen einer leistungsbetonten Frömmigkeit und der Freiheit durch Gottes Gnade

- Sch lesen als Einstieg für die folgenden GA den Text »Frei für Christus – Freiheit vom Gesetz« (**108**). L erläutert den Gesetzeslegalismus (s. Hintergrund).
- In verschiedenen KG bearbeiten Sch AA 2, **108**, dabei benutzen sie **M 11.4.12(1), Lehrerkommentar S. 227, Lösung: M 11.4.12(2)**.

Röm 7,1–8,17 kann folgendermaßen gegliedert und zusammengefasst werden:

I) 7,1-6: Vergleich Freiheit vom Gesetz mit ehelicher Bindungen nach Tod des Ehepartners (7,1-3) – Freiheit vom Gesetz des Alten Bundes durch Sterben und Auferstehung Christi (7,4-6).

II) 7,7-13: Gesetz macht Angebot der Sünde bewusst, dadurch wird Begierde erweckt, die zum Tod führt: Gesetz führt zu Sünde und Tod.

III) 7,14-19: Der Mensch kann das Gute nicht verwirklichen, obwohl er es will.

IV) 7,20-25: Die Macht des Bösen im Menschen besiegt seine Vernunft zum Guten.

V) 8,1-7: Jesus hat durch die Annahme des menschlichen Leibes, der von der Macht der Sünde beherrscht wird, diesen entsühnt und den Menschen für ein Leben nach dem Geist Christi befreit.

VI) 8,8-11: Wenn der Geist Christi in einem Menschen ist, wird auch er von Gott zum ewigen Leben auferweckt.

VII) 8,12-17: Durch Christus sind wir Miterben des Geistes Gottes und nicht mehr der Macht der Sünde im menschlichen Leib verpflichtet.

Möglicher TA:

Paulinisches Freiheitsverständnis

Freiheit von → Sünde / Gesetz / Tod

Frohbotschaft (Reich Gottes) ↑ Christus ↓ befreiendes Handeln

Der neue Mensch als der befreite Mensch

Befreiung wovon?
- von unmenschlicher Gesetzlichkeit
- vom Zwang der Sünde
- vom Schrecken des Todes

Befreiung wozu?
- zur Freiheit
- zum Gutsein
- zum Leben

Das paulinische Freiheitsverständnis verstehen

- In arbeitsteiliger PA entwerfen Sch ein Konzept vom gespaltenen Menschen (**108f.**) und ein Schema zum Indikativ und Imperativ des Heils (**109**, vgl. AA 1).
- Nach Präsentation der Ergebnisse und eventuellen Verbesserungen und Ergänzungen wird in einem UG das Modell des paulinischen Freiheitsgedankens entwickelt (ein möglicher TA, S. 203).
- Sch vergleichen gemäß AA 3, **109**, das paulinische Freiheitsverständnis mit dem existenzialistischen.

3. Weiterführende Anregung

- Analyse der Figur des Paulus in einem der zahlreichen Paulus-Filme (in allen Medienzentralen erhältlich) nach folgenden Kriterien:
  - Welche dramaturgische Funktion hat der Vorspann des Films?
  - Beschreiben Sie den Status quo der weiblichen Figuren.
  - Beschreiben Sie die Backstorywound (= eine traumatische Verletzung aus der Kindheit oder Jugend, die das Handeln der Person erklärt und mit der sie sich im Verlauf der Handlung auseinandersetzen muss, um sie zu überwinden) der Hauptfigur und erläutern Sie deren Funktion.
  - Bestimmen Sie die Welten der Hauptfigur.

Menschen sind mehr als »Winner« und »Loser«

Perspektiven 1 110 111

1. Hintergrund

Besonders in der westlichen Hemisphäre definieren sich die Menschen in übersteigerter und absolut gesetzter Form (**111**) über den Besitz materieller Güter und den Erfolg. Leistung und Geld als Mittel zur Erfüllung aller Wünsche sind schon längst die bestimmenden Faktoren »unseres Umgangs mit uns selbst und mit den Mitmenschen, über Lebensbestimmung und Wahl der Aufgaben« (Karl Jaspers, **110**). Das hohe Selbstwertgefühl ist einhergehend mit der Dominanz des materiellen Konsums. Seit der Nachkriegszeit entwickelte sich in unserer Gesellschaft dieser Lebensstil, der ausgerichtet ist auf schnelles, materielles bzw. finanzielles Wachstum und ein auf Leistung orientiertes Menschenbild hervorbringt (**111**). In der gegenwärtigen Situation, die Glück als jederzeit käuflich darstellt bzw. mit Wohlstand und Besitz gleichsetzt, wird der Gegensatz zwischen Arm (= unglücklich, »Loser«) und Reich (= glücklich, »Winner«) immer extremer, wie auch die Studie im Auftrag des deutschen Caritas-Verbandes aus dem Jahr 2008 bestätigt (**111**). Der Psychoanalytiker Erich Fromm (1900-1980) spricht in seinem Buch »Haben oder Sein« (1976) von zwei grundsätzlich verschiedenen Formen menschlichen Erlebens: Zum einen liegt die Beziehung zur Welt in der Existenzweise des Habens, im Besitzen und Begreifen; zum anderen können wir die Echtheit, das authentische Erleben und Verhalten nur im Sinn erfahren. Aus dieser Erkenntnis heraus fordert Fromm eine »neue Ethik im Gebrauch materieller Schätze, eine neue Einstellung zur Natur, die auf der Suche nach Harmonie statt auf Unterwerfung und Ausbeutung beruht, sowie ein Solidaritätsgefühl mit zukünftigen Generationen«. Nach Auffassung des Psychoanalytikers Philipp Mayring (geb. 1952) lässt sich das Glück trotz der positiven Auswirkung durch günstige objektive Lebensbedingungen nur teilweise über das Haben definieren. In Anlehnung an das bekannte Zitat »Erst kommt das Fressen, dann kommt die Moral« (Bertolt Brecht, »Dreigroschenoper«) stellt sich die Frage, ob nach dem »Fressen« (als Facette des »Habens« verstanden) wirklich die »Moral« (als Facette des »Seins« verstanden) kommt oder diese nicht vielmehr vergessen oder unbedeutend wird. Zu konstatieren bleibt jedoch, dass die Menschen als Resultat des materiellen Bewusstseins Verlustängste erleben, ihre Freiheit mehr oder weniger freiwillig aufgeben und sich in die Abhängigkeit leistungsorientierter Standards begeben, die durch die Massenmedien vorgegeben und suggeriert werden. Im Folgenden werden vier allgemeingültige Glücksmodelle vorgestellt, die in chronologischer Ordnung den typischen Wandel wiedergeben, der sich im Laufe der Geschichte vollzogen hat, aber es in der Gesellschaftsgeschichte keine Kulturen gibt, dessen man die Modelle in der Reinform zuordnen kann:
Im »theozentrischen Glücksmodell« ist der Mensch Teil einer Ordnung, die nicht der materiellen Welt angehört. In diesem ersten Modell erscheint der Mensch als klein und unbedeutend. Im Gegensatz dazu steht das »soziozentrische Glücksmodell« mit Blickrichtung des Denkens auf das Diesseits. Bezugsrahmen ist dabei wie im Sozialismus das Kollektiv, das Individuum rückt in den Hintergrund. Anders das »egozentrische Glücksmodell«, welches grundsätzlich den Einzelnen in den Mittelpunkt stellt und sich in außen- und innenorientiert differenzieren lässt. Das außenorientierte Modell lehnt sich nach Fromm an die Denkwelt des Habens an. In dieser Kategorie wird die Zieldefinition

dem Subjekt von außerhalb, z. B. Medien, vorgegeben, ist aber auf das Ego bezogen. Das »innenorientierte Modell« dagegen entspricht der Typologie des Seins bei Fromm. Im »ökozentrischen Glücksmodell« verlagert sich der Fokus vom Subjekt hinweg auf die Situation des »Vermeidenwollens« und nicht des »Habenwollens«. Glück versteht man hier als Abwesenheit von Leid.

Gegenwärtig bestimmt hauptsächlich das »egozentrische Glücksmodell« das Menschenbild und wird als erstrebenswertes Ziel von den Medien und der Gesellschaft favorisiert, langfristig lässt es sich allerdings nicht mit einem verantwortungsvollen Denken vereinbaren.

2. Einsatzmöglichkeiten im RU

Menschenbild der »Winner« aufzeigen und beurteilen

- Mit der unter Jugendlichen und Sch gängigen Redensart »du/ihr Loser« motiviert L die Sch für die Thematik und leitet mit einem aktuellen Beispiel aus der Welt des Sports zur Geschichte der High-School-Mannschaft (**110**) über.
- In eine wahrscheinlich schnell zustande kommenden Diskussion über den Wutanfall des Trainers und die Reaktionen der Spieler werden von L die Ratschläge »Aus einem Motivationsratgeber« (**110**) an geeigneten Stellen eingebracht. Begleitend zum LSG entsteht ein TA (s. u.) mit der Überschrift »Menschenbild in verschiedenen Gesellschaftsbereichen«. Dazu wird der Bereich »Sport« schon angeschrieben.
- In einem weiteren Schritt erhalten Sch den Auftrag sich zu überlegen, welche Gedanken den auf **110** abgebildeten Personen wohl durch den Kopf gehen. Sch äußern ihre Einschätzungen, L fügt zum TA die Bereiche »Beruf« und »Öffentlicher Lebensstil« hinzu.
- Sch wählen eines der drei Bilder (**110**) aus. Sie erfinden in PA ein Interview, das sie mit den gewählten Personen durchführen. Dabei schreiben sie die Fragen und möglichen Antworten auf und nehmen bei den Fragen die kritischen Vorschläge von AA 1 (**111**) mit auf.
- L entscheidet, ob und wie viele Beispiele des Interviews abwechselnd vorgetragen oder auch gespielt werden.
- Begleitend zur Besprechung der Interviews wird der TA vervollständigt.

Kennenlernen von Glücksmodellen, die nicht nur materiell auf das Haben ausgerichtet sind, und das kritische Potenzial des christlichen Menschenbildes als besondere Wertegrundlage für die Gesellschaft herausarbeiten

- In einem kurzen LV oder einem Kurzreferat eines Sch wird die Theorie des Psychoanalytikers Erich Fromm vorgestellt, die zwischen der Existenzweise des Habens und Seins unterscheidet und nach der ein Mensch nicht allein durch das Besitzergreifen authentisch leben und Sinn finden kann. Erich Fromm fordert deshalb eine neue Ethik im Gebrauch materieller Güter, die Verantwortung zu den Mitmenschen und zur Natur in den Vordergrund stellt.
- Anhand von **M 11.4.13, Lehrerkommentar S. 229**, lernen Sch Glücksmodelle kennen, die sich im Laufe der Geschichte in Kulturen herausgebildet

Möglicher TA:

Menschenbild in verschiedenen Gesellschaftsbereichen

Beruf (Bild links)	Öffentlicher Lebensstil (Bild Mitte)	Sport (Bild rechts)
Ansprüche	Ansprüche	Ansprüche
Leistung	Schönheit	Siege
Erfolg	Modebewusstsein	Titel
Finanzielles Wachstum	Beliebtheit	
Hohe Position, Karriere, Status	Anpassung an Idole	Berühmtheitsgrad
	Selbstbewusstsein	
↓	↓	↓
Ansehen	Ansehen	Ansehen

Positionen des Habens und Besitzens:
»Winner«

haben. In EA erarbeiten sie, welchen Stellenwert der Mensch und sein Solidaritätsgefühl gegenüber Mitmensch und Natur einnimmt (s. Hintergrund).

- In arbeitsteiliger GA vergleichen Sch die Argumentationslinien von Wolfgang Huber und Rainer Bucher (**111**) mit den bisher behandelten Konzepten von Glück. Bei der Besprechung der GA sollte an der Tafel oder auf dem AB festgehalten werden, dass keines der Modelle ein Menschenbild vertritt, welches die vollkommene Würde des Menschen in der Einheit von Geist, Leib und Seele sieht (vgl. AA 3, **111**).
- Sch lesen anhand von ausgewählten Beispielen aus dem NT, z. B. Seligpreisungen für Zu-kurz-Gekommene (Mt 5,3-11), der unbegreiflich gute Gott (LK 15), Integration von Außenseitern wie Zachäus (Lk 19,1-10), und prüfen zunächst in PA, später in einer allgemeinen Diskussion im Klassenverband, inwiefern Predigt und Handeln Jesu in unserer Gesellschaft noch Gültigkeit haben (vgl. AA 4, **111**).

3. Weiterführende Anregungen

- Referate oder Dokumentationen/Filme zu Glücks-Konzepten
  - im Kommunismus,
  - im Nihilismus,
  - in einer Sekte ...
- Besuch eines Motivationskurses oder Einladung eines Motivators
- Interviews in der Öffentlichkeit durchführen, die ähnlich ablaufen wie das von den Sch erfundene.

Wege der Erlösung im Buddhismus

Perspektiven 2 112 113

1. Hintergrund

Da die fernöstlichen Religionen laut Lehrplan in den Jahrgangsstufen 8 bis 10 behandelt werden, dürfen Grundkenntnisse vorausgesetzt werden; bei der Vertiefung wesentlicher Fragen des Menschen- und Weltbildes ist eine Wiederholung entsprechender Elemente notwendig. Der Buddhismus ist auf dem Boden der indischen Weltanschauung und des hinduistischen Menschenbildes entstanden, die grundsätzlich die Wiederkehr und die Beständigkeit betonen. Die Frage der Wiedergeburt ist vom westlichen Denken her schwer zu beantworten, man darf sie jedoch nicht mit Seelenwanderung verwechseln. Humorvoll hat Wilhelm Busch dieses Prinzip des wiederkehrenden Beständigen zusammengereimt: »Die Lehre von der Wiederkehr ist zweifelhaften Sinns. Es fragt sich sehr, ob man nachher noch sagen kann: Ich bin's.« Das zyklische Denken vom Kreislauf des Daseins ist dem hinduistischen Weltbild ähnlich, doch hat der Buddhismus ein eigenständiges Profil in seiner Konzeption des Selbst und des Nirwana entwickelt. Im westlichen Denken gehen wir bei den Wörtern Ich, Selbst, Individuum, Person von komplizierten Ergebnissen einer geschichtlichen Entwicklung aus, von einem Recht auf eigenes Leben, Freiheit und Streben nach Glück. Im Buddhismus gilt das Grundprinzip einer Gesamtlebensform von Selbst und Welt mehr. Eine wechselseitige Abhängigkeit besteht zwischen den Teilen und dem Ganzen – ohne Teile gibt es kein Ganzes; ohne das Ganze macht es keinen Sinn, von Teilen zu sprechen, wie ein Brahman seinem Sohn in der Parabel vom Salz im Wasser die Lehre von Ich-Bewusstsein und Identität erklärt. Die Wechselwirkung von Ursachen und Bedingungen, Teilen und dem Ganzen gilt sowohl für räumliche als auch zeitliche Beziehungen. Jedes Element, welches existiert und über eine Identität verfügt, tut dies nur innerhalb eines allumfassenden Netzwerkes aller Elemente, die mit ihm in einer möglichen oder auch potenziellen Beziehung verknüpft sind. Kein Phänomen existiert mit einer unabhängigen oder eigenständigen Identität. Welt und Menschen bestehen aus einem Netz komplexer Beziehungen. So ist die Grundannahme vom abhängigen Entstehen (**112**) eine der wichtigsten philosophischen Einsichten des Buddhismus; unsere ursprüngliche Wirklichkeit ist die sogenannte Buddha-Natur (**112**), der Ausgangspunkt für das innere Gefühl von Realität, das wir auf das Selbst zurückführen. Mensch und Welt erscheinen also nicht voll entwickelt aus dem Nirgendwo, sondern aus der Quelle ursprünglicher Wirklichkeit, der Buddha-Natur. In Absolutheitserfahrungen (**113**) glauben buddhistische Mystiker, diese ursprüngliche Wirklichkeit erfahren zu haben, die tiefer ist als die materielle Existenz – ein Zustand reinen Seins, der die unbedeutenden Realitäten der äußeren Welt und des subjektiven Selbst einschließt, sogleich übersteigt und zu Freiheit und Identität (**112**) führt. Ziel des Lebens ist die Befreiung von der Wanderung (*Samsara*), den Kreislauf der leidvollen Existenzen (zwölf Glieder des Abhängigen Entstehens) und das Eingehen in das Nirwana (**113**). Das Nirwana ist als Bereich absoluten Friedens und vollendeter Freiheit von Leiden zu verstehen und darf keineswegs nihilistisch gedeutet werden. Im Unterschied zum Hinduismus besteht das Endziel nicht

im Eintauchen in das apersonale Brahman – der Buddhismus ist eine nicht-theistische Religion –, sondern in der endgültigen Befreiung von diesem leidvollen Zyklus mit möglichen Wiedergeburten.
Samsara bezeichnet keinen konkreten Ort, sondern den Geisteszustand eines falschen Ich-Bewusstseins, der aufgrund mangelnder Einsicht in die wahre Natur der Dinge entsteht und den Menschen durch materielle Realitäten und Begierden determiniert, sodass die »fühlenden Wesen« ihre ursprüngliche Natur (Buddha-Natur) nicht verwirklichen und dem Stand des Leidens nicht entfliehen können. So ist es das vordringlichste Ziel buddhistischer Meditation, die Kommunikation in uns selbst wiederherzustellen, die oberflächlichen Ablenkungen des Geistes zu beruhigen und in einem analytischen Prozess bestimmte Fragen, Empfindungen und Phänomene zu untersuchen, bis tiefe Einsicht entsteht. Höchste Meditationsübungen lehren in der Natur des Geistes zu verweilen, ohne zwischen Subjekt und Objekt der Erfahrung zu unterscheiden. In der reinen Präsenz kann die erleuchtete Natur sichtbar werden.
Meditationsgottheiten im buddhistischen Pantheon (Bild, **113**) sind nicht Götter etwa im griechischen Sinn, sondern sind als Meditationshilfen gedacht; sie werden deshalb während bestimmter Meditationspraktiken visionalisiert. Im Rahmen der buddhistischen »Volksreligion« (Mahayana-Buddhismus, **112**) wurden sie oft so angerufen wie etwa in katholischen Zusammenhängen die Heiligen: Man bittet sie um ganz konkrete Dinge wie günstiges Wetter, Geld oder Erfolg in der Liebe. Für die buddhistische Mystik war jedoch immer klar, dass die Götter nur als Bild für die Buddha-Natur gedacht sind.
Die Meditationshaltung der Buddhas ist meist der Lotossitz, bei dem die Beine im Schneidersitz so gekreuzt werden, dass die Füße auf dem jeweils gegenüberliegenden Oberschenkel ruhen. Die aus dem trüben Schlamm herauswachsende Lotosblüte gilt im Buddhismus als Sinnbild für das Erwachen des Geistes, das sich inmitten des von unheilsamen Gedanken und Empfindungen getrübten Bewusstseins vollzieht.

2. Einsatzmöglichkeiten im RU

Das Abhängige Entstehen

- Sch lesen den Einleitungstext zur DS und äußern sich in einem Brainstorming zur Aussage des Dalai Lama: »Die Welt ist in einem einzigen Atom.«
- Mit ihrem Wissen von der Evolutionstheorie können Sch die gegenwärtige Welt als Ergebnis aus der Wechselwirkung von Ursachen und Bedingungen erklären (vgl. *Orientierung 1*).
- L macht Sch mit der zentralen buddhistischen Lehre der »Zwölf Glieder des Abhängigen Entstehens« vertraut.

Möglicher TA:

Abhängigkeit aller psychischen und physischen Phänomene unserer Existenz

Die zwölf Glieder sind:
1. Unwissenheit
2. Willensregungen, Gebilde oder Impulse
3. Bewusstsein
4. Körper/Geist, Name und Form
5. die sechs Sinnesgrundlagen
6. Kontakt
7. Gefühl
8. Begehren
9. Greifen und Anhaftung
10. Werden
11. Geburt
12. Alter und Tod

- Anhand der Parabel vom »Salz im Wasser« erarbeiten Sch in PA das buddhistische Menschenbild vom überpersonalen Wesenskern des Menschen.

Grundkenntnisse über Hinayana- und Mahayana-Buddhismus PINNWAND 96

Da der Lehrplan die Behandlung des Buddhismus im 8. bis 10. Schuljahr vorzieht und in Rv 10 in Kapitel 4 und 5 die Grundzüge des Buddhismus, Praxis und Form der Meditation dargestellt und erarbeitet wurden, empfiehlt es sich, als HA Wissen zu vergegenwärtigen und zu wiederholen, um die hohen Anforderungen der Grundlehren des Leib-Seele-Problems, der Scheinhaftigkeit des Ichs und des buddhistischen Strebens nach dem Nirwana vertiefen zu können.
- Sch wiederholen aus Rv 10 die Grundzüge des Buddhismus, insbesonders den Achtfachen Pfad im Mahayana-Buddhismus und die Vier Edlen Wahrheiten im Hinayana-Buddhismus.
- Sch suchen in Lexika, im Internet, in religionsgeschichtlichen Büchern Texte und Informationen zum buddhistischen Lebensstil, v. a. Umgang mit Krankheit, Alter, Leid und Tod.
- Sch bearbeiten in GA oder PA die Aufgaben AA 2 und AA 3 zu den weiteren Texten auf **112**.
- Anschließend werden die Ergebnisse im Klassenverband mit der HA verglichen.

Die Welt und das Darüberhinaus – Absolutheitserfahrung

- L führt mit der Klasse eine oder mehrere einfache Meditationsübungen durch und Sch ergänzen ihre Eindrücke mit bereits gemachten Meditationserfahrungen.
- In drei KG werden die Texte von **113** mit den drei AA bearbeitet. Als Ergebnis der GA sollten die Frage nach der Faszination des Buddhismus im Westen und der religionssoziologische Begriff der Patchwork-Religion geklärt werden.

Möglicher TA:

Faszination im Westen	
Buddhismus	Christentum
Individueller und spiritueller Weg	Tendenzielle »Bevormundung« der Gläubigen
Patchwork-Religion	Verknüpfen unterschiedlicher religiöser Ansätze

- Sch können anhand von Bildern praktizierender Mönche erkennen, dass sich Spiritualität und Absolutheitserfahrungen in Körperhaltung und Gesichtsausdruck widerspiegeln.

3. Weiterführende Anregungen

- Immer häufiger öffnen sich spirituell Suchende für die Wege anderer Religionen. Sie lernen Neues kennen, gleichzeitig erspüren sie die Möglichkeiten und Grenzen des eigenen Glaubens deutlicher. Sch laden Angehörige anderer Religionen, soweit dies in ihrem Umfeld möglich ist, ein, um mit der Klasse eine Gesprächsrunde in oder außerhalb der Schule zu führen, in der sie über zentrale Punkte der Lehre ins Gespräch kommen, z. B. mystische Erfahrungen oder Jenseitsvorstellungen.
- Was viele Christen vor allem am Zen-Buddhismus fasziniert, sind die klaren Anweisungen, wie hier meditiert und was auf diesem Weg beachtet werden soll. Vor allem viele Intellektuelle sind von der Zen-Meditation angezogen, weil dort ihr unruhiger Geist zur Ruhe kommt. L organisiert mit Sch unter Leitung eines in der Meditation Geübten oder in eigener Leitung eine Meditation; evtl. kann ein Kursangebot in einem Bildungszentrum genutzt werden.

Mensch-Sein – Ich werden

Perspektiven 3 114 115

1. Hintergrund

Der Einleitungstext der DS (**114**) verweist darauf, dass Deutungen des Menschseins aus den Naturwissenschaften, der Philosophie und Religion noch nicht die Frage nach der persönlichen Sinnfindung beantworten. Persönliche Sinnfindung glückt nach dem Psychoanalytiker Erik Erikson nur im Zusammenhang der Identitätsbildung, die sich im Jugendalter, aber auch in allen anderen wichtigen Entwicklungs- und Lebensphasen als eine wesentliche andauernde biografische Aufgabe erweist. Im Text »Wer bin ich?« (**114**) wird vom Konzept der Ich-Identität nach Erik Erikson ausgegangen. Zur Erläuterung der verschiedenen Begriffe von Identität und der Bedeutung der psychologischen und soziologischen Komponenten und Situationen des Einzelnen für die Ich-Findung sollte L den Sch genauere Informationen zu Erik Eriksons Modell des menschlichen Lebenszyklus geben. L kann anhand eines AB (**M 11.4.14, Lehrerkommentar S. 230**) Eriksons Konzept der Identität erarbeiten und die Balance zwischen den psychologischen und soziologischen Komponenten der Selbstfindung erklären. Erikson erweitert das Werk von Sigmund Freud und sein homöostatisches Modell mit der begrenzten Energie des Menschen um die soziale Dimension. Die innere Stabilität und Kontinuität muss eine Balance finden (**114**) mit dem Bild, das sich andere von einem machen. Alle müssen die wichtigsten Teile ihrer Erfahrung sammeln und eine Synthese daraus bilden.
Eriksons Modell vom gesamten Lebenszyklus differenziert acht Entwicklungsphasen des Menschen, die ersten fünf (orale, anale, phallische, Latenz- und genitale Phase) beziehen sich auf die Zeit von der Geburt bis zum Jugendalter, die drei folgenden auf die Zeit zwischen Jugendalter und reifem Erwachsenenalter (Erwachsenwerden, Erwachsensein, Reife). Diese Sequenz ist in unserem Kulturkreis durch die Umgebung mit Wiege, Säuglingspflege, Familie, Schule, Altersgruppen, Ehe, Kinder und Reife zu erwarten. In einer anderen Kultur könnten sich durch eine andere Umgebung Reihenfolge und Herausforderungen der Phasen ändern. Die Ereignisse der Umwelt lösen Reaktionen auf den neu wachsenden Teil der Ich-Identität aus, der im Alltag auf die Probe gestellt wird und die eigene Verletzlichkeit überwinden muss, bevor der

nächste Schritt folgt. Bei jedem Schritt macht die neue Fähigkeit Gebrauch von einer neuen Möglichkeit. Während der angegebenen Phase erlebt jede Stufe über eine meist eintretende Krise des Befindens einen Anstieg zu einer dauerhaften Lösung. Jede neue Phase stützt sich auf die vorangegangene, die Art der Krisenmeisterung wirkt sich auf die Leistungsmöglichkeiten späterer Krisen aus.
Im Rahmen des RU ist ein genaueres Betrachten der verschiedenen Phasen des Lebenszyklus nicht möglich und speziell auch nicht nötig, es sollte den Sch aber das Modell als Ganzes vorgestellt werden (**M 11.4.14, Lehrerkommentar S. 230**). Eriksons Modell vom menschlichen Lebenszyklus ist mit der Form eines Gitternetzes vergleichbar. Auf der linken Seite stehen die acht Phasen des Menschen, diagonal von unten nach oben die Krisen, denen der Mensch in den einzelnen Phasen ausgesetzt ist, und auf der rechten Seite die »Tugenden«, die er in den entsprechenden Phasen erringt. »Inhärente Stärke« im Sinne geistiger Gesundheit und Ich-Identität hängen davon ab, wie gut die vorausgegangenen Phasen und ihre Konflikte überwunden werden. Dabei soll das Misstrauen jeder Phase in das Urvertrauen eingeschlossen und nicht zurückgewiesen werden, z. B. in der sechsten Phase Augenblicke der Isolation in die Intimität. Sch können für sich das Gitternetz ausfüllen, um zu sehen, wie vorausgegangene Krisen sich immer wieder zeigen. Dabei können sie erkennen, wie in jedem Menschen sowohl das Kind wie auch der Erwachsene gegenwärtig ist und sich beide im anderen begegnen.
Am Schluss dieser DS und sozusagen am Ende des Kapitels »Was ist der Mensch?« – es folgt noch die Akzent-Seite mit Text und Aufgabenstellung zur Zusammenfassung des Kapitels und Abi-Vorbereitung – steht das **Gedicht** »Nicht nur mir selber gesagt« (**115**) von Christine Busta, das in einer Art Lebensrückblick auf den Spuren einer größeren Sehnsucht Anregungen zur Selbstfindung gibt und Weichenstellungen des eigenen Lebens überdenken lässt. Das Gedicht kann man als einen Hoffnungstext betrachten, der den Blick in die Zukunft richtet.
L muss Sch vor dem Lesen darauf hinweisen, dass Texte zur Gottesfrage zugleich Einblick in das tiefe Wesen des Menschen ermöglichen, sie spiegeln die letzten Ängste und Hoffnungen des Menschen und damit auch die eigenen Biografie wider. Das Gedicht ist ein moderner spiritueller Text im Blick auf unstillbare Sehnsüchte des Menschen, über das Empirische hinauszureichen und sich selbst zu transzendieren, was eine weitere Phase der Identitätsfindung bedeuten kann. Da den Sch die Autorin unbekannt sein dürfte, liefert L einige biografische Daten.

Christine Busta (1915-1987)
Die österreichische Lyrikerin Christine Busta war bekennende katholische Christin, lebte als Bibliothekarin zurückgezogen in Wien und schrieb in traditionsverhafteten Formen.
Von 1950 bis zu ihrem Tod hat sie in elf Gedichtbänden ein beachtliches Werk vorgelegt, in dem ihre kreative Religiosität und ihre scharfe Betrachtungsgabe von Menschen im Alltag ihren besonderen Ausdruck fanden. Das Gedicht »Nicht nur mir selber gesagt« entstand in den letzten Jahren vor ihrem Tod und wurde im Nachlassband »Der Himmel im Kastanienbaum« 1989 veröffentlicht. Busta verbindet und verdichtet in ihren lyrischen Texten immer wieder biblische und christliche Themen.

In dem Gedicht stellt die Sprecherin am Ende ihres Lebens die Frage nach dem letzten Trost. In den ersten beiden Strophen werden mögliche Orientierungen zur Beantwortung dieser Frage zerstört. Die Liebe zur Natur erweist sich als Selbsttäuschung des Menschen (1. Strophe). Die Liebe zwischen Menschen ist zwar möglich, bleibt aber mit Schuld behaftet, da die Hinwendung zum einen die Abwendung von anderen mit einschließt (2. Strophe). So bleibt dem Menschen in der »großen Gleichgültigkeit« und »unendlichen Toleranz« Gottes der einzige Trost (3. Strophe). Für viele Sch wird diese Sinnwende, die weg von den Naturelementen und weg vom menschlichen Partner hin zu Gott führt, zunächst wenig Identifikationsmöglichkeit bieten, dennoch kann die Hoffnung real erscheinen, dass wir uns Gott vertrauensvoll zuwenden dürfen und vor und bei Gott so sein können, wie wir sind.

2. Einsatzmöglichkeiten im RU

Die Frage »Wer bin ich?« (114) als zentral für das »Mensch-Sein« und »Ich-Werden« erkennen

- L kann durch Floskeln, wie z. B. »Sage mir, mit wem du umgehst, und ich sage dir, wer du bist«, »Hast du was, dann bist du was«, »Du bist, was du isst« o. Ä., Sch für die Thematik dieser DS motivieren.
- Sch lesen den Text von Johanna Haberer (**115**) und vergleichen persönliche Sinnoptionen mit denen der Autorin (vgl. AA 1, **114**, und AA 1, **115**). Als Ergebnis wird festgehalten, dass jeder Mensch eine unverwechselbare Identität hat, die wesentlich für sein »Mensch-Sein« ist.
- Ausgehend vom ersten Absatz des Textes »Wer bin ich?« (**114**) nennen Sch Gründe für das Schwanken zwischen Freund- und Selbstbild. Im begleitenden

UG wird dieses Schwanken als häufige Ursache für eine Identitätskrise oder sogar für den Identitätsverlust erkannt.

- In arbeitsteiligen GA klären Sch die im weiteren Textverlauf genannten »Identitäts-Begriffe« (AA 2, **114**).

Den Zusammenhang von Identitäts- und Sinnfindung verstehen

- Präsentation der Phasen des Lebenszyklus nach Erik Erikson auf Folie (vgl. **M 11.4.14, Lehrerkommentar S. 230**).
- L erläutert im UG Eriksons Konzept der Identität.
- Zur Vertiefung erhalten Sch ein AB und füllen in EA das Gitternetz aus (**M 11.4.14, Lehrerkommentar S. 230**).
- Sch vergleichen in arbeitsteiliger GA die Antworten von Johanna Haberer zur Identitätsfindung unter besonderer Berücksichtigung der Zeitdimension mit dem Modell der Lebenszyklen und ihren eigenen Erfahrungen.
- Zur Ergebnissicherung der GA lässt L auf dem AB eintragen: Die menschlichen Lebenszyklen sind ausschlaggebend für die psychologische und soziale Dimension der Identitätsbildung.

Modernes spirituelles Gedicht als Anregung der persönlichen Sinnfindung überdenken und überprüfen

In dem Gedicht von Christine Busta findet die soziale Dimension der Sinnfindung ihren Ausdruck, die nach Erikson einen wesentlichen Faktor für die Selbstwerdung des Jugendlichen darstellt. Das Gedicht sollte im UG erschlossen werden, so kann L Hilfen geben, wenn sich die Sprachebene und Sinndimension evtl. von den Lebenserfahrungen Heranwachsender entfernen. Dabei nutzt L die Fragen und Erschließungsaufgaben von AA 3, **115**, für die Erarbeitungsphasen.

- Nach lautem Vorlesen des Gedichts durch einen Sch stellt L die Frage, was die Gedichtsprecherin am Ende ihres Lebens »nicht nur zu sich selber« sagen könnte. Überlegungen zur Problematik »Was ist der letzte Trost?« werden im UG diskutiert.
- In PA oder EA bestimmen Sch die Sinneinheiten des Gedichts und erschließen die Schlüsselbegriffe, die letztlich die Sinndimensionen bündeln.
- Über den Vergleich unterschiedlicher Lösungen kann man sich im UG in das Gedicht von innen her einfühlen. Zentral wird es dabei in der ersten Strophe um den 3. Vers, in der zweiten Strophe um den 4. Vers und in der dritten Strophe um den 2. Vers gehen.

Möglicher TA:

Toleranz Gottes als Trost
Christine Busta »Nicht nur mir selber gesagt«
Orientierungen des Menschen
Erfahrungen
Liebe zur Natur
Selbsttäuschung
(1. Strophe)
Austausch von Liebe zwischen Menschen
Abwendung von anderen: Möglichkeit der Schuld
(2. Strophe)
Hinwendung an Gottes scheinbare Gleichgültigkeit
Unendliche Toleranz Gottes
(3. Strophe)
Wagnis des Anvertrauens

- In einem abschließenden Schritt verfassen Sch einen Text, z. B. Brief, Gedicht, kurzes Statement, über ihre Erfahrungen bezüglich der im Gedicht genannten »Verlustdimensionen«.

3. Weiterführende Anregungen

- Eine Collage mit »Selbst- und Fremdbild« von sich oder einer befreundeten oder bekannten Person gestalten. Die Collagen könnten im Klassenzimmer oder in einem Meditationsraum an einer passenden Wand angebracht werden.
- Anhand eines Films Fremd- und Selbstbild eines Politikers oder einer berühmten Persönlichkeit analysieren, z. B. Charlie Chaplin, »Der große Diktator«.
- Eine Fantasiereise mit Perspektivenwechsel als Meditationsübung durchführen, z. B. das Hineinversetzen in die Sichtweise einer anderen Person, wenn aus deren Sicht erzählt wird.
- Eine Labyrinth-Meditation »Reise in das Ich« durchführen oder eine Zen-Meditation organisieren.
- Ein autogenes Training besuchen, wenn vor Ort die Möglichkeit besteht.

1. Hintergrund

Bevor Sch den Text »Das psychologische und das geistige Ich« (**116**) bearbeiten, ist es sinnvoll, einige Informationen zum Autor und zur Logotherapie zu geben, zumal die Logotherapie als sinnzentrierte Psychologie der Moderne in diesem Kapitel nicht behandelt wurde und der Text aus der Sichtweise eines Logotherapeuten verfasst ist.
Hinzu kommt, dass die Logotherapie im Gegensatz zur Psychoanalyse Sigmund Freuds starke Affinität zur Religion aufweist, ihr Ziel ist jedoch nicht das Seelenheil, sondern die seelische Heilung.

Dr. Otto Zsok (geb. 1957) ist Dozent für Logotherapie am Süddeutschen Institut für Logotherapie in Fürstenfeldbruck bei München unter der Leitung der Frankl-Schülerin Elisabeth Lukas. Er hat Theologie, Sozialpädagogik und Philosophie studiert und promovierte an der Hochschule für Philosophie in München mit dem Thema: Musik und Transzendenz. Es folgten sieben Jahre Tätigkeit als Sozialarbeiter und Rundfunkjournalist. Von 1986-1989 erhielt er eine Ausbildung in Logotherapie am Süddeutschen Institut für Logotherapie. Seit 1989 hält er viele Vorträge und leitet Seminare zur Logotherapie und Existenzanalyse sowie Musikmeditationen.

Die **Logotherapie** (nicht zu verwechseln mit der Logopädie) ist sinnzentrierte Psychotherapie. Begründer ist der international bekannte Psychiater und Neurologe Viktor E. Frankl (1905-1997). Er stellt die Erkenntnis, dass der Mensch seinem Wesen nach wert- und sinnorientiert ist, in den Mittelpunkt seines Denkens und Arbeitens. Wird der Wille zum Sinn nachhaltig frustriert, gerät der Mensch in eine Missbefindlichkeit, die eine Fülle von Fehlerlebensweisen, Fehlverhaltensweisen und neurotischen Störungen auslösen kann. Diese zeigen sich in Arbeitsunlust, Depressionen, Lebensmüdigkeit, Apathie, Langeweile, Süchten, noogen-neurotischen Störungen, nihilistischen Anschauungen ... Weltweit geraten immer mehr Menschen, nicht nur in den reichen Industrienationen, in einen Zustand der existenziellen Frustration, d. h., sie sind im Privat-, Arbeits- und Freizeitleben nicht mehr fähig, einen Sinn in ihrem Leben zu entdecken und zu realisieren. Hier ist Sinnentdeckungshilfe zu leisten, indem der Betroffene – im Vor-Blick auf seine objektive Situation und im Rück-Blick auf seine spezifischen Fähigkeiten – seine ureigensten Sinnmöglichkeiten entdecken und verwirklichen kann. Wichtig dabei ist, dass der Therapeut keine Sinnmöglichkeiten von sich aus anbietet, sondern den Patienten zur eigenständigen Sinnentdeckung freisetzt (motiviert). So wird in der psychotherapeutischen Szene die vielfach vernachlässigte Dimension des Geistes für den Heilungsprozess frei gemacht. Der Patient wird nicht nur als psychosomatisches Wesen wahrgenommen, sondern als Person, die Triebkonflikte lösen muss, vielmehr vor allem als Person, die für ihre Lebensgestaltung Verantwortung übernehmen und schöpferisch sein kann. Das betrifft die Bereiche Kultur, Moralität, Religion, Technik sowie die Beziehung des Menschen zu sich selbst und zu anderen Menschen, zur Natur und zum künstlichen Kosmos: zu Kultur und Zivilisation. Die Logotherapie ist offen für die religiöse Sinnfindung. Für V. E. Frankl liegt der Endpunkt des existenzanalytischen Weges »auf der Linie« zum Religiösen hin. Freilich intendiert die Logotherapie nicht die religiöse Sinnfindung, sondern eröffnet unter Umständen als Effekt einen neuen Zugang zum Glauben. Aufgabe der Therapie ist es, das »Zimmer der Immanenz« so einzurichten, dass die Tür zur Transzendenz nicht verstellt wird. Logotherapeutisches und seelsorgerliches Handeln ergänzen sich. Auch die Seel-Sorge wird oft zur Sinn-Sorge. Sie hält Sinn-Zweifel und Trüb-Sinn mit aus, motiviert zur Sinnsuche, korrigiert offensichtlichen Unsinn, nimmt Leiden ins Gebet, verweist auf den Sinnhorizont des Glaubens und verdeutlicht, dass alle Sinnerfahrung im Hier und Jetzt nicht aufgeht.

2. Einsatzmöglichkeiten im RU

Am Ende des Kapitels und des Schuljahres ist es sinnvoll und im Sinne der Abi-Vorbereitung und Kompetenzkontrolle, unter Schulaufgabenbedingungen die Aufgaben zum Text schriftlich bearbeiten zu lassen.
L müsste dann die Aufgaben korrigieren und zur Rückgabe und Besprechung eine Stunde verwenden. Eine weitere Stunde sollte auch für die Informationen zum Autor und zur Logotherapie eingeplant werden, wobei in dieser Stunde zugleich wichtige Inhalte des gesamten Kapitels wiederholt werden und Fragen der Sch zu beantworten wären. In der Vorstunde kann L als HA die Wiederholung der verschiedenen Menschenbilder stellen und sich Fragen notieren.
Die Bearbeitungszeit ist 60 Minuten, L muss also bei der Planung berücksichtigen, dass eine Schulstunde nicht ausreicht. Insgesamt sind also mindestens drei Stunden für die »Akzent«-Seite (**116**) anzusetzen.

Erwartungshorizont

Die folgenden Lösungsvorschläge sind keinesfalls vollständig, sondern enthalten Lösungswege und Begründungsansätze. Die Bewertung richtet sich nach der Zuordnungstabelle des 100-Punkte Schlüssels. Für die einzelnen Teilaufgaben gilt die Punkteverteilung:
AA 1: 25 BE
AA 2: 35 BE
AA 3: 40 BE

– AA 1

Haupaussagen des Textes:
Der Text ist in vier Sinnabschnitte zu gliedern. Zunächst (Z. 1-8) führt der Autor an, dass im Menschenbild der Religionen dessen »geistiges Ich« im Gegensatz zum »psychologischen Ich« nach dem physischen Tod nicht vernichtet wird. Im zweiten Abschnitt (Z. 9-27) erläutert der Autor den Unterschied zwischen dem »psychologischen Ich« und dem »geistigen Ich«. Letzteres meint das »innere Zentrum« im Menschen, das unvergänglich ist und von Max Scheler als »das Ewige« (Z. 14ff.) bezeichnet wird. Dieses »Geist-Ich« (Z. 10) stellt das Kontinuum im Menschen dar, das wesentlich seine Identität und Authentizität ausmacht und Ursprung seiner Freiheit und Verantwortung ist. Davon zu unterscheiden ist das »psychologische Ich«, welches naturwissenschaftlich als »Ego« den Menschen als »soziales Konstrukt« (Z. 24f.) definiert, wobei die Bezugspersonen hauptsächlich die Verantwortung für die Entwicklung des Menschen tragen. Die gehirnphysiologische Analyse des Menschen ist als eine weitere naturwissenschaftliche Sichtweise zu betrachten, nicht oder nur schwerlich mit einer transzendentalen Verwiesenheit zu vereinbaren, wie es im Glauben und philosophischen Paradigmen lange Tradition ist (Z. 28-34). Zuletzt (Z. 35-51) betont der Autor die naturwissenschaftlich nicht messbare Realität des »geistigen Ichs«, das sich aber in der egofreien Liebe, der unbedingten Verantwortung des Handelns, im Schuldbewusstsein, in meditativen Einheitserfahrungen und im Gewissen unverwechselbar mitteilt und offenbart.

– AA 2

Die deterministischen Deutungen des Menschseins in der Biologie, Psychologie und Hirnforschung stellen wissenschaftliche Verabsolutierungen dar. Bei der Bearbeitung der Aufgabe eignen sich zur Veranschaulichung und Begründung aus der Biologie die Genetik, aus der Psychologie die Psychoanalyse Freuds und aus der Hirnforschung die Memetik. Als Beispiel für den atheistischen Existenzialismus dient die Position Sartres mit der Theorie von der Existenz, die der Essenz vorausgeht, und der damit verbundenen Verabsolutierung der Freiheit und Verantwortung des Menschen. Im Vergleich mit dem christlichen Menschenbild wird erwartet, dass Sch die Unterschiede in der Personalität, in der transzendentalen Verwiesenheit und im Gemeinschaftsbezug herausstellen. Einschlägige biblische Texte wären aus den Schöpfungserzählungen, den Urgeschichten und aus den Paulusbriefen zu wählen. Genaue Lösungswege müssen hier nicht detailliert aufgezeigt werden, da die einzelnen Menschenbilder in den entsprechenden DS des Kapitels vorgestellt wurden.

– AA 3

Als Beispiel für die Erfahrung von Sinnlosigkeit kann die Beeinträchtigung der Selbstverwirklichung durch beruflichen Karriereknick und finanzielle Verschlechterung aufgeführt werden. In diesem Fall antwortet das christliche Menschenbild, dass Wert und Sinn des menschlichen Lebens nicht von Ansehen, Kaufkraft und Leistung abhängen. Jeder Mensch ist von Gott angenommen, auch und gerade im Scheitern. Im Christentum hat auch das Leben dessen einen Sinn, der die Angebote der Konsumgesellschaft nicht wahrnehmen und gesellschaftlichem Anspruch von Erfolg, Leistung und Ansehen nicht erfüllen kann. Menschen können Sinn erfahren, wenn sie z. B. in ihrer Freizeit soziales Engagement zeigen (Dienst in Rettungsorganisationen, Amnesty International u. Ä.) oder Verantwortung übernehmen in Staat und Kirche. Auch Partnerschaften, Freundschaften und der Glaube an die väterlich-mütterliche Zuwendung Gottes sowie die Gelassenheit, dass nicht alle Probleme in der endlichen Lebensspanne gelöst werden müssen, wenn die Zukunft des Menschen in Gottes Hand liegt, tragen das Menschliche über alles Scheitern hinaus.
Eine andere Position stellt der Denkansatz aus der Psychologie, z. B. der S. Freuds, dar, nach dem es keinen Universalsinn des Lebens gibt. Menschliches Leben trachtet lediglich nach innerweltlichem Glück. Dieses Glück besteht im Erleben starker Lustgefühle. Sinnsuche und Sinnerfahrung werden auf die Triebe zurückgeführt. Lebenszweck ist der triebökonomische Ausgleich zwischen »Es« und »Über-Ich«. Grundsätzlich gilt: Unglück, Schmerz und Unlust müssen vermieden werden.
Für die Lösung sozialer Probleme kann man die Sicherung eines menschenwürdigen Daseins von Außenseitern der Gesellschaft, von Alten, Kranken und Behinderten anführen. Das christliche Menschenbild garantiert, dass die Würde des Menschen unantastbar ist. Nach den biblischen Schöpfungserzählungen ist jeder Mensch vor Gott Geschöpf, Person und Ebenbild. Dies verpflichtet die Christen in besonderer Weise zur Bejahung und Analyse aller Menschen, z. B. Behinderte als »Bruder« und »Schwester« zu sehen. So können Behinderte in vielen Lebensbereichen je nach Grad ihrer Behinderung Verantwortung übernehmen.

Nach dem psychoanalytischen Modell Freuds ist der Mensch jedoch hauptsächlich an der persönlichen Glückserfüllung interessiert und nur sich selbst verantwortlich. Im Erleben vom Lustgefühlen verwirklicht er sich selbst (ausgehend vom »Es« und »Über-Ich«), was eine emotionale Entfremdung zum Mitmenschen und mangelnde Fähigkeit oder Bereitschaft zu Gesprächen und Problemlösungen mit sich bringen kann.

3. Weiterführende Anregungen

- Sch halten ein Referat zu Viktor E. Frankl, seinem Leben und seinen Erkenntnissen im Therapiebereich.
- Sch halten Referate zu den verschiedenen Methoden der Logotherapie.
- Sch besichtigen ein logotherapeutisches Institut.

Literatur

Brinker-Gabler, Gisela, Deutsche Dichterinnen vom 16. Jahrhundert bis zur Gegenwart, Frankfurt 1991.
Daumer,Meyer, Biologie Evolution, München 1996.
Ebertz, Michael, Fischer, Martin, Spontan-spirituell-sozial, Ostfildern 2006.
Haftmann, Werner, Marc Chagall, Köln 1992.
Herschkowitz, Norbert, Was stimmt? Das Gehirn - Die wichtigsten Antworten, Freiburg 2008.
Klingsöhr-Leroy, Cathrin, surrealismus, Köln 2004.
Kraus, Georg, Welt und Mensch Lehrbuch zur Schöpfungslehre, Frankfurt/Main 1997.
Langenhorst, Georg, Gedichte zur Bibel, München 2004.
Linke, Sandra, Wie zufrieden sind Hochbegabte, Marburg 2006.
Löwe-Hofmann-Thiel, Neurobiologie Ethologie, Bamberg 1987.
Mensching, Gustav, Die Weltreligionen, Wiesbaden 1981.
Magazin P.M., Welt des Wissens, Ausgabe September 2007.
Magazin »life+science«, 7. Jahrgang, September 2009.
von Rad, G., Theologie des Alten Testaments, München 1968.
Sandvoss, Ernst, Sternstunden des Prometheus. Vom Weltbild zum Weltmodell, Berlin, 1998.
Stürzer, Michael, Buddhismus. Von Anfängergeist bis Zen, Berlin 2006.
Walther, Ingo f./Metzger, Rainer, Marc Chagall, Köln 1992.
Wolf, Norbert, Expressionismus, Köln 2009.

Forschungsebenen und -methoden der Hirnforscher

Angesichts des enormen Aufschwungs der Hirnforschung in den vergangenen Jahren entsteht manchmal der Eindruck, unsere Wissenschaft stünde kurz davor, dem Gehirn seine letzten Geheimnisse zu entreißen. Doch hier gilt es zu unterscheiden: Grundsätzlich setzt die neurobiologische Untersuchung des Gehirns auf drei verschiedenen Ebenen an. Die oberste erklärt die Funktion größerer Hirnareale, beispielsweise spezielle Aufgaben verschiedener Gebiete der Großhirnrinde, der Amygdala oder der Basalganglien. Die mittlere Ebene beschreibt das Geschehen innerhalb von Verbänden von Hunderten oder Tausenden Zellen. Und die unterste Ebene umfasst die Vorgänge auf dem Niveau einzelner Zellen und Moleküle. Bedeutende Fortschritte bei der Erforschung des Gehirns haben wir bislang nur auf der obersten und der untersten Ebene erzielen können, nicht aber auf der mittleren.

Verschiedene Methoden ermöglichen einen Einblick in die oberste Organisationsebene des Gehirns: Bildgebende Verfahren wie die Positronenemissionstomografie (PET) und die funktionelle Magnetresonanztomografie (fMRT), die den Energiebedarf von Hirnregionen messen, besitzen eine gute räumliche Auflösung, bis in den Millimeterbereich. Zeitlich gesehen hinken sie den Vorgängen allerdings mindestens um Sekunden hinterher.

Die klassische Elektroenzephalografie (EEG) dagegen misst die elektrische Aktivität von Nervenzellverbänden quasi in Echtzeit, gibt aber nicht genau Aufschluss über den Ort des Geschehens. Etwas besser – etwa im Zentimeterbereich – liegt die räumliche Auflösung bei der neueren Magnetenzephalografie (MEG), mit der sich die Änderung von Magnetfeldern um elektrisch aktive Neuronenverbände millisekundengenau sichtbar machen lässt.

Insbesondere durch die Kombination mehrerer dieser Technologien können wir das Zusammenspiel verschiedener Hirnareale darstellen, das uns kognitive Funktionen wie Sprachverstehen, Bilder erkennen, Tonwahrnehmung, Musikverarbeitung, Handlungsplanung, Gedächtnisprozesse sowie das Erleben von Emotionen ermöglicht. Damit haben wir eine thematische Aufteilung der obersten Organisationsebene des Gehirns nach Funktionskomplexen gewonnen.

Auch hinsichtlich der untersten neuronalen Organisationsebene hat die Entwicklung völlig neuartiger Methoden wie etwa der Patch-clamp-Technik, der Fluoreszenzmikroskopie oder das Xenopus-Oocyten-Expressionssystem zu einem Erkenntnissprung geführt. Inzwischen wissen wir sehr viel mehr über die Ausstattung der Nervenzellmembran mit Rezeptoren und Ionenkanälen sowie über deren Arbeitsweise, die Funktion von Neurotransmittern, Neuropeptiden und Neurohormonen, den Ablauf intrazellulärer Signalprozess oder die Entstehung und Fortleitung neuronaler Erregung. Selbst was in einem einzelnen Neuron passiert, können wir mit hoher räumlicher und zeitlicher Auflösung analysieren sowie in Computermodellen simulieren. Dies ist von großer Bedeutung für das grundlegende Verständnis der Arbeitsweise von Sinnesorganen und Nervensystemen sowie für die gezielte Behandlung neurologischer und psychischer Erkrankungen.

Worterklärungen

Amygdala: Lat. Name für »Mandelkern«. Gehirnstruktur, die eine wichtige Rolle bei der gefühlsmäßigen Bewertung von Situationen spielt.

Basalganglien: Unter diesem Begriff werden verschiedene Gehirngebiete unterhalb der Großhirnrinde zusammengefasst. Diese wurden für die Steuerung von Bewegungen benötigt.

Positronenemissionstomografie (PET): Verfahren, das den momentanen Blutfluss oder den Zuckerverbrauch in den verschiedenen Hirnregionen eines Menschen mit einigen Sekunden Verzögerung bildlich sichtbar macht.

Funktionelle Magnetresonanztomografie (fMRT): Verfahren, das die Durchblutung in den verschiedenen Hirnregionen millimetergenau abbildet.

Elektroenzephalografie (EEG): Die Aktivität von Nervenzellverbänden verursacht messbare elektrische Potenzialschwankungen.

Patch-clamp (Membranfleckklemme): Der Fluss elektrisch geladener Teilchen durch eine Zellmembran wird in einem winzigen Ausschnitt derselben gemessen.

Magnetenzephalografie (MEG): Verfahren, das die vom Gehirn ausgehenden magnetischen Felder registriert.

Xenopus-Oocyten-Expressionssystem: Molekularbiologen nutzen Eizellen (Oocyten) des afrikanischen Krallenfrosches »Xenopus laevis«, um bestimmte Eiweiße zu »exprimieren«, d. h., diese ausgehend von ihrer Gensequenz herzustellen.

Fluoreszenzmikroskopie: Sie erlaubt es, fluoreszenzmarkierte oder natürlich fluoreszierende Zellbestandteile mikroskopisch sichtbar zu machen sowie deren Bewegungen in der Zelle zu verfolgen.

- *Greifen Sie die Hierarchisierung im Text auf und halten Sie in Stichworten in einer Tabelle fest:*
  Welche Funktionsebenen werden bei der Hirnforschung unterschieden?
  Mit welchen Methoden arbeiten Hirnforscher? (Lassen Sie sich dabei nicht von den Fachbegriffen abschrecken. Sie sollen die einzelnen Methoden nicht erläutern, sondern nur allgemein erfassen, was die Methode als Ergebnis liefert.)
  Welche Ergebnisse wurden auf den verschiedenen Ebenen erzielt?
  Welche allgemeinen Erkenntnisse formuliert die Hirnforschung heute?

Ebenen	Methoden	Ergebnisse	Erkenntnisse
Ebene 1: ...			
Ebene 2: ...			
Ebene 3: ...			

- *Formulieren Sie das wesentliche Forschungsproblem in wenigen Sätzen:*

____

____

____

____

____

Lebensstile in Europa

Die GfK-Lebensstilforschung Deutschland hat eine Studie entworfen, aus der sich acht verschiedene Lebensstile ergaben. Eine Auswahl findet sich hier:

1. Die Schutzsuchenden

sind eher materialistische, einfache Familien, die sehr traditionsorientiert leben. Sie suchen Sicherheit und gleichzeitig auch finanzielle Unabhängigkeit, wobei sie vom eigenen Haus und von Reichtum träumen. Sie zählen zu den »Schnäppchenjägern« und achten beim Lebensmittelkauf mehr auf Preis als auf Qualität. Beim Kochen gilt die Devise »je einfacher, desto lieber«. Die Schutzsuchenden fürchten sich vor Einsamkeit, weshalb ihnen Freunde und Familie sehr wichtig sind. Wenn sie in ihrer Freizeit nichts mit der Familie unternehmen, sehen sie am liebsten fern. Weiterbildungskurse, Theater oder Yoga interessieren sie nicht.

2. Die Träumer

sind intuitive, materialistische und junge Menschen mit einer schicksalsgläubigen Grundeinstellung. Für sie ist Glück und Selbstdarstellung wichtig. Sie reisen sehr gerne, um neue Kulturen kennenzulernen oder sich zu entspannen.

3. Die Abenteurer

sind dynamische Leute, die es lieben, sich zur Schau zu stellen. Sie suchen Erfolg und materielle Unabhängigkeit und wollen die Welt kennenlernen. Die Familiengründung liegt noch in weiter Ferne. Sie wollen sich zwar von der Masse abheben, aber trotzdem mit gleich gesinnten Menschen zusammen sein.

4. Die Weltoffenen

fühlen sich als Weltbürger und sind tolerante Intellektuelle. Sie suchen persönliche Harmonie und legen deswegen großen Wert auf Freunde und Partner. Der Wunsch, fremde Kulturen kennenzulernen, zeigt sich auch im Kochen ausgefallener, fremdländischer Gerichte. In ihrer Freizeit gehen sie gerne ins Konzert oder ins Theater – oder auch gut essen oder ausführlich shoppen.

5. Die Kritischen

werden auch als rationale, moralische Cocooner-Familien bezeichnet. Eine ganz besondere Bedeutung haben für sie die Natur und deren Schutz. Dafür setzen sie sich engagiert ein. Ausgehend von ihrer Ich-Findung suchen sie ein harmonisches Leben – am besten mit Familie und Eigenheim. Sie wollen aber auch ihren Horizont immer wieder erweitern. Bei Lebensmitteln achten sie auf (Bio-)Qualität und geben dafür auch gern mehr Geld aus. Am liebsten ernähren sie sich vegetarisch.

6. Die Anspruchsvollen

gehören zu den pflichtbewussten Staatsbürgern, die sich gerne kulturellen Aktivitäten und Reisen widmen. Sie haben moralische Lebensprinzipien – sind dabei aber offen für Neues. Sie lehnen Fast-Food ab, sind skeptisch neuen Produkten gegenüber und ernähren sich am liebsten gesund. In ihrer Freizeit gehen sie gerne spazieren oder wandern, besuchen Weiterbildungskurse, Theater oder Konzerte.

Quelle: Lebensstile in Europa

■ *Schreiben Sie (als Tagebucheintrag) einen Tagesablauf aus der Perspektive einer Person, die in ihrer Lebensweise einem der hier beschriebenen Lebensstile entspricht. Es kann auch eine Mischform aus zwei Lebensstilen gewählt werden.*

Die Evolution des Menschen

Das folgende Gedicht von Erich Kästner enthält in humorvoller Weise einige Gedanken zum Thema »Evolution des Menschen«.

Entwicklung der Menschheit

Einst haben die Kerls auf den Bäumen gehockt,
behaart und mit böser Visage.
Dann hat man sie aus dem Urwald gelockt
und die Welt asphaltiert und aufgestockt,
bis zur dreißigsten Etage.

Da saßen sie nun, den Flöhen entflohn,
in zentralgeheizten Räumen.
Da sitzen sie nun am Telefon
und es herrscht noch genau derselbe Ton
wie seinerzeit auf den Bäumen.

Sie hören weit. Sie sehen fern.
Sie sind mit dem Weltall in Fühlung.
Sie putzen die Zähne. Sie atmen modern.
Die Erde ist ein gebildeter Stern
mit sehr viel Wasserspülung.

Sie schießen die Briefschaften durch ein Rohr
Sie jagen und züchten Mikroben.
Sie versehn die Natur mit allem Komfort.
Sie fliegen steil in den Himmel empor
und bleiben zwei Wochen oben.

Was ihre Verdauung übrig lässt,
das verarbeiten sie zu Watte.
Sie spalten Atome. Sie heilen Inzest.
Und sie stellen durch Stiluntersuchungen fest,
dass Cäsar Plattfüße hatte.

So haben sie mit dem Kopf und dem Mund
den Fortschritt der Menschheit geschaffen.
Doch davon mal abgesehen und
bei Lichte betrachtet sind sie im Grund
noch immer die alten Affen.

Erich Kästner

■ *Werten Sie das Gedicht von E. Kästner unter folgenden Gesichtspunkten aus:*
1a) Welche Zeilen enthalten Aussagen zur Evolution des Menschen?
b) Welche Textstellen weisen auf Unterschiede zwischen Mensch und den »alten Affen« hin?
c) Enthält der Text neben den Evolutionsgedanken noch andere biologische Aspekte?
2. Entscheiden Sie aus genetischer Sicht, ob für die Entwicklung des Menschen eine Vermehrung der Erbsubstanz nötig war?
3. Was spricht gegen die Stufenleiter Abstammung des Menschen?

Ausdrucksverhalten bei Affen und Menschen

- *Beschreiben Sie das Mienenspiel und das Verhalten, welches in den Bildern zum Ausdruck kommt.*
- *Welche Stimmungen erschließen Sie daraus?*

Individuum und Gruppe

Von den Gruppenmitgliedern werden Eigenschaften erwartet, die der Gruppennorm entsprechen. Abweichungen von der Norm können zur Ausstoßung einzelner Individuen aus der Gruppe führen. Ausstoßungsreaktionen sind auch von verschiedenen nichtmenschlichen Primaten bekannt. Beim Menschen äußern sie sich als »Hexenjagd«, als Verfolgung Andersfarbiger, Andersgläubiger und Andersdenkender. Die Diskriminierung und Verteufelung kann durch eine Art Konditionierung zum Aufbau von Feindbildern führen. Kommt zum Feindbild die Angst hinzu, kann das angeheizte »Wir-Gefühl« umschlagen. Vor allem bei großen, uniformen »anonymen Massen« gelingt es, latente Stimmungen aufzuputschen und die Individuen weitgehend gleichzuschalten. Hassparolen und auf Schlagworte verkürzte Elemente einer Ideologie verzerren das Bild des »Feindes« bis zur Fratze.
Dass das Zusammenleben vieler Menschen auf engem Raum Probleme mit sich bringt, lässt sich schon daran erkennen, dass die Bewohner eines Hochhauses zwar jahrelang denselben Fahrstuhl benutzen, sich aber oft kaum kennen und – wenn überhaupt – nur zögernd grüßen.
Allzu häufige Begegnung mit Unbekannten in drangvoller Enge empfinden wir als unangenehm. Häufen sich solche Begegnungen, ist sozialer Stress die Folge. Er äußert sich in aggressivem Verhalten, ja sogar in Neurosen.

- *Erklären Sie das Verhalten der Menschen aus ethologischer Sicht (Ethologie = Verhaltensforschung).*
- *Erläutern Sie, warum Verhaltensveränderungen einen Schrittmacher für die menschliche Evolution darstellen.*

Martin Schongauer

Die Versuchung des hl. Antonius (1480-1490), Kupferstich

Die Angst

Der Existenzialist erklärt gern: Der Mensch ist Angst. Das bedeutet Folgendes: Der Mensch, der sich engagiert und sich bewusst wird, dass er nicht nur jener ist, der zu sein er wählt, sondern auch ein Gesetzgeber, der mit sich die gesamte Menschheit wählt, dieser Mensch kann dem Gefühl seiner totalen und tiefen Verantwortung nicht entrinnen.
Gewiss, viele Menschen sind nicht ängstlich; wir behaupten, sie verhüllen, sie fliehen ihre Angst; sicher, viele glauben, ihr Handeln tangiere nur sie selbst, und wenn man ihnen sagt: Aber wenn alle so handeln würden?, zucken sie die Achseln und antworten: Es handeln nicht alle so. Doch in Wahrheit muss man sich immer fragen: Was geschähe, wenn alle so handelten? Und man entzieht sich diesem beunruhigenden Gedanken nur durch eine Art Selbsttäuschung. Wer lügt und sich entschuldigt, erklärend, nicht alle handelten so, ist mit seinem Gewissen im Unreinen, denn die Tatsache des Lügens impliziert einen dem Lügen zugeordneten allgemeinen Wert.
Selbst wenn sie sich verhüllt, erscheint die Angst. Diese Angst nannte Kierkegaard die Angst Abrahams. Sie kennen die Geschichte: Ein Engel befahl Abraham, seinen Sohn zu opfern. Alles ist in Ordnung, wenn es wirklich ein Engel ist, der gekommen ist und gesagt hat: Du bist Abraham, du sollst deinen Sohn opfern. Aber jeder kann sich zunächst fragen, ist es wirklich ein Engel, und bin ich wirklich Abraham? Was beweist es mir?
Es gab mal eine Geisteskranke, die Halluzinationen hatte: Man sprach mit ihr durchs Telefon und gab ihr Befehle. Der Arzt fragte sie: »Aber wer spricht denn zu Ihnen?« Sie antwortete: »Er sagt, er sei Gott.« Und in der Tat, was bewiese ihr, dass es Gott war? Wenn ein Engel zu mir kommt, was beweist, dass es ein Engel ist? Und wenn ich Stimmen höre, was beweist, dass sie vom Himmel und nicht aus der Hölle kommen, oder aus dem Unterbewussten oder von einem pathologischen Zustand? Wer beweist, dass sie sich an mich wenden? Wer beweist, dass ich der Erwählte bin, meine Auffassung vom Menschen und meine Wahl der Menschheit aufzuzwingen? Ich werde niemals den geringsten Beweis finden, kein Zeichen, mich davon zu überzeugen.
Wenn eine Stimme sich an mich richtet, werde immer ich es sein, der entscheidet, diese Stimme sei die des Engels; wenn ich meine, jene Handlung sei gut, bin ich es, der wählt zu sagen, diese Handlung sei gut und nicht schlecht. Nichts bestimmt mich, Abraham zu sein, und dennoch bin ich in jedem Augenblick gezwungen, exemplarische Handlungen auszuführen.
Alles geschieht so, als ob bei jedem Menschen die ganze Menschheit den Blick auf sein Handeln gerichtet hätte und sich nach seinem Handeln richten würde. Und jeder Mensch muss sich sagen: Bin ich auch der, der das Recht hat, so zu handeln, dass die Menschheit sich nach meinen Taten richten kann? Wenn er sich das nicht fragt, verhüllt er sich die Angst. Es handelt sich hier nicht um eine Angst, die zum Quietismus, zur Tatenlosigkeit führt. Es handelt sich um eine einfache Angst, die alle kennen, die Verantwortung trugen.
Alle Verantwortlichen kennen diese Angst. Das hindert sie nicht zu handeln, im Gegenteil, es ist die Bedingung ihres Handelns; denn es setzt voraus, dass sie eine Vielzahl von Möglichkeiten ins Auge fassen, und wenn sie eine wählen, wird ihnen bewusst, dass diese ihren Wert nur dadurch erhält, dass sie gewählt wurde. Diese Art Angst ist es, die der Existenzialismus beschreibt ... Sie ist kein Vorhang, der uns vom Handeln trennt, sie ist ein Teil des Handelns selbst.

Jean-Paul Sartre

I. Leitfragen zum Text »Die Angst«

Abschnitt 1: Welches Prinzip bestimmt das Handeln des Menschen?

Abschnitt 2: Im Alten Testament entscheidet sich Abraham seinen Sohn zu opfern. Nach welchem Prinzip hat er gehandelt?
Wie aber muss der Mensch nach Sartre handeln?

Abschnitt 3: Was muss der Einzelne bei jeder Handlungsentscheidung bedenken?

Abschnitt 4: Wird der Angstzustand, der hier illustriert wird, durch Faktoren außerhalb der Person oder durch innere Vorgänge ausgelöst?

Abschnitt 5: Inwiefern ist nach Sartre die Angst eine wichtige Bedingung des Handelns?

Abschnitt 6: Warum handelt jemand, der lügt, nach Meinung Sartres unverantwortlich?

Abschnitt 7: Wovor könnte Abraham Angst haben? Überlegen Sie: Wie könnte er sich seiner Angst entledigen?

II. Ergebnissicherung

Kreuzen Sie an, welche Aussagen nach Sartre Richtigkeit besitzen. Mehrfachnennungen sind möglich!

- ❑ *»Angst« ist eine logische Konsequenz aus dem Verantwortungsgefühl.*
- ❑ *»Angst« führt zu Tatenlosigkeit.*
- ❑ *Wer lügt, täuscht sich selbst.*
- ❑ *»Angst« verhindert eine wohlüberlegte Entscheidung.*
- ❑ *Sartre meint mit »Angst« eigentlich das Gleiche, was alle Menschen darunter verstehen.*

Bau dir einen Existenzialisten

Der Existenzialismus war nicht nur eine philosophische Richtung, sondern auch eine Modebewegung und ein Lebensstil in der Mitte des 20. Jahrhunderts. Die drei bekanntesten Existenzialisten waren Albert Camus, Simone de Beauvoir und Jean-Paul Sartre. Den Anhängern sah man ihre Zugehörigkeit zum Existenzialismus schon von Weitem an.

Aufgabe: Statten Sie Camus in der abgebildeten Szene mit den für einen Existenzialisten typischen Attributen aus und füllen Sie die Sprechblase mit einem typischen »Existenzialistenspruch«. Nehmen Sie dazu den folgenden Text zu Hilfe.

Männlich wie Sartre

Die »Financial Times« hat vier Hinweise für potenzielle männliche Existenzialisten gegeben ...

Erste Regel: Schwarz tragen. Schwarz ist die Farbe des Existenzialismus. Sie bringt die Individualität ihres Trägers zur Geltung, ist unnahbar, polarisiert und bedeutet den kompletten Verzicht auf Schnörkel. Wichtig ist insbesondere ein Rollkragenpullover in Schwarz, möglichst aus Cashmere, empfehlenswert sind weiter schwarze Slipper (aus Kalbsleder) und eine Uhr ohne Ziffern. Außerdem: einen Drei-Tage-Bart wachsen lassen.

Zweite Regel: Mit dem Nichtrauchen aufhören. Ohne Zigarette ist der Existenzialismus undenkbar. Auf die Frage, was das Wichtigste in seinem Leben sei, antwortet Sartre: »Ich weiß nicht. Alles. Leben. Rauchen.« Sartre rauchte Pfeife und Zigaretten, am liebsten »Bastos«. Leider gibt es diese nicht mehr, als Ersatz empfiehlt die »Financial Times« die berühmten »Gitanes«.

Dritte Regel: Fremdgehen. Sartre liebte Frauen und hatte unzählige Geliebte, oft mehrere gleichzeitig. Die »Financial Times« empfiehlt Frauen mit eigenem Kopf und viel Denkvermögen. Sartre ließ sich auch immer von Frauen in Autos herumfahren, er selbst fuhr nie. Wo man solche Frauen findet? ...

Vierte Regel: Trinken. Sartre lebte denkbar ungesund, trank viel Alkohol und nahm jede Menge Aufputschmittel. Das hatte zur Folge, dass er früh starb.

Lösung nur für Lehrer:

1. Baskenmütze
2. Zigarette und Dreitagebart
3. schwarzer Rollkragenpullover
4. Alkohol
5. Uhr ohne Ziffern
6. Fremdgehen
7. schwarze Lederslipper

Sprechblase: Ich weiß nicht. Alles. Leben. Rauchen.

Das Menschenbild der Antike

Die vielzähligen Götter des griechischen Polytheismus besitzen keine als göttlich definierten Eigenschaften. Sie sind weder ewig noch vollkommen, noch allwissend, noch allmächtig; sie haben die Welt nicht erschaffen, sondern sind in ihr und durch sie geboren; sie erscheinen in aufeinander folgenden Generationen, in dem Maße, wie sich das Universum ausgehend von den Urprinzipien wie Chaos (»das Gähnende«) und Gaia (Erde) differenzierte und strukturierte. Ihre Transzendenz ist daher äußerst begrenzt; sie besteht nur in Bezug auf die menschliche Sphäre. Ebenso wie die Menschen, wiewohl über ihnen stehend, sind die Götter integraler Bestandteil des Kosmos.
Das heißt, für den Griechen besteht zwischen dem Weltlichen und dem Göttlichen nicht jene radikale Trennung, die für uns die natürliche Ordnung vom Übernatürlichen scheidet. Die Wahrnehmung und Erfassung der Welt, in der wir leben, und die Suche nach dem Göttlichen stellen keine voneinander verschiedenen oder einander widersprechenden Bestrebungen dar, sondern können sich verbinden und verschmelzen. Mond, Sonne, Morgenröte, Tageslicht, Nacht und auch ein Berg, eine Höhle, eine Quelle, ein Fluss, ein Wald können bei den Griechen auf der gleichen Empfindungsebene erfasst werden wie einer der großen Götter den Pantheons. Sie rufen die gleichen Formen von Respekt und bewundernder Ehrerbietung hervor, die auch für das menschliche Verhältnis zu den Göttern charakteristisch sind. Wo verläuft also die Grenze zwischen Menschen und Göttern?
Auf der einen Seite stehen jene unsicheren, vergänglichen Wesen, die zu Krankheit, Alter und Tod verdammt sind; nichts von dem, was ihrem Leben Wert und Glanz verleiht – Jugend, Kraft, Schönheit, Anmut, Tapferkeit, Ehre, Ruhm –, ist von Bestand, sondern vergeht und verschwindet für immer; alles, was kostbar ist, hat ein Übel als Gegensatz und Entsprechung – kein Leben ohne Tod, keine Jugend ohne Alter, keine Anstrengung ohne Erschöpfung, kein Überfluss ohne Mühen, keine Lust ohne Leid. Alles Licht dieser Erde hat seinen Schatten, hinter allem Glanz verbirgt sich Düsternis. *Anders* verhält es sich dagegen bei jenen, die Unsterbliche (*athanatoi*), Glückselige (*makares*), Mächtige (*kreittous*) genannt werden – die Götter. Jeder von ihnen verkörpert in seinem jeweiligen Bereich die Kräfte, Fähigkeiten, Tugenden und Segnungen, die den Menschen im Verlauf ihres vergänglichen Lebens nur als flüchtiger, getrübter Abglanz, gleich einem Traum, zukommen. Es existiert also eine Kluft zwischen den Geschlechtern der Götter und der Menschen, die dem Griechen der klassischen Zeit sehr deutlich bewusst ist. Er weiß, dass zwischen Menschen und Göttern eine undurchdringliche Grenze besteht, denn trotz der menschlichen Geisteskraft und all dessen, was diese im Laufe der Zeiten entdeckt und erfunden hat, bleibt die Zukunft für den Menschen ein Geheimnis, der Tod unüberwindbar, die Götter unerreichbar und für sein Einsichtsvermögen ebenso unfassbar; wie der Anblick ihres strahlenden Antlitzes für ihn erträglich ist. Daher besagt eines der wichtigsten Prinzipien griechischer Weisheit über das Verhältnis zu den Göttern, dass der Mensch nicht versuchen dürfe, auf welche Weise auch immer, sich zu ihnen aufzuschwingen.

Jean-Pierre Vernant

- *Wie beantwortet der Mythos die Fragen auf die Rätselhaftigkeit des menschlichen Lebens?*
- *Was bedeutet für den Griechen das Göttliche, und in welchem Verhältnis steht der Mensch zu ihm?*
- *Beurteilen Sie die menschliche Freiheit in diesem Welt- und Menschenbild.*

Prometheus

Bedecke deinen Himmel, Zeus
Mit Wolkendunst
Und übe, dem Knaben gleich,
Der Disteln köpft,
An Eichen dich und Bergeshöhn!
Musst mir meine Erde
Doch lassen stehn
Und meine Hütte, die du nicht gebaut,
Und meinen Herd,
Um dessen Glut
Du mich beneidest.

Ich kenne nichts Ärmeres
Unter der Sonn als euch, Götter!
Ihr nähret kümmerlich
Von Opfersteuern
Und Gebetshauch
Eure Majestät
Und darbtet, wären
Nicht Kinder und Bettler
Hoffnungsvolle Toren.

Da ich ein Kind war,
Nicht wusste, wo aus noch ein,
Kehrt ich mein verirrtes Auge
Zur Sonne, als wenn drüber wär
Ein Ohr, zu hören meine Klage,
Ein Herz wie meins,
Sich des Bedrängten zu erbarmen.

Wer half mir
Wider der Titanen Übermut?
Wer rettete vom Tode mich,
Von Sklaverei?
Hast du nicht alles selbst vollendet,
Heilig glühend Herz?
Und glühtest jung und gut,
Betrogen, Rettungsdank
Dem Schlafenden da droben?

Ich dich ehren? Wofür?
Hast du die Schmerzen gelindert
Je des Beladenen?
Hast du die Tränen gestillet
Je des Geängsteten?
Hat nicht mich zum Manne geschmiedet
Die allmächtige Zeit
Und das ewige Schicksal,
Meine Herrn und deine?

Wähntest du etwa,
Ich sollte das Leben hassen,
In Wüsten fliehen,
Weil nicht alle
Blütenträume reiften?

Hier sitz ich, forme Menschen
Nach meinem Bilde,
Ein Geschlecht, das mir gleich sei,
Zu leiden, zu weinen,
Zu genießen und zu freuen sich,
Und dein nicht zu achten,
Wie ich!

Johann Wolfgang v. Goethe

Hymnus Gott – Kreatur

Psalm 8

Psalm 8 feiert als Hymnus das Verhältnis Gott – Kreatur in der spezifischen Weise, dass die Würde des Menschen auf Gottes Herrlichkeit bezogen wird.

1 (Für den Chormeister. Nach dem Kelterlied. Ein Psalm Davids.)

2 Herr, unser Herrscher, wie gewaltig ist dein Name auf der ganzen Erde; über den Himmel breitest du deine Hoheit aus.

3 Aus dem Mund der Kinder und Säuglinge schaffst du dir Lob, deinen Gegnern zum Trotz; deine Feinde und Widersacher müssen verstummen.

4 Seh ich den Himmel, das Werk deiner Finger, Mond und Sterne, die du befestigt:

5 Was ist der Mensch, dass du an ihn denkst, des Menschen Kind, dass du dich seiner annimmst?

6 Du hast ihn nur wenig geringer gemacht als Gott, hast ihn mit Herrlichkeit und Ehre gekrönt.

7 Du hast ihn als Herrscher eingesetzt über das Werk deiner Hände, hast ihm alles zu Füßen gelegt:

8 All die Schafe, Ziegen und Rinder und auch die wilden Tiere,

9 die Vögel des Himmels und die Fische im Meer, alles, was auf den Pfaden der Meere dahinzieht.

10 Herr, unser Herrscher, wie gewaltig ist dein Name auf der ganzen Erde!

- *Lesen Sie abwechselnd und in verschiedenen Variationen die Verse (Lehrer/Schüler, leise/laut, männlich/weiblich, aus verschiedenen Positionen im Klassenzimmer).*
- *Fassen Sie den Psalm mit eigenen Worten zusammen.*
- *Wie wird im Lobpreis Gottes die Würde des Menschen zum Ausdruck gebracht?*

Würde des Menschen in den Augen Gottes:

Jesus als Modell des Menschseins

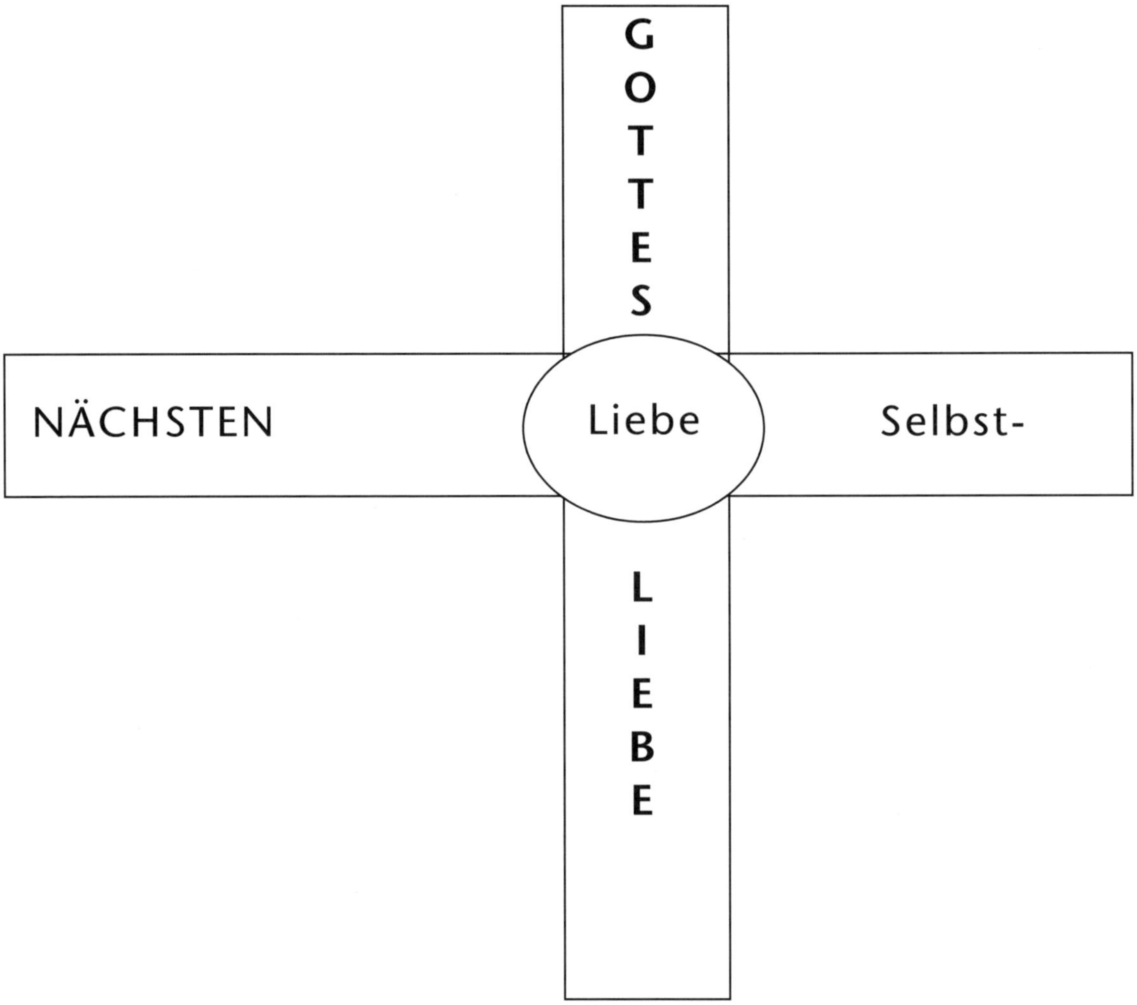

Wie wir nach dem Bild des Irdischen gestaltet wurden, so werden wir auch nach dem Bild des Himmlischen gestaltet werden.
1 Kor 15,49

Arbeitsblatt M 11.4.12(1)

Röm 7,1–8,17

Gliederung in Sinnabschnitte	Zentrale Begriffe	Zwischen-überschriften	neuer Mensch	alter Mensch	Entsprechungen heute

Lösungen zum Arbeitsblatt M 11.4.12(1)

Gliederung in Sinnabschnitte	Zentrale Begriffe	Zwischen-überschriften	neuer Mensch	alter Mensch	Entsprechungen heute
Röm 7,1-6 (7,1-3;4-6)	Freiheit, Gesetz	Vergleich: Freiheit vom Bund der Ehe – Freiheit vom Gesetz	in der neuen Wirklichkeit des Geistes	dem Fleisch verfallen	Spirit, Fun
Röm 7,7-13	Gesetz, Sünde, gerecht, heilig	Gesetz führt zu Sünde und Tod	Leben ohne das Gesetz (Begierde)	Leben mit dem Gesetz (Begierde)	intuitiv Sehende/ starr nach Normen Handelnde
Röm 7,14-19	Gesetz, Geist, Fleisch, Sünde	Widerspruch im Wollen und Handeln	Wollen des Guten dem Geiste nach	sündhaftes Handeln dem Fleisch nach	Idealismus und Egoismus
Röm 7,20-25	Fleisch, Sünde, Tod, Vernunft, Gesetz Gottes	Sieg der Macht des Bösen über den Menschen	Gesetz Gottes und der Vernunft	gefangen durch das Gesetz der Sünde	ethisches Modell der Vernunft, Hedonismus, Pragmatismus
Röm 8,1-7	Sohn Gottes in Gestalt des Fleisches, Freiheit von der Macht der Sünde, Sühne für die Sünde	Freiheit vom Gesetz der Sünde und des Todes durch Christus	Leben in Christus nach dem Gesetz des Geistes	Leben dem Fleische nach in Feindschaft mit dem Geist Christi	Nachfolge Christi, Prinzip irdischer Güter
Röm 8,8-17	Auferweckung von den Toten, Söhne Gottes, Erben Gottes und Miterben Christi, Leiden und Verherrlichung	Lebendigmachung des sterblichen Leibes und Verherrlichung der Kinder Gottes durch den Geist Christi	Kinder Gottes, Miterben Christi	Sklaven des Todes	Leben nach dem Tod, Sterben und Tod als Ende menschlichen Seins

Modelle und Konzepte vom Glück

Seit der griechischen Antike wird davon gesprochen, dass man das Glück erhaschen könne oder beim Schopfe packen solle. Gemeint ist damit der rechte Augenblick, der Kairos, personifiziert dargestellt als nackter junger Mann, der mit Flügeln an den Beinen und einer Stirnlocke auf dem Kopf vorwärts eilt. Wer aufmerksam und entschlossen ist und Kairos, den rechten Augenblick, »die Gelegenheit beim Schopf packt«, nutzt die Chance, die sich ihm bietet. Diese Aussage impliziert die Vorstellung, dass Glück etwas Zufälliges ist, was in der Regel durch den Beglückten zumindest im Hinblick auf das Erscheinen des Glücks nicht beeinflussbar zu sein scheint. Zu dieser Vorstellung existiert allerdings auch eine Gegenvorstellung, nämlich die, dass man das Glück nur dann finden könne, wenn man bestimmten Wertgrundlagen der gesellschaftlichen Rahmenbedingungen den Vorrang einräumt.
Im Folgenden werden vier allgemeingültige Glücksmodelle vorgestellt, die in ihrem Rahmen einer internen Logik folgen und sich deshalb nicht einfach auf andere Modelle übertragen lassen.

Allgemeingültige Glücksmodelle

Theozentrisches Glücksmodell
Der Mensch ist Teil einer Ordnung, welche nicht der materiellen Welt angehört. Aus diesem Grunde erscheint der Mensch in diesem Modell als klein und unbedeutend.

Soziozentrisches Glücksmodell
In diesem Modell ist der Bezugsrahmen des Denkens auf das Diesseits gerichtet, allerdings steht nicht der Einzelne, sondern das Kollektiv im Mittelpunkt. Als Beispiel für dieses Modell lässt sich der Sozialismus nennen.

Das außenorientierte egozentrische Modell
Es lehnt sich an die Denkwelt des Habens an, entsprechend der Unterteilung von Erich Fromm. In dieser Kategorie liegt der Fokus der Zieldefinition außerhalb des Subjekts, ist aber dennoch auf das Ego bezogen.

Das innenorientierte egozentrische Modell
Im Gegensatz zu der Außenorientierung gibt es selbstverständlich auch die Innenorientierung, welche der Typologie des Seins bei Fromm entsprechen würde.

Modelle und Konzepte vom Glück

Seit der griechischen Antike wird davon gesprochen, dass man das Glück erhaschen könne oder beim Schopfe packen solle. Gemeint ist damit der rechte Augenblick, der Kairos, personifiziert dargestellt als nackter junger Mann, der mit Flügeln an den Beinen und einer Stirnlocke auf dem Kopf vorwärts eilt. Wer aufmerksam und entschlossen ist und Kairos, den rechten Augenblick, »die Gelegenheit beim Schopf packt«, nutzt die Chance, die sich ihm bietet. Diese Aussage impliziert die Vorstellung, dass Glück etwas Zufälliges ist, was in der Regel durch den Beglückten zumindest im Hinblick auf das Erscheinen des Glücks nicht beeinflussbar zu sein scheint. Zu dieser Vorstellung existiert allerdings auch eine Gegenvorstellung, nämlich die, dass man das Glück nur dann finden könne, wenn man bestimmten Wertgrundlagen der gesellschaftlichen Rahmenbedingungen den Vorrang einräumt.
Im Folgenden werden vier allgemeingültige Glücksmodelle vorgestellt, die in ihrem Rahmen einer internen Logik folgen und sich deshalb nicht einfach auf andere Modelle übertragen lassen.

Allgemeingültige Glücksmodelle

<u>Theozentrisches Glücksmodell</u>
Der Mensch ist Teil einer Ordnung, welche nicht der materiellen Welt angehört. Aus diesem Grunde erscheint der Mensch in diesem Modell als klein und unbedeutend.

<u>Soziozentrisches Glücksmodell</u>
In diesem Modell ist der Bezugsrahmen des Denkens auf das Diesseits gerichtet, allerdings steht nicht der Einzelne, sondern das Kollektiv im Mittelpunkt. Als Beispiel für dieses Modell lässt sich der Sozialismus nennen.

<u>Das außenorientierte egozentrische Modell</u>
Es lehnt sich an die Denkwelt des Habens an, entsprechend der Unterteilung von Erich Fromm. In dieser Kategorie liegt der Fokus der Zieldefinition außerhalb des Subjekts, ist aber dennoch auf das Ego bezogen.

<u>Das innenorientierte egozentrische Modell</u>
Im Gegensatz zu der Außenorientierung gibt es selbstverständlich auch die Innenorientierung, welche der Typologie des Seins bei Fromm entsprechen würde.

- *Erläutern Sie die beiden grundsätzlichen Modelle von Glück und ordnen Sie diesen die vier Modelle zu, die sich im Laufe der Geschichte in vielen Kulturen herausgebildet haben.*
- *Ermitteln Sie den Stellenwert des materiellen Besitzes in den einzelnen Modellen.*
- *Zeigen Sie die Bedeutung auf, welche dem Menschen und seiner Verantwortung gegenüber Mitmensch und Natur zukommt.*

Die Phasen des Lebenszyklus: Erik Eriksons Konzept der Identität

Reife								Ich-Integrität versus Verzweiflung	**Weisheit**
Erwachsenen-alter							Zeugende Fähigkeit versus Stagnation		**Fürsorge**
Frühes Erwachsenen-alter						Intimität versus Isolierung			**Liebe**
Pubertät und Adoleszenz					Intimität versus Rollen-konfusion				**Treue**
Latenzphase				Leistung versus Minder-wertigkeits-gefühl					**Kompetenz**
Loko-motorisch genital			Initiative versus Schuldgefühl						**Absicht**
Muskulär-anal		Autonomie versus Scham und Zweifel							**Wille**
Oral-sensorisch	Urvertrauen versus Ur-misstrauen								**Hoffnung**

- *Füllen Sie das Gitternetz mit Beispielen möglicher Krisen aus, die sich für den Menschen in den einzelnen Phasen ergeben können.*
- *Beispiel Phase 6: Vertrauen*
- *Warum wiederholen sich gleiche Themen?*

Kompetenzorientierung

1. Kompetenzorientierung – ein neues bildungstheoretisches Paradigma

Die Kultusminister-Konferenz (KMK) hat im Umfeld der bekannten internationalen Vergleichsstudien im Jahre 2002 die Einführung nationaler Bildungsstandards beschlossen. In vielen Ländern werden nun bereits Lehrpläne nach dem Modell der Bildungsstandards gestaltet; auch die bayerischen Lehrpläne der nächsten Generation sind mit Sicherheit bildungsstandard-orientiert. Dabei handelt es sich insofern um eine Blickveränderung in der Bildungspolitik, als weniger die kultusbürokratisch gesteuerten Inputs (z. B. inhaltsdominante Lehrpläne) sondern vielmehr die von den Sch zu einem bestimmtem Zeitpunkt erworbenen Kompetenzen der Ausgangspunkt für die Planung des Unterrichts sein sollen.
Doch was sind »Bildungsstandards« und »Kompetenzen«, und was bedeutet das für den Religionsunterricht in der gymnasialen Oberstufe?
Bildungsstandards sind »Anforderungen an das Lehren und Lernen in der Schule. Sie benennen Ziele für die pädagogische Arbeit, ausgedrückt als erwünschte Lernergebnisse der Schülerinnen und Schüler« (Klieme, 13). Konkretisiert werden die Bildungsstandards in differenzierten Kompetenzen (Wissen, Fähigkeiten, Einstellungen und Haltungen), die Sch in einem bestimmten Fach zu einem festgelegten Zeitpunkt erworben haben sollen. Wie schon bei der Diskussion der Curriculumtheorie wird die Theorie der Bildungsstandards daraufhin kritisch beleuchtet, wie es um die Möglichkeit einer Überprüfung des Lernergebnisses bestellt ist; Konsens besteht darin, dass mit den Bildungsstandards zwar zentrale Kernkompetenzen beschrieben werden können, es aber gerade im RU weitere Lernfelder gibt, die sich einer kompetenzorientierten Festlegung entziehen. Von einem subjektorientierten Lernverständnis aus wird man zudem darauf achten, dass man nicht nur die genau beschreibbaren Lernergebnisse im Blick hat, sondern spezifisch angibt, mit welchen Lernprozessen die einzelnen Kompetenzfelder in der jeweiligen Lerngruppe angestrebt werden können.

2. Kompetenzen im Religionsunterricht

Sch sollen im RU einen sachgemäßen Umgang mit dem christlichen Glauben, mit anderen Religionen und mit der eigenen Religion erwerben; sie sollen verstehen lernen, auf welche Weise Religion und Religionen die Wirklichkeit zu erfassen, zu deuten und zu gestalten versuchen. Religiöses Verfügungswissens und lebenslang bedeutsames Orientierungswissen müssen deshalb im Prozess des Lernens miteinander verschränkt werden.

Bei aller terminologischen Unterschiedlichkeit zwischen verschiedenen Kompetenzmodellen lassen sich doch gemeinsame Kompetenzfelder benennen, die im Folgenden erläutert werden sollen; sie orientieren sich an den Veröffentlichungen der Deutschen Bischofskonferenz (Sekretariat der deutschen Bischofskonferenz 2004; 2006), des evangelischen Comeniusinstituts (Fischer / Elsenbast 2006) und der sonstigen Fachliteratur (z. B. Obst 2008). Eine kompetenzorientierte Ausrichtung des RU führt unmittelbar zu den Kompetenzfeldern (Wahrnehmungs- und Darstellungsfähigkeit, Deutungsfähigkeit, Urteilsfähigkeit, Dialogfähigkeit, Gestaltungsfähigkeit), die auch in der Abiturprüfung eingefordert werden.

Die im Folgenden beschriebenen allgemeinen Kompetenzen müssen auf die verschiedenen Inhalte hin konkretisiert werden. Im *Religion vernetzt 11 – Lehrerkommentar* wird deshalb beschrieben, welche Kompetenzen die Schülerinnen und Schüler nach der Bearbeitung des jeweiligen Kapitels erworben haben sollen.

3. Religiöse Kompetenzfelder

Kompetenzfeld 1: Wahrnehmungskompetenz – religiöse Sensibilität
religiös bedeutsame Phänomene wahrnehmen und beschreiben

Kompetenzfeld 2: Begriffskompetenz – religiöse Inhaltlichkeit
religiös bedeutsame Glaubens- und Lebenszeugnisse verstehen und darstellen

Kompetenzfeld 3: Deutungskompetenz – religiöse Urteilsfähigkeit
in religiösen Fragen begründet urteilen

Kompetenzfeld 4: Dialogkompetenz – religiöse Kommunikation
sich über religiöse Fragen und Überzeugungen verständigen

Kompetenzfeld 5: Ausdruckskompetenz – religiöses Ausdrucksverhalten
in religiösen und ethischen Fragen und Feldern gestalten und handeln

Kompetenzfeld 6: Partizipationskompetenz – religiös motivierte Lebensgestaltung
an religiöser und gesellschaftlicher Praxis begründet und entschieden (nicht) teilnehmen

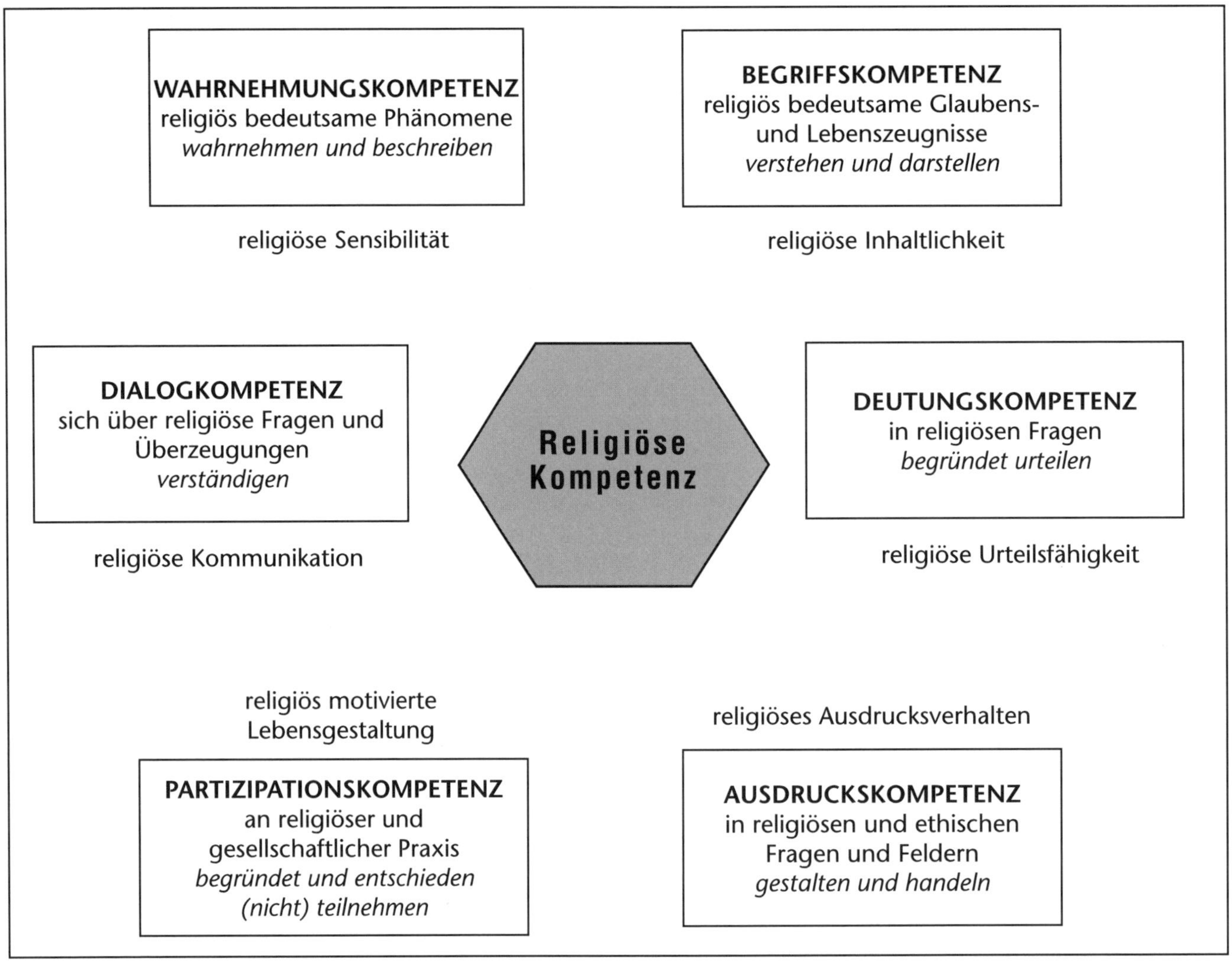

Hans Mendl

Literatur

Fischer, Dietlind / Elsenbast, Volker (Red.), Grundlegende Kompetenzen religiöser Bildung. Zur Entwicklung des evangelischen Religionsunterrichts durch Bildungsstandards für den Abschluss der Sekundarstufe I, Münster 2006.

Klieme, Eckhard u.a., Zur Entwicklung nationaler Bildungsstandards. Eine Expertise, Berlin 2003.

Mendl, Hans, Konstruktivistische Religionspädagogik im Kontext der Diskussion um Bildungsstandards, in: Gerhard Büttner (Hg.), Lernwege im Religionsunterricht. Konstruktivistische Perspektiven, Stuttgart 2006, 40-57.

Obst, Gabriele, Kompetenzorientiertes Lehren und Lernen im Religionsunterricht, Göttingen 2008.

Sekretariat der Deutschen Bischofskonferenz (Hg.), Kirchliche Richtlinien zu Bildungsstandards für den katholischen Religionsunterricht in den Jahrgangsstufen 5-10 / Sekundarstufe I (Mittlerer Schulabschluss), Bonn 2004.

Sekretariat der Deutschen Bischofskonferenz (Hg.), Kirchliche Richtlinien zu Bildungsstandards für den katholischen Religionsunterricht in der Grundschule / Primarstufe, Bonn 2006.

Text- und Bildverzeichnis

M 11.1.1	In: Bischöfliches Ordinariat Regensburg (Hg.), Folienmappe Hinduismus mit Unterrichtsvorschlägen und Arbeitsblättern, Auer Verlag, Donauwörth 1995
M 11.1.3	Yavuz Sultan Selim Moschee und Kirchturm der Liebfrauenkirche, Mannheim, Foto: dpa/picture alliance – Tomaschoff/Baaske Cartoons
M 11.1.4	In: Edward Schillebeeckx, Menschen. Die Geschichte von Gott, übersetzt von Hugo Zulauf, S. 35, 126 © für die dt. Übersetzung: Verlag Herder GmbH, Freiburg i.Br. 1990 © »Mensen als verhaal van God«, Uitgeverij H. Nelissen B. V., Baarn 1989 – C. Glock, Über die Dimensionen der Religiosität, in: Joachim Matthes (Hg.), Einführung in die Religionssoziologie II, Rowohlt Verlag, Reinbek 1969, S. 151f. – In: Martin Riesebrodt, Cultus und Heilsversprechen. Eine Theorie der Religionen, Verlag C. H. Beck, München 2007, S. 113 – In: Franz-Xaver Kaufmann, Religion und Modernität. Sozialwissenschaftliche Perspektiven, Mohr Siebeck Verlag, Tübingen 1989, S. 84f. – In: J. M. Yinger, The Scientific Study of Religion, 1970, dt. Übersetzung bei Günter Kehrer, Einführung in die Religionssoziologie, Wissenschaftliche Buchgesellschaft, Darmstadt 1988, S. 24
M 11.1.6	Manfred Lütz, in: *Sonntag aktuell* vom 25.12.2005
M 11.1.7	Detlef Pollack, Rückkehr des Religiösen? Studien zum Wandel in Deutschland und Europa II, Mohr Siebeck Verlag, Tübingen 2009, S. 147ff. (in Ausschnitten)
M 11.1.10	Hans-Dietrich Kahl, Die ersten Jahrhunderte des missionsgeschichtlichen Mittelalters. Bausteine für eine Phänomenologie bis ca. 1050, in: Knut Schäferdiek (Hg.), Die Kirche des frühen Mittelalters (KGMG II, 1), München 1978, S. 29ff. (in Auszügen)
M 11.1.11	Michael Meyer-Blanck, Protestantische Perspektiven I, in: Engelbert Groß (Hg.), Religion als Wahrnehmung: Konzepte und Praxis in unterschiedlichen Kulturen und Kirchen, LIT Verlag, Münster 2006, S. 222ff. (in Auszügen)
M 11.1.13	Deutsche Bischofskonferenz (Hg.), Christen und Muslime (Arbeitshilfe 172), Bonn 2003
M 11.1.15	Bernhard Grom, Religionspädagogische Psychologie des Kleinkind-, Schul- und Jugendalters, Patmos Verlag [5]2000, S. 21, 61f. © 2010 Bayerischer Schulbuch-Verlag GmbH, München
M 11.1.16	Alex Grey (geb. 1953), Praying, 1984, www.alexgrey.com
M 11.1.19	Josef Epping, Von Anekdote bis Wundergeschichte. Textsorten verstehen, Kösel-Verlag in der Verlagsgruppe Random House GmbH, München 2009, S. 9 – Ernst Jandl, Poetische Werke, hg. von Klaus Siblewski © 1997 Luchterhand Literaturverlag, in der Verlagsgruppe Random House GmbH, München
M 11.1.20	Friedrich Rückert, Werke, Bd. 1, Leipzig/Wien 1987, S. 287ff.
M 11.1.23	René Magritte (1898-1967), La Reproduction interdite, 1937, Öl auf Leinwand, 81 x 65 cm © VG Bild-Kunst, Bonn 2010 – Rudolf Alexander Schröder, Die Gedichte (GW Bd. 5), Suhrkamp Verlag, Frankfurt 1952, S. 398 – Fynn, Hallo, Mr. Gott, hier spricht Anna © Fynn 1974 © Scherz Verlag Bern, München, Wien. Alle Rechte vorbehalten S. Fischer Verlag GmbH, Frankfurt am Main
M 11.1.24	Jostein Gaarder, Sofies Welt. Roman über die Geschichte der Philosophie, dtv, München 1998, S. 109ff.
M 11.1.25	Wilhelm Gräb, Sehnsucht und Sehnsüchte, in: Gottfried Bitter u.a. (Hg.), Neues Handbuch religionspädagogischer Grundbegriffe, Kösel-Verlag in der Verlagsgruppe Random House GmbH, München 2002, S. 144ff.
S. 86	Karl Schmidt-Rottluff (1884-1976), Gang nach Emmaus, 1918 (bearbeitet) © VG Bild-Kunst, Bonn 2010
M 11.2.1	In: Christoph Meckel, Anzahlung auf ein Glas Wasser. Gedichte, Carl Hanser Verlag, München 1987 – Quelle unbekannt
M 11.2.3	Nach: Horst Klaus Berg, Ein Wort wie Feuer, Kösel-Verlag in der Verlagsgruppe Random House GmbH, Stuttgart, München 1991, S. 408-418
M 11.2.5	Quelle unbekannt
M 11.2.6	In: Nelly Sachs, Fahrt ins Staublose. Gedichte, Frankfurt am Main 1988, S. 90f.
M 11.2.8	Nach: Zugänge – Symbolworte des Johannes-Evangeliums lebensgeschichtlich erarbeiten. Hg. Evang. Erwachsenenbildung Niedersachsen, Hannover 1992, S. 19ff.
M 11.2.9	Foto: Willi Rolfes
M 11.2.11	In: Kurt Marti, Namenszug mit Mond. Gedichte. Zürich 1996 – Mit Genehmigung des Radius-Verlags entnommen aus: Kurt Marti, geduld und revolte. die gedichte am rand © 2002 by Radius-Verlag, Alexanderstr. 162, 70180 Stuttgart
M 11.2.12(1)	In: Günter Lange, Kunst zur Bibel. 32 Bildinterpretationen, Kösel-Verlag in der Verlagsgruppe Random House GmbH, München 1988, S. 10
M 11.2.13	Mit Genehmigung des Radius-Verlags entnommen aus: Kurt Marti: Die gesellige Gottheit. Ein Diskurs © 2004 by Radius-Verlag, Alexanderstr. 162, 70180 Stuttgart
M 11.2.14	Dokument der päpstlichen Bibelkommission (Rom, 15. April 1993)
M 11.2.17	Nach: Walter Kirchschläger, Einführung in das Neue Testament © 1994 Verlag Katholisches Bibelwerk, Stuttgart, S. 19
M 11.3.1	Ernesto Cardenal, Der Durst, in: ders., Das Buch von der Liebe, Peter Hammer Verlag, Wuppertal Neuausgabe 2004, 21f.

M 11.3.2 Kati Thielitz, Schluck dich schlau, in: Wohlfühlen, eine Verlagsbeilage der Süddeutschen Zeitung, Nr. 3 / September 2009, S. 47

M 11.3.4 Nach Georg Langenhorst, in: rhs 5/2007, 310f.

M 11.3.5 In: Christoph Schlingensief, So schön wie hier kanns im Himmel gar nicht sein © 2009 by Verlag Kiepenheuer & Witsch GmbH & Co. KG, Köln, S. 51-54, S. 128-130 (gekürzt)

M 11.3.6 In: Meinrad Limbeck, Alles Leid ist gottlos. Ijobs Hoffnung contra Jesu Todesschrei © 2005 Verlag Katholisches Bibelwerk GmbH, Stuttgart, S. 53-56 (gekürzt)

M 11.3.9 Friedrich Nietzsche, 1882, Foto: Gustav-Adolf Schultze

M 11.3.10 Sigmund Freud, Foto: 1927/akg-images

M 11.3.11 Albert Camus, Foto: um 1950/akg-images

M 11.3.12 Nach: Herbert Schnädelbach, Religion in der modernen Welt, Fischer-Taschenbuch, Frankfurt/Main 2009, S. 78-85

M 11.3.13 Papst Benedikt XVI., in: Verlautbarungen des Apostolischen Stuhls, Nr. 174, hg. v. Sekretariat der Deutschen Bischofskonferenz, Bonn 2006, S. 72-84

M 11.3.14 Karikatur: Thomas Sigl, 2009

M 11.3.15 Vgl. www.hpd.de – Vgl. Klaus Müller, Neuer Atheismus? Alte Klischees, aggressive Töne, heilsame Provokationen, in: Herder Korrespondenz 61 (11/2007), S. 556-557

M 11.3.17 Karikatur »Atheismus«: Thomas Sigl, 2009

M 11.3.19 Karl Hecker u.a., Texte aus der Umwelt des Alten Testaments (TUAT), Bd. 3, 4. Mythen und Epen II, Gütersloher Verlagshaus in der Verlagsgruppe Random House, Gütersloh 1994, S. 565-602 (Auszüge)

M 11.3.20 Auszug eines Interviews in: www.stern.de vom 02.04.2007, www.stern.de/wissen/natur/kreationismus-der-schoepfer-ist-ein-kaefermacher-585925.html

M 11.3.21 Norbert Max Wildiers, Teilhard de Chardin, übersetzt von Karl Schmitz-Moormann, S. 37, 111 © für die dt. Übersetzung: Verlag Herder GmbH, Freiburg i.Br. [8]1969 © Éditions universitaires, Paris

M 11.3.22 Otfried Höffe, Aristoteles, in: Klassiker der Philosophie (Band 1), hg. v. Otfried Höffe, Verlag C. H. Beck, München [2]1985, S. 76-81

M 11.3.23a+b Richard Heinzmann, Thomas von Aquin, in: Klassiker der Philosophie (Band 1), hg. v. Otfried Höffe, Verlag C. H. Beck, München [2]1985, S. 215-217

M 11.3.30 Bernhard Nitsche, Gott und Freiheit. Skizzen zur trinitarischen Gotteslehre, Verlag Friedrich Pustet, Regensburg 2008 (ratio fidei, Band 34), S. 141-164

M 11.4.1a+b Materialien »Religion betrifft uns« 5/2007, S. 7/8

M 11.4.2 »Lebensstile in Europa«, in: Panel-Information der GfK 2/2005, S. 10f.

M 11.4.3 Doktor Erich Kästners lyrische Hausapotheke © Atrium Verlag Zürich, 1936 und Thomas Kästner

M 11.4.4 Waldhäusl – Foto: Kathrin Romanowsky, Düsseldorf – Waldhäusl – Foto: Claudia Hofrichter, in: Dies., Wir möchten, dass unser Kind getauft wird, Kösel-Verlag in der Verlagsgruppe Random House GmbH, München 2010 – Ulrich Weber und Wolfgang Roser, »Verhalten«, CVK Biologie Kolleg, Berlin 1980, S. 50, 51, 53; S. 59/60

M 11.4.5 Martin Schongauer (1445/50-1491), Die Versuchung des hl. Antonius (1480-1490), Kupferstich

M 11.4.6a Jean Paul Sartre, Der Existenzialismus ist ein Humanismus und andere philosophische Essays, in: ders., Vincent von Wroblewsky (Hg.), Rowohlt Verlag, Reinbek bei Hamburg [3]2005

M 11.4.8 Jean-Pierre Vernant, Der Mensch der griechischen Antike, Fischer Verlag, Frankfurt/Main, 1996

M 11.4.9 Johann Wolfgang von Goethe, Prometheus, in: Gedichte aus sieben Jahrhunderten, C. C. Buchners Verlag, Bamberg 1985, S. 29f.

M 11.4.10 © Katholische Bibelanstalt, Stuttgart

M 11.4.13 Sandra Linke, Wie zufrieden sind Hochbegabte? Glück – Lebensqualität – Wohlbefinden, Tectum Verlag, Marburg 2006, S. 31

M 11.4.14 Charles Hampden-Turner, Modelle des Menschen, Ein Handbuch des menschlichen Bewußtseins, Beltz-Verlag, Weinheim und Basel 1986, S. 132f.